法学研究与教育方法论

張衛平 著

法律出版社 LAW PRESS·CHINA

寻道三十年

《说文解字》有解，三十年为一世，一世也为一代。可见三十年是一个漫长的时段。正因为如此，北京市有关部门还专门为从教三十年的高校教师颁发了从教三十年证书，以此纪念。

三十年前，笔者从西南政法学院（现在的西南政法大学）民事诉讼法专业研究生毕业，并随之登上了讲台。无论是从教，还是研究，至今已有三十年的历史。虽然回望过去，三十年感觉亦不过是弹指一挥间。尽管是匆匆走过，但还是留下自己行行足迹。本书可以说就是自己这三十年法学研究与教育历程的部分总结。

在学术研究之初，并没有什么研究方法论的指引，是典型的"摸着石头过河"。所有的研究几乎都是以发表文章为动机，写文章为发端，实际上是以现实问题牵引，也就是现在所谓的"问题优先主义"。总是在提出问题之后，再去寻找答案。在不断的摸索中，找寻有效解决理论问题和实践问题的途径，也就是方法。将这些经验与前人的论述予以结合、提炼，也就构成了自己的方法论。

由于是问题优先主义，因此，在我的研究过程中，特别重视问题的提出。只要提出了有学术意义、价值的问题，学术论文的一半已经成功，即"问题成立，成功即半"。因此，在本书的研究方法论部分,有专章论述如何提出学术问题,什么样的问题是具有学术意义的问题。

每一个学科都有自己特定的研究对象。每一个学科也有区别其他学科不同的特点,因此在研究方法上也应该具有其学科相应的特点。民事诉讼法学作为一门独立的学科其特点是非常明显的,如果不能够把握其特点,使用与其相应的研究方法,其研究是很难有所作为的。因此,在本书中,关于民事诉讼法学方法论的论述中,有很大一部分内容就是阐明民事诉讼及民事诉讼法学自身的特点。当然,作为法学的一个分支学科,民事诉讼法学在方法论上也同样具有法学研究的一般特点——规范分析。这也是法学与其他人文社会科学最大的不同。因此,民事诉讼法学的研究在方法论上离不开规范分析研究,规范分析研究是其基本的研究方法。作为法学专业的学生也是以学习和掌握规范分析研究方法为基础。由于民事诉讼与司法制度以及社会实践和传统密切相关,因此,容易牵涉政治、经济、伦理、历史等诸多社会因素,因此,非规范分析的所谓社科分析方法也会经常运用。对此,我特别强调运用这些方法的专业性和取向的问题,否则会影响或干扰我们对问题的理论认识和价值判断。

诚然,研究方法对于研究有其重要意义,但亦如美国著名政治学家莱利斯·里普斯所言:"在所有研究的领域,理解实质必须掌握方法论"。[①] 但对待研究方法也没有必要拘泥于形式。在这一点上,我认为,哲学家法耶尔阿本德在对待方法论的无政府主义是有道理的。实际上,不同的视角,不同的切入点、不同的关注点就是不同的方法。还是法耶尔阿本德的那句名言,在科学研究上,"怎么做都行";亦如《法华经》典故"儿啼黄叶飘然落"之寓意,[②]即《金刚经》所倡导之不必"执著佛的法"。[③] 而应当是"无有定法"

① [美]莱利斯·里普斯:《政治学的重大问题》,刘晓等译,华夏出版社2001年版,第15页。

② "儿啼黄叶飘然落"一语,出自《法华经》中的一个典故。讲的是,如何对付小孩啼哭,方法是随手拾起一片黄叶,说这是黄金,小孩便不哭了。意即不管是什么东西,用什么方法只要能起作用就行。

③ 南怀瑾:《金刚经说了什么》,复旦大学出版社2008年版,第185页。

(《金刚经》)。可能我们所应当做的是既讲方法,但不必唯方法,自然而然地对待方法和应用方法,游走于方法的"有"与"无"之间。

与法学研究相比,法学教育方法可能更具有经验性。也就是说无论课堂教学还是学生的培养、论文指导,虽然普适性的规范方法可能相对要少一些,但民事诉讼法学教学,人才的培养,同样也必须根据民事诉讼法及民事诉讼法学的特点。如果没有认识到这一点,也就没有踏入法学教育之门。课堂教学方法、教材的撰写、论文指导也都不能离开这些特点。

民事诉讼法学的教学无法离开民事诉讼法学的研究。没有深入的理论研究,是不可能很好地传授民事诉讼法的知识和思维方法,也不可能正确地指导学生的论文,不可能为学生们指出正确的研究方法和路径。教师没有对民事诉讼知识有切身的体会和感悟,也就不可能将其有效传授给自己的学生。教师最重要的不是传授知识,更重要的是传授学习、思考、研究的方法,这也是传统教育答疑解惑中最深层的要求。作为老师,在课堂上能够直接传授的知识只是学生们应该掌握的知识的很少一部分。老师要做的是授人以渔,而非授人以鱼。

除了关于民事诉讼法学研究和教育方法论的专门论述之外,本书还特意设置了《问答录》。将同学们和青年教师们经常提到的一些问题归纳起来,进行解答或阐述。特别是一些不适合放在本书研究和教育方法论体系中加以论述的若干问题。例如,非专业书籍的阅读、怎样对待考博、怎样处理师生之间的关系、外语工具与学术研究之间的关系等问题。如果认真阅读《问答录》,也许能够更广泛、更立体地、生动地理解民事诉讼法学研究和教育,对民事诉讼法学研究和教育会有更深刻的体会,也许能悟出其中之"道"。

本书中的《随想录》部分是我过去若干年中,自己对法学研究和教育中的一些现象、问题的思考。虽然是随笔,但亦是冷静的审视。有些问题的思考涉及提到一些基本体制性的问题。例如"钱学森猜想"一文。可以说本书的四部分之间具有内在的联系。如果贯通阅读,相信能够更全面理解作者的观点和认识。这些观点和认识如能化作攻玉之石,自是幸事。

本书付梓之时,要感谢我指导的博士生曹云吉、曹建军、吴沣桦同学,他们对本书资料和校对工作付出努力。

最后,还要感谢本书编辑黄琳佳女士为本书出版所付出的辛苦劳作,要感谢法律出版社对本书出版给予的大力支持。

2016年初冬于清华园

/ Contents /

目　录

第一部分　**法学研究方法论**

——以民事诉讼法学为中心

第一章　民事诉讼法学：对象、范围与体系 / 003

第二章　民事诉讼法学的贫困化分析 / 021

第三章　民事诉讼法学方法论 / 070

第四章　我国民事诉讼法学的主要任务与重心

——以转型时期为背景 / 112

第五章　问题的提出

——以学术问题为中心 / 129

第六章　法学研究历程自述 / 139

第二部分　**法学教育方法论**

——以民事诉讼法学为中心

第一章　法学教育的基本理念 / 185

第二章　教学方法论 / 205

第三章　如何学习民事诉讼法

——学习民事诉讼法中应当正确处理的十大关系 / 239

第四章　硕、博论文的撰写 / 256

第五章　课程体系与教材 / 284

第三部分　理解方法

——张卫平问答录

第四部分　随想录

一、教育与教学 / 411
我的第一堂课 / 411
雕刻时光
——给法学院新生的一封信 / 414
学什么最好？ / 420
给考博同学的一封信 / 425
老师，您讲的根本没用！ / 428
“五位一体”实践性教学法初探
——对法学教学改革的思考 / 431
法科教育三十年叙事 / 437
日本法学教育 / 441
二、学术与研究 / 445
问题的提出 / 445
发展的“瓶颈” / 451
学术研究与性格 / 455
钱学森猜想 / 460
论文合著为哪般 / 466
“法学家”评选杂谈 / 471
三、演讲 / 474
民事诉讼法的思维方式 / 474
四、附录 / 486
我的推荐书目
——民事诉讼法专业 / 486
“ZZ 教学法”
——聆听清华大学张卫平教授的授课有感 / 490

01

第一部分

法学研究方法论

——以民事诉讼法学为中心

001–182

第一章

民事诉讼法学：对象、范围与体系

一、民事诉讼法学的研究对象

依照以往的观点，一门科学是由其独立的研究对象所决定的。特定的学科就是研究其特定对象客观规律的学问，即作为一门独立的、科学的学科应当是研究或探究相应领域客观规律的学问。按照这种认识，法学就是研究法律及其客观规律的科学。民事诉讼法学属于法学的一个分支学科，相应地，民事诉讼法学就是研究民事诉讼及其客观规律的科学。

现在，人们对于人文科学的认识并不再固执于对所谓客观规律的探究，而在于正确揭示或解释某种现象，揭示该现象更深层的原因。法学与其他人文科学一样，无法像自然科学那样，对其结论在相同的条件下进行有效验证。因为社会现象无法对其环境和条件进行限定。法学与经济学、社会学、政治学、心理学、伦理学等其他人文学科还有所不同，法学不是研究和解释所有法律现象的学科，而是仅以法律现象中的法律规范内在含义为研究对象的学科。以此为根据，我们可以说民事诉讼法学是研究并解释民事诉讼规范的科学，尤其是对民事诉讼法的运用或适用中的正当性与合理性的解释。

民事诉讼法学也要研究民事诉讼这种社会现象，但其研究视角是从民事诉讼法规范分析的视角，而不是从政治学、社会学、经济学、伦理学等人文科学的视角。这一点是应当予以特别注意的。这些人文社会科学也可以将法律现象，如民事诉讼、刑事诉讼、行政诉讼等作为自己研究的对象，从该学科的角度对该现象提供解释。也有的人将这种运用社会科学方法分析和解释法律现象的做法称为社科法学。[①] 由于这些分析是依赖于相应的社会科学知识和方法，因而实际上是相应社会科学知识和方法的应用，应归入相应的学科范畴，如经济学、心理学、伦理学、社会学、哲学、语言学、政治学、历史学等。在民事诉讼法的立法和修改过程中，社会科学的原理和知识将得以大量的应用，如经济学、社会学、心理学、语言学、统计学等。

由于存在学科的交叉也就成了法学与这些学科的融合。但其“底色”即方法论依然是相应的学科属性，如法律经济学、法律社会学、法律政治学等，“底色”或“本色”还是经济学、社会学、政治学。民事诉讼法学因为以民事诉讼规范为研究对象，主要研究的是民事诉讼规范的目的、意义、含义、构成、适用条件等，如关于起诉的含义、设定的目的、起诉的条件、起诉的法律效果、起诉行为与受理或立案的关系等。再如，关于判决的含义、判决的种类、判决的成立与生效或确定、判决的形式确定力、实质确定力、判决的主观范围、判决的客观范围、判决的时间范围等。

民事诉讼法学致力于将各种民事诉讼（广义）的法律概念和命题作为法律解释的逻辑前提，从而进行形式逻辑的推理，以保证解释的有效性和正当性。其基本特征是解释学，研究的目的是为人们提供民事诉讼规范中各种概念所应有的含义或价值命题，以便人们判断民事诉讼程序或民事诉讼行为是否遵循了法律，即是否满足法治社会的基本价值观念和要求——必须依法审判。

要使法律规范具有广泛的涵盖性，就必须使法律的命题具有高度的抽象性，抽象的法律规范适用于具体的事件就需要通过法律解释将两者有机

---

① 关于社科法学的一般含义，参见苏力：《中国法学研究格局中的社科法学》，载《法商研究》2014 年第 4 期；陈景辉：《法律与社会科学方法论批判》，载《政法论坛》2013 年第 1 期。

地联系起来。另外,依照法治社会的基本要求,法院不能拒绝裁判。这就要求即使在没有法律具体规定的情形下,法院也必须通过法律解释从法律原则和精神中寻找裁判的根据,使法院的裁判具有正当性和合法性。

二、民事诉讼法学研究的范围

民事诉讼法学的研究范围是从其研究对象所涵摄的界域这一视角来观察和叙述的。民事诉讼法学的研究对象与民事诉讼法的外延有直接的关联,外延所及即为民事诉讼法学研究的范围。

民事诉讼法学研究的范围非常广泛,除了民事诉讼法以及适用的规律之外,凡是与民事诉讼运行和民事诉讼法适用关涉的内容以及现象都是民事诉讼法学研究的内容。从相对具体的内容来看,除了我国民事诉讼法文本规范的内容之外,还包括:民间调解或诉讼外调解的研究、仲裁制度及程序的研究、纠纷解决的多元与替代机制和制度的研究、公证制度的研究、民事司法制度及改革研究、民事诉讼制度史的研究、不同国家或地区民事诉讼制度的研究以及不同国家及域外地区民事诉讼制度之间的比较研究。从这些研究对象中,还派生出了更细的学科分支——调解学、仲裁法学、比较民事诉讼法学、涉外民事诉讼法学等。

虽然民事诉讼法学的研究范围非常广泛,但毫无疑问,民事诉讼法及其适用是民事诉讼法学研究的主要内容、中心和重点。因为民事诉讼法规范尤其是民事诉讼法典是民事诉讼程序的基本规范。民事诉讼程序又是民事纠纷解决最复杂、最主要、最高级的程序。所以,民事诉讼法学的研究重点和中心是以民事诉讼法的规范,尤其是以民事诉讼法法典为研究重点。大量的关于民事诉讼法的司法解释和指导性案例都是对民事诉讼法规范的解释和展开,对民事诉讼法司法解释和指导性案例的研究当然也是对民事诉讼法规范研究的展开,也是民事诉讼法学研究的重点。正因为民事诉讼程序的基础性和复杂性,也就使得民事诉讼法学的理论具有了基础性和原理性的特点。其他与民事诉讼程序类型或相关的程序解释理论都可以借助民事诉讼的理论,如仲裁。无论是仲裁中仲裁行为的有效与无效、仲裁行为的瑕疵处理、仲裁案件事实的认定、仲裁案件的证据运用、仲裁组织构成的合法性、仲裁裁决效力等都可以借助民事诉讼法学的理论或以民事诉讼法学的理论作为参照。

广义的民事诉讼法包括了证据、非讼程序、保全、执行程序等规范，因此，证据、非讼程序、保全、执行程序和规范也是民事诉讼法学研究的对象范围。与广义的民事诉讼法相关的领域或交叉领域也属于民事诉讼法学研究的范围，如民事司法制度、公证、人民调解、各种民事纠纷替代解决机制、私力救济等其他与民事诉讼相关、对接的领域。

民事司法制度与民事诉讼的相关性在于，民事审判权行使的范围——法院主管；民事审判权行使的职能分工——级别管辖、地域管辖、涉外管辖；民事审判权行使的组织方式——独任制、合议制、陪审制；民事执行权的职能分工、执行主体的结构、执行权的内涵等。在宏观层面还涉及司法权的地位与民事诉讼法规范实施的有效性问题。由于司法制度更多地涉及国家权力的基本架构，关涉到政治，因此对民事司法制度的研究也就更为复杂和敏感。在研究中需要注意司法制度的顶层架构或基本结构方面对民事诉讼制度的制约和影响。

公证制度与民事诉讼的相关性主要在于两个方面：一是公证与民事证据制度的关联；二是公证与执行的关联。公证与民事证据制度的关联具体涉及公证证明文书的证据效力以及认定问题，以及公证的证据保全效力的问题。在公证与执行的关联性上，涉及公证债权文书的执行问题。正是由于公证制度与民事诉讼的相关性，因此，公证制度也被纳入民事诉讼法学研究的范围。当然，公证问题也是另一门专门学科——公证学研究的主要内容。

人民调解以及其他替代纠纷解决机制作为解决民事纠纷的非常重要的手段，同时也与民事诉讼程序和规范有密切的关系，也是民事诉讼法学研究的范围。人民调解以及其他纠纷替代解决机制一方面因为涉及与民事诉讼的对接，另一方面也需要借助民事诉讼的一般原理和理论，因此，必然成为民事诉讼法学者研究关注的领域。

广义的民事诉讼法不仅指专门规定民事诉讼程序的民事诉讼法典，也包括其他所有法律规范中关于民事诉讼的规范。这些规范绝大多数都是实体法规范。因此,民事诉讼法学的研究范围也包括实体法中关于民事诉讼规范的性质和适用问题,以及实体法与民事诉讼法的协调与对接。①

涉外民事诉讼法与国际民事诉讼法的主要视角不同。涉外民事诉讼或涉外民事诉讼法是以国内民事诉讼或民事诉讼法为中心,对于那些在主体、客体等方面涉及国外或域外的民事诉讼称之为涉外民事诉讼,相应的调整规范称之为涉外民事诉讼法。涉外民事诉讼法相对于涉内民事诉讼法,属于特殊规范,在适用上具有优先性。由于内容有限,因此,通常不作为相对独立的学科门类,如像仲裁法学、证据法学那样,称为"涉外民事诉讼法学"。与此不同,国际民事诉讼法学是以不同国家之间所共同遵循的规范——国际民事诉讼法的适用作为研究对象,相对而言更为复杂一些,因此,也有的学者将其独立为国际民事诉讼法学,属于与国际私法法学相对应的程序法学。②

三、民事诉讼法学的体系

民事诉讼法的体系与民事诉讼法学的体系,是两个既有联系又有区别的概念。民事诉讼法的体系是指有关民事诉讼相关的规范具有内在联系的统一整体。这里的民事诉讼法是指广义上的民事诉讼法,即通过规范特定的程序,以确认权利义务,解决民事纠纷为目的的法律规范的总和。理想的民事诉讼法的体系应当是能够满足以下基本要求的体系结构,即能否满足在民事诉讼法规范内部之间,具有门类齐全、有机联系、结构严谨、协调统一等基本要求,同时各程序规范又具有一定的完整性和自洽性(在这方面,我国民事诉讼法的缺陷也比较突出。对于一些特殊程序规范,往往仅有一条或几条规定,缺乏完整性,如关于公益诉讼程序的规范、关于文书提出义务

① 关于实体法与民事诉讼法的对接,详见张卫平:《民法典编撰与民事诉讼法的对接与统合》,载《法学研究》2016 年第 1 期。

② 有关国际民事诉讼法的教材,关于国际民事诉讼法的定义。国际私法的教材关于国际私法学的定义。

的程序规范以及关于证据调查的程序规范)。

在民事诉讼法体系中,各规范之间存在一定的逻辑关系,如一般程序法与特别程序法的区别;权利确认程序规范与权利实现程序规范的差异;审理程序规范与保障程序规范的不同。这些规范都具有各自的鲜明特征和属性。如果某种程序与民事诉讼的基本程序在原则、功能等方面具有根本的差异时,也就具有了特殊性,应当制定特别法,如家事诉讼法、民事公益诉讼法、强制执行法等。民事诉讼法的体系化是现代民事诉讼法的内在要求。民事诉讼法的体系化有助于充分地体现民事诉讼法的基本价值、理念、精神;有助于民事诉讼法规范的和谐统一;有助于民事诉讼法规范的实施和遵守。我国现行的民事诉讼法还没有完成其体系化的作业。尚未根据各具体规范的特征和属性形成既相对独立,又彼此具有内在逻辑联系的程序法体系。其原因就在于我们尚未从理论上充分认识民事程序规范各自的特征和属性。正是由于没有意识到家事诉讼与一般民事诉讼的特征差异,也就不可能将其区别规范。

民事诉讼法体系是民事诉讼法学形成、建立的前提和基础。在民事诉讼法的体系尚未建构起来的情况下,不大可能完成民事诉讼法学体系的建构,即使存在民事诉讼法学体系,这种体系也只能是他国民事诉讼法学的体系。当然,这不是说我们不能借鉴他国民事诉讼法学体系内容,恰恰相反,我国民事诉讼法体系的建构需要以他国的民事诉讼法体系以及民事诉讼法学体系作为借鉴或指引,从而建构更为合理、适合我国现实和发展的民事诉讼法体系。

在我国的民事诉讼法文本与规范方面,与一般民事诉讼的某些原则和原理都有所不同的非讼程序、人事诉讼程序还没有从狭义的民事诉讼法法典中分离,成为独立的程序法规范。在立法上,我们还没有注意它们各自的特点和独立性;保全程序、强制执行程序、涉外诉讼程序也还没有达到和实现各自体系化的程度,并构成独立的程序法规范,因此,民事诉讼法学的体系化在我国还有很长的路要走。

在法律领域中,构建统一的法律体系一直是人们所期待的理想。法学家们从来就没有放弃过体系化的努力。因为,如果没有统一的体系,作为法律方法论的重要技术手段——体系化解释也就没有意义,也就无法将此作为弥补法律漏洞的技术。①

法学与其他人文科学不同,其他人文科学,如艺术科学,总是跟随或追随艺术,揭示和反映艺术,赋予艺术以社会和历史意义。与此不同,法学陪伴法律,随法律而行的随从或仆人,而是可以在法律之中,或根据法律共通创造法律、丰富法律、发展法律,在这个意义上法学是一门实践科学,法学与法律是前行的同伴,共同建构我们的社会生活。② 民事诉讼法的体系,主要是指作为民事诉讼法规范的具有内在联系的构成框架。理论上,每一个独立的法律部门都有自己的体系。如果没有自己的体系,则表明这个法律部门还不是一个独立的法律门类。民法的体系是调整一定的财产关系以及与此相联系的人身关系的法律体系。从宏观而言,民法体系包括了权利、权利主体、权利客体、法律行为等,具体又可以分为总则和分则,分则中具体包括物权法、合同法、亲属法、继承法、侵权法等,从而构成了一个完整的民法规范体系。应当说明的是,法典的体系与该法律的体系不能完全等同,属于该法律体系的内容不一定会被纳入法典之中。法典的体系结构会因为人们认识不同而有所不同。

民事诉讼法的体系构架主要是以"主体—客体(权力与诉讼权利义务)—程序"三维关系为基本结构,包括主管与管辖、诉权与诉、当事人、代理人与诉讼参与人、诉讼保障机制、诉讼程序、执行、非讼程序等制度规范。程序以及程序规范是民事诉讼法体系的主线。民事诉讼法的体系与实体法关于实体利益的正当分配体系不同,是关于如何保障案件审理的公正以及权利实现的规范体系。从体系的整个框架而言,民事诉讼法规范主要包括诉讼程序、非讼程序中的主程序规范、辅助程序规范和权利实现程序(执行)三大部分。诉讼程序包括一审诉讼程序、二审诉讼程序和再审诉讼程序。广

① [德]特奥多尔·菲韦格:《论题学与法学》,舒国滢译,法律出版社2012年版,第37页。
② [德]卡尔·恩吉斯:《法律思维导论》,郑永流译,法律出版社2004年版,第2、3页。

义的非讼程序既包括民事诉讼法所规定的不直接涉及民事权益的程序，也包括其他替代纠纷解决程序。辅助程序包括管辖异议、证据保全程序、保全程序、送达等程序。

法学体系是指具有相对成熟或统一的指导理念、原则、思想、理论所构成的、自洽的、具有一定张力和层级关系的系统结构。[①] 特定的法律体系总是有着成熟和统一的理论体系作为其法律体系的理论基础。所谓民事诉讼法学一般也是指关于民事诉讼法理论的体系，是由诸多概念群所构成的。[②] 作为民事诉讼法的理论体系应当是指一个具有内在联系的关于民事诉讼指导理念、原则、概念和理论的、整合的系统结构。民事诉讼法学的体系主要包括了关于民事诉讼目的、民事诉讼基本原则、基本诉讼制度、诉权、诉、诉讼标的、当事人、诉讼程序、非讼程序、诉讼程序保障机制、证据与证明、裁判与效力、执行的若干理论系统。在理论体系中，人们追求各理论之间的紧密的、自洽整合的内在联系。民事诉讼法学体系体现了主体与客体（人与事实、程序权利）的立体关系。如果民法是以实体请求权为核心的话，那么可以说民事诉讼法学的核心应当是诉讼请求。民事诉讼法学总是围绕诉讼请求而展开的。诉讼请求涉及提起的主体以及被诉的主体，诉讼请求的客体——诉讼标的——实体法上的实体请求权或争议的实体法律关系，诉讼请求的基础事实和实体权利的确认程序，程序争议和实体争议的裁判方式。

在大陆法系，以罗马法为源头，以潘德克吞为基础，[③]形成了一个以德国

---

① 关于法学体系的参考资料出处。

② 所谓概念群是指相对独立的，围绕一个主题而紧密联系的若干概念，如关于当事人的若干概念、关于诉的若干概念、关于判决的概念等。

③ “潘德克吞”（Pandekten）一词，来源于拉丁文的 Pandecta。而 Pandecta，是指《罗马法大全》（《国法大全》）中的《学说汇纂》（Digesta）。以《学说汇纂》为基础而创立的体系称为潘德克吞体系（Pandekten System）。19 世纪中叶以后德国学者所建构的该潘德克吞体系，以及依该体系而制定的民法典，称为潘德克吞体系民法典。详见陈华彬：《潘德克吞的形成与发展》，载《上海师范大学学报》（哲学社会科学版）2007 年第 4 期。潘德克吞（Pandekten）的精神是，“从体系上思考法学”或曰“给法学灌注一个体系”的思想——即所谓“法的体系的思考”。大陆法系的民事诉讼理论正是潘德克吞（Pandekten）的这种精神为指引的，从而形成了潘德克吞化的体系两个基本特征：即一是对概念的分析、阐述非常完善；二是注重构造法律的结构体系。

为代表的私法学概念体系，由此为基础衍生出了民事诉讼法的概念，例如，民事诉讼行为、民事诉讼权利能力、民事诉讼行为能力、诉讼标的等，并逐渐形成了独立于实体法学的民事程序法学体系。我国的民事诉讼法学理论主要受其法学理论体系的影响。从法学体系对系统性、自洽性的角度来看，我国民事诉讼法学虽然零散地继受了大陆法系民事诉讼理论的某些概念表述或表达，但尚未形成一种彼此之间有内在联系的体系。例如，虽然有再审，但在理论体系上，再审程序的启动与一审、二审的诉的构造与机能并没有关联，并非像大陆法系那样形成实体争议的审理均是以诉的形式为基础。再审程序的启动以再审之诉为根据。在我国现行体制之下，再审是一种基于职权干预的审判监督和检察监督，与当事人的申请再审形成矛盾关系。

在我国，民事诉讼法学体系建构的任务还没有完成，在指导理念、基本原则与各理论之间尚未形成彼此关照的理论逻辑。第三人撤销之诉制度的设立以及构成都反映出我国民事诉讼法学理论整合自洽的不足和体系上的缺陷。①

① 2012 年修改后的《民事诉讼法》设立了一种全新的诉讼程序和制度——第三人撤销之诉。概括地讲，所谓第三人撤销之诉，是指案外第三人申请撤销他人之间已经生效的、错误的判决、裁定和调解书，以维护自己民事权益的制度。这一制度的设立是本次民事诉讼法修改中的一大动作，也是新民事诉讼法实施实务和理论研讨中人们最为关注和最有争议的一项制度，涉及第三人撤销之诉的性质、该制度与再审制度、执行异议之诉制度的关系、第三人撤销之诉提起的原告范围、第三人撤销之诉的对象、第三人撤销之诉的立案审查标准、第三人撤销之诉判决的效力等诸多问题。由于第三人撤销之诉制度是为了维护第三人的合法权益所设置的一项程序保障机制，因此，也就必然涉及这一制度与他人之间判决约束范围的关系问题。这一问题毫无疑问是该制度的实质问题、基础性问题，然而十分遗憾的是这一制度对是否应当设置、如何设置、应设置哪些相应的制度和原则等许多问题并没有深入进行探讨，不仅导致了该制度实际运行的诸多困难，也将影响我国判决效力制度的建构和实际运行，严重冲击了判决既判力相对性的基本原理。第三人撤销之诉的制度唐突在于，其制度是在我国法律没有明确规定既判力制度，更没有关于既判力相对性的原则规定的前提下设置的。如果仅从法律规定的层面上看，人们有可能从第三人撤销之诉制度推导出我国不存在判决效力相对性约束。因为如果存在判决相对性约束，那么在一般意义上（特殊情形除外）就没有必要设置第三人撤销之诉来维护第三人的实体权益。在没有设置第三人撤销之诉制度之前，我们还可以从正当程序与判决效力的正当化、纠纷的相对解决推导出判决效力相对性。一旦民事诉讼法在没有规定既判力制度的情形下，预先设置了第三人撤销之诉制度，必然会对判决相对性原理造成冲击。如果先行完善地规定了既判力制度，确立了既判力相对性原则，则第三人撤销之诉制度的适用就自然地受到了限制。很自然地，

诉讼标的理论、当事人适格理论、既判力理论等的缺失都凸显了我国民事诉讼理论体系上存在严重的空洞化状态。如此,也自然影响了我国的民事诉讼法体系化构成,导致了制度缺失和制度供给不足。当我们希望民事诉讼法能够将诉讼中的生活事实通过高度抽象纳入其中时,也就要求民事诉讼法学需要对此进行深入的研究并最终提供具有高度抽象概括的表达方式,实现法律规范的充分涵摄能力。因此,民事诉讼法学的体系化依然是我国

逻辑地将第三人撤销之诉限制在判决既判力扩张的情形,由于既判力的扩张所导致的对第三人权益损害的情形,该第三人可以利用该制度通过撤销他人之间已经生效的判决来维护自己的合法权益。现在的问题是,我国在制度设计上是将第三人撤销之诉置于民事诉讼法第三人制度中予以规定的。这意味着这一制度是一种第三人可以普遍适用的制度,尽管条文规定设置了限制条件使得该制度难以适用,但非常容易给人们造成他人之间不当判决并不存在相对性的印象,在观念上进一步冲击了判决效力相对性原理。这一制度的设立也似乎证实了民事诉讼法修订中,制度设计者并没有既判力相对性原则的概念和认识,仅仅从应对虚假诉讼的现实需求,以及孤立地看待境外第三人撤销之诉制度的设置而出台了该项制度,误读了法国、中国台湾地区与内地民事诉讼的不同语境。虚假诉讼的确是我国特定语境下的一种社会现象,但应对虚假诉讼可以有多种方法——实体的、程序的,如对伪证行为和对伪造证据的违法行为的制裁。没有哪一个虚假诉讼不可能不捏造案件事实,不可能不作伪证或伪造证据,因此通过对伪证行为和对伪造证据行为的制裁,无疑能够起到有效防止和阻却作用。也可通过再审,以诈害第三人作为再审事由提起撤销原判决、裁定和调解书等。其实最有效和最基本的办法就是明确规定既判力制度,确立既判力相对性原则。确立了这一原则,第三人就可以根据这一原则,通过一般诉讼维护自己的合法权益。正是由于没有明确规定既判力相对性原则,人们才会认为在当他人之间的判决有可能损害自己的合法权益时,只有撤销该判决才能得到程序上的救济。其实他人之间的判决在没有合法扩张的情形下对自己是没有约束力的。虽然,第三人撤销之诉通过直接撤销判决能够维护第三人的合法权益,但却造成了对判决既判力的破坏,妨碍了他人之间法律关系的安定性。判决效力的根据就是法的安定性。与维护判决既判力以及通过既判力相对性原则实现对第三人实体权益的程序保障手段比较,第三人撤销之诉制度弊大利小。一旦承认既判力相对性原则,并将其制度化,则第三人撤销之诉的功用将受到很大的限缩。由于存在既判力扩张的情形,因此,对于受既判力扩张的第三人在受到确定判决的损害时应当给予该第三人事后救济的途径。又由于通常的再审救济以全面推翻原判决为目的,对原诉讼标的重新进行审理,因此相对于第三人撤销之诉仅仅涉及原判决是否损害第三人合法权益,并非完全否认原判决而言(按照我国民事诉讼法的规定,原判决、裁定、调解书部分错误的,可部分撤销),第三人撤销之诉的颠覆程度或否决程度要弱一些,对原审确定的法律关系安定性的冲击或影响也要小一些。从这一点考虑,似乎仅赋予受既判力约束的第三人再审救济的权利还是不够的,由此,第三人撤销之诉依然有其存在的必要。当然,也可以将第三人撤销之诉作为一种特殊的再审救济途径归入广义的再审之中。从本次民事诉讼法修改对第三人撤销之诉制度的设置也再度反映出在民事诉讼法修改完善中,我们缺乏对民事诉讼法体系化的总体把握,缺乏制度体系化的思考,仍然是实用主义的技术性应对。

民事诉讼法学的重要任务。民事诉讼法学体系不是抽象的,不是高架于特定社会之上的理论系统,因此,民事诉讼法学体系的建构必须依赖所处的社会环境,具有相应的制度支撑。

民事诉讼法学体系建构的困难在于一定的理论体系必须以一定的指导理念、思想、原则和基本理论为基础,而这些作为基础的理念、思想、原则和基本理论又往往与既有的某些传统的理念、观念、既存制度和理论相冲突。因此,体系的建构过程就是一个整合过程。在整个过程之中必须不断清除、替代、更新这些传统的理念、观念,修正冲突既存的制度和理论。虽然称为建构的过程,但这一过程往往只能是渐进和自发的。所以民事诉讼法学体系的建构也是一个渐进和自发的过程,因而也是一个漫长的过程。在这一过程中,转变原有的观念是体系建构的"换挡"行为,因为人们容易接受的东西是自己赞成的东西,人们最容易赞成自己最理解的东西。① 只要观念、理念转变了一切也自然都提速了。当然,这也是最难的作为。我们民族中具有彼此相互冲突的气质,一方面特别愿意坚持传统;另一方面又干预抛弃传统。决定坚持抑或抛弃往往受意识形态和权力的影响很大。

四、关于民事诉讼法学的体系特色与创新

我国民事诉讼法学因为生长和发展于中国特定的环境之中,因此,我国的民事诉讼法学必然具有自己的体系特色。这种特色不完全是人为地创造出来的,也不可能是由人们按照主观愿望所设计的,而是在主观与客观现实相互作用下形成的。这些特色是环境的产物,是环境的反映。因为与我国的法治阶段伴生而就,所以,我国民事诉讼法学也就具有我国特定法治发展阶段的特性。可以说,我国法治阶段的特性决定了我国民事诉讼法学的特

① [美]约翰·肯尼斯·加尔布雷思:《加尔布雷思文集》,沈国华译,上海财经大学出版社2006年版,第17页。

色。我国法治阶段的特征是初级性,即法治还处于发展的初级阶段。[①] 在这一阶段,法律还没有成为独立调控社会、规范社会的主要手段。在这一社会中,法律与政治、法律与伦理的关系也就没有得到清晰划定,尚处于比较混沌的状态。即使在形式上归属于法律的问题,有可能依然通过政治的、伦理的思维和方式加以解决。[②] 按照法律或法治思维应当以严格、确定的法律规范作为大前提、具体的案件或争议事实作为小前提,通过三段论的推论方式得出裁判结论,以此解决争端,这也是司法的基本规律。但在没有明晰法律与政治、伦理界限的现实情形之下,司法作为运作法律的制度机制也就很难完全按照司法的规律实现法律,也必然受制于法律之外的因素影响,如政治因素的影响,司法也就不可能是独立的,法官也不可能是独立的,为保障司法的独立性和法官独立审判的若干制度也就不可能建立。[③] 一方面,在法治初级阶段,司法制度的这一特征必然给这一时期的民事诉讼法的运行刻下自己的印记;另一方面,法治初级阶段的民事诉讼法本身也会留下自己的"胎记"。即使在制定民事诉讼法或修改民事诉讼法有超前的理念和认识,也依然无法摆脱法治初级阶段这一客观因素之下的特色。尽管从发展来看,即使我们期望摆脱传统,这种特色也是必然存在的。

应当注意的是,规范社会行为的制度的特色与艺术创作、表现不同,是不能以追求特色为目的的。艺术没有特色便没有艺术家自己的生命。[④] 艺术毕竟可以脱离环境、现实和社会的客观需求而独自存在,作为调整社会关

---

① 我国法理学者分析指出,我国现阶段的法治属于"实质法治","实质法治"是法治的最初形态或初级阶段。实质法治的重要特征是,其一,在这样的法治中,虽然也是在一定程度上或常态上是依照法律治理社会、管理国家,但法律本身还不是一个自足的系统,需要特定政治、经济、道德、宗教等价值的指导;其二,为体现个别公正,常常打破法律的一般性与普遍性;其三,司法者可以依据在法律之上的价值,如经济或政治等,作出变通的裁决;其四,不满足于程序公正,致力于追求实际结果的公正,或者说将追求实际结果的公正置于优越的地位。高鸿钧等:《法治:理念与制度》,中国政法大学出版社 2002 年版,第 100 页。

② 关于政治思维、伦理思维、法治思维的特点,详见张卫平:《法治思维与政治思维》,载《浙江社会科学》2013 年第 12 期。

③ 在现有的基本权力或政治制度的架构之下,对司法独立和法官独立,既没有需求也没有存在的空间。

④ 按照文学大师木心先生的说法,艺术的灵活在于准确和美妙。

系的规范、制度难以做到这一点。既然规范、制度是如此，那么以规范、制度为研究对象，从规范、制度处罚的民事诉讼法学也必然自然地留有自己的特色，因此，我国民事诉讼法学的特色也应当是自发的，而非人为的追求。

观察我国民事诉讼法学的现状，可以发现我国民事诉讼法学呈现以下一些特点：

其一，以全社会的改革开放为契机，民事诉讼法学的理论逐步摆脱苏联具有严重意识形态化的民事诉讼理论体系，转向基本接纳或接受大陆法系民事诉讼的理论框架；开始部分地接受大陆法系民事诉讼理论的概念，初步运用大陆法系民事诉讼的概念作为制度建构、制度适用和制度修正的解释或阐释工具，如管辖恒定、当事人、诉讼标的、诉的种类、共同诉讼、证明责任、诉讼要件、既判力、再审事由等。另一方面，由于处于转向的过程中，因此，在诉讼理念、基本原则方面依然还有诸多保留。这种保留主要是基于传统的诉讼观念和规范、制度。这就导致既有诉讼理念、民事诉讼基本原则、基本诉讼制度与部分继受理论相互之间的龉龃。如果整体继受大陆法法系民事诉讼体系，则可能招致现实环境的抵制，因此，需要有一个社会逐步发展相适应的过程。

其二，因为我国民事诉讼法学原本就没有自己的理论和体系，在改革开放初期，对西方法学理论还处于绝对排斥期，同时对西方民事诉讼理论缺乏了解和认识，因此，基于改革开放苏联法学理论的影响，在理论上主要是对苏联民事诉讼理论的继受。而苏联的民事诉讼理论主要是以批判西方大陆法系民事诉讼制度和理论为基本特色的“阶级批判法学”。[①] 我国民事诉讼法学所能接受的解释性的理论和概念均是通过批判过滤或矫正的理论和概念。许多概念已经有了自己的独自的含义，最典型的是诉权理论。苏联的诉权理论完全摆脱了大陆法系诉权的理论发展脉络，走上了自己的道

① 关于苏联民事诉讼法的这一特点，可阅读[苏]阿·克列曼：《苏维埃民事诉讼》，刘家辉译，法律出版社 1957 年版，第 77 页。本书比较典型地反映了苏联民事诉讼法学的阶级批判特点。

路。[①] 虽然，随着苏联的解体，苏联法学理论的阶级论基础和理念也不再有市场，但苏联民事诉讼的理论依然对我国现在的民事诉讼法学理论有很大的影响，最典型的是民事诉讼审判监督以及检察监督理论。因此构建了与大陆法系再审制度有着本质不同的审判监督程序。[②]

其三，由于传统纠纷方式和理念的承继性影响，在强调传统保留的观念之下，我国民事诉讼法学也必然强调传统成分，使得我国民事诉讼法既有现代民事诉讼法学的概念，也有受传统纠纷解决和理念影响的理论成分，如强调诉讼制度的简化、对抗缓和、权利让步、诉讼效率、实质真实发现、职权探知、司法能动。[③] 这种基于传统纠纷解决方式和诉讼观念而保留下来的理论和认识也就使得我国的民事诉讼法学先天就带有不同于大陆法系和英美法系民事诉讼法学的特点。

但对于这样的特色是积极的，还是消极的，人们的认识和评价还很不统一。从现实是历史的延续的观点，存在就是合理的认知而言，这些基于传统的认识是必然存在的，也有它存在的合理性。传统就是所谓的本土资源。只有利用本土资源，我国的制度才有其根基。[④] 没有这些与传统贴近的认识和理论，民事诉讼法学必然脱离现实，也就无法真正发挥它的阐释和指导作用。德国的历史法学派对此已经有深刻的阐述。[⑤] 但也有些人认为社会是发展的，在社会进入现时代以后，过去的认知是过去历史的产物，在小农经济封闭时代的纠纷解决观念和纠纷解决方式已经不能适应当今社会的需要，应当建构与此相适应的民事诉讼法学理论及体系。过去的认识和理论是会影响并留存，但总的趋势是消退，依照这种或顺应这种的趋势那就应该能动地助其消退，而不是助其延缓。

这样的状态也就导致传统与现代的纠结与冲突，几乎在每一个对应范

---

① 苏联的二元诉权论与大陆法系的诉权论。

② 详见张卫平：《再审制度：基础置换与重建》，载《中国法学》2003 年第 1 期。

③ 这些理念和价值倾向集中地反映了民事诉讼职权干预和传统文化的特征。详见张卫平：《转换的逻辑——我国民事诉讼体制转型分析》（修订版），法律出版社 2007 年版。

④ 参见苏力的本土资源论的相关论述。

⑤ 萨维尼历史法学派的认识。

畴中都呈现出一种极度紧张和冲突的状态，如程序简化与权利的保障；诉讼效率与程序正义；诉讼平等、处分自由与真实发现；职权探知、司法能动；权利主张、实现与权利让步；实质正义与形式正义；①实质真实与形式真实。这种状态实际上反映了法治阶段过渡时期——从“实质正义法治”向“形式正义法治”的过渡时期——的特点。尽管人们有着对传统保留的情结，但从社会发展和法治的发展而言回归传统是不大可能的，希望将传统保留并形成自己的特色恐怕不是我们主观愿望所能实现的。

其四，我国民事诉讼法学没有自己成熟的法学理论体系，因此，也就必然要通过学习、移植、借鉴域外的理论。就我国的传统而言——起源于清末民初的法律继受已经使得我国的民事诉讼法以及民事诉讼法学的理论留有大陆法系民事诉讼理论的内在印记。如前所述，在理论以及体系框架方面已经继受大陆法系的理论和体系特色——讲究概念之间的逻辑联系、讲究原则与制度的层级关系、方法论上基本遵循文意解释、目的解释的规则。而这一特色又与大陆法系的成文特点一致。但近些年来，随着国际化的发展趋势和影响，依托美国的语言、政治、文化、观念的全球影响，英美法尤其是美国法对我国法律和理论的影响也在日益加强。虽然民事诉讼法领域不像宪法、刑事诉讼法、商法、环保法、知识产权法那样强势的影响，②但也对民事诉讼法学产生了很大的影响，在制度和理论方面也在不断与大陆法系展开竞争，例如，诉答程序、审前程序、审前会议、证据开示、诉前禁令、审前和解、

① 实质正义抑或形式正义是任何法律程序或程序都要面对的问题。

② 同样是程序法，为什么刑事诉讼领域英美法的影响会如此之大，分析可能有以下缘由。英美法无论是制度，还是理论对民事诉讼法的影响都要小于刑事诉讼法，因为大陆法系的民事诉讼法依托的是强大的大陆私法体系，民事诉讼法的理论也是借鉴移植私法的理论建构的。而大陆法系的私法理论又汲取了罗马法的精髓，因此在理论的逻辑性、精致化程度方面都是英美法难以比拟的。在刑事诉讼法方面，与此不同，其相应的实体法属于公法体系，相对而言没有私法体系那样对程序法影响大，相反，在大陆法系的刑事诉讼理论依然受到私法理论的影响。而在英美法方面，基于程序正当性观念以及人权保障理论的先进性，大陆法系的理论和理念滞后于英美法。大陆法的规范层级理论也直接影响了关于刑事诉讼人权保障的提升。在这个方面理论的前沿和先进性使得英美法的理论更具有竞争实力。宪法、商法、环境保护法、知识产权法等领域也是基于此而对我国相应领域具有更大的影响。这些领域也直接关联美国在全球的政治、经济的影响力。参见法律的全球化。

争点效、集团诉讼等制度和理论都有相当的诱惑或竞争力。部分制度也为我国民事诉讼法和民诉法司法解释所接受或融合于既有制度之中。制度和理论的移植与借鉴往往是同时进行,因为理论与制度总是具有相互依存的关系。因此,我国民事诉讼法学也就在移植借鉴的过程中自觉或不自觉地融合大陆法系和英美法系民事诉讼理论的成分,因而,具有了两大法系理论的混合特色。在各自的不同思维、理念之下①形成的理论一旦混合,相互之间的冲突和龃龉也就自然潜伏其中,在实际运用当中定将不时凸显出来。②

---

① 例如,在大陆法系的诉讼中,基于公开审判的理念,公开原则、直接言辞原则都是诉讼所必须遵循的原则,因此,大陆法系在制度方面必然强调庭审,而不如英美法那样强调审前程序。因为大量诉讼活动如果在审前程序中进行将有违公开原则、直接言辞原则。而英美法强调的是解决纠纷的实际效果,是一种实用主义和经验主义的思维方式,由于律师制度的不同,律师实际上起着半个法官的作用,因此,英美民事诉讼并不在意是否公开,当然也就不在意庭审的公开和直接言辞原则。因此,诉答程序、证据开示、审前会议都会大行其道。关于英美民事诉讼制度与理论,详见[美]斯(史)蒂文·苏本等:《民事诉讼法——原理、实务与运行环境》,傅郁林等译,中国政法大学出版社2004年版;[美]杰克·弗兰德泰尔、玛丽·凯恩、阿瑟·米勒:《民事诉讼法》,夏登俊等译,中国政法大学出版社2003年版。徐昕:《英国民事诉讼与英国司法改革》,中国政法大学出版社2002年版。

② 例如,关于案件中专业问题的解明,英美法系采用是的专家证人制度,大陆法系采用的是鉴定人制度。专家证人又以英美的交叉询问制度为基础,而交叉询问制度又离不开英美法国家的律师制度,特别是美国。因此在构建专业问题解明制度时就必须注意两种不同体制的特点和基本条件。否则就会发生冲突和不整合的情形。我国现行民事诉讼,在这方面可能存在这样的问题。按照现在的制度规定似乎存在鉴定意见和专家证人制度。2012年的《民事诉讼法》第79条规定:"当事人可以申请人民法院通知有专门知识的人出庭,就鉴定人作出的鉴定意见或者专业问题提出意见。"最高人民法院2015年最高人民法院《关于适用〈民事诉讼法〉的解释》(以下简称《民诉法司法解释》)第122条第1款规定:"当事人可以依照民事诉讼法第七十九条的规定,在举证期限届满前申请一至二名具有专门知识的人出庭,代表当事人对鉴定意见进行质证,或者对案件事实所涉及的专业问题提出意见。"该条第2款规定:"具有专门知识的人在法庭上就专业问题提出的意见,视为当事人的陈述。"《民事诉讼法》和《民诉法司法解释》中的关于就"专门问题"提出意见的人在诉讼法上究竟是什么人,无论是在理论界,还是实务界都存在争议。如果按照英美证据法的理解,这样的人显然是专家证人。但问题在于,民事诉讼法对专业问题的解明方法还规定了鉴定人制度。由具有专业知识的鉴定人对案件涉及的专业问题提出鉴定意见。显然,我们不可能在同一诉讼中,将其中一部分专业问题交给专家证人,通过专业证人的方式解决;另一部分专业问题通过鉴定制度加以解决,如此,必然引发混乱。这里存在的问题是,制度设计者没有意识到鉴定应当包括类型化鉴定和非类型化鉴定。《民事诉讼法》第79条规定所谓"专业问题"实际上应当属于非类型化鉴定的范畴,同样属于鉴定的范围,并不存在与鉴定制度并列的专家证人制度,当然也不应当将这类人的专业意见视为当事人陈述。

虽然我国民事诉讼理论呈现出一种混合状态，但就其混合的成色而言，大陆法系依然是压倒性的。因为英美法系的判例法特征、经验主义法学、实用主义法学、独特的司法制度和律师制度使得英美法系的理论难以以体系化方式侵入我国的民事诉讼法理论之中，加之我国司法的形式主义特征，法官和律师难以发挥在英美法实践中的作用。[①] 因此在现有的环境之中，英美法的理论还难以在法系竞争中胜出，虽然英美法有强大的经济、文化、理念的支持。

特色与创新常常是联系在一起的。有创新就意味着有特色，创新的东西是他人所没有的，因而是有特色的。创新既是一种研究的动力也是研究的目的。就民事诉讼法领域而言，创新包括制度创新、技术创新（法律制度具体运用的技术创新）和理论创新。民事诉讼法学的创新当然就是指民事诉讼理论的创新。但应当注意的是，创新更多还是应对一种竞争而言的，所谓没有创新就会在竞争中失败，被淘汰。就我国的情形而言，创新具有政治、文化、社会存在等方面的含义和意义。在国际或全球的意义上讲的确存在这种竞争。但对于一项法律制度和法律理论而言，创新都是应该非常谨慎和严肃的。制度和理论的创新往往可能导致制度和理论背离基本的法理、原则、正确的价值理念。制度建构不存在竞争排斥的问题（学术上观点的竞争是另一个层面的问题）。尤其是在我国这样一个正处于法治初级阶段，尚无足够的制度实践和知识积累的情形下，追求制度和理论的创新其后果就可能是制度和理论的变形和扭曲，特别是在民粹主义意识影响之下。虽然各国的制度环境和背景有所不同，但处于相同的社会发展阶段或社会时期的某些规范的基本要求是共同的，尤其是人的本性、需求和理性算计方面是相同的。因此，异域的制度建构和与此相适应的理论就有了充分的可

① 更准确地讲，应该是针对美国法的情形，因为就法律实施的基本取向而言，相较于美国法，英国法的实施也同样具有更形式化特征。在形式化方面，大陆法系反而与英国更为接近。美国法律实施的实质化特征与美国法律的分散多元、司法制度、律师制度有直接的关系。因为我国的司法非独立的体制特征，使得法官在自由裁量的空间更小，形式化特征更加明显，将其称之为形式主义也不为过。关于法律实施的形式化与实质化详见萨默斯：《英美国家的形式推理与实质推理》，中国政法大学出版社2005年版。

借鉴性,所有的理论可以说都是制度实践的总结。因此,切不可以以创新为由排斥已历经百年的法学理论。对于仅一只脚刚迈进法治之门的我国社会而言,学习、理解、厘清各种诉讼法律制度的原理才是真正走向法律自主的前提。因此一味强调"创新"和"特色",就有可能导致我们忽视或轻视对民事诉讼原理的研究、分析和阐释,丧失对民事诉讼基本和原理的足够尊重,自说自话,误导学术研究。这是我国民事诉讼法学研究应当尽量避免的。

第二章

民事诉讼法学的贫困化分析

目　次

导言：贫困化问题的提出
一、民事诉讼法学理论与实践的脱离
二、研究方法的缺失与失范
三、研究主体自主性失位
四、程序与实体的分离
结语

导言：贫困化问题的提出

从20世纪80年代我国内地恢复法学研究开始至今，毋庸置疑我国的法学研究取得令人瞩目的成就，虽然法学各学科之间在其发展程度上有所差异。相较程序法学领域，实体法学领域发展更快；相较民事诉讼法学，刑事诉讼法学发展更快。[①] 这种发展进程与我国长期重刑轻民、重

① 就两大诉讼法学的比较而言，这种判断的一个依据是研究成果的产出数量（论文、著作）。提取21种法学类核心期刊刊登的刑事诉讼法和民事诉讼法的文章数量来看，刑事诉讼法方面的论文总量都高于民事诉讼法。资料显示1983～1993年，刑诉法学类论文618篇，民诉法学类454篇；1994～2004年刑诉法学类894篇，民诉法学类711篇；2005～2014年刑诉法学类758篇；民诉法学类520篇（上述数据由清华大学法学院博士研究生周洪江提供）。

实体轻程序密切相关，也是中国法治从初级向中高级阶段发展的必然，与中国的法制历史和法治的发展阶段吻合。就民事诉讼法学研究而言，[①]与改革开放之初相比，毫无疑问，我国民事诉讼法学已经有了相当大的发展。

对民事诉讼法学发展状态的上述认识主要是基于三个维度的考察和判断：其一是研究成果产出的规模化，其二是研究范围的广度，其三是研究的深度。研究产出的规模化程度主要考察论文发表和著作、译著、教材的产出量。论文发表方面，据不完全统计，近十年来每年大约有几百篇有关民事诉讼（含执行、仲裁、诉讼外调解）的论文公开发表，仅2007年在正式刊行的杂志上公开发表的关于民事诉讼的论文就有近800篇，从2007年到2010年每年论文发表的数量也还在持续增长，虽然增长率不高。[②] 数量上是惊人的，2012年民事诉讼法学方面的论文多达1500余篇。[③] 著作、译著、教材方面，从20世纪80年代至今，关于民事诉讼法方面的专著、译著约有几百种以上，民事诉讼法的教材约有近百种。独著的著作比例越来越高。在研究的广度方面，我国民事诉讼法学者的研究也已经基本涵盖了民事诉讼法的各个方面——主管与管辖、民事诉讼与审判程序、特别诉讼程序（如海事诉讼特别程序）保全、当事人、纠纷解决方式的多元化、执行、证据、裁判效力、检察监督、仲裁等。过去研究薄弱的非讼程序、家事诉讼程序，近几年有了比较细致和深入的研究。研究的深度是一个比较难以精确度量的维度。通常而言一个度量的标准是研究是否涉及了该问题的主要方面，问题的原因揭示和解释以及解决方案的设计上是否到达了很高境地。考察的依据资料主要是核心期刊论文与研究专门问题的著作，从这两个方面来看可以肯定有所深化。

研究方法的创新和运用是一个学科发展的标志。民事诉讼法学在研究方法方面也有所更新，并呈现多样化的发展态势，学者的研究视野也更加开

---

① 文中的民事诉讼法学是指广义上的民事诉讼法学，即包含关于民事诉讼程序、执行、仲裁、诉讼外纠纷解决与民事诉讼关联、民事诉讼法中非讼程序的相关研究。

② 此数据根据论文检索系统获得。

③ 参见《2013年法律年鉴》，法律出版社2013年版，第951页。

阔，人们试图突破过去简单解读、阐释民事诉讼法和司法解释文本的语义学和概念法学的束缚，试图更多地挖掘民事诉讼法的应有机理、结构和运行方式。

民事诉讼法学研究的发展与研究人才、研究实践的积累，与社会开放、制度借鉴、移植有直接的关系。经过几十年，已经培养了一大批民事诉讼法专业的硕士研究生和博士研究生，其中有相当数量的博士研究生毕业后成为讲授民事诉讼法的教师，继续从事着民事诉讼法的研究，不断推动着我国民事诉讼法学的发展。还有一批数量虽然不大，但影响很大的留学生们归来，也影响着我国民事诉讼法学的发展。20 世纪八九十年代毕业的硕士研究生和博士生已经成为民事诉讼法学方面的副教授、教授和博士生导师，这些人无疑是推进我国民事诉讼法学发展的主力军。除了高等院校的民事诉讼法学研究者之外，在各级司法实务部门从事研究的不少专家，尽管并非单一研究民事诉讼法，但也对民事诉讼法学的发展起到了重要的作用。无论是学者还是专家，通过几十年的研究，积淀了比较厚重的学术成果，为民事诉讼法学的进一步发展打下了基础。

但我们也应当清醒地认识到，我国民事诉讼法学还远远不能适应我国民事诉讼发展的需要。向外看，与其他法治发达的国家和地区相比，我国民事诉讼法学的发展还有很大的差距；向内看，与民事实体法学、刑法学、刑事诉讼法学等相比，民事诉讼法学也有很大的差距。这种差距还并非研究成果产出规模化的差距，还在于研究的实效性、研究的深度、研究的独创性、研究的针对性和研究的厚重性等方面。虽然论文、著作、教材，尤其是论文的产出虽有相当的规模，但是观点重复者多，且低层次者多，高水平论文少。如果更细致、深入地考察可以清晰地发现民事诉讼法学实际上处于一种贫困化的状态，并非像外在表现得那样光鲜和丰满；并且这种贫困化状态还在延续，在有的方面，甚至还在进一步扩大。

民事诉讼法学贫困化的表征是多方面的，笔者大体上将其归纳为四个方面：(1)民事诉讼法学理论与实践的脱离；(2)程序与实体的背离；(3)研究自主性失位；(4)研究方法的缺失与失范。这四个方面也就构成了我国民事诉讼法学贫困化的成因及相互影响的症候群(Syndrome)。这些表征同时也是民事诉讼法学贫困化的直接原因。间接但更为宏观、深层的原因是民事诉讼法治和学术研究生态环境。在诸多直接原因中,最主要、最关键的原因是理论与实践的脱离。深入分析这些原因,便可以发现更深层的原因,有些是制度性的、结构性的,与中国法治的进程和社会发展有直接关联。没有法治推进,就不可能有丰富的法治实践,也就不可能有法学的发展,也就不可能有民事诉讼法学的发展。限于专业研究领域,本章主要考察和分析民事诉讼法学贫困化的直接原因,法治发展的问题过于宏大远超笔者研究认知能力。

对民事诉讼法学贫困化的这种认识无疑是对我国民事诉讼法学的自省。笔者认为这种自省是非常必要的。没有这种自省,便不能倒逼人们着力于改变制约的环境、制度和机制,自然也就不可能有民事诉讼法学今后的发展。这种自省不是自卑,而是积极的姿态。笔者试图在本章中更深入地揭示民事诉讼法学贫困化的原因,并尽可能地提出能够消解这种贫困化的方法。

一、民事诉讼法学理论与实践的脱离

在意识形态的认识上,我们最痛恨的无疑是理论与实践的脱离。对于从事任何理论研究的学者而言,研究的规范性要求就是理论联系实践。脱离实践的理论无疑是无源之水,无本之木。然而我们所面临的现实状况恰恰是如此。这无疑是导致民事诉讼法学贫困化的主要原因。

我国民事诉讼法学与民事诉讼实践的隔离主要表现在以下几个方面:

其一,民事诉讼法学理论脱离民事诉讼实践,大多数理论阐述来源于民事诉讼法法典文本和司法解释文本的直接解释,是一种规范的语义展开,作为理论解释也基本是以国外的理论为解释工具。究其原因,就在于从事民事诉讼法学研究的理论工作者基本上不了解民事诉讼的实际运作。笔者所说的民事诉讼的实际运作是一种具有普遍性的,而不是作为学者个案实践的偶然感受和体会。众所周知,法律的规范与规范的实现具有相当大的距离，民事诉讼法的规范也是如此，甚至更加突出。一方面，我国民事诉讼的规范，尤其是作为法律文本本身是比较粗疏的，即使有进一步细化的司法解释也依然不可能完全做到程序操作层面的技术规范化程度。另一方面，各地诉讼或审判存在着自己的习惯，即使有规范要求，也未必能够按照规范运作，具体的司法人员对规范还有着自己的理解和解读。加之，我国民事诉讼规范的制定本身就在某种程度上具有一定的超前性，对实际运行具有相当的疏远性。我们并非指责这种法律规范上超前性，因为一定的法律本身总是对现存关系、行为的调整，法律不可能，也不应该迎合不符合社会发展要求的行为规范。但法律规范对社会关系的调整与现实运作之间究竟存在何种差异？这种差异的原因究竟是什么？学者们并不充分了解。仅仅简单地用人治的传统和司法的传统性来解释是完全不够的。

其二，从民事诉讼实务界的视角来看，民事诉讼实务与民事诉讼理论是分离的，实务基本上甚至完全游离于理论的影响之外。导致这种情形的原因主要在于，首先，理论的非现实性使其缺乏应有的指导力。而这又是由于理论与实践的隔离所致，这样一来，民事诉讼理论的隔靴搔痒使得民事诉讼实务人员不再愿意求助于理论界所提供的解释和指导。另外，司法实务人员更注重或关注的是具有理论支持的操作技术，然而，脱离了实践的民事诉讼理论根本无法细化到对技术操作层面的指导。其次，民事诉讼实务操作的随意性和非规范性，使得民事诉讼实务对于理论解释也没有急迫的需求。例如，在诉讼中法官对程序问题的过程以及处理结果的非公开性，使得审判实务人员对过程和结果的正当性的解释并不是十分在意。这也是传统司法的一个特点。于是理论对于司法行为正当性与否的解释作用便没有用武之地。

显然，民事诉讼理论与实践隔离的后果是相当严重的。由于脱离民事诉讼实践，使得理论界在普遍意义上无法认识问题和提出问题，也就无法在回答问题或解释问题的过程中提出相应的答案和作为答案的理论解释。作为极具实践性特点的民事诉讼法学，所研究的问题只能由实践提出，从实践中产生，没有接触实践，也就无从认识问题、发现问题。尽管学术界可能了解国外的理论,但却无法用理论有针对性地回答我国实践中的问题。比如,近年来在民事执行实务中,经常遇到因判决书中确认的实体权利的转让,而发生受让人是否可以申请强制执行以及在执行中是否可以变更执行权利人的问题。对此,实务界有两种截然不同的观点。[①] 但这一在实践中存在的问题却没有传递给理论界,因此理论界也无法给予理论上的相应关照和回应。在理论上这一问题的实质是判决执行力主体的扩张问题,在理论上完全可以给予充分解释。尽管在个别十分突出的实践问题上,通过长期的、分散的个体实践折射到了理论界,从而使理论界给予了具有现实性的关照,如在第三人诉讼制度这一问题上,指出了诉讼实践与法律规范、诉讼理论的差异,并在此基础上提出了各种协调方案,但这毕竟是少数情形,而且也未必充分全面地反映了第三人诉讼的全体和实践类型,更多的情形是雾中看花、瞎子摸象。对实践问题认识的片面性在所难免。

众所周知,知识来源于经验,按照培根的观点,“人作为自然界的臣相和解释者,他所能做、所懂的只能如他在实事中或思想中对自然所已观察到的那样多,也仅仅那样多:在此之外,他是既无所知,亦不能有所作为”。我们的理论知识获得当然可以是直接的,也可以是间接的,我们可以从国外的理论中获取知识,以指导我国的诉讼实践,但诉讼实践和语境的差异将导致理论的差异。在具有共同实践属性和发展趋势上,民事诉讼的基本原则和理论框架国外的理论毫无疑问是应当借鉴的,但在实践存在差异的情形下,依然援用不同语境下依据不同的经验所形成的理论有可能导致无的放矢。只有在特定的经验环境或过程中才能形成相应的知识,而这样的知识也才能对特定的诉讼实践给予足够的阐释力,通过对特定的实践问题进行分析和解读,从而形成具有自己特色的理论解释。

我们应当尊重民事诉讼的普遍规律和民事诉讼正义程序的基本要求,但这些普遍规律和程序正义的基本要求需要具体化一种技术规范和操作程序,而这一套技术规范和操作程序还需要有一整套源于基本原理和基本要

① 参见张卫平:《判决执行力主体范围的扩张》,载《现代法学》2007 年第 4 期。

求的中间层次的转接理论作为支持。如果没有对多样化和复杂化的实践样态的了解,我们不可能凭空臆想出来一套理论。我国现在的法治建构在技术层面基本上是大陆法系的逻辑方式,尤其是在民事诉讼法方面实际上继受的是大陆法民事诉讼的框架体系,尽管其原则和模式在内容上与大陆法有所不同,但法的框架结构是基本相同的,主要特点也是以民事诉讼法法典或规范性文本作为基本规范,将法典和规范性文本作为裁判的大前提,强调三段论的审判推理过程。因此,关于民事诉讼的理论也基本上以大陆法的理论为基础,在法律术语和概念方面有相当的承继性,也不可能离开这些理论的基础和主体。尤其是不断剔除原有意识形态和传统之后,大陆法的理论越加深入地渗入于我国民事诉讼理论之中,尽管美国民事诉讼制度和理论近些年来不断影响我国民事诉讼,但依然没有形成对大陆法理论框架的替换,尤其是法理思维的替代。

虽然我们现在还不能超越大陆法理论,也不可能摆脱大陆法的民事诉讼理论,但基于不同环境下的诉讼实践,必然要求具有相应语境的理论解释。如果能够深入实践,与实践互动也的确有可能生成具有我国自己特点的诉讼理论,尽管未必是整体性的、基础性的。让我们看看日本民事诉讼理论的情形,日本法的母体是德国法和法国法,其理论也源于德国和法国,但随着日本民事诉讼实践的不断发展,日本的民事诉讼理论也逐步摆脱言必称德国、法国的情形,对日本民事诉讼实践问题,逐渐形成了日本自己的理论解释,也因为一贯的学习、开放的民族惯习,使其在某些方面已经超越德国。反观我们自己的情形,当下我国民事诉讼理论与实践的严重隔离导致我们无法从实践中提出问题,并在解决问题中形成理论。无论诉权(特别是诉权的滥用)、诉讼标的(核心是诉讼标的同一性的识别问题)、当事人适格(重点是当事人适格的判断根据)、判决的既判力(既判力的效力范围问题)等几乎所有的民事诉讼中的理论问题都必须以诉讼实践活动为其认识和研究的前提。以共同诉讼理论为例,当我们不了解共同诉讼的实际情形和问题时,我们无法提出关于共同诉讼类型的划分,以及划分根据这样一些理论。只能按照传统的理论和国外的理论去套用,也必然导致驴唇不对马嘴的情形。因此,客观地,理论与实践的隔离是我国民事诉讼法学贫困的主要原因,现有的民事诉讼理论成了无源之水。①

我国民事诉讼理论与民事诉讼实践的严重隔离,导致理论界与实务界的隔离,彼此形成各自不同的,难以沟通和交流的话语体系,对于理论界而言,实务界俨然成了“他在”的另一个世界。理论界和实务界彼此轻视对方,理论界认为实务界没有按照法律和法理给定的规则“出牌”,经常是按照习惯的非规范操作,缺乏合法性;实务界自然指责理论界提供的理论是想当然,是闭门造车的结果,过于天真和理想化,实务界的实践具有自然法意义上的正当性。由于“两界”的这种彼此隔离也就无法形成良性互动、沟通,相互促进和发展。

中国对于西方社会而言,在相当大的程度上也是一种“他在”,因此在民事诉讼领域中存在着大量的“中国问题”。所谓“中国问题”就是在中国特殊环境中所发生的问题。在中国成为问题者,或许在国外根本不成为问题。例如起诉难、再审难或申诉难以及执行难的问题。由于不成为问题,因此国外民事诉讼理论往往不会予以探讨和研究,更不要说深入研究,生成解释理论。在诉讼领域中由于司法传统、司法理念以及司法环境的差异,所谓“中国问题”较之实体法领域显得更多一些,除了“三难问题”以外,在当事人、调解、证据、判决等,几乎所有的重要问题都存在“中国问题”。如前述所提到的判决确认的实体权利的转让与执行主体扩张就是一个“中国问题”,是一个执行难背景下产生的特殊问题,但在中国确是一个比较普遍的问题。这些“中国问题”用国外的理论是很难解释的,如同经济领域一样,用典型或主流的西方经济学理论是很难解释中国的经济现象和中国的经济发展。这就需要我们通过对实践的了解认识和提出“中国问题”并解释这些问题,由此形成自己的理论。但如果没有与实践的联系,这些“中国问题”将永远是问题。

我国民事诉讼法学的研究缺乏深度是学界的共识,虽然每年产出的论

---

① 张卫平:《无本之木——对民事诉讼法学现状的思考》,载《司法》2008 年。

文数量很大，但不能否认大多数论文在研究方面缺乏深度，通过与国外或海外同行论文的比较，这一点是很容易判断的。研究者的“应用文”心态、学者的生存状态、学术评价机制、学术刊物容量的限制、研究方法的局限等固然是重要的原因，但最主要的原因依然是对诉讼实践的隔离，导致研究者无法深入、全面地了解诉讼实践，也就无法将研究推向深入研究是不可能凭空想象的，没有深入和丰富的实务资料，学者不可能从大量诉讼实践中归纳和抽象出一般的认识，同时，由于隔离学者们也无法观察理论对于实践的反馈。

民事诉讼理论与民事诉讼实践的隔离还导致了法律人才培养的非实用性。在法学院学习的理论基本上是远远脱离实践的教科书知识，是典型的“黑板”知识。正是由于所传授的知识是脱离实践的，不具有指导实践的作用，因此学生毕业以后也就必须经历相当长的思维和知识的痛苦转型，而这种转型又可能因为缺乏正确的理论指导而导致实践的偏差，给民事诉讼实践带来消极影响，进而俗化成缺失程序理性的实践，使诉讼运行和程序操作始终处于低层次状态。

要打破或消解这种隔离，惟一的方法是公开判例，并将重要的程序问题的处理公开在判例中。在实体法方面，尽管也同样存在理论与实践的隔离问题，但由于我国重实体轻程序的观念意识没有得到根本改变，在部分公开的判例中作为实体问题的处理得到了反映，因此，相比之下，实体法的这种理论与实践的隔离程度要轻得多，这也是为什么在我国实体法理论远比程序法理论发达的原因之一。在部分公开的判例中，我们通常看不到法院和当事人对程序问题的态度和法律观点，只有在极少数情形下才能看到法院对程序问题的处理，以及处理的法律观点。虽然，从事民事诉讼理论研究的学者可以通过自己的实践——法律服务和从实务部门中获取实践信息，但通过这种方法获取民事诉讼实践的信息一方面不能确定是否具有普遍性和典型性，另一方面获取信息的成本也很高。从事理论研究的人并非不愿意深入了解诉讼实践，愿意在象牙塔中进行空对空的研究，实在是因为了解诉讼实际的成本太高。你可以深入一个法院去大量阅读该法院的案卷材料，除了需要消耗大量时间外，客观地讲，在没有公开判例的机制和高度认同的情况下,没有哪一个法院愿意将自己的裁判过程和结果向社会公开,多一事不如少一事,不仅是人们的一般心态,也是人们消极防卫的最好办法。在观念和客观影响上,向当事人公开与向社会公开总是有差异的,向当事人公开对社会的影响是间接的,向社会公开的影响是直接的。这种差异也就限制了人们对司法实践的个体行为的感知和了解。

从国外的情形来看,从事民事诉讼理论研究的人对民事诉讼实践的了解主要不是通过个人的实践活动和直接到法院了解实践活动的信息,而是通过阅读公开的判例来了解实务的实践活动以及司法人员对法律和理论的认知。在许多国家上级法院、终审法院的民事诉讼裁判结果几乎是全部公开,人们对于民事诉讼中的程序问题一目了然,很容易从公开的判例发现法律和理论在实践中的问题点,进而提出解决问题的理论解答,进一步完善法律。

只有公开判例,学术研究才能有的放矢,学术研究就有了标的,在充分了解实践发展的情况下,理论才能改进和发展,才能形成具有中国特色的理论。这些源于中国实践的理论才能有效地反过来指导实践,用于实践,形成良性循环,从而促进我国民事诉讼理论的发展,也解决了人才培养的非实用性和转型的高成本问题。判例公开的最大障碍主要是观念上的,作为司法部门担心的是,一旦公开就会导致审判的透明化,使外部和内部对审判过程中予以干预,司法中的政策性处理、不同法院之间审判过程和结果的差异性得以曝光。我们应当承认司法的干预、政策性处理以及不同法院之间审判的差异是客观存在的,但这些东西本身是作为消极因素而存在,我们在价值追求上和法治建设所要尽力避免的。随着司法体制改革的深入,特别是司法行政化程度的逐渐淡化以及政治体制改革的跟进,外部干预和内部干预频率和力度也会逐渐降低;临时多变的政策性调整逐步会让位于稳定的法律调整;法律教育的规范化也会使得司法人员对法律的理解具有统一性,因为法律认知的差异也会逐步减少。另一方面,判例的公开反过来也会促进上述几方面的积极变化。判例公开使得诉讼实践真正成为一个彼此共同学习、交流的大学校,会促使程序处理的不断进化。虽然地区间的社会差异是裁判差异的根据,社会差异的存在也必然使裁判的差异存在,应当承认,即使是同一性质的案件，在不同的社会背景下，裁判的处理应当有所不同，但只要裁判能够充分表达这种差异的正当性，人们也是完全可以理解和接受的。其实，案件的社会背景差异也就是案件本身的差异，因此，这种担心是完全没有必要的。

党的十八大之后，司法体制改革进入了一个新时期。司法公开作为这一时期司法体制改革的切入点。最高人民法院明确提出建立、完善审判流程公开、裁判文书公开、执行信息公开三大平台。① 相信作为政治行动的司法公开也必将促进司法实践与民事诉讼法学的连接，有助于克服理论与实践的脱离。但要想使民事诉讼法学理论真正与民事诉讼实践联系，司法公开还不能仅仅作为一种政治行为，一种姿态，还必须同时是一种具有法律意义的司法改革措施，需要相应的支持司法公开的技术手段（包括有助于人们更方便、快捷地查询司法信息的各种技术措施）。以裁判文书公开为例，需要的不仅是关于实体认定、裁判内容的公开，更重要的或主要的是程序性内容认定和裁决的公开。从目前公开的裁判文书来看，由于裁判文书均为过去时态，在原来的重实体程序的裁判理念的指导下，程序问题的处理几乎在文书中得不到反映。因此，如何将程序处理作为司法公开的重要内容是司法公开今后面临的课题和挑战。

二、研究方法的缺失与失范

（一）传统研究方法的自省

从方法与新理论及流派的关联角度讲，方法也是理论和学术流派之母。研究方法通常被视为实现研究目的的路径和工具。既然是路径和工具，自然对其研究成功与否具有非常的意义。一如马克斯·韦伯所言，“以新方法探索新问题”。② 研究方法不仅对具体的研究有重要意义，对于一门学科的

---

① 最高人民法院《关于推进司法公开三大平台建设的若干意见》（法发〔2013〕13号），2013年1月21日发布。

② 参见《社会科学认识和社会政策认识中的“多样性”》，载［德］马克斯·韦伯等：《社会科学方法论》，韩水法、莫茜译，中央编译出版社2008年版，第19页。

发展同样是十分重要的。许多学科都因为研究方法的进步而有所提升，如经济学、政治学、社会学等。法学也是如此。近年来，法学领域中关于研究方法的方法论问题已经成为学者议论的重要问题。像法理学、[1]民法学、刑法、[2]刑事诉讼法学[3]等法学学科对研究方法都有相当的论述和争论。尤其是民法学更是将民法学的研究方法作为民法学的基本问题进行研究。[4] 可以说学科越发达，关于方法论的研究也越深入。

在国内民事诉讼法学界尚未有关于民事诉讼法学研究方法的学术性专论，在国外倒是有学者专门论述过民事诉讼法学的研究方法。例如，日本民事诉讼法学者中村英朗教授就特别注重对研究方法的研究，有诸多关于民事诉讼法学研究方法的高论。例如，中村教授结合民事诉讼法学对法学与自然科学研究方法做过比较研究。中村教授的文章——《法学和自然科学在方法论上的关联》发表于 1995 年，文章的基本观点是，应当将当代自然科

---

① 参见舒国滢等：《法学方法论问题研究》，中国政法大学出版社 1997 年版，第 245 页。

② 刑法学中最大一个理论争论是客观主义刑法观和主观主义刑法观之争，这种争论最终也是方法论的问题。参见周光权：《刑法客观主义与方法论》，法律出版社 2013 年版。

③ 参见陈瑞华：《刑事诉讼法学的研究方法论》，北京大学出版社 2008 年版。

④ 国内一些重点法学院校的民法学者许多都专门为研究生开设了法学方法论课程，在民法或私法的视域中讲授方法论。国内民法学者对方法论的重视与德国民法学有关，也与德国民法大家、具有符号化的人物——拉伦茨及弟子中国台湾学者王泽鉴先生有关（王泽鉴先生无疑是德国民法及拉伦茨理论在中国的二传手）。德国民法学者尤为注重法学方法论，尤其在“二战”之前，民法学在方法论方面彰显了“帝国主义”的色彩。几乎可以说，每一位民法大家同时也是方法论大家，也是法学大家，是一种法学流派的开创者。温德沙伊德（Windscheid，1817～1892）、耶林（1818～1892）、萨维尼、埃尔利希（Ehrlich）、赫克（Heck，1858～1943）等均是人证。拉伦茨理论几乎成为一种神话，拉伦茨的精神世界也成为无底之谜。德国民法学者对方法论的重视与德国法的历史发展有直接关联。德国民法（私法）直接承继了罗马法，正是在罗马法的承继过程中产生了德国民法乃至德国法理论基础的概念法学。以后又因为方法论的改变发端了历史法学、利益法学、自由法学等。民法作为私法的代表和基础，反映了私法的基本特点，也因此可以说是大陆法系的基础。民法学的发展决定了私法的发展，也决定了大陆法系的发展。在某种意义上，是方法论的发展推动了私法的发展。在 20 世纪初，尤其是“二战”以后大陆法系的发展似乎渐渐地脱离了对私法的依赖，法理学关于方法论的研究直接与哲学等社会科学结合，生成了自己的方法论，形成了自己的发展轨迹，并反过来对各部门法发生作用。参见顾祝轩：《制造“拉伦茨神话”——德国方法论史》，法律出版社 2011 年版。［德］格尔德·克莱因海尔、杨·施罗德主编：《九百年来德意志及欧洲法学家》，许兰译，法律出版社 2005 年版。

学的方法论导入法学领域，只有将自然科学的学术构造及其方法为范式整序法学体系，才能够克服当今法学在方法论上的四分五裂的状态。中村教授对日本甚至大陆法系私法学和民事诉讼法学的批判是尖锐的，中村教授毫不客气地指出，私法学者将自己禁锢在康德的哲学世界里，私法学的理论体系完全依存于康德的哲学体系。而康德哲学不过是立足于当时牛顿古典力学时代以及自然科学世界观的理论体系。按照科恩的说法康德理论是牛顿自然科学的哲学表述。① 中村还顺便扫了一下公法学者凯尔森，认为他也是如此。其研究态度完全被囿于康德哲学的三维欧几里得几何学，不承认自然空间以外的空间。私法学者偏重于市民社会民法原理的掌握，仅将实体法规范作为自己的研究对象，其结果使得私法学成为了没有涉及国家职能的，仅限于有关市民（私法主体）之间法律关系的理论。用数学语言表达，这是一种二维空间理论。中村还认为私法学没有将时间坐标纳入其理论之中，因此，私法学对理论与现实脱节的现象毫无意识。②

① [日]中村宗雄：《学问的方法与诉讼理论》，成文堂（日本）1976年版，第16页。

② [日]中村英朗：《诉讼法学方法论：中村民事诉讼理论精要》，陈刚、段文波译，中国法制出版社2009年版，第4、5页。

中村教授从自然科学的认识论、方法论视角对私法学和民事诉讼法学的反思是十分新颖的，使我们从另一个视角看到了大陆法系私法学和民事诉讼法学研究存在的问题。不过，从我们的语境来看，似乎其实际作用并非革命性的，中村教授不过是提供了一个不同的视角，对于私法学和民事诉讼法学的发现不具有突破性。因为我们所特别熟悉的唯物辩证法原理早就告诉了我们，世界上的事物相互之间都是有联系的，看待任何事物都不应当割裂事物之间的联系。看待问题应当全面，应当从历史发展来看事物，总是离不开时间维度。根据这些辩证法的基本原理，程序法的研究自然就不应当脱离实体法，无论看待私法（实体法），还是诉讼法（程序法）都应当全面、立体和流动，而且由于是基于哲学的辩证法。因为辩证法本质上就是方法论，因此，这种联系论的认识既适用于自然科学，也适用于社会科学，是更为基础、一般的方法论，因此，与其引入自然科学的方法论，还不如直接引入哲学的认识论和方法论。当然，也许因为中村教授在日本的知识范式语境中不可能了解这些我们耳熟能详的认识论和方法论。另一方面，虽然自然科学与社会科学有其共同点，但毕竟自然科学不同于社会科学，因此，直接导入自然科学的方法论也可能存在误导。按照自然科学的理路，遵循自然科学的思维方式是早期社会科学研究的路子，早已经受到社会科学家如19世纪的马克斯·韦伯的批评。参见[德]马克斯·韦伯：《社会科学方法论》，韩水法、莫茜译，商务印书馆2013年版。当代的社会科学家如伽达默尔更是对在社会科学研究中植入自然科学方法持强烈的批判态度。参见[德]汗斯·伽达默尔：《真理与方法》，洪汉鼎译，上海译文出版社1999年版，第17、18页。

反思我们过去或传统的研究,主要问题是研究视角的单一性和方法的单一性。视角单一性即单纯从意识形态的视角看待国外和自己的民事诉讼制度。一切都是从政治的视角、阶级的视角或立场出发认识国外主要是所谓西方国家的民事诉讼制度和我们自己的民事诉讼。这一研究状态主要存在于改革开放之前及改革开放之初。特别是在20世纪50年代至改革开放之初。当时主要受意识形态的影响,法律和法学统统被打上了阶级的烙印,法律和法学被划分为资产阶级的或无产阶级的。西方国家的法律都是为资产阶级服务的,是资产阶级专政的工具。我们的法律是为无产阶级服务的,是无产阶级的专政工具。民事诉讼法也是如此,同样也具有阶级的色彩。所有的认识和分析都是批判性、否定性的。因为其结论是已经预设的,因此,所谓分析研究只是为这种预设的结论提供例证。所有的结论都是直接指向西方国家的民事诉讼法的本质——资产阶级的阶级性、虚伪性、工具性。无论是对西方民事诉讼的原则,还是对民事诉讼具体制度,均是从阶级性批判出发。原则方面主要是批判辩论原则、处分原则,诉讼理念方面主要是针对程序正义、程序设置的复杂性、程序成本的投入、时间的耗费,将这些民事诉讼中的缺陷与阶级性相联系。

这种无情批判的目的在于反衬无产阶级专政国家、社会主义国家民事诉讼制度的优越性、真实性。虽然也有对这些国家民事诉讼制度的分析,但这些分析并不是经验性、制度性描述性和程序性的,当然也不是实证性的。这种批判性分析主要是受苏联民事诉讼法学的深刻影响。这些批判性分析的结论对我国民事诉讼法产生了相当深远的影响,一直到现在这种影响还存在。特别是一方面对程序正当性、程序正义、程序价值的否定,另一方面强化了对实体正义的追求,强化了实质正义的绝对价值,导致对民事诉讼程序理念的根本性破坏,以至于现在还不能够真正树立起程序正义的理念,程序的安定性、既判力、再审程序非常化都难以成立,程序规范很容易受到实质正义的冲击,无法实现民事诉讼的现代化。对西方国家民事诉讼理念、制度的这种批判性分析在当下新威权主义、东方主义、民族主义、民粹主义的影响下,很容易借助意识形态这张旧船票重新搭上政治批判分析方法这只旧船,很容易使我们深深地陷在传统东西方对立认知架构之中。

在改革开放之后,随着大量法律的制定,各个相关法学学科的首要任务就是法条解释,而且主要是语义或文意解释。因此,规范分析的方法为主要的研究方法。就我们国家法治的实际形态而言,尽管我们还不是自治型法治国家,但作为法治国家,其基本特征依然是成文法国家,对法规范的认识依然是将国家制定法作为法的规范。虽然政党的政策和政府也实际上被视为法规范的一个组成部分,却又游离于法学研究的视野之外,因此,法学的任务主要是为立法、法律的完善和法律的解释提供知识依据。目前我国的法学与大陆法系相比其所谓立法中心主义的倾向要更加明显,因此,在法学研究方法方面,占中心和主导地位的是法规范分析或法解释学。虽然我们可以提倡法学研究的多元化,倡导研究方向的转向,但实际要摆脱法规范分析是不可能的。另一个很重要的原因,是我国独特的司法制度和司法环境。不仅因为我国的司法体制具有大陆法系法官消极、被动的司法特点,还因为在我国的司法体制下法官不是独立的,审判也不是独立的,因此不具备英美法系国家中法官的地位和作用。法官没有主体地位,法学研究也就永远不可能以司法为中心,也不会重点关注司法中法律实现的问题。即使存在关注,这种关注仍然会回归立法完善和法律解释的科学性问题。

改革开放之初的法解释学研究主要局限于语义分析,更多的是语言学意义的分析。这种分析无法深入到制度的深层,也无法揭示制度与制度的内在联系,以后的分析在社会进一步改革开放之后,因为诉讼制度建构的大量需求,需要移植、借鉴境外民事诉讼具体制度。因此,民事诉讼法学理论,早期主要是大陆法系的理论也成为境内民事诉讼法学者的分析工具。此后,随着美国经济、文化对中国社会的影响不断加大,英美法系的诉讼理论也随着英美民事诉讼制度的借鉴成为学者的分析工具,特别是在程序法哲学层面的影响最大。

境外法律理论运用的最大特点是对既有制度和理论提供了批判的武器。我国现行民事诉讼制度建构的主要源泉:一是 1949 年之前解放区纠纷解决的历史经验;二是对苏联民事诉讼制度的移植。而境外的其他国家或地区的理论显然与此没有多大关联，这些理论是在境外法律语境、法源、制度及制度实践基础上生成的，这就必然导致其理论与现有制度的不契合，但由于制度建构本身是一种否定性的生成，这种生成又是通过对国外诉讼制度的移植、借鉴实现的，因此也必然会同时吸纳相应的诉讼理论，也包括对诉讼理念的包容，所以从建构的角度又体现出一种悖论性契合。

这里涉及制度与理论的普适性问题，如果不承认制度与理论的普适性，则所有的制度和理论的移植和借鉴都是不能成立的。我们必须承认社会规范的普适性。这是社会发展和进步的体现，社会的发展和进步是因为存在普适性，有着普遍适用的标准。如果没有普适性存在，也就无所谓社会的发展和进步。所有的社会存在都可能是合理的，因为它总是以其特定的个别原因而存在。另一方面，制度和理论是人类知识的共同财富，是人们改造社会的共同智慧。中国社会的发展和进步不可能离开世界发展和进步的轨道，不可能不利用全人类的智慧为自己的发展和进步服务。当然也应当承认制度和理论生成语境的特殊性，也必须承认民事诉讼理论与我国语境的差异性。因此完全从国外民事诉讼理论话语来描述中国民事诉讼实践的确存在南橘北枳的问题。但总体而言，我国民事诉讼制度在建构方面是向着民事诉讼制度的现代化方向行进，现代化必然有其共同的价值目标和标准，因此，在理论方面也必然要以现代化的诉讼理论为基础。而理论的整体性及内在联系，要求我们必须从理论的整体架构来理解和运用，否则就可能割裂其内在联系。如何处理制度、理论的普适性与特殊性的相互关系是最难的问题，无疑是一个哲学问题。

（二）民事诉讼法学研究方法的多样性缺失

如前所述，过去民事诉讼法学研究在方法论上呈现的是单一性，在最初是政治性，所有的考察和分析都是服务于政治的要求，以是批判资产阶级民事诉讼法，歌颂社会主义诉讼制度为己任，是在非法治建构和理念前提下的作为。之后，在我国改革开放法律制度大量建立的法治初建背景下，其研究法是语义阐述，是语义性的，随后逐渐为规范分析所丰富。这样的研究方成为了民事诉讼法学研究的主流。规范分析方法主要是法的基本价值。

如果按照哲学家、法学家边沁的理解，规范分析方法包括两个分支：一是评判性的（是一种立法艺术），向人们说明法律为基础对立法、法律修改、法律的本意进行的分析，是一种法解释学领域中所运用的方法。"应该是什么"；二是解释性的，是向人们解释法律"是什么"。[①] 在民事诉讼法学的研究中，民事诉讼法学者说明民事诉讼"应该是什么"以及民事诉讼法"是什么"时主要是利用法学学科主要是民事诉讼法学学科的知识，利用的是法学以及民事诉讼法学的理论，这也导致了我们在分析说明民事诉讼法应该是什么、是什么的时候认识和分析视角的单一性和局限性，使我们不能全面、深入地认识民事诉讼法以及民事诉讼法运行的本质问题。

民事诉讼法学的研究对象是民事诉讼。[②] 一般而言，民事诉讼行为包括审判行为都是人们的社会行为。既然是人们的社会行为，也就可以运用解释人们社会行为的各种学科知识如经济学、社会学、心理学、政治学、伦理学等学科的视角、知识和方法对民事诉讼法进行研究。民事诉讼行为也是人的一种经济行为，从经济学的角度分析民事诉讼的运行，民事诉讼程序、制度的设置都是非常有意义的。在民事诉讼程序设置方面，普通程序、简易程序、小额诉讼程序、再审程序的设计都可以，也应当从经济学的角度进行分析研究。以小额诉讼程序的设计为例，小额诉讼制度设计中对于数额高低规定就涉及经济学、统计学、心理学、社会学等方面的分析。小额诉讼制度的一个关键点在于小额诉讼制度的适用范围，即小额的确定问题，上限应确定为多少为适当或正当。新法规定为，诉讼标的数额为各省、自治区、直辖市上年度就业人员年平均工资百分之三十以下，这一规定不能说不妥当，但却缺乏实证研究为依据。没有对数额的各档次进行实证调查，如常用问卷调查方法。小额诉讼制度的适用效果与其制度和程序结构有直接关系。现

---

① 参见[英]威廉·退宁：《全球化与法律理论》，钱向阳译，中国大百科全书出版社 2009 年版，第 21 页。

② [日]中村宗雄：《我的裁判理论》，载《早稻田法学》第 16 卷，1966 年 3 月。中文出自[日]中村宗熊、中村英郎：《诉讼法学方法论——中村民事诉讼理论精要》，陈刚、段文波译，中国法制出版社 2009 年版，第 27 ~ 28 页。中村理论认为，民事诉讼法学的研究对象并非仅为民事诉讼法，而是民事诉讼以此摆脱解释法学和概念法学的束缚。

在的小额诉讼程序设计为一审终审，可以再审。从规范解释学的角度，这两者毫无疑问存在矛盾紧张关系。一审终审偏重的是效率，再审偏重的是实质正义，但就小额诉讼的价值取向而言偏重于效率。正是由于可以适用再审救济，而申请再审率以及再审改判率又是法院审判管理的一项重要权重指数，这就必然导致基层法院审判人员在心理上不愿意适用小额诉讼程序，而愿意适用责任风险更小的简易诉讼程序，虽然就法律规定的意图而言，小额诉讼程序是一种强制适用程序。正是由于制度建立过程缺乏相应的研究，研究手段和方法上的缺失导致该制度存在着严重的先天缺陷。从小额诉讼制度初行一年多的情形来看，其适用率与预想的情形相去甚远。[①] 虽然，最高人民法院在新民事诉讼法公布实施前曾经试行过小额诉讼，但具体情形如何不得而知，据说试行的情形效果还不错。如何试行，有无预设引导等涉及统计学、社会学等方面的方法运用问题，作为一项具体制度的试行与自然科学中条件可控下的实验毕竟有很大的区别。有一点是相同的，一旦在试行的设计方面违反规范要求，这种试行一开始就是失败的，虽然实践中试行总是以成功的面貌示人。

除了经济学、统计学、伦理学、社会学、心理学等学科方法和视角对民事诉讼法的研究具有重要意义之外，另一个应当是政治学。尤其是在中国这样一个具有泛政治化特点的国度，从政治学的视角，政治学的方法考察分析民事诉讼当有非常重要的价值，能够更加清晰透彻地认识中国特定语境下的民事诉讼法。我国民事诉讼运行的诸多重要问题，如起诉难、再审难、执行难等所谓中国问题，实质上都与政治相关，可以说在某种意义上就是政治问题。例如，起诉难与司法制度有关，因为司法不独立，必然导致司法没有权威，法院没有裁判权威，法院也就不能、不敢按照自己对法律的理解受理和裁判案件，也就有了所谓具有中国特色的立案制度、专门的立案机构，对受理和立案给予了特别的重视。在我国，司法独立的问题涉及权力架构的

① 曾有最高人民法院官员预计，小额诉讼制度一旦建立实行将可能有30%左右的民事案件通过小额诉讼程序加以解决。从现在适用的情形来看显然过于乐观，许多法院适用小额诉讼程序还不到1%（现在还没有得到任何关于小额诉讼的官方统计数据，仅为个别调查）。

问题，涉及意识形态的问题当然是政治问题。这一问题从政治学的视角就可以看得十分清楚，显然这一问题不是单纯的法学问题，也不是法律能够解决的问题。再审难也是如此，也不是一个单纯的民事诉讼法的问题，也不只是法学的问题。[①] 再审难涉及司法信访，涉及信访制度，同样涉及司法制度、司法体制、司法权问题。信访制度实质上是一项政治制度，也与意识形态、政治体制有直接关系。信访制度与再审制度本质上是政治与法律的关系问题，两者之间的紧张关系是一种内在矛盾关系，更深层次而言是人治与法治的关系问题。如果不通过更深入的政治体制改革，这种紧张关系是无法消弭的。执行难与上述两难实质上也是同样的问题。从政治学上能够清楚地认识到这些所谓的中国问题，那么我们就可以对这些问题认识倒逼政治体制改革的进一步深化，推进政治体制改革，其意义十分深远。除了"三难"问题之外，民事诉讼中诸多问题也与中国独特的政治语境有直接的关系，如民事诉讼基本模式、民事诉讼的基本原则、级别管辖、法院主管范围、证明、证据调查等，因此，以政治学的视角、政治学的方法观察和分析这些制度是必不可少的。

民事诉讼法学研究的方法多样性缺失是一个现实，虽然这种情形有所改观。原因主要在于知识结构、专业素质养成方面的缺陷。按照传统法学研究人员的养成路径是很难培养出既具有经济学、社会学、心理学、政治学、伦理学等专业素质，同时又具有法学素质的所谓复合型研究人才。单纯的民事诉讼法学者在利用其他学科的方法进行研究很难达到专业程度，尤其是在经济学、社会学、心理学、统计学等这些与自然科学结合更加紧密的学科方面。期望民事诉讼法学的学者运用这些学科的规范方法进行是不现实的。民事诉讼法学者更多地还只是运用一些简单的分析工具，以及从这些学科的视角进行观察和分析。今后，如果要更多、更充分、更规范地运用其他学科的方法对民事诉讼进行研究，除了培养复合型人才之外，可能更多的，还需要借助交叉学科之间的协作。在国外，经济学界、心理学、社会学

---

① 张卫平：《起诉难：一个中国问题的思考》，载《法学研究》2009年第6期。

界、政治学界对法律问题的研究都有十分成功的范例,如美国经济学家诺贝尔经济学奖获得者贝克尔对法律问题的经济分析。[①]

宏观分析与微观分析的分离,整体认识与局部认识的分离,也可以归入研究方法的缺失,无论是宏观分析,还是微观分析都涉及研究方法的问题。虽然在民事诉讼的研究中,不乏宏观和微观分析,但将两者很好地结合与关照却是不够的。在研究中,由于人们总是从问题出发,而问题往往是直接的、具体的、局部的,因此人们习惯于从微观、局部寻找化解问题的方法。但实际上有些问题如果不从宏观的视角、整体的视角是很难发现问题的实质和本质。例如,立案难的问题,实质上是司法制度、司法权、司法与政治关系的问题,而并非起诉、立案制度本身的问题,因此仅仅就立案制度进行改革是不会有多大成效的。现在人们争论的是,是否应将现有的审查立案制改为登记立案制,而问题在于,如果法律的权威性、司法权的相对独立性不解决、法官的职业道德问题不解决,立案难就可能演变为登记难,实质问题仍然得不到解决。当然,我们一方面要从学术上认识起诉难、立案难的具体制度设计问题,另一方面也要从宏观、体制上予以认识才能更深刻地认识问题的实质或本质。

整体认识与局部认识的分离,也是民事诉讼法学研究中存在的问题。在研究中因为没有从整体上加以认识,往往导致研究结论从局部看是合理的、可行的,但这种认识却与诉讼制度的整体相冲突、矛盾。例如,在再审事由的设计上仅仅从局部看到违反管辖规定应当予以纠正,但没有从管辖制度的整体,从管辖权与司法权配置的关系上予以考虑,一味追求再审救济,就会发生救济过剩,成本、代价过高的情形。

无论宏观分析还是整体认识常常涉及民事诉讼的基本原理问题,忽视这些就必然导致对基本原理的忽视,使得研究结论常常与民事诉讼的基本原理相冲突。因此,在研究中应当尽量避免陷入孤立的微观分析和局部认

---

① [美]加里·S.贝克尔:《人类行为的经济分析》,王业宇、陈琪译,上海三联书店、上海人民出版社2008年版。

识之中，尽可能顾及宏观和整体，才能求得宏观与微观、整体与局部的照应。

（三）民事诉讼研究方法的失范

在民事诉讼法学研究中一方面是研究方法的缺失，另一方面也存在研究方法的失范问题。研究方法的失范主要是指，虽然使用了特点的研究方法，但却没有遵行该研究方法所要求的规范。不同的研究方法有相应不同的规范要求，否则就无法达到适用该研究方法的目的和效果。经济学有经济学特有的研究方法，这些方法的适用也有特定的规范要求，虽然各个学科的分析研究方法集中体现为各种理论、概念、原理、体系，人们对特定概念、理论、原理以及体系的理解有所不同，但作为主流观点，总是存在一定的"公约数"认同，成为人们认识世界的基本工具。经济学有经济学相应的分析研究方法；社会学有自己特有的研究方法，如田野调查、抽样调查方法等；统计学有统计学特有的研究方法和工具，例如，假设检验、方差分析、回归分析方法等；伦理学有伦理学的分析研究方法；政治学有政治学的分析研究方法等。

在民事诉讼研究中，对于法学之外其他学科研究方法的失范问题主要是基于专业知识不足，但在民事诉讼研究中人们认为比较常用的非技术性或技术性不那么强的研究方法的运用上也同样存在着失范的问题。这一问题直接影响我们对民事诉讼或民事诉讼法研究的科学性问题。

1. 比较研究方法的失范问题

比较研究方法是每一个法学学科都经常适用的方法。最经常采用的是制度比较，通过比较为制度改进提供借鉴、参照依据。作为一个后进的法治国家，通过比较、借鉴、移植尽快实现制度建构、调整、修正发挥制度的最大效用。

比较研究中常见的问题是忽视特定制度、理论的语境问题。特定制度的生成、结构、运作都有其相应的环境。特定理论也有相应的语境，理论总是相对于特定的现实进行的描述和概括。以纠纷解决中的诉讼调解或和解为例，曾经一段时期内，诉讼调解日渐式微，民事诉讼从强调调解到重视裁判，能调则调，当判则判。但从西方国家纠纷解决的发展态势来看，却是日渐重视和解、调解。于是，国内有不少学者认为这是世界发展趋势，为此，我们不应该丢掉我们重调解的传统,应回归到过去着重调解的原点。这种认识助长了诉讼泛调解化的态势,导致裁判功能的萎缩,裁判权威降低,也最终导致法律纸面化,法治空洞化。

比较研究方法的运用中最需要注意的是对语境的分析研究,分析不同制度的形成或生长环境,人们对这一制度评价的语境。对于西方发达国家而言,民事诉讼程序和民事实体法律已经有相当的发展,这种发展伴随着法律数量的膨胀或肥大化,法律程序的日益复杂化。法律程序的复杂化与程序正义在一定价值考量的范围内的正比关系,使得法律程序容易变得越来越复杂。但从纠纷解决的效率和成本的价值维度而言,法律程序的复杂化将与正义的效率和低成本要求形成冲突。因此,基于正义这一维度的诉求,要求人们在程序处理方面必须考量多种价值诉求的衡平,于是西方法治发达的国家开始强调纠纷解决效率、纠纷解决的多样化、非讼化、柔性化。诉讼和解的提倡正是在这样的语境下形成的。从诉讼和解率高的现实而言,也与西方国家如美国诉讼中证据开示制度(discovery)、[①]审前会议制度(Pretrial Conference)、[②]律师制度及律师中心主义、诉讼费用制度[③]有密切的关系。在这些制度的作用

① 通过证据开示制度(discovery)中的各种方法,双方律师能够将涉案的事实和证据予以充分开示,并以此为据固定争议焦点以及解决争议的证据。参见[美]杰克·H. 弗兰泰德尔、玛丽·凯·凯恩、阿瑟·R. 米勒:《民事诉讼法》,夏登峻等译,中国政法大学出版社 2001 年版,第 357 ~ 386 页。这一程序实际上具有大陆法系开庭审理的功能,虽然没有进入庭审阶段却已经实现揭示案件的作用,这为庭前和解奠定了基础。在案件事实充分开示,律师参与的情况下和解是容易达成的。

② 审前会议(Pretrial Conference)的一个功能是利用审前会议直接或通过替代解决争议程序鼓励、促进和解,以便缓解法院庭审压力。参见[美]杰克·H. 弗兰泰德尔、玛丽·凯·凯恩、阿瑟·R. 米勒:《民事诉讼法》,夏登峻等译,中国政法大学出版社 2001 年版,第 357 ~ 386 页。

③ 在美国,诉讼案件中律师费用不计入诉讼费用之中,因此败诉方并不承担胜诉方的律师费用。律师费用的多少由当事人与律师协商。律师费用的高低与诉讼阶段有关。如果案件进入庭审,则庭审中的律师费用将非常高。在律师费用规则方面,胜诉酬金制是具有美国特色的制度。胜诉酬金(contingent fee)是律师与当事人之间关于律师报酬的协议,按照这种协议,律师在准备和出庭陈述方面投入必要的时间,律师的报酬是当事人将来胜诉后取得的款项的一部分。正是美国律师费用这一特点成为导致在美国绝大多数案件不会进入庭审的原因之一,而是庭审前和解解决纠纷。参见方流芳:《法院收费制度考》,载《中国社会科学》1999 年第 3 期。

下，诉讼纠纷多数情形下完全可以通过律师在当事人之间达成和解，而无需通过法院裁判加以解决。与西方国家主要是美国的语境不同，我国作为一个法治初建国度，没有美国民事诉讼中相应的程序和制度，也没有如此数量的律师，更不是一个律师中心主义的国家。① 更重要的是，美国民事诉讼是通过制度和程序的安排实现了案件信息的合法公开、透明和对称，并依此促进和解。相较之下，在我国，诉讼调解的实现不是通过信息揭示的制度安排，而是通过所谓心理攻坚这种"软强制"实现。因此，我国的这种压制型诉讼调解就必然成为模糊案件事实、模糊权利义务界限，规避法律规范作用，模糊法官裁判责任、寻租获利的工具。② 在中国的法治初级阶段应当是更多地通过裁判向人们宣示法律、解释法律、理解法律、树立法律意识和理念，不仅需要通过裁判教育民众，也需要教育法官自己通过裁判学习法律，掌握法律。众所周知，调解无法普适性地向民众宣示法律的具体内容，人们难以通过调解深入地认识法律。而调解对事实和权利义务的软化和模糊化更会导致人们权利义务观念的淡化、软化、虚无化。法治初期我们就应该强化权利义务意识，强调人们的权利，需要人们为权利而斗争。因此在司法政策导向上不应强力干预促调解，而应当遵守民事诉讼处分原则、当事人自愿调解原则，按照当事人的意愿，不能调解就应当进行裁判。没有裁判，法院便没有权威，裁判的多种功能无法实现。③

西方国家纠纷解决多样化或多元化的发展趋势毫无疑问是我们应当紧紧跟随和追赶的，应尽快建构多元化的纠纷解决体系。另一方面，我们的诉讼程序还应当进一步完善，也有救济程序多样化的需求。不可否认的是，有些诉讼程序的完善就意味着程序可能更加复杂。就我们的普通程序、上诉程序和再审程序而言还存在许多程序上缺失。因此，我们不可以在程序简

---

① 美国作为一个西方法治国家其特点是律师中心主义，表现为律师对法律的运行和法律秩序的维系起着非常重要的作用，没有一个国家的律师能够像医生那样对社会发挥着如此重要的作用。

② 参见张卫平：《诉讼调解：时下态势的分析与思考》，载《法学》2007 年第 3 期。

③ 关于裁判功能的进一步论述，参见张卫平：《重估司法裁判的价值》，载张卫平：《司法改革论评》，厦门大学出版社 2012 年版。

化方面邯郸学步，在程序建构方面瘦子跟着胖子减肥。更要注意的是，切勿将西方国家学界对其法治的病理性分析和批判①当成对人治以及法治滞后现状的肯定和颂扬。西方学者的这种病理性分析和批判有其特定的语境，在西方社会思想多元化和多样化的社会现实中尤其需要注意把握个中真要。

2. 民事诉讼法史研究的失范

历史是一面镜子。人们也相信现实与历史有着内在的联系，现实是历史的延续。因此，对制度进行历史的研究、考证这种历史研究方法对于制度研究而言是十分重要的，对于民事诉讼也是如此。人类的行为都是历史的，但由于人们的实用主义、功利主义立场，容易导致人们在对待历史时忽视制度、事物的历史语境，从而将该制度的历史合理性当作当下制度合理性的根据。例如，在民事诉讼法的历史研究方面，马锡五审判方式历史语境的误读是一个典型。人们在对待马锡五审判方式时没有从这种审判方式当时的经济、政治、法律、观念语境进行分析，如果从这些语境进行分析，就很容易看清这种审判方式的历史特殊性。② 因此，马锡五审判方式的当代适用也就必须考虑是否适应当下的时代环境，而不是简单的历史传统承继。对马锡五审判方式的分析也不能简单地从法律层面、从纠纷解决方式来加以分析，还需要从政治层面来加以分析。

在民事诉讼法学历史研究的失范方面的另一个例子是民事检察监督制度起源的历史语境的误读。我们在论述我国检察监督制度的起源时几乎都不可能离开苏联的检察监督制度及其理论，尤其是民事检察监督。在认识苏联检察监督的起源时通常都将该制度的起源归于法制统一的需要。其根据是列宁对此的论述。列宁强调指出："法制不应该卡卢加省是一套，喀山省又是一套，而应该全俄罗斯统一，甚至全苏维埃共和国联邦统一"，"法制应当是统一的。"为了维护法制的统一，必须有专门的法律监督机关。列宁

---

① 关于对美国法治的病理性分析与批判，参见[美]玛丽·安·格伦顿：《法律人统治下的国度》，沈国琴、胡鸿雁译，中国政法大学出版社2010年版，第1～11页。

② 参见张卫平：《回归马锡五的思考》，载《现代法学》2009年第5期。

认为,检察机关不仅是公诉机关,而且是"法制的监督机关,是法律的维护者",是"国家的眼睛"。[①] 但我们应当注意的是,苏联的法制统一并不是现在意义上的法制统一,而是权力集中,所谓法制统一实质就是权力行使的统一。在当时,在苏联十月革命之初根本就谈不上法制,在斯大林时期也是如此,何来法制统一之说。离开了当时苏联的政治语境去看待检察监督制度的起源必然存在历史误识。因此,以当时苏联检察监督制度起源这一论述来论证现在我国检察监督制度的正当性显然是错误的。为了证成我国检察监督制度的正当性而掩盖苏联的历史真相是不负责任的态度。我国的检察监督制度从来也没有直接作为权力集中的工具,虽然也被视为阶级专政的"刀把子"。我国检察监督尤其是民事检察监督的存在只是一种苏联检察制度形式上的承继而已。

3. 实证研究方法的失范

著名经济学家约翰·凯恩斯在其名著《政治经济学的范畴与方法》中对科学门类进行了划分和界定。一类是实证科学,探讨是什么的系统知识体系;另一类是规范科学,探讨应该是什么标准的系统知识科学;还有一类是人文科学,是为了达到特定目标而设立的规则体系。[②] 就我的理解而言,法律科学或法学兼有规范科学和实证科学的特点,但主要是规范科学。与规范和实证特点相适应,在研究方法论上也就主要是两大类:一类是规范分析;一类是实证分析。规范分析方法主要是以法的基本价值为基础对立法、法律修改、法律的本意进行的分析,是一种法解释学领域中所运用的方法。

近年来,人们越来越重视用实证分析的方法进行研究,应用这类方法研究所形成的论文数量逐渐多起来,各种法学期刊对于这样的文章也比较欢迎,这类实证分析的文章大都在结论上与人们的一般认识或预想有所差异,如果不是如此,便不能显出文章的价值,人们对于简单印证通常的认识和观点没有兴趣。实证分析试图告诉人们,法律实际上怎么回事,法律能够做到

① 参见王德玲:《民事检察监督制度研究》,中国法制出版社 2006 年版,第 66、67 页。

② 参见[美]米尔顿·弗里德曼:《实证经济学方法论》,载[美]米尔顿·弗里德曼:《弗里德曼文萃》(上),胡雪峰、武玉宁译,首都经贸大学出版社 2000 年版,第 119 页。

什么程度,不能实现的法律规范都是多余的。这也是实证分析的基本价值所在。

这类利用实证分析方式写就的文章受欢迎的主要原因有以下几点:其一,论文的实证分析强调的是事实,是现实情形,以调查数据为凭。数据的精确性表达使得实证分析的文章也自然给人以客观、真实的印象。而在认识问题和解决问题方面,人们的价值要求就是真实、真相、客观。的确,也有不少这方面的文章写得很不错,调查做得很好,社会学知识和工具运用得恰到好处。其二,我们过去习惯于规范分析,而规范分析的前提预设、价值预设使得规范分析存在着教条和武断的弊端,规范分析往往脱离实际现状和情景,独断地想象法律制度应当是什么,武断地要求人们必须适应人们的主观设计规范,尤其是单纯的法条释义往往使人感到窒息。实证分析方法的引入犹如春风拂面。其三,实证分析由于主要是提供现实场景,因此无需从过去大量存在的规范分析的理论中寻求突破,因此,对于人们在研究上的心智消耗也要相对小一些,研究越是抽象和空泛,就越耗费研究者的心智。这里笔者并非说实证分析没有技术含量,实际上,实证分析也同样破费心智,仅就实证分析中的经常使用社会问卷调查方法,其设计就很有讲究。其四,实证分析方法受欢迎的另一个原因是,这类方法生产的论文可以更大程度避免被指责抄袭的问题。人们看重的是实证分析的结果,对于所用方法的雷同并不在意。在当前要求论文成果高产出的情形下,这无疑是一种应对的好方法(尽管就论文的写就而言,实证分析文章比规范分析、演绎方法写就的文章更费时间和金钱,但从刊载的成功率而言,实证分析文章效率更高)。

虽然,实证分析有如此的好处,但实证方法也必然存在相应的缺陷,这也是由实证分析的方法论特征所决定的。实证分析的消极方面主要在于,容易使人们消极、被动地承认现实的合理性,而不是以应然的、价值要求的,以法的基本原理为出发点,改革、修正现有制度,从而走向“现实就是合理的”保守主义的立场。以这种立场出发,则所有的价值追求、法的理念、法律原则、法律建构、法治建设都可能是没有意义的,这对于法治建设和推动社会转型都会造成消极影响。我们以学界关于审判委员会制度的争论为例。关于审判委员会制度的争论的核心问题是存废。北大苏力教授对此进行实证调查,“我们自信,获得的材料是有把握的”。经过考察,结论是“没有法官对这一制度的功用和必要提出质疑”。① 苏力教授的考察分析是以法官的认知为基础。但确定的命题是,法律是一个命令与禁令的体系,即是一个应然规范的体系,是规定性的命题。② 如果以上级法院法官的视角,相信他们一定会支持对下级法院审判的直接干预。相反,如果从下级法院法官的认知角度,一定会反对这种直接干预。陈瑞华教授则从审判原则、制度规范的规定出发,既有演绎推论,也有实证(实例)分析,其结论则完全相反,认为应当废除审判委员会制度。③

因此,在这一点上我们必须加以注意。实证分析的结果虽然使人保持一种冷静、反省、反思的姿态,但同时也会使人形成缺乏激情、保守、消极、宿命的心理结构,这对于认可社会进步、持社会改造论的人而言是不能认同的。当然,社会的应然与实然、事实与价值、主观与客观、积极与消极、主动与被动作为相对应的哲学范畴,虽然黑格尔和马克思为我们提供了辩证思考的方法,但正是由于辩证法本身的辩证性质所在,因而往往还是使人无法针对具体的事物和社会现象做出确定性的判断。

还应当注意的是,有的实证研究者往往将司法实践中运行的民事诉讼状态作为实然的状态,并把这种状态作为标准民事诉讼理论和规范是否正确的标准,这种认识是错误地或庸俗地理解“实践是检验真理的唯一标准”。因为,现实中的这种司法状态并非司法客观规律的自然体现,依然是人们的主观判断和价值要求所致,是按照特定的司法政策所为。这些司法政策反映了一些人对民事诉讼、对司法制度的理解,这种理解和认识在相当程度上

① 苏力:《基层法院审判委员会制度的考察及思考》,载《北大法律评论》1998 年第 1 卷第 2 辑。

② [德]齐佩利乌斯:《法学方法论》,金振豹译,法律出版社 2009 年版,第 4 页。

③ 陈瑞华:《正义的误区——评法院审判委员会制度》,载《北大法律评论》1998 年第 1 卷第 2 辑。

往往为特定的意识形态所左右。实践是人们改造世界的物质活动。实践具有主观与客观联系起来的特性。制度和理论的合理性当然需要实践加以检验,只有通过实践才能知道该制度是否符合人们的价值要求,但实践不是合理性本身。司法政策设计者的理念和认识与立法者的理念和认识的正确性、合理性都需要通过人们的实践活动加以检验,但按照某种司法理念和认识进行的司法活动虽然是实践活动并非实践检验的结果。因此,在实证研究中切忌简单地以司法现实作为修正制度和理论的根据和标准,如此很容易陷入“现实合理”这一“黑格尔陷阱”之中。

实证研究方法主要采取社会学研究方法,在社会学的研究方法中又主要运用统计调查法和实地研究法。但这两种方法的采用以及有效性都需要有相应的环境要求。在司法不开放的特定现实情形下,①两种研究方法都很难取得相应的效果。就统计调查而言,由于难以获得关于民事诉讼实际运行的基本数据,即使是民事诉讼运行的数据也被作为涉密的信息不予公开,因此研究人员很难采集到各种相关数据,导致实证研究很难真正进行。对于民事诉讼的实证研究当然要求对具体的民事诉讼状况有实证的了解,包括对民事诉讼的相关数据的掌握;对法官、律师、当事人的各种访谈;阅读民事诉讼相关的法律文书材料。然而在司法不开放的情形下,相关数据是很难获得的;即使有数据,也因为在司法领域数据本身是具有政治性的,即数

① 司法不开放是司法开放的反义词,是笔者对司法状态的两种描述。司法开放与司法公开不是一个含义。司法开放强调一种动态的、积极的状态,司法公开强调司法过程的公开。司法开放不仅是司法过程,也包括司法体制的开放、司法体制的积极演化。比较司法公开是一个更加宽泛、包容量更大的概念。司法不开放是对传统司法的概括性描述。有了这一概念,我们就有了论述的工具。例如我们对司法发展的期望就可以描述为,司法转型应该从封闭性的不开放司法转向开放的司法。

据会根据司法政策的要求或政治形势的需要加以设置,①因此数据的真实性是最有疑问的。对法官的访谈几乎是不可能的。在法律文书没有真正上网的情形下,通过直接阅览法院的法律文书想比较充分地了解某项诉讼制度的运行实况也几乎是不现实的,尤其是对于不是专门从事法社会学研究的学者而言。当然,即使司法再封闭,我们也可以通过各种方法对民事诉讼进行实证研究,因此,笔者并不否定实证研究的重要性,而是认为在司法不开放的情形下,实证研究面临着很大的困难,不是可以轻易能够成就之事。

我们以第三人撤销制度为例。2012 年新民事诉讼法修改增加了第三人撤销之诉制度。该项制度允许诉讼外的第三人在一定条件下,可以提出诉讼要求法院撤销他人之间已经生效的判决、裁定或调解书。这项制度因为在诸多细节方面没有具体明确的规定,因此导致人们对该项制度的适用存在差异。一种实证研究的方法是通过对某些法院对第三人撤销之诉的具体适用情形的调查了解该项制度适用究竟存在什么问题,这些问题是如何产生的,是制度设计的问题,还是人们的理解存在偏差?应当如何解决这些问题?是在技术层面进行调整,对制度设计进行修正,还是纠正人们的认识,正确地理解该项制度的具体运作,掌握这一制度运行的技术要领。还有一种实证研究是考察人们的司法实践。结果是离开规范要求和理论指示简单地认可人们实际操作的合理性,并以此为依据对抗法律的规定和制度的原理。任何一项制度都是规范性的,都意味着对原有实践行为的调整。制度的规范性也包含着自身的结构和原理的约束性,如果适用这些制度的实践

---

① 司法数据的政治性是基于司法的政治化和司法体制的政治化。我们以调解为例,但司法政策鼓励诉讼调解,将诉讼调解率的高低作为法院的政绩指标之一时,法院自然会在一定程度上调整实际的数据,至少可以通过有利的统计方法来实现这一点。如果不提倡高调解率,而是提倡提高裁判率,相信在司法政治化的社会情形下,裁判率的数据也很容易提高。在实际调查中,如果某项数据的高或低会给受调查法院带来负面的影响时,调查者是很难得到这些数据的。例如关于证人出庭率的调查,学术界往往是通过人们不愿出庭的一般心理推测诉讼中证人出庭率应该不高,但缺乏实证数据加以证明。如果法院愿意提供这方面的数据,相信要获得这一数据是不困难的,但由于在人们认识上,出庭率总是负面的,因此实际接受调查的法院就不愿意提供这方面的数据。至今,我们也没有看到被确证的特定法院关于民事诉讼出庭率的数据。

违反了这一制度的结构和原理,也就违反了这一规范,是不合法的行为。学术研究是研究法律制度合理结构,探讨其原理,使其发挥应有的规范作用,而不是简单地从人们的认识出发,如果这样就根本没有必要进行研究。因此,实证研究的第一种方法是可取的研究方法,通过实证研究的正确适用,为进一步修正和完善第三人撤销之诉制度提供理论指导。类似的情形在民事诉讼法的研究中还大量存在。

真正的实证研究,特别是统计调查和实地研究(田野调查)需要大量的时间投入、精力和体力的耗费,研究周期长,成果产出比低。另外,在以个体研究为主的法学研究领域中,要进行一定规模的实证研究对个体研究者而言常常力不从心。因此,除了司法实务部门以及专项实证研究课题有组织地进行研究之外,个体研究方面有成效的实证研究成果不多。在当下追求论文成果 GDP 的趋势下,实在的实证研究更是凤毛麟角。

正是因为真正的实证研究的高投入,使得当前有不少文章只是把实证分析作为一种讨巧的方法,把实证调查的数据作为文章的装饰。实际上,许多数据的获得是相当随意的。在研究中并没有按照规范的实证研究方法进行研究,也就是实证研究的失范问题。实证调查由于很难复查,由此也很难确定调查的真实性,其真实性主要是以调查者的诚信作为保障。在现在浮躁的学术生态环境中,调查者的学术忠诚度是很难把握的。正如人们所言,数字不会说谎,但说谎者在使用数字;其次,实证分析的相当一部分作业需要通过调查,调查就离不开社会学的技术方法,然而,这套技术手段是需要较长时间学习和实践的,大多数法学工作者都缺乏这方面的训练,例如,如何设计问卷调查等,如果在这方面存在欠缺则很难保证实证调查的真实性和可靠性。尽管社会科学大师马克斯·韦伯强调社会科学研究“价值无涉”,实证调查更是与价值判断无关,但实际上又必须承认,调查分析者的主观认识、价值都对调查结果有重大影响,不仅反映在诸如问卷调查的设计方面,而且也反映在调查对象的选择,也包括人为地对调查数据的取舍、修饰等主观行为。人们对实证研究过程和结论的判断其实还是以人们预设的价值判断为依据。

关于实证分析,我们还应当注意的是,实证分析所依赖的调查都是局部的，有其时间性、地域性，即使是真实可靠的，也往往难以说明抽象的、一般的问题，因此其学术价值就可能会大打折扣。虽然，我们可以说，麻雀虽小五脏俱全，通过解剖麻雀得到对其他鸟类的一般结构，但对社会现象范围的确定，毕竟不能完全确定其类型化，所以也就难以将局部的分析运用于一般情形，形成一种普遍化的知识，这也是社会科学不同于自然科学之处。

三、研究主体自主性失位

"自主性失位"，在这里是指学术研究主体自主性的丧失或错位，缺失研究主体应有的立场，具体是指在学术研究中研究者不能按照学科研究规律、原理、事实进行学术研究，而为这之外的权力、利益所左右。具体到民事诉讼法学自主性的失位，则是指在民事诉讼法学的研究中，研究主体不能依照法治、基本法理、民事诉讼的基本原理进行研究，并根据研究，形成具有指导实践的理论，而是依附或依从于一定的政治风向、利益需求、特定关系，使其所谓研究仅仅满足于预设的要求，一种戏法而已。[①] 这也是我国民事诉讼法学研究中的所谓庸俗化。"跟风"是一种常见的缺乏自主性的表现。所谓跟风，主要是研究主体为满足特定的社会、政治意识潮流，为这种意识的合理性提供理论依据。"跟风研究"的问题在于，其研究完全抛开了法治、基本法理、民事诉讼基本原理，而迎合某种政治意识的需要。这种研究由于是一种预设性论证，因此常常是从预设的结论需要出发。例如，为了获得论证预设的结果，以实用主义的心理，从外国法律制度和法律理论中去寻找证据。这些从预设目的出发所收集的论证依据往往严重地割裂了该国的法律语境和制度联系。

在此需要正确地把握现实、实践要求与民事诉讼法学研究相联系的关系问题。作为一种学问无疑应当源于实践、服务于实践，但理论、学术研究与实践的这种联系，并非是依附于现实。科学研究的任务不仅在于认识世界，还在于改造世界。尤其是中国这一法治初建的国度，理论如果只是诠释、依附于既有的司法现实，那就不可能指导实践、改造现实世界，也必然认

① 参见张卫平：《民事诉讼法学：进步与滞后》，载《法学研究》2011年第6期。

可“存在就是合理”的这一命题。理论研究就只能成为现实合理性存在的解释工具，成为社会改革、发展与进步的阻力。

在民事诉讼领域，自主性缺失方面比较典型的是，关于如何认识调解与判决的关系问题。

法院或诉讼调解制度是我国民事诉讼的特色，也就最能反映出我国民事诉讼体制的特点。法院调解制度一方面体现了中国传统民间调解纠纷的历史延续，另一方面也反映了我国民事诉讼的职权干预，是这两者的集中体现。从历史渊源来看，法院调解制度的前身是具有悠久历史的民间调解。民间调解的简便、灵活、根据的模糊性和非程序性为战争期间的民事以及其他纠纷的解决提供了本土资源，很容易为缺乏完善的实体法依据和法学理论规范的边区法院所吸收。在新民主主义革命时期，法院调解称为“司法调解”，是司法机关解决案件的一种十分重要的方式。与民间调解不同的是，由于调解是在司法机关主持下进行的，因此司法调解达成的调解协议具有法律效力，当事人双方必须遵守。在陕甘宁边区，纠纷的司法调解结案率达到48%（1944 年）。① 司法调解也是当时“马锡五审判方式”的一个重要组成部分，反映了“马锡五审判方式”的特色。② 由于法院调解（司法调解）显现了某些优越性——根据的模糊性和程序的灵活性等，并且法院调解制度又是政治路线——群众路线的体现，因而颇受上下各层的欢迎。于是在这一时期，人们又进一步提出了“调解为主，审判为辅”的审判政策，并作为一项原则在审判活动中予以贯彻。20 世纪 40 年代末，新政权废除了旧政权的“六法”，以新制定的法律、法规加以取代。1963 年最高人民法院召开了第一次全国民事审判工作会议，会议通过了《关于民事审判工作若干问题的意见（修正稿）》，在这个指导性意见中正式提出了“调查研究，就地解决、调解为主”的著名的关于民事审判工作的“十二字方针”，1964 年又进一步发展为“十六字方针”——“依靠群众，调查研究，就地解决，调解为主”。1982 年我

① 《当代中国的审判工作》（上），当代中国出版社 1993 年版，第 17 页。

② 张希坡：《马锡五审判方式》，法律出版社 1983 年版，第 22 ~ 25 页。

国颁布了《民事诉讼法》(试行),该法很明显地承继了传统民事诉讼的特点,其中最主要地就是界定了诉讼调解与裁判的关系。在该法律中明确规定:“人民法院审理民事案件,应当着重调解;调解无效的,应当及时判决。”这种在一般诉讼中实行着重调解,而非按照当事人意愿的诉讼调解显然有违民事诉讼当事人自由处分的精神和原则,也不符合中国社会发展的需要和现实。因此,1991 年对《民事诉讼法》(试行)进行了修改,制定正式的民事诉讼法时,关于调解部分,没有使用着重调解的提法,而是表述为,“人民法院审理民事案件,应当根据自愿和合法的原则进行调解;调解不成的,应当及时判决。”这样的规定无疑是符合诉讼调解与裁判的应有关系。虽然在实际运行中,基于诉讼体制、诉讼观念、实体法根据的缺失、法官裁判权威低下,诉讼调解与裁判的关系并没有完全兑现民事诉讼法的要求。

进入 21 世纪后,诉讼调解又开始受到重视,诉讼调解也渐渐热起来,形成了明显的“U”型回归态势。尤其是本世纪中后期之后,诉讼调解成为一种强势要求。由于简单地将调解与政治上的和谐社会的建构画等号,使得调解和诉讼调解也成了一种政治行为,为政治形势所左右。在强调调解的大背景之下,调解的功能被夸大,调解成为一种强势调解,调解成为一种“风”,成为一种运动,作为强烈行政化、政治化的法院也自然会将诉讼调解作为一项政治任务予以贯彻,在地方法院诉讼调解率被不断刷新,成为地方法院司法政绩的表征。

令人遗憾的是,作为民事诉讼法学没有能够为阻止这种错误导向提供理论支持,即使有极少数学者对此提出质疑、批评,但显得十分无助。相反,人们在没有认清不同语境的情形,反而认为这符合世界发展的大趋势,为诉讼的泛调解化提供理论支持。学者们在研究中的非独立性是导致研究非自主性的主要原因。学者的学术生存需要课题予以支撑,为了维持优势学术生态,人们也不得不依靠课题。由于在我国课题具有特定社会管理使命和功能,在泛政治化的社会结构中,课题也必然服务于特定的政治形势。由于学者对课题的依赖,因此也自然被课题的指向所绑定,也必须服从于课题要求。虽然,课题仅仅给予论证命题,研究结果未必一定证成该命题,但实际上课题总是以肯定性结论为预设的，其研究结果同样不大可能为否定性结论。在特定的环境下，研究课题往往是基于特定要求设立的，因此，依附性的研究课题更容易获得批准、立项，研究成果更容易发表，也更容易获奖。而自主性的研究项目，因为课题的边缘化而很难获得认同。研究主体也希望其社会地位、学术地位获得官方的认可，而不是学术界的认同和社会认同。

作为一种极具政策引导性课题研究项目，调解自然成为课题项目的主要内容，各级、各地有关课题研究项目中几乎都少不了调解，而因为研究项目实际存在预设性，因此，关于调解的项目研究几乎无一例外是论证其合理性，鲜有论证过度调解、泛调解弊端的，也没有项目研究者主张判决与调解的合理关系，强调判决的指引性、解释性，判决对事实、权利义务清晰性判断的积极意义，从而进一步误导人们了对调解的正确认识。

民事诉讼法学研究的非自主性或依附性产生的原因主要是，研究主体的非自主性，这种研究主体的非自主性又与特定的意识观念、研究体制、成果评价体制、课题管理体制、研究激励机制、社会的泛政治化、①泛行

① 所谓泛政治化，是对我国社会特征的一种概括和描述。在泛政治化的社会中，政治被视为社会的中心、核心，人们的社会活动被广泛地与政治紧密联系起来。在这一社会中，人们习惯于从政治的视角看待问题、分析问题。政治广泛地渗入人们的社会生活之中。政治作为管理社会、社会动员、处理社会关系的重要因素和方法，最极端的时期是十年“文化大革命”。改革开放以后，政治泛化程度有所减低，但泛政治化特征依然存在。

泛政治化的形成与中国社会的历史发展、意识形态的历史发展和政治权力架构有内在联系。从第一次国内革命战争开始，我们党的使命就是推翻三座大山，夺取政权，建立新政权，革命必然摧毁一切旧的秩序，必然要强调政治动员，而且要最广泛地进行政治动员。革命、夺取政权就是最大的政治，一切必须围绕这一政治任务。在1949年新中国成立后，政治任务虽然从夺取政权变为维系政权和巩固政权，但依然是一种革命，只是形式不同而已。因此在这种社会历史之下，社会必然呈现出一种泛政治化的现象。到了“文化大革命”期间，泛政治化走到了极端。泛政治化与特定的意识形态有关，从19世纪末开始，阶级及阶级斗争的观念和认识便传入我国，尤其是通过苏联的意识形态影响，我们坚信人类社会的一切历史都是阶级斗争的历史。推动社会发展的动力就是阶级斗争。政治就是一个阶级对另一个阶级的专政。这种意识形态必然导致人们认识上的泛政治化。人们习惯于从政治上看待社会现象，习惯于政治思维，习惯于用政治的方法解决所有社会问题。一切领域就是政治，在极端的时期，家庭关系也是政治关系。哲学、文学、法学、史学、艺术都被政治所侵染，成为政治、权力的奴婢。在政治架构方面，权力集中，权力的广泛化是社会泛政治化的一种十分重要的方面，由于观念认识上的原因，也因为历史的缘由，大政府、权力高度集中，权力广泛渗入社会，控制社会的各个领域也就必然导致社会的泛政治化。

政化、[1]泛权力化[2]有关。社会的泛政治化、泛行政化、泛权力化三者是彼此联系的,甚至在权力层面,三者是同一个东西,或者说一个物体的三个面。泛政治化是泛行政化也是泛权力化的表现。社会的泛政治化也包括学术界和学者的泛政治化。因此,社会的泛政治化是导致学者集体失语,学者自主性缺失的根本原因,学者被镶嵌在这种社会而不能自主。

亚里士多德指出,"人类在本性上,也正是一个政治动物"。[3] 人不可能离开社会,也不离开政治,但这里的政治主要是指一种支配与被支配的关系。就权力运作的基本方式而言,法治就是政治,是最大的政治。但就政治作为支配关系——权力运作层面而言,一切科学研究都应当遵循其客观规律,而不受权力即政治的支配,不能成为政治的奴婢、附庸。科学研究的自主性,法学研究的自主性也就是在这个意义上讲其价值是绝对的。法学研究毫无疑问涉及政治,涉及权力的运作,涉及权力的关系,也必然要受到权力的影响,受到意识形态的影响,但法学研究应当尽量避免这种影响,避免法学的意识形态化,因为法律本身也有着自身的规律,法学研究的目的就是探寻这种规律。法律难以与政治分开,但法律毕竟与政治是两个分野,法律问题应当尽量与政治问题

---

① 所谓泛行政化,是指社会关系的处理、社会管理呈现出一种普遍行政运作的方式,按照行政管理的观念、方式进行。行政化的运作方式的基本特点是,按照行政体制的结构和运作模式建构和运行的。行政机关的体制结构和运作方式需要满足整个行政管理自上而下的统一性和行政权力行使的效率性,这就要求在体制结构和运作方式方面强调行政内部的上下服从关系。上级机关对下级机关是一种命令与服从的关系。下级机关必须严格执行上级机关的行政命令;行政工作人员也必须严格执行本部门内上级的命令和指示。为了保证行政机关中,上对下的行政命令能够得到有效的执行,就必然要求有相应的组织形式和管理形式,有严格的行政等级差别。

社会管理应当根据社会关系的不同特点进行,如学术、学校教育、法院、学术团体、社群组织、艺术等都应当按照各自的特点、规律予以管理。如果在这些领域也按照行政化的方式,则形成了泛行政化。现在人们批评较多的是艺术、学术、教育、司法领域中的行政化问题,尤其是学校管理的行政化和法院的行政化问题。社会的泛行政化主要是权力的泛化和权力过于集中有关,与大政府的体制和观念有关。

② 所谓泛权力化,是指在权力渗入社会的各个方面,社会各方面都不可能离开权力。权力泛化与特定政治体制有关。越是强势政府、大政府,权力泛化现象越突出。我国社会的腐败之所以非常普遍和广泛与社会权力泛化有直接的关联,因为腐败是权力的影子。权力泛化的形成与中国的特定历史和社会背景有关。权力泛化必然导致社会的泛政治化、泛行政化。

③ [古希腊]亚里士多德:《政治学》,吴寿彭译,商务印书馆 2009 年版,第 7 页。

廓清。在某些情形下诉讼会涉及政治问题,但不解决政治问题。司法可以通过法律问题的解决随带化解政治问题,但解决政治问题不是司法的任务。不可否认在直接关联权力的领域,法律与政治是无法分开的,在立法领域,立法行为本身就是政治行为。但对于法律运行而言,我们应当尽量与政治分离,避免将法律问题政治化,避免用政治的方式和手段处理法律问题。法律思维与政治思维是不同的,法律的方法与政治的方法也是不同的。① 法律与政治始终存在一种内在的紧张关系。尤其是现代法律总是制约权力,维护权利为核心,因此必然与政治中的核心——权力形成一种制约关系。②

学术的进步依赖于学术争鸣,正确的学术观点是通过学术争鸣,在不断的竞争中胜出的。在缺失学术研究自主性的情形下,就不可能有真正的学术争鸣。没有迎合政治形势和主流意识形态的学术观点不会得到发表,没有自己的声音。所以自主性的缺失是阻碍中国学术研究发展的一个最大障碍。如果不能做到研究的自主性,脱离泛政治化、泛意识形态化的影响,那么就难以避免德国第二次世界大战时期相当一批具有相当学识的大师级学者被污染,学术被严重扭曲的历史悲剧。③

---

① 张卫平:《法律思维与政治思维》,载《浙江社会科学》2013年第12期。

② 有人提出司法应服从政治或司法服务于政治的主张。从广义的政治上讲,司法本身就是一种政治力量,司法是政治的一部分,在这个意义上,也就谈不上司法服从政治、服务于政治的问题。如论司法与政治之间的服务或服从关系,则显然是将政治作为一种司法之外的、处于对立面的权力来对待的。如此,司法在应然状态上就不能说是服从或服务的关系了,只能是制约权力的力量,因为司法活动就是法律的实施和实现。而现代法律的本质就是保障权利,制约权力。这也是对现代司法的基本要求。正是在这个意义上我们说,司法服从于或服务于政治是不符合现代法治精神的主张。

③ 在这些学者中也遗憾地包括了私法领域的大家,我们耳熟能详的拉伦茨教授。参见顾祝轩:《制造"拉伦茨神话"——德国方法论史》,法律出版社2011年版,第59页。当然最有代表性的当属卡尔·施米特(Karl Schmitt)。施米特是跨法学各学科,也跨人文各学科的,极具智慧的思想大师。其政治法学理论对我国学界有相当的影响。(因此,一些主张自由主义,反集权主义、国家主义的学者对刘小枫极力推介施米特的著作和理论感到难以理解)但他的反自由主义(施米特发狠说,自己最重要的著作——《宪法论》"就是要拿掉自由主义的死者面具")、反议会,拥戴纳粹的理论和作为使得其人物和思想变得极其复杂。尽管施米特为自己被打上纳粹法学家进行了辩护——"自己是受骗的人"。参见[德]Michael Stolleis:《德意志公法史》,王韵茹译,台湾元照出版有限公司2012年版,第211~215页。

要做到学术研究的自主性，在社会转型方面就必须实现去社会的泛政治化、泛权力化、泛行政化，如果只是简单要求学者坚持学术独立和自由是没有多大实际意义的。没有学术自由，就没有学术研究的自主性，也就不可能有学术的发展和繁荣，也就没有学术创新，也就不可能解“钱学森之问”。但学术自由必须以制度环境为条件，因此，可能最重要的还是要推进政治体制改革。政治体制改革的目标不能仅仅是抽象地推进民主和法治，还应当改革权力控制方式，缩小权力控制范围，改变政府职能，推动公民社会的建立和发展，只有政治体制改革在这方面的深化，才能真正实现社会的去泛政治化、泛权力化、泛行政化。也可以说，我国政治体制的目标从这一角度看，就是去三化，将权力关进制度的笼子里。一旦将权力关进了制度的笼子，权力得以缩小、得以限制，社会泛权力化的问题也就自然得以解决。当然，这方面的改革可以从宏观和微观、体制和制度多方面着手，一方面是宏观的、体制性的改革，另一方面也可以从具体的诸如研究体制、成果评价体制、课题管理体制、研究激励机制等方面进行改革，从宏观和微观两个方面协力推进相关改革，激励学者从事自主性研究，推动中国学术事业的发展。

四、程序与实体的分离

（一）程序与实体的关联

作为一对法律上的范畴，实体与程序、实体正义与程序正义的关系一直是法学、法哲学，也是民事诉讼法学中的一个基本问题。所谓“实体”包括实体权利义务和案件发生过程中与权利义务有关的事实，程序则是解决该实体权利义务所需要的程序和方法。与此相对应的、对立的法律规范是实体法与程序法。在大陆法系的历史上，在人们的价值观中，程序一直依附于实体。在价值选择方面，实体总是处于第一位和首要的，程序是第二位。受英美法观念的影响以及程序法的现代化进程，人们开始反思实体与程序的关系。程序为先,程序决定实体的观念逐渐为人们接受。[①] 有些学者甚至提出了程序乃实体之母的观点,[②]从一个方面界定实体与程序的关系。从19世纪上半叶开始,在德国普通法后期,民事诉讼法学从私法法学中独立出来,成为具有自己的理论体系,并不断扩展、深化发展至今。[③] 民事诉讼法学也逐渐成为整个法学体系中对应于民事实体法学的一门基本法学学科。[④]

虽然在我国的现实中,在观念上依然还是实体甚于程序,程序依附于实体。这种状况与我国的法治阶段是一致的,符合一些学者对法治发展阶段的界分特征。按照美国法学家诺内特和塞尔兹尼克对法治社会的类型划分模式,目前我国的法治状态大体上符合"控制(压制)法"(Pressure law)的法治社会类型特征。[⑤] 法治社会的更高一级的发展阶段是自治性法治社会。虽然我国的法律制定在很大程度上依据的是自治性法治社会这样一种法治社会的理念和法律逻辑,但我们此在的法治社会依然是"控制或压制型"法

---

① 英国法学家梅因在《早期法律习惯》中指出,英国普通法是在程序的缝隙中渗透出来的。最初的普通法的内容是有令状化程式化的诉讼程序构成。普通法权利依赖于诉讼程序而存在。程序法的错误将导致实体权利的丧失。参见徐昕:《反思程序与实体的关系》,载《民事诉讼法学专论》2008年卷,厦门大学出版社2008年版,第44页。

② [日]谷口安平:《程序的正义与诉讼》,王亚新、刘荣军译,中国政法大学出版社2002年版,第6页。对这种观点一些学者有所质疑,详见杜丹:《质疑"程序法是实体法之母"兼论民事程序法与民事实体法之关系》,载《法律适用》2006年第12期。有的学者认为法律上程序与实体起源于西方宗教,从西方宗教的历史发端来看,程序与实体是相伴而生的,相互对应,且互为产生的前提的,并非程序先于实体。参见李龙、阎兵:《历史维度中的实体法与程序法》,载《河北法学》2005年第7期。不过,谷口教授关于程序法是实体法之母的认识并非仅仅是时间维度。

③ [日]中村宗雄:《学问的方法与诉讼理论》,成文堂1976年版,第15、16页。

④ 虽然民事诉讼法学从私法学中独立出来,但民事诉讼法学在方法论上却没有独立出来,相反却承继了私法学一元化方法论的缺陷。在诉讼法独立的名义下,仅从诉讼法的立场分析诉讼法。参见[日]中村英朗:《诉讼法学方法论:中村民事诉讼理论精要》,陈刚、段文波译,中国法制出版社2009年版,第4、5页。

⑤ 控制性法治社会的基本特征还有诸如,司法不独立;法律的目的是秩序;合法性理由:社会防卫与国家利益;规则方面:粗糙、繁琐,对规则制定者只有微小的约束力;强制性方面:广泛的,对其限制是微弱的;道德方面:突出公共道德和法定道德主义;强迫道德;政治方面:法律从属于政治;对服从的期望是无条件的;在社会参与方面:批评被认为是不忠诚。这些描述应该说与现实场景大体是吻合的。参见[美]P. 诺内特、P. 塞尔兹尼克:《转变中的法律与社会:迈向回应型法》,张志铭译,中国政法大学出版社2004年版,第18页。

治社会，这也是法治社会必经阶段。这一社会的一个基本特点就是对实质正义的追求胜过程序正义的追求。[①] 基于这一价值追求，自然地实体也高于程序。这一点无论是立法、司法解释还是实践都能清晰地看到，尤其是实践中这种观念更加明显，再审程序的泛化就是一个有力的例证。

我国是一个特别注重政治意识形态或泛意识形态化的国度。受这种意识形态社会的影响，马克思关于实体法与程序法的论述和认识更是对中国民事诉讼法学关于实体与程序的认识有着重大的影响。马克思在莱茵省关于林木盗窃法的辩论中指出："如果审判程序只归结为一种毫无内容的形式，那么这样空洞的形式就没有任何独立的价值了，实体法却具有本身特有的必要的诉讼形式，审判程序和法二者之间的联系如此密切，就像植物的外形和植物的联系，动物的外形和血肉的联系一样。审判程序和法律应该具有同样的精神，因为审判程序只是法律的生命形式，因而也是法律的内部生命的表现。"[②]在这里，马克思谈到的"审判程序"和"法"的关系是指程序与实体的关系。在马克思的认识中，程序只是实体的表现形式，而实体是其内部生命。一旦离开实体法，程序法便没有了独立的价值。正是如此，也就决定了实体对程序的决定性地位。虽然没有程序不行，法必须要有其表现形式，但毕竟程序只是表现形式。仅就马克思的这一段话而言，可以说马克思是实体决定论者。马克思的这一认识无疑强化了人们对中国现阶段法治特性的现实认同。马克思的对程序法的认识与当时实体法学者对程序法与实体法关系的认识是一致的，体现了私法发展的时代特征。[③]

从中国社会法治发展的趋势而言，程序应当占有更重要的地位。在民事诉讼法学界基本上对这一点具有共识。但在我们重视程序价值独立性的

---

① ［美］P. 诺内特、P. 塞尔兹尼克：《转变中的法律与社会：迈向回应型法》，张志铭译，中国政法大学出版社2004年版，第35页。

② 《马克思恩格斯全集》（第一卷），中共中央马克思恩格斯列宁斯大林著作编译局，人民出版社2008年版，第248页。

③ 德国著名民法学者温德沙依德（Windscheid）就主张："诉讼应当以实体法认可的请求权为前提，当该项请求权不被他人承认时，才可以向法院起诉，因此诉讼制度旨在实现实体法上的权利。"参见江伟、邵明、陈刚：《民事诉权研究》，法律出版社2002年版，第6～10页。

同时,民事诉讼法学与实体法和实体法学的分离也越来突出。原本程序的独立价值与此并没有关系,民事诉讼法学与实体法学的分离是另一个层面的问题,虽与法律类型、法学学科的划分有直接关系。民事诉讼法学与实体法和实体法学的分离或隔离极大地影响了民事诉讼法学研究自身的发展。因为毕竟实体与程序、实体法与程序法有着内在的联系。程序的功能之一就是实现实体法的内容,实体法的实现与程序法规范的规定和程序的运行有直接的联系。只有通过正当程序实体权利义务的认定才能获得正当性,才能具有最广泛的社会意义。①

相反,实体法学也应当与程序法以及民事诉讼法学联系起来,实体法的建设和实体法学在其发展的道路上也并非独行侠。但现在的情形却是,实体法学和民事诉讼法学形成两条道上跑的车。这种情形在指定法律时尤为突出。许多法律,由于一开始就被定性为实体法以至于程序法学者很少予以关注,立法组织者也较少组织程序法学者参与,导致该法中的程序问题被忽视、程序规定缺失或扭曲,新消费者权益保护法就是一个典型的例子。当然反过来也同样如此,某一部法律一旦在性质上被确定为程序法,实体法的学者便被学科所隔离开来,导致实体法学者同样不能有效参与,因而无法从实体法视角审视相关程序的规定,也因此不能充分地将实体规定很好地镶入或嵌入程序法中。实体与程序的关系如筋骨血肉之关系,虽为各自存在、分立,但却不能分离。实体法学如果离开了程序、程序法学,其思维便始终只会在两维空间中运行,缺乏动态的诉讼维度,即时间维度。

(二)程序法、民事诉讼法学与实体法、实体法学分离的表征

与民事诉讼法相应的民事实体法的体系和内容非常庞大,民事诉讼法与民事实体法的关联也相应地非常广泛,但联系最为紧密和最多的无疑是民法。民法作为私法的主要法律奠定了整个私法的基础,因此民事诉讼法以及民事诉讼法学也必然在基础层面与民法发生最为基本的关系。从民事诉讼法和民事诉讼法学体系而言,几乎涉及民事诉讼法的所有阶段和程序,

① 刘荣军:《程序保障的理论视角》,法律出版社1999年版,第148页。

如果大致上进行梳理的话，大概主要有以下方面与民法以及民法学有密切的关联：(1)民事诉讼法的理念；(2)民事诉讼法的原则；(3)民事诉讼法体制；(4)审判权行使的范围；(5)管辖，尤其是地域管辖；(6)一事不再理；(7)适格当事人的确定；(8)共同诉讼；(9)第三人诉讼；(10)诉讼标的；(11)客观证明责任；(12)裁判的类型；(13)既判力主观范围与客观范围；(14)财产保全；(15)案件受理费的确定；(16)诉讼程序的界定与适用；(17)执行标的；(18)执行措施；(19)执行救济类型的划分与界定等。如果与各实体法相联系，内容就更加具体繁复。几乎在所有的实体法领域都有相应的程序联系点。例如，在商法领域中，证券侵权诉讼、股东派生诉讼、票据诉讼的管辖、当事人、证据等；债法中代位诉讼的当事人；物权法中物权诉讼的当事人等；知识产权诉讼的管辖、保全、证据等，不胜枚举。

民事诉讼法以及民事诉讼法与实体法的分离导致了民事诉讼法发展的停滞或扭曲，也影响了民事诉讼法学水平的提升，即使理论和体系在膨胀，也不过是希腊神话中西西里岛的独眼巨人(Cyclops)。例如，在民事诉讼法的理念、原则和体制方面由于没有能够充分体现反映民事实体法的精神，因而使得民事诉讼法的建设远远滞后于民事实体法的发展，导致民事法律的规定不能充分得以实现，民事权利义务得以实现。最典型的是民事诉讼法基本原则的建构，作为调整、规范民事诉讼基本社会关系的基本原则理应反映民事实体法的基本精神和原则，但在现行民事诉讼法和民事诉讼法学中却没有很好地予以反映。

再如，在共同诉讼的规范方面也没有能够很好地与实体法规范接轨。如关于必要共同诉讼，现在通行的观点是将连带责任也作为必要共同诉讼的基础，认为此种情形下诉讼标的是共同的，因此，但凡民事主体之间存在着连带责任在诉讼中连带责任者都应作为必要共同诉讼人。而按照债法的规定如果构成连带责任，债权人可以向应承担连带债务的其中一人予以请求，连带债务人应履行义务，该连带债务人履行义务后再向其他连带债务人请求相应义务。就此而言，在诉讼上就根本不需要通过必要共同诉讼，仅仅是一般的一对一诉讼即可。从此可以看出，现行关于必要共同诉讼的通行观点显然脱离了实体法的规定,想当然地从诉讼角度,认为应当将所有的连带债务纳入诉讼,以便查清案件事实。

又如,关于诉讼标的、一事不再理、既判力、第三人撤销之诉、客观证明等都与实体法以及实体法理论密切相关,尤其是实体法中的实体请求权规范和理论,一旦脱离实体法规范,民事诉讼简直就可以说是一片混乱。实体请求权的规范和理论与民事诉讼的规范和理论之间的关系反映了一种基础性的关系。不了解实体请求权的性质、特点和类型便不能认识和把握诉讼标的,也不可能建立起正确的诉讼标的概念,也就无法正确把握和认识一事不再理制度、判决的既判力、第三人撤销之诉、客观证明责任等。民事诉讼实务中,人们之所以难以理解和运行客观证明责任这一法律技术来解决主要事实真伪不明情形下如何裁判的问题,人们没有能够从实体请求权要件着手去认识证明责任的性质以及证明责任的分配,也就无法理解并运用这一法律技术。

另一方面,因为实体法与程序法的分离、脱节,也导致因这种分离、脱节使得人们可能以实体法的思维、视角、认识来看待程序法,建构程序法规范,从而也就有可能导致人们对程序法规范的设置和认识发生偏差,也就可能偏离了程序规范、程序法理的精神和内在要求。比较典型的是关于人民调解协议性质的认知问题。2002 年最高人民法院发布了《关于审理涉及人民调解协议的民事案件的若干规定》,该规定通过对调解协议效力的认定,使调解协议间接具有了强制效力。具体地说,人民调解协议的一方当事人如果不履行调解协议的,对方当事人不是像过去那样,就双方的民事纠纷向法院起诉,由法院对该纠纷进行审理并作出判决,而是就双方达成的人民调解协议向法院提起诉讼,法院直接对该人民调解协议进行审理和裁判。如果协议有效,并应当履行的,法院作出义务人履行协议的判决。这一规定的认知基础就是人民调解协议即合同。由于人民调解协议是一种解决纠纷的合同,所以,法院不再对“元纠纷”进行审理,而是就协议的合法性(“次纠纷”)进行审理。将调解协议作为合同,也避免了法院对“元纠纷”的审理,对“元纠纷”的解决将涉及最初民事法律关系的事实认定问题,而对调解协议的审理只是涉及调解协议有效性和协议中的权利义务问题，实际上是一种形式上的审查，相对而言要简单得多。该规定的理论基础是把调解协议作为一种民事合同，因为是合同，所以当事人应当按照约定履行自己的义务，不得擅自变更或者解除协议。但问题在于双方当事人之间就人民调解协议发生的争议其实质依然是对民事纠纷的争议，将人民调解协议视为合同必然回避民事纠纷本身，是一种单纯维护人民调解协议强制力的做法。这种做法显然与人民调解程序的特点是违背的，人民调解程序自身不具有使其结果具有强制力的正当性。将人民调解协议作为合同必然就要按照合同法的要求加以规范和处理，如违约金、协议的撤销、解除、变更、无效及无效后的处理等。如果将人民调解协议视为合同，其中一个问题是一方不履行调解协议是否应当承担违约金？或者是否可以在调解协议条款中设定违约金？双方当事人一旦对违约金发生争议，按照违约金属于实体争议则双方就可以通过诉讼程序加以解决，这必将影响原纠纷的解决。事实上，这种调解协议等于合同的认识也导入了诉讼调解的处理规范之中。最高人民法院2004年出台的《关于人民法院民事调解工作若干问题的规定》第10条规定："人民法院对于调解协议约定一方不履行协议应当承担民事责任的，应予准许。"这一规范的认知基础仍然是将法院调解协议视为是一种实体法上的合同。合同的视角也会影响人们对民事诉讼的其他领域对双方当事人为解决纠纷或实现权利义务的规范和制度的认识。例如，关于现行《民事诉讼法》第230条的规定，该条第2款规定："申请执行人因受欺诈、胁迫与被执行人达成和解协议，或者当事人不履行和解协议的，人民法院可以根据当事人的申请，恢复对原生效法律文书的执行。"如果将执行和解协议理解为实体法上的合同，则当然可以另行提起诉讼，要求履行执行和解协议，而非恢复原生效法律文书的执行。[①] 这里需要明确的是，诉讼契约虽然是当事人双方之间的协议，但并非关于民事权利义务的协议，因此不能按照实体法上的合同

① 法律也不可能规定直接强制执行和解协议，只能恢复原执行根据的执行，因为只有原执行根据才能强制执行。当事人双方履行和解协议是当事人对实体权利的处分，不受原执行根据的约束，但如果强制执行和解无疑改变了原执行根据，这是不允许的。

关系予以调整,必须按照诉讼的目的、价值予以调整。

不同的视角对同一事物的看法其结果就可能有所不同。宪法的视角、民法的视角、民事诉讼法的视角有所不同,其对同一规范问题的看法结论就可能不同。问题的复杂性在于,从不同的视角来认识是必然的,也是应该的,但哪一种的认识结论才是合理的、科学的?实质问题是关于程序法的认识和判断应当服从谁,应当接受实体的价值判断,还是程序的价值判断?如果接受实体的,则程序的独立价值如何体现和坚持?如果接受程序的价值判断,以程序的价值判断为根据,那么与实体的联系如何体现?这一问题毫无疑问具有哲学性。笔者的认识是,价值判断的选择是动态和辩证的,不唯实体法或程序法,选择取决于基本的法的价值判断,服从于人们对法律基本价值的追求。只有这样才能回答人们关于为何必须以这样的视角来加以认识才是正当的,而非各行其是,将自己的学科理论视为"帝国主义"。可以肯定的是,从不同学科的视角对同一事物的审视和探讨无疑是有意义的,有助于人们寻求到制度建构和制度运行的最佳状态。

(三)分离、脱节的原因分析

按照通说的法理,法律根据其调整对象的不同而有所不同。如果是调整有关当事人之间实体权利义务社会关系的法律,便被归入实体法;如果是调整程序中主体、参与人程序权利义务社会关系的法律便被归入程序法。这种实体法与程序法的划分也并非人们的主观行为,而是法律不同的内容和特点所决定的。虽然,许多实体法中也有不少关于程序的规范,程序法中也有不少关于实体法的规定,形成一种你中有我,我中有你的状态,但从总体内容的基本属性来看依然能够清晰地对该法律作出判断。也就是说,法律中实体法与程序法的分野是一种自然状态,实体法与程序法的各自独立也是自然的,也许今后发展会展现一种否定之否定的发展态势,从合到分,由分而合,但也只是部分的分与合,实体法与程序法的界分不可能弥合的。实体法和程序法有着各自的规律、价值和结构特征,各自有自己的发展轨迹。

正是由于法律分野的存在,实体法与程序法的各自独立特性,也就必然有相应的学科分立,实体法学和程序法学,如民法学和民事诉讼法学。实体法学和程序法学有着各自相应的研究对象。同时,实体法学和程序法学也不断形成自己的话语体系,并且在自己的话语体系中生长和发展,逐渐形成一种封闭的学术体系,甚至在思维方式上也具有自我的特点,强化了实体法与程序法科学知识的个性特征,甚至具有了范式的意义。一个学科是否成熟的一个标志是专属于本学科的概念的多少。独立的学科是由一套完整表述自我特性的概念体系构成的,也就是特定的话语体系。正是这种不断形成的封闭的,具有特殊话语的体系,使得各自的理论体系成为一个不开放的象牙塔。学术象牙塔中的研究人员也需要这种封闭维系自己的生存,防止外界随意进入,加剧竞争。可以不同的法律门类是自我封闭的基础,而学科的存在和发展强化了分立。学科越发达、体系越完善,其封闭程度也就越高。

学科的发展与法学教学有直接关联。法学院校的法学专业课程也是按照基本的法律分类来安排,某一学科课时的多少也是按照该学科的重要程度和内容的多少来分配的。某一法律领域的课程门类越多、课时越多,就意味着该学科越受重视,也就发展得越好。一般情形下,法学课程的安排也是相应法律的结构、特点来安排的,因此,按照实体法和程序法的划分而存在的法学教育也必然强化实体法与程序法的分离,而不仅仅是分立。内地法学学科的划分方面受大陆法系的影响极大,尤其是受日本、中国台湾地区的影响甚深,在学科方面更明确地将民事实体法与民事程序法加以分立。从事民事法律研究和教学的学者一般不再从事民事诉讼法的研究,反之亦如此。在内地教学行政也是按照学科的分类予以设置的,如刑法教研室、民法教研室、诉讼法教研室,由于首先考虑了实体法与程序法的分野,因此,诉讼法教研室作为教学行政单位已经忽视了刑民之间的差异,将程序法与实体法的差异作为设置的根据,虽然有的在内部也存在刑事诉讼法与民事诉讼法两个教研组的划分。

正是这种封闭的知识体系使得民事诉讼法以及民事诉讼法学的发展发生了日益与实体法以及实体法学的脱离。尽管作为法学院的学生会接受整个法学系统的全面教学,在这个意义上,对学生而言知识是贯通的,但是一旦这些学生成为研究者之后即被强制纳入既定的学术研究轨道，在特定的学科轨道中运行。学科的特定话语系统形成一个具有强大引力的磁场，一旦离开特定学科轨道就可能丧失话语权，研究者就可能消失得无影无踪。虽然有从事交叉学科研究的，但也必须有一个基本的学术依托和归属，有自己的学科“国籍”。对自己本学科知识越了解，基础越扎实，自我封闭的程度也越严重，对其他学科的知识也越排斥，对其他学科了解也越少也就是成了所谓“专家”。这种情形在大陆法系尤为明显，这与大陆法系概念法学的历史有直接的关联。

（四）民事诉讼法学的开放及与实体法的交融

程序法与实体法的分立是现实，也是一种自然状态，我们必须予以承认。这种状态造就了独立的民事诉讼法学，使其独立性获得客观根据，但也存在封闭式、自我发展的弊端，从而脱离实体法以及实体法学的发展。这种封闭式的自我发展因为完全否定了程序法与实体法的内在联系，正如上述所分析的那样必然会影响民事诉讼法学的良性发育。因此，民事诉讼法学今后的良性发展不是否定程序法与实体法的分立，不是否定民事诉讼法学的独立性，而是应当在今后的发展使民事诉讼法学成为一门开放的学科，在自己的发展过程中，不断关注实体法以及实体法学的发展，与实体法的发展形成一种交融，需要、吸收实体法学者的积极参与，不断以实体法视角审视民事诉讼法和民事诉讼法学，以实体法和实体法学的知识滋润着民事诉讼法学的发展。要达成这一目标就要求学习、研究民事诉讼法学的人成为拥有两栖思维、知识的人才，并能随时跟踪实体法以及实体法学的发展，当然要做到这一点无疑十分困难，一个人的精力毕竟是有限的，但我们可以为此而努力。相应地，实体法学的发展也应当是开放的，实体法学也不能成为一个自高自大的“帝国主义”，坚持自己的帝国主义话语权，成为封闭的“帝国”。

结语

以上是笔者对我国民事诉讼法学贫困化主要或直接的原因分析。除此之外，从相对间接或外部的原因来看，还包括民事诉讼法治发展的滞后、充分学术自由度的欠缺、学术研究生态的恶化、良好的学术评价机制、学术争鸣的缺失、学术组织的行政化、学术人才培养的投入不够、深层学术交流与学术开放的欠缺等。这些因素归结起来，不外乎两个大的方面：民事诉讼法治与学术生态环境。

在上述间接或外部原因当中，如再论其与民事诉讼法学发展的关联程度，则最直接的因素无疑是民事诉讼法治的滞后。民事诉讼法治是民事诉讼的规范性实践活动，其实践活动如何，在一定意义上也就决定或制约了民事诉讼法学的发展。在民事诉讼法治滞后的情形下，是不大可能有民事诉讼法学的发展，具有学术先进性特征。民事诉讼法治的发展包括了民事诉讼法规范的建构和民事诉讼法的实现程度，特别是民事诉讼法的实现程度。我国民事诉讼法治的滞后不仅反映了民事诉讼法规范建构方面，更重要的是民事诉讼法实现的不充分。民事诉讼法规范的建构①一方面反映了民事诉讼法学研究对民事诉讼法规范的能动作用以及作用程度，同时民事诉讼法规范的建构和完善也会刺激和促进民事诉讼法学的发展。然而，我国民事诉讼法规范的建构由于其建构理念、建构程序在开放性、民主性、科学性层面还存有较大的距离，使得民事诉讼法学的研究难以充分反映在民事诉讼规范的建构之中，在法学积极影响和促进法治的环节上是断裂的，这种断裂也就导致难以通过民事诉讼法规范的建构促进民事诉讼法学的发展。尤其是民事诉讼法规范建构中的部分扭曲对于民事诉讼法学更是具有抑制作用。在法解释学层面，这种扭曲状态往往使民事诉讼法学处于十分尴尬的境地，有的先进的制度建构却因为各种原因导致制度的纸面化。例如，代表

① 民事诉讼法规范的建构不仅指民事诉讼法规范在立法层面的制定和修改，也包括最高司法机关的司法解释活动中的实质性建构行为，例如，关于适用民事诉讼法的大量司法解释的制定以及指导性案例的选择和确定等。

人诉讼制度。①

诚然,比之民事诉讼法规范建构的制约,更严重制约民事诉讼法学的是民事诉讼法治中的实践层面,即民事诉讼法规范的实现活动。由于不能充分实现民事诉讼法规范,也就难以充分反映民事诉讼法规范的内容。虽然扭曲的实施也能够丰富我们的研究,探究扭曲的原因,但却无法了解民事诉讼法在应然状态的运行姿态。对这种扭曲状态下民事诉讼的运行状态的研究可能已经超越了民事诉讼法学研究的范畴,成为社会学、政治学研究的对象。显然,规范适用与不规范适用的实践是两种不同的实践活动。对于部门法学而言更重要的是在规范适用下的实践活动。另一方面,民事诉讼法治因为民事司法的不开放,也必然导致民事诉讼法学无法与丰富的民事诉讼实践活动相联系,也就导致了民事诉讼法学理论与实践的脱离,回归到了本章上述所谈到的问题。没有民事诉讼法治的推进和提升,就不可能推进民事诉讼法学的发展和提升。

更宏观的因素是学术生态环境问题。学术生态环境就不仅仅是民事诉讼法学,也不仅是法学发展的宏观制约因素,而是我国人文科学甚至整个学术研究的宏观制约因素,也就是所谓"钱学森之问"②的实质问题所在。"钱学森之问"虽然直接拷问的是教育,但同时也指向学术。人们常常指责学者们在研究中的浮躁心态和作为,但我们没有追问何以存在这样的浮躁心态和作为,即对浮躁原因的追问。不注重深入、扎实、厚重的基础理论研究,而

---

① 代表人诉讼制度原本是作为一种高效解决群体性纠纷(尤其是大规模侵权纠纷引发的现代型诉讼)的集合性诉讼制度,但在实践中却几乎没有被适用。虽然这一制度在细节方面还有诸多技术问题需要解决,但这些技术性问题通过实践是可以解决的,关键是司法政策的导向问题。代表人诉讼这种有利于社会稳定的诉讼制度反而被作为妨碍社会稳定的制度,从而阻碍了该制度的适用。因为没有实践需要,因此除了个别的实证研究之外,民事诉讼法学界对这一制度缺乏足够关注,也就不可能更深入地研究这一制度。

② "为什么我们的学校总是培养不出杰出人才?"这就是著名的"钱学森之问"(该问题也被简化为"为什么中国出不了大师")。笔者的随想是,钱学森本人实际上并不是提出问题以及寻求答案。作为原子弹之父、系统论的倡导者,钱学森是知道答案的。暮年发问就是一种拷问、批判,也是一种无奈。"钱学森之问"的问题只在于难以找到解决问题的答案,作为发问的对象——原总理温家宝也是如此。

是注重轻浮的“高大上”的学术末节成果的所谓“创新”。浮躁的根本原因在于学者所处的学术生态环境,是这种恶劣的学术生态环境造就了学者浮躁的普遍状态。学术生态环境的内容是相当广泛的,包括学术自由、学者的社会地位、学术评价机制、学术争鸣、学术激励机制、学术与学术研究管理的关系、课题的管理、学术人才的培养机制、学术资源的分配、学术资源的投入、学术研究人员的物质活动保障等。可以说现行的环境、体制、机制对于抑制学术自由、学术创新,刺激短期、功利化的学术行为,追求学术成果的 GDP,助长学术行政化,扭曲学术竞争具有因果关联。如果没有充分的学术自由度、应有的社会地位、科学的学术评价机制、正常良好的学术争鸣、合理的学术激励机制、正确的学术管理体制、公正的学术资源分配、充足的学术资源的投入、课题管理的非政治化、非行政化、人才培养的现代化、学术从业人员体面的物质保障等,学术研究的发展,所谓争取一流的学术,一流的法学也都只能是空气震荡而已,学术研究也就必然进一步走向焦虑、浮躁与贫困。

第三章

民事诉讼法学方法论

一、引言

在学界,人们对法律方法论涵义的理解具有多义性。[①]其中多数人认为广义的法律方法包括法律适用的方法和法学研究,甚至立法方法(包括法律移植、法规清理、法典编纂的方法)。[②] 从狭义上讲,所谓法学方法论,简而言之,就是认识法律及其本质的方法。法学方法论只是认识法律价值的工具,[③]包括适用法律、法律解释、法律漏洞补救的方法。[④] 因为法学研究也是为了更好地认识法律,因此法学方法也包括法学研究方法或等同于法学研究方法。

从方法与新理论及流派的关联角度讲,方法也是理论和学术流派之母。研究方法通常被视为实现研究目的的路径和工具。既然是路径和工具,自然对其研究成功与否具有非常的意义。一如马克斯·韦伯所言,“以新方法探索

① 国内外学者对法律方法、法学方法论涵义的不同观点,参见焦宝乾:《法律论证:思维与方法》,北京大学出版社2010年版,第42~45页。

② 严存生:《作为技术的法律方法》,载《法学论坛》2003年第1期。

③ 李慧忠:《案例式法学方法论》(第二版),新学林出版股份有限公司2014年版,第5页。作者在序言中指出,法学方法论只是认识法律价值的工具,无法解决政治情绪,也无法排除故意的官商勾结或政治操弄。换言之,法律之外的政治问题不是法学方法论所解决的问题。

④ 陈金钊:《法治与法律方法》,山东人民出版社2003年版,第198页。

新问题”。[1] 研究方法不仅对具体的研究有着重要意义，对于一门学科的发展同样是十分重要的。许多学科都因为研究方法的进步而有所提升，如经济学、政治学、社会学等，法学也是如此。近些年来，法学领域中关于研究方法的方法论问题已经成为学者议论的重要问题，像法理学、[2]民法学、刑法、[3]刑事诉讼法学[4]等法学学科对研究方法都有相当的论述和争论。尤其是民法学更是将民法学的研究方法作为民法学的基本问题进行研究。[5] 可以说学科越发达，关于方法论的研究也越深入。

相较民法学对方法论的高度兴趣，民事诉讼法学领域就显得冷清多了，论述和研究方法论的很少，也几乎没有学者结合民事诉讼法以及民事诉讼法的理论谈论民事诉讼法学的方法论问题。分析冷热差异的原因，主要有以下几个方面：

其一，是对于大陆法系来讲，民法学的发展和体系化都与特定的方法论有密切的关系。大陆法系法律的特征就是发达的私法，而私法又源于古代罗马法。民法或私法理论和体系的形成和发展与潘德克吞学说汇纂体系(Pandeketensystem)有直接的关系。德国民法就是按照这一体系编纂的，日本民法典也属于此类，可以说没有方法论便没有民法典也没有民法学。

其二，是基于民法学的传承和移植。现代私法或民法学传承了德国编纂法学(Pandekten)，[6]我国民法也主要借鉴移植了大陆法系的民法学理论，

① 参见[德]马克斯·韦伯：《社会科学认识和社会政策认识中的“多样性”》，载马克斯·韦伯：《社会科学方法论》，中央编译出版社2008年版，第19页。

② 参见舒国滢等：《法学方法论问题研究》，中国政法大学出版社1997年版，第245页。

③ 刑法学中最大一个理论争论是客观主义刑法观和主观主义刑法观之争，这种争论最终也是方法论的问题。参见周光权：《刑法客观主义与方法论》，法律出版社2013年版。

④ 陈瑞华：《刑事诉讼法学的研究方法论》，北京大学出版社2008年版。

⑤ 国内一些重点法学院校的民法学者许多都专门为研究生开设了法学方法论课程，在民法或私法的视域中讲授方法论。国内民法学者对方法论的重视与德国民法学有关，也与德国民法大家、具有符号化的人物——拉伦茨及其弟子中国台湾学者王泽鉴先生有关(王泽鉴先生无疑是德国民法及拉伦茨理论在中国的二传手)。德国民法学者尤为注重法学方法论，尤其是在“二战”之前，民法学在方法论方面彰显了“帝国主义”的色彩。

⑥ [日]中村宗雄：《法学与自然科学在方法论上的关联》，载[日]中村宗雄：《诉讼法学方法论》，陈刚、段文波译，中国法制出版社2009年版，第1页。

源头是德国民法体系。发端于德国民法(私法)的这种法解释体系和方法也就自然对我国民法学产生很大的影响。可以说,没有方法论就没有民法。德国学者卡尔·拉伦茨指出,法学方法确切地讲就是在私法领域将法律规范适用于需要裁判的"案件"的方法,适用法律过程中对法律进行解释的方法以及法院发展法律的方法。① 在德国,每一位民法大家同时也是方法论大家,也是法学大家,是一种法学流派的开创者。萨维尼(1779~1861)、温德沙伊德(Windscheid,1817~1892)、耶林(1818~1892)、埃尔利希(Ehrlich)、赫克(Heck,1858~1943)等均是例证。拉伦茨理论几乎成为一种神话,拉伦茨的精神世界也成为无底之谜。

德国民法学者对方法论的重视与德国法及德国法学的历史发展有直接关联。德国民法(私法)直接承继了罗马法,正是在罗马法的研究和承继过程中产生了对德国民法乃至德国法理论基础的概念法学。以后又因为方法论的改变,发端了历史法学、利益法学、自由法学等。民法作为私法的代表和基础,反映了私法的基本特点,也因此可以说是大陆法系的基础。民法学的发展决定了私法的发展,也决定了大陆法系的发展。在某种意义上,是方法论的发展推动了私法的发展。在20世纪初,尤其是"二战"以后大陆法系的发展似乎渐渐地脱离了对私法的依赖,法理学关于方法论的研究直接与哲学等社会科学结合,生成了自己的方法论,形成了自己的发展轨迹,并反过来对各部门法发生作用。② 民事诉讼法学脱胎于民法学,民事诉讼法学的方法也依赖民法学方法。

其三,法学方法论以认识法律本质或价值为目的,因此在成文法国家,规范研究就是最主要的研究方法。而民法作为私法中的基本法,且有民法典作为基本规范文本,规范研究有了基本的条件。同时又因为民法典和其他民法规范具有高度抽象性或概括性以及庞杂的民法体系,因此需要通过

---

① [德]卡尔·拉伦茨:《法学方法论》,陈爱娥译,商务印书馆2003年版,第19页。

② 参见顾祝轩:《制造"拉伦茨神话"——德国方法论史》,法律出版社2011年版。[德]格尔德·克莱因海尔、杨·施罗德主编:《九百年来德意志及欧洲法学家》,许兰译,法律出版社2005年版。

解释才能实现法律的正确适用。而如何解释、如何认识法律的原则与例外、普通法与特别法、法律构成要件,矛盾、冲突规范的适用等问题都必然涉及如何认识法律的方法论问题。相比较而言,民事诉讼法是关于程序性事项的规范,而非涉及社会中私人生活的各个方面,虽然体系也比较复杂,但其广泛性依然是无法与民法比拟的。因此,民事诉讼法在方法论上的需求方面也就相对要少一些。

其四,民法的规范效力不像民事诉讼法那样具有程序上的流变性,相对具有绝对性和静止性。在该领域只要违反民法的规定,便不能产生相应规定的法律效果。民事诉讼有所不同,即使诉讼主体(当事人、其他诉讼参与人以及法院)的诉讼行为违反民事诉讼程序的规定,也不一定绝对否定其行为的程序效力。对于某些诉讼程序上有瑕疵的行为或者没有满足民事诉讼法行为要件的行为,可以因为当事人异议权(责问权)的放弃或丧失,使得该有瑕疵的诉讼行为依然具有相应的法律效力。例如当事人的管辖、反诉、质证、法院的送达等。① 在民事诉讼中,法官还需要根据案件的具体情况,尤其是在法律规定缺失或不明确的情形下,通过能动解释,实际上创造了新的法律规范以实现纠纷解决的实质公正或满足司法政策(政治)的需要。这种司法上的能动性在一定程度上使得法律规范并非具有绝对的约束性,因此也导致了作为方法论核心的解释变得不那么重要。在新康德主义法律观看来,法律是一个应然的规范体系,法不是对事实的描述,是对行为的规定,是

① 在民事诉讼法理上,没有按照诉讼程序的要求实施的诉讼行为属于在程序上有瑕疵的行为。瑕疵诉讼行为在民事诉讼中未必就是无效的诉讼行为,只要有利害关系的对方当事人对此没有提出异议,放弃或丧失异议权(责问权),该诉讼行为的瑕疵就被治愈,依然具有相应的法律效力。之所以如此,是因为在诉讼程序已经进行的情形下,完全否定诉讼行为的效力将导致诉讼程序的不安定,同时,还因为当事人是诉讼的利害关系人,对诉讼进行、诉讼行为的实施具有监督权,如果放弃和丧失这种监督权就得承担相应的后果。在这个意义上,对对方诉讼行为的监督也是当事人的责任。由于在我国民事诉讼法没有异议权的一般规定,导致对瑕疵诉讼行为否定的绝对化,从而影响了诉讼程序的安定性和诉讼效率,在诉的变更、反诉、送达、质证等方面反映比较突出。关于瑕疵诉讼行为异议权,详见[日]竹下守夫、伊藤真编集:《注释民事诉讼法(3)口头辩论》,有斐阁 1998 年版,第 317~335 页。

规定性命题。[①] 而传统的法学方法或者民法的方法关注的正是应然的法律规范。

最后,就我国的现实来看,民法与民诉法的此盛彼衰与我国的司法制度、司法政策、司法理念有关。由于我国司法体制尚处于转型过程中——从非专业性、非技术性职业开始转型于专业性、技术性司法的过程中,对于尚未脱离于原有形态的司法而言不可能对法学方法论存在需求。作为非专业化、非技术化的司法人员在具体的司法过程中,许多情形下更多凭感觉和生活经验进行,粗放式司法、诉讼的调解化、[②]诉讼的非讼化、[③]司法的行政化都必然导致民事诉讼的研究远离法学方法论。[④] 法学方法论讲究的就是法律适用的妥当性和科学性,而法律适用的妥当性和科学性则都必须通过解释的精致化予以实现。民法规范的研究常常脱离流动中的诉讼状态,静止地考虑其合理性和正当性。因此不会受到司法运行环境和状态的影响,是对一种"前司法"行为的研究。这种研究以理想的、"真空的"司法状态为预设前提,而这种状态更有利于规范分析方法论的理论研究。

迄今为止,在国内民事诉讼法学界,尚未有关于民事诉讼法学研究方法的学术性专论。在国外,则有民事诉讼法学者专门研究、论述民事诉讼法学的研究方法问题。例如,日本著名民事诉讼法学者中村宗雄教授就特别重

---

① [德]齐佩利乌斯:《法学方法论》,金振豹译,法律出版社 2009 年版,第 4 页。

② 诉讼调解化是指,在民事诉讼中追求以调解结案,尽量避免以审理裁判方式解决纠纷的现象(参见张卫平:《诉讼调解:时下态势的分析与思考》,载《法学》2007 年第 3 期)。由于调解实际上不需要明确界定案件事实(而案件的事实认定则必将涉及证据、证明相应的规范的应用)、精细地分析法理,探究法律适用的准确性,所以规范分析自然没有了需求。

③ 非讼程序是指处理一般不直接涉及民事争议事项的程序。因为不涉及民事争议,因而通常不具有对审性和裁决性。基于诉讼原则或理念(强调国家干预)的不同,非讼程序具有职权主义、职权探知主义、职权进行主义、不公开主义、非对审主义、非直接审理、非言词原则等特点。相反,民事诉讼强调当事人主义、辩论原则、处分原则、对审原则、直接原则、言词原则和公开原则。但是在我国的民事诉讼中恰恰没有充分地体现这些特征,反映的是非讼程序的特点,所以称之为"民事诉讼非讼化"。详见张卫平:《民事诉讼法》(第四版),法律出版社 2015 年版,第三十章"非讼程序概论",第 510、511 页。

④ 司法行政化对规范分析的消解或解构在于,行政化机制使得具体审理裁决案件的法官不能独立地行使审判权,缺失责任制约,对于认定事实和适用法律的疑难案件通过请示,按照行政指令完成,也就失去了规范分析讲究法理的动力。

视民事诉讼法学方法论，其子中村英朗教授承继其父学术之道也对方法论有着浓厚的兴趣，研究论述颇多。尤其是中村宗雄教授，倚仗留学德国、法国的经历，深厚的专业功底、广阔的视野和人文社会科学知识，时常对法学方法论以及民事诉讼法学方法问题发表高论。在日本民事诉讼法学界中中村宗雄教授可能是最重视方法论研究的学者。在他的研究成果中有相当一部分学术论文是关于民事诉讼法学方法论的。[①]

国内民事诉讼法学界在方法论研究论述的缺失，主要是因为我国民事诉讼法研究阶段的初级性。因为方法论从来都是理论研究积累到一定程度的结果和总结，而我国现在还缺乏这种的学术积累。在民事诉讼法学研究的初级阶段，人们还不大可能关注研究方法，具体而言，大致基于以下原因：

其一，在民事诉讼法学研究的初级阶段，由于我国民事诉讼理论传承的断裂，民事诉讼理论存在严重的供给不足。因此，在这一阶段，学者的任务主要是以借鉴和吸收域外的民事诉讼法学理论，而且主要关注的是民事诉

① 对于民事诉讼方法论的研究是日本早稻田大学知名教授中村宗雄先生（1894～1975）学术研究的重要内容。中村宗雄教授对法学之外的自然科学和人文科学有着浓厚的兴趣，常常从这些学科中获得灵感和奇思妙想，对民事诉讼法学方法论发出异样的声响。中村教授对马克思的政治经济学和哲学也特别钟情，其思维方式受马克思主义理论的影响很大（与那个时代的许多学者一样），还曾专门撰写过一本著作《马克思主义理论与诉讼法学（诉讼法学的革新）》（1950年法律文化社出版）。中村宗雄教授的基本想法是用现代自然科学的方法和思维改造传统的民事诉讼法学，认为原来的私法学方法论依赖的是传统自然科学的思维方式，其基础是欧几里得几何学、牛顿力学，以及受此影响的康德哲学。随着新数学和新物理学理论的发现和发展，人们的思维也应当发生根本的变化，思维方式应当是多次元或多维的、辩证的。因此，依赖于传统私法学的民事诉讼法学也就应当有所变化和发展，摆脱原来私法学简单的二维思维、静态思维和形式逻辑思维。由此，中村教授提出了民事诉讼理论重构的响亮命题。关于中村宗雄方法论的阐述，可详见［日］中村宗雄、中村英朗：《诉讼法学方法论——中村民事诉讼理论精要》，陈刚、段文波译，法制出版社2009年版。中村教授根据民事诉讼特性，倡导立体地、多维辩证地思考民事诉讼的确很有道理，对民事诉讼法学方法很有启发，但有意思或者值得我们思考的是，中村对民事诉讼法学至少日本民事诉讼法学的再造或重塑的倡导并没有实际发挥作用或功效。日本民事诉讼法学的研究依然一如既往，几乎没有任何改变。在学界，除了在涉及德国民诉法理论的源流之外，日本学界主流很少关注中村的方法论。方法论似乎成了中村家族的特产。中村教授关于方法论的观点似乎只是一种解释的理论，而非改造和构建的理论，如同兼子一教授引入胡塞尔的现象学理论一样。究其原因可能在于，在我们生活的空间中，欧几里得几何学、牛顿力学、康德哲学依然是有效的。

讼理论中的原理性部分，尚未有充足的时间关注民事诉讼理论形成的方法论问题；

其二，基于实践与理论研究的隔离以及裁判的封闭性，使得本应具有急迫需求的解释方法论反而没有了实践市场，没有了实践的需求也就没有了学术上的供给；

其三，对于方法论的研究，要求在民事诉讼理论的研究有一定的积累，没有一定的积累难以理解方法论中所涉及的问题。

就我国民事诉讼法的实践、司法制度的改革以及民事诉讼理论研究的积累程度来看，现在大体上到了我们应该关注民事诉讼法学方法论问题的时刻，需要认真思考和总结我们过去在制度建构和理论认识上与方法论的关联，以改进我们的研究，提升我国民事诉讼法学的理论水平。

二、民法学与民事诉讼法学在方法论上的联系与区别

要论民事诉讼法学的方法论或研究方法论必须首先要了解民法学的方法论，因为民事诉讼是从实体法——民法中分离出来，相应地民事诉讼法学也脱胎于民法学。民事诉讼法学的概念和思维方式都必然受到民法学理论的影响。民事诉讼法学的诸多概念、体系架构方式都是按照民法学的模样塑造的。例如，民事诉讼能力、民事诉讼行为、民事诉讼契约等；在体系架构上追求的也是从原则、一般到特殊、例外。虽然民事诉讼法已经从实体法中分离，成为独立的法律体系，但民事诉讼法依然与民事实体法有着不可分割的联系，在诸多制度上民事诉讼法必须依赖于民事实体法，同样，因为民事实体法的实现也必须依赖于程序法，在制度上也必须保持密切的衔接或对接关系，例如，在主管、管辖、当事人、诉讼标的、诉的种类、共同诉讼、第三人诉讼、财产保全、证据可采性、证明责任、判决效力、执行等方面。[①] 因此，民事诉讼法学也必然与民法学具有不可分割的关系，也必然会受到民法学理

① 关于民法与民事诉讼法、民法学与民事诉讼法学的关联，可参见张卫平：《民法典与民事诉讼法的连接与统合——从民事诉讼法视角看民法典的编撰》，载《法学研究》2016 年第 1 期。

论发展的影响。因此,了解民法学的方法论对于认识和研究民事诉讼法学方法论,认识民事诉讼法学体系的构建以及理论的提升都有重要的意义。

大陆法系民法学以德国为代表在理论和体系化方面具有最高水准,对大陆法系各国,尤其是对亚洲国家日本、韩国、泰国、我国台湾地区和我国大陆的民法学具有重要的影响。民法虽然涉及对社会生活各个方面的规范,但德国民法通过高度抽象概括的方式将社会生活规范涉及私权领域的规范抽象为一般原则——民法总则,以总则统率所有私法规范,对实际法律生活的高度抽象化,试图达到包罗万象,规范统一的目的。德国民法采取这种抽象概括方法[①]取决于两个方面:在立法目的方面,立法者的首要目的是为了维护法律的稳定性和裁判的可预见性,并且试图用尽量少的规范条文,涵盖尽可能广泛的生活关系;[②]在法律科学方面,德国学者已经或者自信他们具有了对生活事实予以高度抽象概括的能力,能够为立法者提供高度抽象表达的概念和方式。[③] 后者是客观条件,前者是主观动机和目的。没有后者则完全不可能实现这一目的。德国学者通过对罗马法的承继、加工、提炼,相信自己已经具有了这种高度抽象概括的能力。从德国民法的百年实践来看,德国民法的制定者的确是具有了这样的能力。[④] 这些高度抽象的规范原则又建立在基本核心概念之上——"权利"和"法律行为"。权利体系构成包括权利主体、权利客体、权利行使。在权利和法律行为基础上就构建了整个民法总则的体系结构——人(法人、自然人)、物、法律行为(通则、行为能力、意思表示、条件及期限、代理、无效及撤销)、期日及期间、消灭时效、权利行

---

① 德国学者将法律体裁分为三类——个案例举式、指令准则式和抽象概括式。个案列举式立足于建立一个包罗万象的规则体系。这种方式要求立法者能够预见所有的情形,并作出规定,尽量限制法官的判断和裁量。指令准则式是立法者仅仅对一般判断标准,而不对这些标准作出严格规定,给法官在处理具体案件时留有很大的判断和裁量的余地。德国民法采取了抽象概括的立法方式。参见[德]卡尔·拉伦茨:《德国民法通论》,王晓晔等译,法律出版社 2002 年版,第 32、33 页。

② [德]卡尔·拉伦茨:《德国民法通论》,王晓晔等译,法律出版社 2002 年版,第 33、34 页。

③ [德]卡尔·拉伦茨:《德国民法通论》,王晓晔等译,法律出版社 2002 年版,第 33 页。

④ [德]卡尔·拉伦茨:《德国民法通论》,王晓晔等译,法律出版社 2002 年版,第 32、33 页。

使。[①] 这种高度抽象概括和体系化充分反映了私法学研究的成果和思维特征,成为法律思维和方法的典型代表。

以德国民法为代表的这种立法体例,满足了法律适用的三段论方式,以抽象的法律规范要件作为前提,具体案件的事实作为小前提,通过构建大前提与小前提的联系,逻辑地推出作为一定法律效果的结论。法律适用的实质是一种评价,这种评价旨在探究一定法律规范或规定所蕴含的利益衡量和价值判断。在宪政的法治社会中,这种价值判断的最高标准就是宪法中规定的基本权利和价值体系。[②] 基于三段论逻辑形式所进行或展开的法律适用就是方法论上的法律论证。作为一种法律上特有的规范论证,旨在于证明某种法律规范适用的妥当性或正确性,因为论证是对某种判断加以正当化的过程,因此必须提出客观的、符合事理的、可供验证的理由构成。[③] 因此,作为民法学的方法论就是如何探究特定法律规范适用的妥当性和正确性,从中找寻出一条规律或规则。在其论证或涵摄过程中,法律适用常常涉及对特定法律规范要件概念的理解即解释问题。因此,法律解释方法也就成为法律方法或法学方法的核心内容。法律解释方法也有其应当遵循的规则或法则,违反这些规则就是错误的法律解释,必然导致法律适用的错误。民法学方法论还致力于在法律规范存在冲突、漏洞时,应当如何解决或弥补的问题。由于生活事实的多样性,无论如何概括,抽象的规范依然难以加以涵盖(民法在这方面尤为突出),对于一般抽象规范不能涵盖的事项就只能通过制定例外规范、具体判例予以弥补。由此,民法学者也就要将更多研究投入于例外情形的研究和规范。如何建构或制定与社会现实相适应的特殊规范就是所谓广义方法论中的立法方法论。

由于民事诉讼法脱胎于私法实体法,民事诉讼法以及理论也必然受私法基本法或"宪法"——民法及理论的影响。传统民事诉讼法在思维方式和立法方式上也是以民法学为基础或模板。民事诉讼法的规定也尽量提炼出

① 参见王泽鉴:《民法总则》,北京大学出版社 2009 年版,第 20、21 页。

② 王泽鉴:《民法总则》,北京大学出版社 2009 年版,第 36 页。

③ 王泽鉴:《民法总则》,北京大学出版社 2009 年版,第 38 页。

原则、基本制度,并同样以总论分论的形式构建整个规范体系,但毕竟民事诉讼法作为程序法规范不同于作为实体法规范的民法。两者的基本区别决定各自调整的对象和目的的不同。民事诉讼法是以规范诉讼程序和诉讼关系为对象,以公正、适当解决纠纷为目的。私法是关于平等主体之间实际生活的规则,民事诉讼法是关于诉讼程序的规则。由此,也就有了以下差异:

其一,民法作为实体法是一种平面关系,是平等主体之间的财产关系和与一定财产相联系的人身关系,这些关系都是一种平面关系。按照日本学者中村宗雄教授的表述,私法是一种平面的、一次元关系。[①] 与此不同,民事诉讼关系是一种立体的关系,体现为作为国家司法机关与原告、被告之间,原告与被告之间的二维空间关系。

其二,从时间维度来看,民事法律关系是一种处于静止状态的社会关系。私法确定的是一定时间点上的社会关系。以实体权利义务为独立变量,没有时间坐标,必然是一种静态的理论。[②] 当然,从哲学意义上讲,尤其是从唯物辩证法的认识来讲,任何事物都是发展变化的。但从法学的角度,权利义务的界定却不能随时变动,法律规范的本质和基本取向就是确定性和稳定性。这并非说法律就是违反客观规律的,因为事物的运动和静止都是相对的,有运动变化的一面,也有静止的一面(这正是辩证法思维难以把握或吊诡的一面)。法律规范的作用就是寻求事物静止的状态,从而寻求或获得社会的稳定,从辩证法的角度去指责实体法的这一特征是没有意义的。实体法以及其所调整的社会关系也在不断地发展,这正说明法律对变化的认可。

相对于实体法对于权利义务确定的静止状态而言,民事诉讼法律关系

---

① [日]中村宗雄:《法学与自然科学方法论上的关联——基于自然科学的启示对法学体系调整的构想》,该论文收录于该作者《民事诉讼理论的再构成》一书(洋洋社刊1955年版),第11页;论文中文版可参见[日]中村宗雄、中村英朗:《诉讼法学方法论:中村民事诉讼理论精要》,陈刚、段文波译,中国法制出版社2009年版,第4、5页。

② 同上注书中文版,第23页。

却是处于一种流动、不断变化的关系。[①] 这是因为程序的原因,程序的本质和取向就是流动和变化的。尽管这种流动、变化也有其阶段性,每一个阶段又具有相对的稳定性,但即使在特定的阶段中随着诉讼行为的实施也在不断变化前移。与自然过程不同,诉讼程序是人为设计的结果,因此,诉讼程序时序不像时间那样具有不可逆性,虽然按照相对论的观点,理论上在超光速的情形,时间可以停止甚至倒转。在某些特殊的情形下,诉讼程序可以中止和终止,甚至也可以反转。正因为民事诉讼是一种动态时空关系,所以就存在程序上的可逆与不可逆的衡平关系问题。

除此之外,民事诉讼法与实体法在其适用方面也有诸多不同,主要有以下几点:

其一,实体法适用不溯及既往的原则,而民事诉讼法则适用溯及既往原则。实体法的适用使用不溯及既往的原则,是指一旦实体法进行了修改,如合同法,则原来的合同纠纷在实体法的适用中不适用新法,依然适用旧法。与此不同,民事诉讼法修订之后,以往正在进行的诉讼将适用新的民事诉讼法。

其二,在外国法的适用方面,民事诉讼法采取法院地法的原则,而实体法则需要根据具体情形加以确定,按照准据法则可能适用国外的实体法。

其三,民事诉讼法作为司法规范,如果法律没有制度规定,则司法活动无法进行;相对而言,即使没有实体法的明确规定,作为法治国家法院也不能拒绝裁判,法院可以根据实体法的原则和原理进行裁判。

不同的国家法律规定的差异,也使得民事诉讼法与民事实体法的关系有所不同。例如,在大陆法系国家,由于存在上告审程序和制度,因此其民事诉讼法与民事实体法的差异还表现在,在上告程序中,上告审法院可以依职权对程序法事项进行调查,但对实体法事项不得进行证据调查。[②]

由于私法(民事实体法)与民事诉讼法所调整的对象不同,也就决定了

---

① 使用“民事诉讼法律关系”这一概念具有一定的悖论性,因为法律关系本身的特性就是静止,而民事诉讼又具有流动性。

② [日]兼子一:《实体法与诉讼法——民事诉讼的基础理论》,有斐阁1975年版。

法律性质上民事诉讼法与私法的不同。可以肯定的是不能将民事诉讼法归于私法,因为民事诉讼法调整诉讼中作为国家司法机关的法院与当事人等之间的社会关系,民事诉讼制度是一种国家运营的制度,目的在于通过司法强制解决民事纠纷,民事诉讼法的一个重要作用就在于规范司法机关的权力行使,保证司法权力的正当行使,保障人民正当接受裁判的权利。① 民事诉讼法所调整的这种关系无疑是一种隶属关系,而非私法中私人之间的平等关系。但民事诉讼法又不能归入公法之中,尽管在国内外民事诉讼法学界均有学者主张民事诉讼法属于公法。② 因为在民事诉讼中,民事诉讼法还要规范调整当事人在诉讼中的平等关系,而这种关系显然不是一种隶属关系。由于民事诉讼的当事人也是民事实体法律上的主体,因此民事诉讼法必须给予当事人处分自己诉讼权利的自由。当事人对诉讼权利的自由处分也就是“私法自治”原则在民事诉讼法中的延伸。③ 将民事诉讼法简单地归入公法的认识主要是陷入了公法与私法二分法的陷阱——非此即彼,不是私法便是公法。在这样的认识支配之下,即使承认民事诉讼法也包涵对平等主体之间的诉讼关系,也会从隶属关系与平等关系的抽象比例关系确定法律性质的归属。按照卡尔·拉伦茨的观点,尽管民事诉讼关系包涵着隶属关系和平等关系两个层次,但由于诉讼是一个整体不能将两者分割为公法部分和私法部分,只能是一种独立于公法与私法之外的第三种法律,以我国著名科幻小说家刘慈欣的概念——“三体”④来形容也许是妥当的。拉伦茨认为公法与私法的划分仅适用于实体法,而不适用于程序法。就实体法而言,进行公法与私法的分类是必要的,因为公法与私法有着不同的诉讼路径。⑤

① [日]新堂幸司、小岛武司编集:《注释民事诉讼法(1)裁判所·当事人》,有斐阁1991年版,第20页。

② [德]罗森贝克、施瓦布、戈特斯密德:《民事诉讼法》,李大雪译,中国法制出版社2007年版,第11页。

③ [德]卡尔·拉伦茨:《德国民法通论》,王晓晔等译,法律出版社2002年版,第8页。

④ 刘慈欣的科幻小说《三体》中的三体指不同于地球人类之外的主体。

⑤ [德]卡尔·拉伦茨:《德国民法通论》,王晓晔等译,法律出版社2002年版,第8、9页。

正是由于民事诉讼法调整的对象不同于作为实体法的私法(民法),因此也就决定了民事诉讼法与私法(民法)的不同,从而也就决定了在法学方法论上的不同。民事诉讼法既然为“三体”也就自然应有自己的方法论“文明”和理性。如果依然套用民法学的方法论就可能导致无法准确理解和阐述民事诉讼法的本质和原理。诚然,民事诉讼法作为一种基本法依然必须遵循法律方法论,坚持法律解释、论证的原则和原理,另一方面需要有自己的方法论特色。这些方法论特色并非主观构想,而是以民事诉讼和民事诉讼法的特点为依据。对此,笔者认为可以概括为以下几点。

(一)多维时空思维

基于民事诉讼的多维时空状态,民事诉讼法是对这种多维时空关系的规范,因此,民事诉讼法学在方法论上也应相应地注重从立体、多维时空的视角,认识、理解、阐释民事诉讼法的本质和基本原理。民事诉讼法学的方法论特色在此就主要体现为视角和思维方式的不同。民事诉讼法的理论也就应当摆脱对民法理论的简单移植和借用。在研究和解释方面,既要注意与实体法的联系,同时也要注意与实体法的分离。这其中既包括私法层面上的联系与分离,也包括公法层面上的联系与分离。

在民事诉讼法学方法论方面,最难把握的就是民事诉讼法与民法的分离和联系的程度。民事诉讼法学在过去和现在的研究和解释方面都存在着照搬与不当分离的情形。不仅我国,在国外这种情形也都存在。完全套用和完全割裂的做法不仅存在于微观制度层面,也存在于宏观体制方面。从世界民事诉讼法学理论发展史来看,由于早期民事诉讼法与私法的合一,民事诉讼法直接受到民法学的影响,但随着民事诉讼法学发展,民事诉讼法学开始逐渐摆脱实体法学的影响,走向自主和自立。

不过,我国的情形与此有所不同,由于我国民事诉讼法的制定先于民法通则,也由于苏联民事诉讼法本身的规范理论是以批判西方法学理论(包括民事诉讼法学理论)为目标,因此苏联民事诉讼法学受实体法思维影响就比较小。相反,因为强调国家权力的全面介入,所以民事诉讼法学从构建其特色理论之初就自然具有了脱离实体法理论约束的动因。苏联始终是以否定和批判私法为其主要任务和使命,也由此形成自己的阶级批判特色和理论框架。[①] 加之,我国民事诉讼法特别强调对过去革命根据地纠纷解决方式的承继,以保证司法制度的政治传承和正统性,体现法律制度上的革命与决裂。而在那个时期的纠纷解决方式基本上不依赖实体法律规范,也没有严格意义上的实体法,主要是传统习俗和伦理,因此也就更不可能受实体法规范思维的影响。[②] 基于这三个方面的原因,我国民事诉讼法学更多的不是与实体法联系,而是与实体法的隔离。正是由于我国民事诉讼法学与实体法的隔离或脱离,民事诉讼法在许多方面没有反映实体法(私法)的精神。我们也能理解在那个时期也不大可能反映私法的精神。最集中体现在民事诉讼体制方面,至今也没有完全建立起能够充分反映私法(民法)精神的民事诉讼体制,没有再延伸私法中核心的原则——"私法自治""意思自治",没有顾忌当事人在民事诉讼中的自主性和可处分性。因而在诉讼体制方面坚持的是与计划经济、权力集中与广泛干预相适应的职权干预主导的诉讼体制。在诸多原则和制度设计方面也脱离或背离实体法,[③]也就必然为充分实现实体法设置了隐形的制度障碍。

在改革开放之后的一段时间,由于社会转型加快,尤其在经济体制改革与政治体制改革异步推进,经济体制改革独立加速前行的社会背景之下,民事法律以及民法学理论的发展也得到快速发展。民法学成为法学中的显学,民法的理论和思维也自然传递到了民事诉讼法学领域。在我国民事诉讼法学理论还没有体系化地接受大陆法系民事诉讼理论之前,实体法理论和思维对民事诉讼法的理解和认识具有了消极的影响,即不当照搬和移植。

① 参见张卫平:《转换的逻辑——我国民事诉讼体制转型分析》(修订版),法律出版社 2007 年版,第 120 页。

② 参见张卫平:《回归马锡五审判方式的思考》,载《现代法学》2009 年第 5 期。

③ 在原则方面如处分原则。在职权干预体制下,理论上对处分原则的理解和解释就只能是限制性的,处分原则实际上成了不能自由处分的原则。参见张卫平:《我国民事诉讼处分原则重述》,载《法学研究》1996 年第 4 期。同样,在这样的关联和思维方式的支配之下,对民事诉讼法关于诉讼上辩论权利的规定被解释和理解为民事诉讼法上的一项基本原则。但实际上这一规范不过是一种政治上民主权利的体现,完全与私法上的自治原则没有任何关联。参见张卫平:《我国民事诉讼辩论原则重述》,载《法学研究》1996 年第 6 期。

在具体制度的运用和理解方面，由于民事实体法（民法）的理论和思维没有顾及民事诉讼的多维时空特征，因此，也就必然背离民事诉讼的特点，导致所谓“在南为橘，在北为枳”的情形，最为典型的是以实体法上的合同（契约）思维方式认识和理解纠纷解决过程中的契约行为。

纠纷解决契约是指当事人就纠纷解决过程（诉讼内和诉讼外）所达成的关于纠纷解决的合意，包括诉讼外的人民调解协议、诉讼中的调解协议、和解协议以及执行中的和解协议。对于这类问题，我们可以具体分析如下：

1. 关于人民调解协议

2002年最高人民法院发布了《关于审理涉及人民调解协议的民事案件的若干规定》，该规定通过对调解协议效力的认定，使调解协议间接具有了强制效力。具体而言，人民调解协议的一方当事人如果不履行调解协议的，对方当事人不是像过去那样，就双方的民事纠纷向法院起诉，由法院对该纠纷进行审理并作出判决，而是就双方达成的人民调解协议向法院提起诉讼，法院直接对该人民调解协议进行审理和裁判。如果协议有效，并应当履行的，法院作出义务人履行协议的判决。这一规定的认知基础就是人民调解协议即合同。由于人民调解协议是一种解决纠纷的合同，所以，法院不再对“元纠纷”进行审理，而是就协议的合法性（“次纠纷”）进行审理。将调解协议作为合同，也避免了法院对“元纠纷”的审理，对“元纠纷”的解决将涉及最初民事法律关系的事实认定问题，而对调解协议的审理只是涉及调解协议有效性和协议中的权利义务问题，实际上是一种形式上的审查，相对而言要简单得多。该规定在基本认识上是把调解协议作为一种民事合同。因为理解为实体法上合同关系，所以当事人应当按照约定履行自己的义务，不得擅自变更或者解除协议。但问题在于双方当事人之间就人民调解协议发生的争议其实质依然是对民事纠纷的争议，将人民调解协议视为合同必然回避民事纠纷本身，是一种单纯维护人民调解协议强制力的做法。这种做法显然与人民调解程序的特点是违背的，人民调解程序自身不具有使其结果具有强制力的正当性。将人民调解协议作为合同必然就要按照合同法的要求加以规范和处理，如违约金、协议的撤销、解除、变更、无效及无效后的处理等。如果将人民调解协议视为实体法上的合同,其中一个问题是一方不履行调解协议是否应当承担违约金?或者是否可以在调解协议条款中设定违约金?双方当事人一旦对违约金发生争议,按照违约金属于实体争议则双方就可以通过诉讼程序加以解决。这必将影响原纠纷的解决。

2. 关于诉讼调解协议

最高人民法院2004年出台的《关于人民法院民事调解工作若干问题的规定》第10条规定:"人民法院对于调解协议约定一方不履行协议应当承担民事责任的,应予准许。"这一规范的思维方式仍然是私法思维方式,将法院调解协议视为是一种实体法上的合同。问题是如果允许在调解协议中设定不履行协议的民事责任,也就必然涉及双方当事人就民事责任发生争议时是否可以向法院提起诉讼,通过诉讼程序加以解决的问题。如果关于这一民事责任提起诉讼后,又可能涉及双方当事人再就此问题达成调解协议,再次设定不履行的民事责任,从而形成无休止的循环诉讼困境。程序思维的考虑因素是如何实现纠纷的终局解决。

3. 关于执行和解协议

执行和解,是指在执行过程中,权利人与义务人通过协议变更执行根据中所确定的履行义务、履行期限以及履行方式的行为。执行和解协议就是关于变更履行义务、履行期限以及履行方式的协议。① 关于执行和解,《民事诉讼法》第230条第2款规定:"申请执行人因受欺诈、胁迫与被执行人达成和解协议,或者当事人不履行和解协议的,人民法院可以根据当事人的申请,恢复对原生效法律文书的执行。"在实务界和理论界,也都有人将执行和解协议理解为实体法上的合同。如果将执行和解作为实体法上的合同,则必然可以另行提起诉讼,要求履行执行和解协议,而非恢复原生效法律文书

① 关于执行和解制度的合理性问题是值得深入思考的一个话题。执行就是以国家公权力强制实现执行根据。执行中是执行机构与被执行人之间的关系,不存在当事人之间的和解。至于执行的时间、方式等的考量是执行机构根据具体情形行使执行裁量权的问题。权利人对于自己权利的处分,与执行机构的执行没有关系。执行和解的思维实际上混淆了诉讼与执行的关系。

的执行。[①] 这里需要明确的是,诉讼契约虽然是当事人双方之间的协议,但并非是关于民事权利义务的协议,因此不能按照实体法上的合同或契约思维来认识,并以合同或契约关系予以调整和处理,必须综合考量民事诉讼的目的、价值、效率予以规范。

多维时空思维要求我们在认识、理解和研究民事诉讼法规范时应当注意所有诉讼行为的立体多维时空特性,将一切诉讼行为或事实都置于特定的多维时空之中加以判断,特别是诉讼行为的效力或法律后果的理解和判断。无论是当事人的诉讼行为,还是法院的审理和裁判行为也都需要置于这样的多维时空环境中予以考量。从静态和平面的视角来看,一个民事行为只要是违法的,则该民事行为便不具有法律效力,是无效行为。而民事诉讼行为的有效无效则需要基于一定的时空才能判断是否应当否认其效力。某一特定的诉讼行为即使在最初的时间是违反民事诉讼法的,但在经过一定诉讼阶段之后,在一定条件下,如对方当事人放弃或丧失异议权(责问权)时,该民事诉讼行为就是有效的。我们可以看看以下示例:

首先,以证据的提出为例。证据提出是否有效,法院是否应当采纳该证据,同样需要置于特定的多维时空来考量。在设定的举证期限之外,无正当理由没有提出证据者,证据将不会被采纳。那种认为无论什么情形,处于何种时空之中,证据都是绝对可采的,这种认识就不是多维时空思维,没有遵循诉讼多重时空的特性。[②]

其次,以前诉判决事实认定对后诉的影响为例。在如何认识前诉判决事实认定对后诉的影响方面,我们有些学者没有从诉讼时空的差异来认识前诉判决事实认定对后诉的影响,误以为前诉判决对事实的认定也具有类似于既判力的效力,后诉法院在后诉对该事实的认定也要受到约束。但实际上前诉法院对同一事实的认定并不具有当然约束后诉法院的约束力,其

① 法律也不可能规定直接强制执行执行和解协议,只能恢复原执行根据的执行,因为只有原执行根据才能强制执行。当事人双方履行和解协议是当事人对实体权利的处分,不受原执行根据的约束,但如果强制执行和解无疑改变了原执行根据,这是不允许的。

② 详见张卫平:《民事诉讼中举证迟延防止对策分析》,载《法学家》2012 年第 5 期。

基本原理就在于事实认定是不同的诉讼时空中形成的。这种认定只具有相对的合理性和正当性，可以说是自然相对论的运用。在不同的诉讼时空中，不同的举证方法、质证方式、不同的代理人以及不同的答辩、反驳、不同的当事人等，[①]都有可能导致不同的法官会有不同的认定。前后诉法院对事实的认定也同样具有相对性，并不因为前诉在前，就当然约束后诉法院。在后诉中，后诉当事人主张前诉生效判决对争议事实的认定，这一认定会对后诉法院法官在心证上认定该事实产生影响，但这种影响不是法定的约束力，仅仅是事实上的影响而已。虽然在民事诉讼理论上也有主张前诉中法院对作为判决主文根据的争点事实的认定对后诉法院也有拘束力，即所谓争点效力，但即使承认基于诚实信用而发生的约束力，也是需要有条件的——经过双方当事人的争执与辩论并穷尽了主张及举证，该争点是左右前诉判决根据的事项，必须是基于前诉基准时的判断，前诉与后诉的系争利益相等。[②]

除此之外，在 2012 年民事诉讼法修改之前将管辖错误作为再审事由也是这种静态和绝对化思维所致。[③] 还有，现在民事诉讼法的再审制度中依然保留对事实的再审也同样是这种思维的结果。试图超越具体案件的时空，追求事实探究的永恒。[④]

如果从多维时空思维出发来考量分析诉讼行为的效力时，我们就会发

---

① 如果后诉的当事人与前诉的当事人不同，则更不能认为前诉的事实认定对后诉法院对该事实认定有约束力。实践中有的法院不仅错误地认为对法院的事实认定有约束力，而且在当事人不同的情形下也不允许当事人就该事实进行质证和辩论。这是严重违反辩论原则和质证原则的。

② 关于争点效理论，详见［日］新堂幸司：《民事诉讼法》，林剑锋译，法律出版社 2008 年版，第 499 ~ 501 页。应当顺便提及的是，民诉法司法解释使用“生效判决”的表述进一步误导了人们对这一问题的认识。实际上生效与否并没有区别，没有生效也具有事实上的影响。生效的表述使人误认为是一种附带的法定效力，尤其对既判力理论及判决效力缺乏清晰认识的情形下。

③ 详见张卫平：《管辖权异议：回归原点与制度修正》，载《法学研究》2006 年第 4 期。

④ 详见张卫平：《民事再审事由规范的再调整》，载《中国法学》2011 年第 3 期。

现作为民事诉讼理论所谓的任意性规范,[①]虽然表面上看是依从当事人的意思,但实际上是将特定时空作为一种考量的素因。在大陆法系民事诉讼理论中的既判力理论就是比较典型地从多维时空——既判力的客观范围、主观范围和时间——出发来认识和阐释既判力效力的。只是在我们的民事诉讼理论中还没有将这种思维和认识进一步有意识地扩展到民事诉讼理论的其他方面,成为一种普遍化的常态思维和认识。如果我们在诉讼请求、诉的变动、当事人、多数人诉讼、证据与证明、保全等方面也都更多地注意这一方法论的问题,也许我们会有新的发现和认识。当然,多维时空的考量并非完全没有确定性,我们可以通过诉讼实践和理论证成实在法的方式予以确定,对于个案实践中更具体的情形则交由法官裁量决定。

(二)多重价值衡平思维

民事诉讼不仅具有多维时空的特性,同时因为这种特性,使得民事诉讼制度设计和运行方面也具有多重价值追求。所谓价值追求特点在于即使现实无法充分实现,难以实现,人们也要为此而努力尽力予以实现。

其一,民事诉讼须满足公正性或适正性的价值要求。民事诉讼要求以实现结果的公正和程序的公正为价值目标,即民事诉讼的实质正义和程序正义。在追求实质正义方面应尽可能还原案件真实,以其还原的事实为根据,正确适用法律作出裁判。但还原事实、揭示事实、认定案件事实的过程又必须满足程序正义的要求。在程序正义方面,要求尊重当事人的自主性、实现当事人诉讼平等、平等主张、平等辩论,并通过辩论原则、处分原则、审判公开、直接言词、回避、程序救济等制度以切实保障程序正义的实现。

其二,民事诉讼须满足迅速性的价值要求。迅速、快捷地进行审理、作出裁判以解决纠纷也是民事诉讼追求的理想状态。法律谚语所谓迟来的正

① 在民事诉讼中,关于法院的传唤、送达、证据调查的方式、当事人的诉讼行为、诉讼程序的中止等有关规范都可以设定为任意规范,以符合民事诉讼的多维时空特性、多重价值衡平的考虑。关于强制性规范和任意性规范的含义,参见张卫平:《民事诉讼法》(第4版),法律出版社2016年版,第19、21页。关于强制性规范和任意性规范的更详细阐述,可参见[日]新堂幸司、小岛武司编集:《注释民事诉讼法(1)裁判所·当事人》,有斐阁1991年版,第41~43页。

义非正义。这一价值要求的维度是时间维度，即纠纷解决所消耗时间的长短，要求以尽量短的时间周期实现纠纷的解决，尤其是以裁判中心的诉讼程序特别强调这一价值追求。诉讼的迟延必将影响争议法律关系的稳定性，也必然影响社会的稳定。

其三，民事诉讼须满足经济性的价值要求。民事诉讼的经济性是从纠纷解决的投入成本与产出的关系来认识的。理想的诉讼应当以最低的物质投入解决纠纷，实现纠纷解决的低成本。民事诉讼的经济性问题不仅包括降低当事人对诉讼的投入，如诉讼费用和律师代理费用的投入，也包括降低国家司法机关在民事诉讼的投入。因为司法机关的投入成本实际上将通过税收、财政负担转移给国民。

民事诉讼的复杂性在于，虽然上述价值要求都是人们所普遍认同的理想价值追求，但在这些价值追求之间彼此具有牵制或制约。不仅多重价值之间具有牵制和制约，即使在同一基本价值要求内部也存在明显的掣肘关系或矛盾关系，如公正价值中的实体或实质公正与程序公正之间往往就存在紧张。民事诉讼欲追求揭示案件真实，但其揭示案件真实的手段又必须顾忌手段的合法性，即符合程序正义。为了追求程序正义，在某些情况下，案件真实的揭示会受到制约。在民事诉讼制度设计和实际运行中，其公正性、迅速性和经济性三者之间总是会存在冲突。追求实质公正和程序公正就有可能将程序设计得更为复杂，而任何程序都意味着成本的增加，意味着时间的耗费；相反诉讼的低成本、短周期又反过来影响程序正义实现的程度。因此，人们在设计建构诉讼制度和程序，运行诉讼制度，认识和解释诉讼规范的过程实际上就是如何平衡协调多重价值追求之间的紧张关系。三者之间的权重必须根据不同的案件类型、救济权利的大小、不同的诉讼阶段予以考虑。例如，在小额诉讼制度的设计方面，相较于普通程序就更倾向于诉讼的迅速性和经济性。如果从这些价值追求的均衡性考虑，就有必要对现行民事诉讼制度进行再调整，以完善民事诉讼法。例如，基于管辖，尤其是地域管辖主要是解决法院审判内部分工的问题，因此在管辖权争议方面就不宜将争议解决程序复杂化，导致影响诉讼的迅速和经济造成权利救济过剩。[1] 如果考虑程序的正义、程序救济,就不应赋予最高人民法院审理一审案件的权限,因为实行一审终审,极大地影响了当事人的程序救济权(尽管实践中最高人民法院几乎没有审理过一件一审民事案件,但在制度设计上也应充分考虑这一点)。如果重大案件需要由最高人民法院作为一审案件也应当考虑通过设置初审法庭和上诉法庭的方式解决上诉救济的程序权利问题。再如,再审事由的设计也应考虑确定判决既判力、法律关系的稳定性,严格控制再审事由的范围,在再审事由的确定方面不应将事实认定的错误作为再审事由。[2]

(三)多重主体思维

民事诉讼关系与私法关系的最大不同在于,民事诉讼关系主体是一种多重主体共存的立体关系,而非实体权利义务主体之间的平面关系。在不同的主体关系方面,其主体间的法律关系又有所不同。在诉讼的主导关系或基本关系层面,是代表国家行使司法权的法院与当事人之间的权力关系;在当事人之间是平等的诉讼权利义务关系。由于解决的纠纷是平等主体之间的私法关系,因此,私法的基本原则必然会以某种方式延伸到诉讼中,在诉讼过程中得以体现。另一方面,民事诉讼又是通过国家司法权的行使强制性解决纠纷,因此民事诉讼又必须反映国家的意志和利益。由此,在民事诉讼中就具有了多重利益的存在,也就形成了多重利益的紧张关系。因此,我们在认识、理解和解释民事诉讼规范时也就必须考虑多重关系、多重主体利益的均衡关系。

因为民事诉讼解决的是民事纠纷,所以,民事诉讼的基本方式、诉讼体制就必须考虑作为民事法律关系主体或民事纠纷主体在民事诉讼中的主体地位,在诉讼理念上充分尊重当事人,给予当事人对实体权利和诉讼权利的处分自由。由此,就应当建构起当事人主导即当事人主义的诉讼体制或模式,而非职权干预主导的诉讼体制或模式,从现行的职权干预体制向当事人

① 详见张卫平:《管辖权异议:回归原点与制度修正》,载《法学研究》2006 年第 4 期。
② 详见张卫平:《民事再审事由规范的再调整》,载《中国法学》2011 年第 3 期。

主导的诉讼体制转型。这种转型不仅适应了社会发展和纠纷解决的需要，也是民事诉讼多重主体地位均衡考量的最佳结果。①

在民事诉讼中，法院作为审判主体必然与特定的司法制度有关，而司法制度的特点又必然反映在民事诉讼当中，对民事诉讼的运营产生极大的影响。在司法体制方面其行政化和政治化是其主要特征。从政治权力配置而言，更明确地讲，就是我国特殊的权力架构决定了我国司法的特性。决定了司法机关必须服从于这种社会特质和其他权力的要求。对某些涉及社会、政治、经济等的影响性案件必须服从于其他权力的调控，而不能独立进行裁判，即所谓没有司法最终解决的能力。在一般情况下，司法机关可以按照法律、法规的要求进行裁判，但无法对所有的法律上的争议作出最终裁决。现行的权力架构体制决定了司法机关——法院只能是最高权力的从属地位。在中国的转型初期，法院不可能完全独立，司法不可能独立、法官也不可能独立的根本原因也在于此，体制的现实决定了法院只能是从属地位，也决定了中国的司法机关并非单纯的“司法”，还需要“司政策”的多重属性。司法制度的构成和运行与特定的政治形态有直接关系，在具有泛政治化特点的我国，司法体制和制度也自然具有浓厚的政治化特点。这也是法治初级阶段的基本特点。② 如此，民事诉讼的实际运行也就必然牵涉政治因素。在当下的法治社会或转型初期，法院还只能部分扮演行政机关那样的角色，实际上是一个配合各级政府处理解决纠纷的行政化的机构，所以法院在现行的体制上就必然具有行政化的色彩。法院的这种行政化体制可以说与原有的政治体制本质上具有一致性。我国司法机关在现实社会舞台上的角色，相对于自治型法治社会国家的司法机关而言实际上一种“旦角”的扮相。下级法院在一些敏感的事件上必须请示上级法院，需要等待上级法院的指示，如

① 关于民事诉讼体制转型的根据分析以及具体转型作业，详见张卫平：《转换的逻辑——我国民事诉讼体制转型分析》（修订版），法律出版社 2007 年版，第十章“体制转型的制度调整”，第 374～431 页。

② ［美］P. 诺内特、P. 塞尔兹尼克：《转变中的法律与社会——迈向回应型法》，张志铭译，中国政法大学出版社 2004 年版，第 35 页。

同行政机关上下级之间的关系一样，于是就有了下级法院向上级法院请求的“请示”制度。① 显然这种“请示”制度又与程序正义的追求形成了冲突。不过这种冲突不同于价值追求的紧张，而是源于体制与价值追求的紧张。因此，我们应当尽量从现行体制现实中挣脱出来尽力满足价值追求，而非与应转型的体制现实妥协。

三、民事诉讼法学方法论与规范分析方法（法解释学、法教义学）、社会科学方法

规范分析方法大体上又可称为法解释学、法教义学，属于法实证主义方法论范畴。这种方法论的前提是承认和尊重实在法的权威性、确定性和自身的逻辑性。这里的实在法包括制定法、法律的基本原理、原则和体系的自洽。因此，在认识、理解和适用法律时都是以实在法的存在为基础。因为实在法包含着法律的基本原理和原则，因此，理论上，所有的法律问题都是有解的。在出现法律规定矛盾冲突、具体法律规定缺失、法律表述错误的情形下，规范分析有一整套解决和应对的方法，或者说规范分析的研究之一就是提供在法律原理和原则框架之下解决和应对的方法。

除了用规范分析方法对法律进行分析研究之外，人们也经常用社会科学的方法，如经济学、政治学、社会学、伦理学、统计学、心理学、历史学的方法研究法律现象，这些方法在法律现象分析方面的运用，可以笼统地称为社科法学。在法学研究中最常见的社科法学方法是法律实证研究。当然，也有的人认为准确地讲，法律实证研究既不同于规范分析方法，也不同于社科法学，是介于两者之间独立的研究方法。② 由于法律实证研究方法与其他社科法学一样都不是以实在法的规范命题为前提，因此，从大的方面来看归入社科法学也是成立的。

十年前就已经有学者提出了应当抛弃规范分析方法或法教义学、法解

---

① 张卫平：《起诉难：一个中国问题的思索》，载《法学研究》2009 年第 6 期。

② 程金华：《当代中国的法律实证研究》，载《中国法学》2015 年第 6 期。

释学，提倡以社会科学的方法即社科法学取而代之，认为过去一直在法学方法论上占统治地位的规范分析方法或法教义学、法解释学都将走向黄昏、衰落。近几年，社科法学与规范分析法学或法教义学、法解释学谁应当为正统、主流之争又再起波澜，两大阵营直接交锋，论战激烈。虽然论战没有终结，但实际上已有结果，笔者的看法是谁也替代不了对方，因为两者不是在同一个平台上进行对决，各自有着自己的舞台和存在空间。在社会变动中，要求法律规范适应社会的现实和发展，需要调整法律规范，修正法律规范，一般而言社科法学能够发挥更大的作用，因为如何规范社会关系就需要从社会各个方面加以考虑，需要社会科学知识提供理论上的支持。在立法方面，规范分析可能会受到较大的限制，尽管同样可以从法律的原理、原则加以考虑，但法律原理、原则的理解，尤其是最基本的原理和原则的理解无法与社会分析割裂开来。规范分析法学或法教义学由于尊重和承认实在法，因此，就可能囿于实在法的规定而与社会现实脱离，但正是规范分析法学这一特性使得法律规定的价值命题能够得以贯彻，法律的规范作用能够得到实际发挥。社科法学的基本特色是对实在法的批判和怀疑，这种批判和怀疑虽然有助于法律的改进和演化，但其对法律的实施、司法的统一性都将造成破坏，最终可能损伤法律的权威性和法律的稳定性。尤其是当下的司法环境下，在适用法律的过程中，这种消极作用更为明显。加之，我国司法体制、司法人员素质和司法权威还处于需要大幅度改进、提升的社会现实情境之下，以不受法律规范约束为基本精神取向的社科法学将可能进一步动摇人们对法律和法治的信赖。

笔者坚持规范分析法学和社科法学两者都有存在的理由，如同中药中不同性质的补药一样——温补与热补——各有各的作用和功能。社科法学更倾向于看到法律变动或变化的一面，规范法学更倾向于看到法律稳定的一面。基于法律的变化，社科法学更擅长于解构和建构，规范法学更有助于法律规范的实施。当然，不是说，规范分析没有解构和建构功能，规范分析也可以通过对法律基本原理和原则的分析研究解构与法律基本原理和原则违背的实在规范和制度，建构与法律基本原理和原则适应的实在规范和制度。因此,只要法律的基本规范、原理和原则是适应社会现实和发展的,那么规范分析方法依然应当是主要的方法。从这个意义来讲,社科法学是补充和特殊的方法,规范分析方法是主要和一般的方法。当然在不同的时期,两种方法所发挥的作用有所不同。在极端的革命年代对法律秩序的认识也是革命性的,认识的视角和方法完全是政治性的,当然就是要否定原有法律秩序,完全没有规范分析的地位。如果是在法治的框架之内进行的社会变动,规范分析方法依然有其作用,是最重要的研究方法。

支持社科法学的学者们经常引用历史上美国联邦最高法院诸多大法官的观点来诟病和反对传统法学或规范分析法学。联邦最高法院大法官庞德就经常说到,法律是工具,不是目的。[①] 一百多年前,同样是联邦最高法院大法官霍姆斯就曾预言:"对于法律的理性研究,现在可能属于严格恪守法条的研究者,而将来必定属于那些既掌握统计学知识又精通经济学的法律研究者。"[②]卢埃林就曾指出,作为法官"他必须平衡他所具有的各种因素——他的哲学、他的逻辑、他的类推、他的历史、他的习惯、他的权利意识,以及其他因素等,并且随时予以增减,尽可能明智地确定何者应当具有更重要的意义"。[③] 我们应当注意的是,言说者的地位不同,其表述的命题的含义也有所不同。在美国,反实证主义法学或规范分析的法律大家或大师们主要是联邦最高法院的大法官(奥利弗·霍姆斯、罗斯科·庞德、本杰明·卡多佐、卡尔·卢埃林等)、宪法学者或法理学者(如著名学者波斯纳),这些学者更愿意在传统法学之外对法律现象进行分析,原因在于他们实际上是企图针对具体情形阐释何谓正义的问题。联邦最高法院的大法官们解决的基本上都是宪法性问题,而宪法性问题往往就是政治问题。作为判例法国家的大法

① 转引自[美]罗伯特·S. 萨默斯:《美国实用工具主义法学》,柯华庆译,中国法制出版社2010年版,第3页。

② Oliver Wendall Holmes, The Path of the Law, *Harvard Law Review*, Vol. 10, No. 8, 1897. 转引自孙海波:《法教义学与社科法学之争的方法论反省——以法学与司法的互动关系为重点》,载《东方法学》2015年第4期。

③ [美]博登海默:《法理学—法律哲学与法律方法》,邓正来译,法律出版社1999年版,第176页。

官们的裁判行为实际常常是立法行为。立法行为要解决的是法的应然问题,而不是实然问题,按照凯尔森的观点属于政治问题,而不再是法律问题。[①] 这些联邦最高法院的大法官们已不再仅仅是法官、法律家,也是政治家。在他们的地位来看,法律当然只是工具、手段,而不是目的。他们自身就是法律的创造者。作为判例法国家的美国,在其宪政的笼子里说这样的话问题不大,但在中国的语境之下,即使是最高法院的大法官也不可能像美国联邦最高法院的大法官那样在个案中裁决政治性、伦理性的问题。在法治国家中,基于法治的要求,所有的问题,无论是政治的、伦理的都将最终归于法律问题,通过法律方式加以解决。与此不同,在中国语境下,依宪治国、独立审判尚未实现的情景之中,尽管也可以说法官们都是政治家,往往也必须是政治家,但其政治家的语义已完全不同。法官是一些必须认真对待权力的政治家,否则就可能被政治的绳索所绊倒,因为现实中法律还不是法官的唯一上司(马克思在《1848 年至 1850 年的法兰西阶级斗争》一书中指出,法官是法律世界的国王,除了法律就没有别的上司)。中国语境下的政治往往等同于权力,因此人们更希望法官们远离此种意义上的政治,法律也不应是这种政治含义上的工具。如果不注意不同的语境,将美国联邦最高法院大法官的话语直接移植到中国,那可能是法治的灾难。

就民事诉讼法学而言,规范分析方法和社科法学的方法同样都有存在的价值。规范分析方法以尊重和坚守法的理念、原理、原则、体系自洽为前提。具体到民事诉讼法领域,就是以民事诉讼法的基本原理、原则、体系自洽为前提,讲究基本原理、基本原则、基本制度与具体规定之间的层级服从关系,通过法解释学的规则,使得民事诉讼法的价值命题能够得到实现,保证民事诉讼法的统一实施,确保民事诉讼法的稳定调整,达成民事诉讼法的目的。在民事诉讼体制、基本原理、基本原则和基本制度的构建方面也需要社科法学提供知识支持。尤其是在我国民事诉讼法体制转型以及民事诉讼法规范建构的质量不高的情形下,体制的转型、基本规范的建构的确需要从

---

① [奥]凯尔森:《纯粹法理论》,张书友译,中国法制出版社 2008 年版,第 275 页。

其他社会科学知识方面获得解释,从这些社会科学知识得到支持。以我国民事诉讼体制为例,仅从民事纠纷解决的原理还不足以说明我国既有诉讼体制转型的必要性,还需要从经济体制(——市场经济体制的建立与市场的自主性到民事主体的自主性)、政治体制改革(从政府职能转换,小政府大社会的形成),社会意识(权利义务意识、维权意识的强化)与社会发展相互关系,这些非法学规范分析的方法和角度加以阐释和论证。① 不仅程序法如此,实体法同样是这样。我们以民法典为例,现代民法典必须建立在现代伦理关于人的概念之上。这一概念的内涵就是,人以其本质属性,有能力在给定的各种可能性的范围内,自主地和负责地决定他的存在和关系,设定自己的目标,并限制自己的行为。② 这一哲学伦理学上的界定只能交由哲学伦理学来完成,民法典只是对这一界定的认可和实现。没有康德创立的伦理人格主义哲学(ethischer Personalismus)为基础,恐怕很难成就一部现代民法典。如果没有这样的观念和思维,民法典的运作也无法实现民法典真正的要求,只能是一幅看起来很美的装饰画。在法律的基本原理和原则的建构这一点上,我们尤其能够感受到社会科学及其方法的力量。

对民事诉讼而言,特别是对那些制度规范结构之外的,涉及运行环境对制度实施影响的诸多因素的分析而言,规范分析方法是无能为力的,因为运行环境的问题已经不再是法律规范自身的问题,超出了规范分析的视野。实证主义法学的前提就是强调法律与政治的分离。例如,关于民事诉讼的所谓几大难问题——"管辖难"、"起诉难"、"送达难"、"再审难"、"执行难",这些问题中虽然也存在制度规范设计以及如何适用的理论问题,但更多的是民事诉讼制度之外的问题。管辖难的问题主要是司法地方保护主义的问题,涉及的是司法体制的问题,源于司法与地方的关系问题,深层问题是政治体制的问题,是政治问题。基于地方保护主义,当事人之间必然要争

① 对职权干预型民事诉讼体制的经济分析,参见张卫平:《转换的逻辑——我国民事诉讼体制转型分析》(修订版),法律出版社 2007 年版,第 123 ~ 127 页。对职权干预型民事诉讼体制的政治分析,详见同书 127 ~ 131 页。

② [德]卡尔·拉伦茨:《德国民法通论》,王晓晔等译,法律出版社 2002 年版,第 8、9 页。

夺对自己最为有利的管辖,以便获得地方保护或不让对方获得地方保护利益。原本仅是法院内部的审判分工,也因为这种司法体制上的原因而展开争夺。对此问题的分析就超越了法律规范的分析,需要从民事诉讼规范之外探究原因,并且需要求助社会科学的分析。在司法实践中被称为难中难的"送达难",也是如此,就送达制度而言,民事诉讼法的设计可以说已经到位,但在实践中法院依然会倍感困难,究其原因主要是司法权威缺失的问题,探究到底还是司法体制的问题。法院的送达必须直接交给受送达人,否则受送达人就可能通过信访对法院施加压力,法院并不是囿于当事人的不满压力,而是因为这种压力实际上来自更高的政治权力和权威。还有起诉难、再审难、执行难也都包含着法律规范之外的因素,是司法权的政治地位问题。自然是规范分析方法所无能为力的。由于中国法治正处于法治初级阶段,政治与法律、法律与伦理远不像法治发达国家那样界限相对清晰,往往即使是法律问题、法律事件,也会基于法律与政治、法律与伦理的混合与粘连使得法律问题转化为政治问题、伦理问题或政治与伦理的混合,按照政治思维和政治方法、伦理思维和伦理方法来解决,而非运用法律的思维和法律的方法来加以解决,这种情形之下要求用规范分析的方法进行分析必然是勉为其难。此时,社科法学便很容易侵入对民事诉讼具体运作的分析,所做的分析也显得特别接地气,也特别容易获得人们的认同,尽管对于法律专业人士而言可能并非如此。

由于规范分析方法或法教义学长期统治法学领域,逐渐形成了复杂的范式和精致的理论体系,可以说规范分析的理论已经过于成熟,成为一种固化状态。然而,对于学习和研究法律的人而言,要成为法学专家、精英就要熟悉、了解和掌握这些如山似海般的规范理论——结构、适用的要件、原则与例外、学说、流派、历史、现状、通说、有力说、少数说、旧说、新说,如同要翻越一座座横亘在前的大山。社科法学就可以摆脱背负在身上的理论范式的锁链,又因为反串,没有相应社会科学专业的规范要求,又能实现学科交叉。使用其他社会科学的话语表达对法律现象的认识也容易使人们产生耳目一新、眼前一亮的感觉,对于强调创新和创建独立话语的当下,社科法学无疑是一条捷径,这也是为什么人们愿意从事社科法学的原因之一。另一方面,也有的人认为,在规范分析方面西方国家尤其是大陆法系的民事诉讼法学相当发达,理论体系已经非常完善和精致,几乎没有我国民诉法学者可以有所作为,从学术创新的角度已经没有多少空间,因此只能寻求规范分析之外的途径。其实不然,规范分析研究在我国依然海阔天空。国外的理论对于我们而言还大都是彼岸的存在,大量民事诉讼法实践和运用中的问题还得不到解释。例如,在何种情形下,即使违反民事诉讼法的规定,该诉讼行为依然可以有效?其原理是什么?书证提出义务需要具备什么样的条件?共同诉讼、诉讼第三人、诉讼标的、证明责任的分配、既判力客观范围、主观范围、时间范围等问题,针对我国具体情形应当如何认识和确定都是规范分析研究的重要问题。

还有一个原因在于,规范分析总是一种技术化的操作,而社科法学除了数字模型以及社会调查的规范之外,大体是一种具有艺术化的操作,与中国传统文化中(宗教、国画、武术等)的重抽象、写意、空玄虚缈、轻规范的特质具有同质性。人的行为基本取向要不是个性化的,要不是趋同化的。人大体可以在这两者之间归类。取向为个性化的人视所有规范都是约束性的,艺术化是这一取向个体所自然追求的。然而社会规范是反艺术和个性化的。社科法学由于思维宏大、抽象,容易展现大家的风采,而规范技术讲究的是技术作业,气度自然不那么轩昂。这应该是一些人更愿意倒向社科法学的一个重要原因,尤其是气质个性化的学人。社科法学恰是这些群体个性化表达的舞台。中国独特的社会科学综合刊物也为社科法学提供了言论的舞台。因为法律专业期刊的主编和编辑大都有过规范分析方法或教义学训练的法律人士,其思维方式是规范分析的思维方式,因此专业法律期刊基本上都是只对规范分析研究成果开放,社科法学鲜有市场。编辑们常常用不符合分析规范将其拒之门外。相反,综合期刊中尤其是各社会科学院和各综合大学主办的人文哲学社会类的期刊,虽然法学有其一席之地,但当家花旦依然是人文社科,主编也基本是非法学专业人士。也因为是综合刊物,具有非规范分析社科法学的研究成果便与这类刊物具有先天的亲和性,自然更容易发表。也恰恰因为综合性,法律专业尤其是有部门法的规范分析研究成果的作者又不愿意投向综合类期刊。在改革开放的早期,因为专业化程度不强,因此那时许多法学类的文章还会常常刊载于综合期刊。

不过,总体而言,民事诉讼法学的方法还是规范分析的方法。需要注意的是,法律或法学领域不同,对方法论的运用也有所不同,在宪法、基本法理以及各部门法的基本理念和价值、基本原则的研究方面,尤其是基于社会变革,需要进行转型的创设性的研究方面,社科法学可能运用得更多一些。而在原理、原则、基本制度比较稳定的状态下,对于部门法更多的是规范分析方法的运用。还应当注意的是,规范分析方法绝不是拘泥于民事诉讼规范的具体规定,规范分析需要服从文意解释、目的解释、逻辑解释、体系解释,更重要的是尊重民事诉讼法的基本原理和原则。不尊重基本原理、原则,而固守法条就是“法条主义”。在民事诉讼法的研究中,正是需要依据这些基本原理和原则构建、修正、调整我国民事诉讼的各项具体制度,尤其是在民事诉讼理论知识积累不够的时期。我们以新民诉法规定的第三人撤销之诉制度为例。这一制度的结构设计就仅仅考虑了如何对付所谓的虚假诉讼、恶意诉讼,而没有考虑民事诉讼判决既判力相对性原则,将第三人撤销之诉作为一种普遍适用的诉讼,一方面冲击了既判力相对性原则,另一方面由于我们对民事诉讼法的基本原理、基本原则、基本价值以及相互关系的认识还不够,民事诉讼法的质量还有很大的空间,以现有的质量尚须进一步提升的民事诉讼规范为前提的情形下会对规范分析提出诸多挑战。因此,当下我国民事诉讼法学研究的任务还需要深入探究、透彻说明民事诉讼法的基本原理和原则,为民事诉讼法规范的完善提供法理支持。

对于社科法学的作用和影响需要针对我国法治发展的阶段性特征予以考虑和认识。社科法学利用人文社会科学的知识、方法、思维来审视法律现象,主要包括社会学、经济学、政治学、心理学、伦理学、历史学、人类学、宗教学等。有了这些法学之外的其他人文社会科学的围观和加盟,对法律以及法律现象的认识自然呈现多元化的态势,法律也会暴露其自身的许多未被揭示的特征,有助于人们认识法律的作用,推进法律的进化和演化。在19

世纪,例如德国,人们的一切努力都在于将法律与伦理分离,通过法律与伦理的分离从而发挥法律规范对社会调整的独立作用。法律仅仅在法的领域按照自己的原理进行调整,伦理则仅仅在伦理的领域内按照自己的原理进行调整。① 但在20世纪以后,一些法学家们开始重新思考法律与伦理的关系问题,将法律与伦理都作为一个社会学意义上的事实统一加以考察和分析,作为社会规范两者之间必然存在联系,由此发展出法实证主义之外的法社会学。② 与法律规范分析不同,法社会学强调法律与伦理的联系。但对于中国这样一个刚刚走向法治的国度,更需要强调法律与伦理的分离,强调法律与政治的隔离,否则无法从传统社会中破茧而出。如果忽视或无视法治发展的阶段性,而强调法律与伦理的联系、法律与政治的照应,就可能对法治的发展形成阻碍。

应当看到,在这些人文社会科学中,也有自身的体系、思维特征和取向,与法学一样同样具有封闭性和自洽性,有自己的范式。因为社科法学不以实在法为前提,考量的是法律规范之外的情景,大体上对法持有解构性取向。这样的思维方式和基本取向自然会冲击法律规范,动摇对法律的坚守。我们以经济学为例,经济学的取向重点在于效率,以经济学思维和取向思考法律,肯定有新意,但有可能因为追求效率价值而伤及法律最为讲究的诚信和守约的价值取向。从政治学的角度来看,法律没有自己的独立地位,法律不过是政治的工具。在政治学家的眼里,法学是幼稚和单纯的。幼稚和单纯就在于法学往往把法律当做目的。③ 在法学看来,法律以及法律秩序本身就是目的。对法律人而言,这种幼稚和单纯恰恰是法治发展所需要的。

再以社会学为例,在诸多人文科学中参与关注法学或者侵入法学领地最多的就是社会学,并形成了相对独立的学科——法社会学。作为社会学

① [日]川岛武宜:《现代化与法》,王志安等译,中国政法大学出版社1994年版,第3页。
② 详见[日]川岛武宜:《现代化与法》,王志安等译,中国政法大学出版社1994年版,第4、5页。
③ [美]罗伯特·萨默斯:《美国实用工具主义法学》,柯华庆译,中国法制出版社2010年版,第49页。

自然非常关注社会现实,注重的是社会是什么,而非社会应当是什么。其思维方式和取向是现实主义的。这样的思维方式和取向就容易导致规范命题向社会现实臣服,在需要改革的年代,也就很容易投入旧制度的怀中,自然具有守旧和保守的取向。法学强调抽象理念、原理、原则对行为的规范,在特定的理念、原理和原则被认可之后,这些理念、原理和原则就成为基本的规范,并在这些基本规范之下不断生成和完善规范体系。在这样的规范体系之中,具体的现实不再为人们所重视,一般情形下也不能够以社会现实颠覆已有的规范,尤其是基本规范。就此而言,法学是具有先验性的。例如,依法裁判是现代法治国家公认的基本理念。在这种基本理念之下,就要求法官只服从法律,仅受宪法和法律的约束。著名法理学家德沃金就认为,虽然在审判中一个法官可以根据自己所信仰的政治理论或原则进行选择,但所依据的政治理论或原则必须能够为法律规范提供最适当的说明,实际上就是不能超越法律。① 但如果从现实来看,特别是在法治还处于初级阶段的国家而言,法官往往不可能做到这一点,法治国家也并非绝对做到了这一点。但这是司法所必须坚守的,不能后退。虽然有时不能实现,但决不能后退,特别是在理性和理念上。例如对于司法制度的改革、民事诉讼制度的完善等,规范分析、法教义学都是以实现现代司法理念、原理、原则为基本取向。相反,社会学的认识因为注重现实社会,所以基本取向是保守的,也就必然倾向于本土化、特殊性,顾忌阶段性,就可能甚至必然与法治基本理念、原理、原则讨价还价,从理念、原理、原则的阵地退守和动摇是必然的作为。不能固守法律、司法制度和民事诉讼的原理、程序正义的价值命题和普适性要求,便成为其思维的基本取向。例如,关于审判请示制度、审判委员会,如果从存在和现实出发,它的存在就容易被认为是合理的。但如果从法官独立、审判直接、言辞、公开原则审视,审判委员会制度显然与其要求不能一致,反映了司法运行行政化的弊端。从规范分析的角度,以法官独立这一价值命题从逻辑上即可直接就可以否定案件请示制度,无需通过实证分析和

① [美]R. 德沃金:《法律帝国》,李常青译,中国大百科全书出版社 1996 年版,第 240 页。

研究加以印证。只有在质疑这一命题的前提为了说服否定者才有必要动用实证分析,但这一分析的价值预设实际上已经存在。同样,现代审判原则当然是审判应当遵循的原则,由此,审判委员会制度就自然成为司法制度改革的对象。但从我国一些社科法学者的立场来看,对审判委员会基本上都会持保守态度。从程序正义的基本要求出发,裁判中立是必须的,但如果从社会现实出发,则分析者必然尽可能从特殊性出发强调实质正义,动摇其程序正义的基本要求。

在法律的实施方面,现实主义、工具主义的立场更倾向于从具体的现实出发,在传统的主流哲学观念和意识上也能够提供充分的支持。但这无疑会影响法律的统一实施和规范的普遍性,最终导致法律规范沦为画饼。我们以最近发生的一起环境公益诉讼为例。2015 年 12 月 17 日中国生物多样性保护与绿色发展基金会向湖北汉江中级人民法院提起环境公益诉讼。但汉江中级人民法院在规定的 7 日内没有作出是否受理的裁定,理由是需报最高人民法院和环境保护厅批准。如果按照法律规定,既不需要最高人民法院批准,更不需要环境行政机关批准,只要符合公益诉讼的起诉条件就应当予以立案,这种思维是规范分析的思维。但如果从环境因素考虑则法院的做法很容易获得辩护。自然会质疑环境公益诉讼与环境行政部门有关,没有环境行政部门的配合、介入能够很好地实施吗?法律当然不是可以离开社会环境而独立存在的。环境诉讼影响面大,涉及广泛的公共利益,政策性强,由最高人民法院站在更高层面、更宏观的角度来把握更有利于本案的处理,因此,需要最高人民法院批准是符合情景考量的。这看起来的确有道理,但问题是完全背离了法律规范的命题要求,强化了司法的行政化,各级法院也就丧失了各自独立的审判权,司法权亦不能独立行使。法治的裁判原则就是各级法院依照法律独立行使审判权。这正是规范分析思维必须坚守的。因此,不得不承认,在对待传统纠纷解决方式,无论是社会学的视角,还是历史学的视角都容易接受和包容传统方式,对现代纠纷解决制度的建构和发展形成掣肘。

对于我们这样一个正在迈向法治现代化的国度,需要的是按照现代法治的理念、价值追求、原理、原则、体系予以建构。以现在改革中的立案制度为例，在没有树立现代司法理念的情形下，就很难将诉权作为国家司法保护的积极手段，在起诉立案制度的设计上就必然是以管控的取向对待民众对诉权的行使，将立案视为一种控制的闸门，为诉权行使设置高门槛。不是让司法接近民众，而是如何使司法与民众保持一定的距离。限于法治的阶段性，还不能充分意识到诉权、诉讼请求、诉讼程序和裁判的功能就在于激活法律、使得法律能够被解释、理解和运用，从而实现法律对社会关系实实在在地调整和规范。党的十八届四中全会决定中明确指出应当充分保障人们行使诉权，对于广泛激活法律、实现法治是极为明智的政策指引。

社科法学基于与人文社会科学的联系，也十分自然地具有了这些学科思维的基因，因而也具有了类似或相同的思维特性。由于其思维方式的特殊性很容易与法学所固守的理念、原理、原则形成反制，成为一种制动的力量。[①] 因此过于倚重社科法学，会导致对程序规范的轻视、对裁判功能的忽视。因为法社会学、法政治学、历史学等所谓社科法学从本质上重视法律与伦理、法律与政治之间的联系，必然强调社会现实，也就必然强调纠纷解决传统的联系和传承，反对法律的自洽和封闭，自然会形成对现代诉讼制度、现代诉讼理念、价值命题的抵触、反对。只有在现代法治理念的指导和指引下构建的民事诉讼纠纷解决机制才是符合现代社会发展和需要的。中国传统的纠纷解决理念和思维很难为民事诉讼现代化提供营养和动力。诉讼的调解化、泛调解化、弱化裁判功能、强调所谓司法能动性、反对诉讼程序的刚性、反对诉讼技术化、司法的大众化也都是社科法学思维取向的自然反映和结果。前几年马锡五审判方式的回归也反映了这种思维方式对传统审判方式或纠纷解决方式的怀念和对历史传承的寄予，也同样折射出社科法学的影子。

---

① 指出社科法学是一种破坏性的力量，是法律的敌人，可能有些过于严重。对社科法学的批判，参见白斌：《方枘圆凿：社科法学对法教义学的攻击》，载《中国社会科学报》2015 年 5 月 20 日第 A08 版。但应当看到，否定法教义的结果有可能导致否定法治理念、原理、原则，由此带来的不安是不言而喻的。

四、民事诉讼法学与法律实证研究方法

法律实证研究(empirical legal studies),是指将法律现象视为客观事实,利用观察、访谈、参与等定性方法和问卷调查、统计分析等定量方法①发现法律事实,对这些事实进行归纳,描述其特征,分析事实之间关联或者因果关系,并阐释其发生机制、制度效果的研究。② 应当注意,虽然有"实证"字样,但法律实证研究作为一种方法与作为法学流派的法律实证主义或分析实证主义法学(Positivist Jurisprudence)没有任何血缘关系。③ 近些年来,法律实证研究正在兴起,可以说方兴未艾,法律实证研究方法在各部门法研究中大量被使用。权威期刊也开始刊登一些法律实证研究的研究成果。尤其是在博士论文和报告中没有法律实证数据就会被认为与实践脱离,缺乏实证分析。法律实证研究无疑已经成为一种学术时尚。在民事诉讼中,实证研究的范围也在逐渐扩展,也有一定数量的实证研究成果发表。研究成果早期主要集中于著作之中,近些年法律学术期刊对实证研究成果论文的刊载率有所增加。在民事诉讼方面,如关于诉讼调解、④送达、非讼制度、⑤小额诉

---

① 法律实证研究方法究竟仅指定量分析方法,还是包括定性方法,在法律实证研究学者中存在争议。白建军教授将法律实证研究方法限定为定量分析。参见白建军:《论法律实证分析》,载《中国法学》2000 年第 4 期。

② 关于法律实证研究的定义,参见程金华:《当代中国的法律实证研究》,载《中国法学》2015 年第 6 期。

③ 法实证主义又称为分析主义,该学派以孔德的实证主义哲学为基础,注意区别应然法与实在法、法与伦理,讲究法的自洽和封闭,试图将所有评价标准和意识形态从法律科学中清除出去。其代表人物是奥斯丁、凯尔逊、哈特。参见[美]博登海默:《法理学—法律哲学与法律方法》,邓正来译,法律出版社 1999 年版,第 118 ~ 144 页;[美]罗斯科·庞德:《法理学》(第一卷),邓正来译,中国政法大学出版社 2004 年版,第 57 ~ 61 页;李桂林、徐爱国:《分析实证主义法学》,武汉大学出版社 2000 年版,第 1 ~ 22 页。

④ 吴英姿:《"调解优先":改革范式与法律解读——以 O 市法院改革为样本》,载《中外法学》2013 年第 3 期。

⑤ 毋爱斌:《实现担保物权非讼许可裁定的文本分析——基于北京、重庆、广东三地法院的考察》,载《法律科学》2014 年第 5 期。

讼制度、[①]人民陪审制[②]等的实证研究。虽然纯粹从调查到收集数据，再到数据分析处理和结果的研究成果很少，绝大多数是规范研究与实证研究结合，还有的仅仅是引用经验数据，实证介入程度比较低。

通过收集、查阅网上公开的裁判文书，更充分地了解实践中人们对法律规范内涵和性质的认识，从中发现学术问题，并进行理论分析是中青年学者们近些年大量运用的方法。[③] 这种方法的应用与裁判文书的网上公开有直接关系。大量裁判文书上网，便于人们收集所谓大数据，了解实际中的具体做法，与过去局限于个案分析相比更容易发现带有普遍性的问题。虽然裁判文书中对程序问题的处理和说理反映有限，但多少还是能够通过公开的裁判文书了解实践中的程序问题。但这种通过收集裁判文书，了解和分析实践中人们对法律规范构成以及适用条件、效果的认识的方法并不是严格意义上的法律实证研究，依然是规范分析。收集网上裁判文书是一种量化的调查，但量化只是法律实证研究或分析的一个要素。并非只要有数据就是实证研究。法律实证研究或分析还需要有“程序”和“经验”两个要素构成。[④] 法律实证研究是一种经验研究。经验研究具有以下特征：首先，经验研究强调对研究对象的客观观察和实地感受，强调感性知识的认识论意义，反对动辄探求事物的本质。实证分析的结论不是意见或价值判断。这是实证分析最基本的特点。其次，经验研究强调用事实说明事实。[⑤] 只要运用了法律规范的概念和逻辑进行抽象的分析就是规范分析，而非法律实证研究。因此，在民事诉讼领域真正或主要内容为实证研究的论文并不多。

法律实证研究通过各种调查方法发现法律运用中的事实，阐述法律制

---

① 唐力、谷佳杰：《小额诉讼的实证分析》，载《国家检察官学院学报》2014 年第 2 期；王长军：《小额诉讼实证分析》，载《中国审判》2012 年第 11 期；董鹏、赵红杰：《小额诉讼程序司法运行实证分析——以 N 省 H 市 6 个基层法院为例》，载《鄂州大学学报》2015 年第 11 期。

② 张嘉军：《人民陪审制度：实证分析与制度重构》，载《法学家》2015 年第 6 期。

③ 运用这种方法的如吴泽勇：《第三人撤销之诉》，载《法学研究》2014 年第 3 期；任重：《论虚假诉讼——兼评我国第三人撤销诉讼实践》，载《中国法学》2014 年第 6 期。

④ 白建军：《论法律实证分析》，载《中国法学》2000 年第 4 期。

⑤ 白建军：《论法律实证分析》，载《中国法学》2000 年第 4 期。

度的实际效果和发生机理，了解人们对制度目的的认知度、对制度的接受度或认同度，对于修正、调整法律制度的目的、结构、制度规定、加强解释、宣传都有十分重要的意义。我们以小额诉讼制度为例，小额诉讼制度设置的目的是为了简化诉讼程序、节约诉讼成本、缩短小额纠纷解决的周期，由于小额争议案件在民事争议案件中占有相当的比例，因此，立法者由此推断通过小额诉讼制度的适用可以大大减轻法院的压力。立法研讨中，有的人预计一旦设置小额诉讼制度，则进入民事诉讼的民事纠纷中大约30%以上会通过小额诉讼程序加以解决。① 但通过实证调查研究发现，小额诉讼制度适用率大大低于人们的预计。有学者对2013年某直辖市部分基层法院适用小额诉讼制度审结案件情况进行了实证调查。简易程序审结的案件数量与小额诉讼审结的案件数量相比，小额诉讼适用的比率最高的3.19%，最低的只有0.49%，平均不过2.14%。② 在民事诉讼领域中声称进行了实证研究最多的也许是关于诉讼调解的实证研究。在强调调解结案的时期，几乎每一个法院都有关于诉讼调解的实证报告。

从目前关于民事诉讼的法律实证研究来看，实证研究主要方法是数据统计、问卷调查和访谈。实证研究的主要作用有以下几个方面：(1)印证、核实规范分析的命题和观点。仍以小额诉讼制度为例，在小额诉讼制度实施之前，就有学者从规范分析的角度已经指出小额诉讼一审终审与再审存在价值冲突，再审将冲击小额诉讼的运用。人们对小额诉讼的实证研究印证了这一判断。(2)通过实证研究了解司法实务人员对特定诉讼制度的认知程度以及实际运用，检验制度的实际效用。这种观察研究主要用于一些新的制度，尤其是理论上对制度存有争议的情形。因为这些新的制度往往是学界的热点问题。例如，关于第三人撤销之诉。虽然理论界学者们通过规范分析，试图在制度运行前给予实务界理论指导，使其在理论解释的框架内

① 参见最高人民法院审委会专职委员杜万华法官2012年9月在宁夏调研时的讲话，载《中国法院网》http://www.chinacourt.org/article/detail/2012/10/id/605319.shtml，2014年6月10日访问。

② 唐力、谷佳杰：《小额诉讼的实证分析》，载《国家检察官学院学报》2014年第2期。

进行操作,但往往由于理论研究尚欠深度和广度,也因为说服力有限等原因,实务界对第三人撤销之诉制度依然有自己的独立认知,按照自己的理解进行操作,从而形成法官心中的“主观法”或制度。这种“主观法”与立法建构时的意图和学者们的认知可能存在差异。通过实证研究可以了解法官们主观认知的制度和在实际运行中形成的客观制度,并从差异中寻求公约数。如果该制度在很大程度上不能得到实务界的认可,通常表明该制度在规定方面存在问题,需要进行修正或者按照实务中人们所普遍认同的运作方式进行调整规范。(3)通过实证研究观察和分析制度实施的环境,从而揭示影响制度运行、功能发挥的外部因素。例如,关于督促程序、公示催告程序的实证研究。督促程序原本是一种可以尽快获得强制执行根据的快捷制度,但在实践中却几乎没有发挥其作用,[①]通过实证研究可以揭示在国外很有功效的制度在中国为何难以有所成就。民事诉讼法虽然规定了公示催告程序,也同样没有得到适用。除了通过规范分析,了解我国的票据制度的特殊性之外,也需要通过实证研究揭示外部环境对制度运行的实际影响,特别是一些外部隐性制度、习惯对程序制度的影响。

法律实证研究的兴起除了其实际功能之外,也与学术创新的认知有关。由于规范分析均是以抽象命题为研究对象,因此,对观点的证成比较容易验证,容易辨识其学术研究的创新度和学术贡献。法律实证研究则是对法律现象的具体考察,分析样本是个性化的,观察和分析的结果也是个性化的。由于这种考察和研究对象的个性差异,也就不存在对象雷同的问题,同时实证研究又基本上都以批判和质疑为结果,从而与学术研究的基本取向保持了一致性,因此在差异性等于创新性的认知情形下,作为一种研究方式也就容易获得认可。尤其是在学界开始强调学术论文撰写个体化的当下,法律实证研究过程的团体性更具有隐性特征。因为法律实证研究的具体实施和操作多数情形下是一种劳动密集型作业,合作更为容易。实证研究的框架

---

① 关于督促程序的适用问题,参见陈杨:《督促程序适用率低的原因及对策》,载《法制与社会》2010年第31期。

设计方面更能反映研究人员的智识,特别是实证研究的对象选择。而在规范分析研究方面则很难做到,基本上不存在分工问题。

法律实证研究虽有勃兴之势,但其发展和适用中也应当注意避免以下问题:

其一,避免研究方法失范。由于实证研究对象的差异性,因此就存在难以验证的特点。一旦实证研究缺失规范,该实证研究的科学性就必然存在问题。为了保障实证研究的科学性,就必须有程序要求,程序是实证分析的第一要素。程序意味着特定的研究结论的获取过程,这个过程应当是规范的。从人们发现问题、提出问题,到建立理论假设、工作假设,到实地观察、调查、收集资料,以及整理、统计、分析资料,最后解释分析结果,得出研究结论,实证分析由相互联系的若干步骤构成一个完整的过程。这个过程的任何一个步骤的缺失,都可能影响到整个研究结论的客观性。所谓规范性,就是要求概念的操作化、抽样的随机性、数据采集的客观真实、资料编码、统计分析、数据解释、报告结果等过程的标准化。[1] 在民事诉讼领域,现在从事实证研究的人员主要由两部分构成,一部分是高校从事法学研究的专业教师和学生。这些教师原来的研究方法就是规范分析研究方法,并不擅长实证研究,少数人拥有长期实证研究的经验。另一部分是司法实务部门从事调研的实务和专职研究人员。对于没有经过专业训练的研究人员而言,实证研究的规范性是一个问题。实证研究方法中的问卷设计、问卷分析、样本采集、访谈、数据统计等均有严格的规范要求,具有很强的专业性和规范性。然而现在的法律实证研究并没有对此持有足够的敬畏和尊重。仅仅以随意获取的数据说话,又由于难以验证,实证研究成果也就良莠难辨,误导人们的正确认识。[2]

其二,避免价值预设。实证研究作为学术研究应当是客观的、价值中立的。有相当一部分实证研究是为了获得实践的客观印象。不过,因为受制

---

① 白建军:《论法律实证分析》,载《中国法学》2000 年第 4 期。

② 关于研究规范失范问题,参见张卫平:《对民事诉讼法学贫困化的思索》,载《清华法学》2014 年第 2 期。

于命题本身的价值取向很难保持其价值中立。例如,关于诉讼调解的研究,特别是那些依赖课题经费支持的实证研究。课题设置本身基本上都已预设了价值取向,大都是为了配合政策需要以印证其合理性、正当性和科学性而设计的。课题必须结项通过又从结果上制约了这种取向。以诉讼调解为例,所有的实证研究成果几乎都是对现实中诉讼调解的溢美赞歌就充分地说明了这一点。再如,在2012年民事诉讼法修改之前,司法系统就小额诉讼进行过试点,相关部门也对试点进行了实证研究和总结。有意思的是,那时的实证研究分析结果与民事诉讼法实施之后的实证分析比较,具有很大的差异。民诉法修改之前关于小额诉讼的实证调查显然是积极的。所以,价值预设和诱导是一个重要原因。另一方面,违反其价值预设的实证研究也很难从实务部门获得真实的数据,实证研究也就难以坚持其客观性。

其三,避免掉进"维现陷阱"。实证研究将法律及法律实施作为一种社会事实进行考察和分析。虽然人们在主观意识上力图保持客观性,但是这种考察和分析如果把握不好就难免掉进一种现实主义的立场之中,即所谓"维现"陷阱之中,即存在就是合理的,由此可能导致以制度现状"对冲"法律规范的价值命题,影响规范的调控作用。另一方面,司法者也有其自身的利益,制度改革往往也会涉及其自身利益。如果从现状或现实考虑,只要制度规范触及其利益则都有可能产生抵触,如公开审判、开庭审理、裁判文书公开、裁判说理都将增加审判人员的投入,对审判人员是一种负担。从本质上讲在没有收益的情况下,没有人愿意增加行为的成本。如果以此现实为由,则审判公开的原则便无法得以落实和体现。因此,实证研究中应当坚持法律的价值命题,客观地分析实现制度规范的问题究竟何在,避免以"骨感的现实"冲击"丰满"的法律价值命题。

法律实证研究是一件非常艰辛的工作,常常会面临意想不到的困难。而这些困难不仅来自人力、财力方面的原因,也来自意识方面的阻碍,尤其是关联司法体制的实证研究。由课题经费支持的实证研究限于经费支出的规定,使得经费无法用于人力成本的支出。而实证研究最需要的就是大量的田野调查,田野调查离不开大量的人力。囿于经费的限制,实证研究为了降低成本就可能走形式。涉及一些被认为具有消极影响的实证调查更是困难,法律运行实际的情形往往很难真正揭示,敏感问题只能语焉不详一笔带过。以审判员额制的实证研究为例,对于法院法官的工作负担的现实就很难开示,尤其是以数据说话的情形。实证研究很难具体统计一个法官用于审判业务和非审判业务的实际工作时间。困难并非源于统计技术操作,而是没有法院愿意配合这样的实证调查,因为非审判业务部分与政治有密切的关联。但如果没有这样的调查,员额制的设定和实际运作都将缺乏实证数据的支持。因此,法律实证研究在民事诉讼领域的适用和推进还有许多困难需要克服。

结语

法律的规范分析或法解释学是民事诉讼法学的主要研究方法,作为部门法学的民事诉讼法学是以部门法——民事诉讼法的存在和适用为前提,研究的是民事诉讼法适用的问题,核心是民事诉讼法的解释问题。法治社会中的法律应当是一个整体,是一个有逻辑层次的、有机构成的系统,民事诉讼法必须依赖于作为基础的法律,如宪法,以及作为关联结构的法律,如实体法、组织法等。民事诉讼法必须建立在法治的基本价值和原理之上,并在此基础上围绕民事诉讼自己的价值要求,构建其原理体系。作为法律职业者和法学研究工作者更多的是运用规范分析的方法,探寻其原理和原则。对民事诉讼法的规范分析研究是民事诉讼法学的重点和主要任务。尤其是在当下中国法官的司法权威还尚未确立的情形下,强化和细化规则是不得已的作为,而规范分析的运用恰恰在细化规则,判断标准或规则客观化、正当化方面具有绝对优势。这一点与现代体育竞技比赛规则的发展具有高度相似性。推崇和倡导法社会学的我国知名法学家季卫东教授也明智地指出,在现阶段,中国法学研究的一项重要任务还是加强法律适用的推理和解释环节,甚至有必要强调和鼓励法教义学的规范思维方式,让制度担纲者树立必要的法律信仰,通过示范作用形成普遍的社会守法精神。否则法治难以张扬和落实,作为正义屏障的法律职业精神难以弘扬。①

其他社会科学方法对于理解民事诉讼法的原理、原则、基本理念以及对具体的诉讼制度的建构和调整有重要的作用。无论我们适用何种方法进行解释和分析,都应当遵循该方法运用的规范性。虽然方法仅仅是工具,但离开了相应方法运用的规范性,其研究成果的正当性和科学性就必然受到质疑,尤其是在作为法律人并不熟悉的社会科学方法运用的方面。

民事诉讼法学方法具有很强的实践性,需要研究和分析者在民事诉讼法学的研究中具体体会和把握。方法本质是实用主义的。具有实用价值的,能够发现问题、揭示问题、解决问题的方法就是好的方法,所谓"在所有研究的领域,理解实质必须掌握方法论"②这一判断有些过于武断。因此我们也不必囿于方法论的概念,灵活地加以运用。这当中最难的就是如何坚持特定研究方法的价值中立,避免特定研究方法的特定取向影响研究的客观性。取向不可避免,但应当尽量避免。开车避免不了危险,但我们应当尽量避免危险的发生。法律问题的认识、解释和解决都涉及主观价值判断问题,最突出的是规范、价值追求或理想与现实的冲突问题,这一问题最终归于方法论中的基本哲学问题——应然与实然的关系问题,一如影视剧中的语言艺术伦理与语言真实生动的冲突一样。

① 季卫东:《法律议论的社会科学研究的新范式》,载《中国法学》2015 年第 6 期。
② [美]莱斯利·里普森:《政治学的重大问题》,刘晓等译,华夏出版社 2001 年版,第 15 页。

第四章

我国民事诉讼法学的主要任务与重心

——以转型时期为背景

引言

毋庸置疑,我国目前正处于社会大转型时期——从原来计划经济转向市场经济、从传统法制转向现代法治、从万能政府转向简政放权、从追求 GDP 转向环保型可持续发展、从封闭转向开放。在这样一个社会大转型的过程中,全面推进法治即是社会转型的重要特征,也是社会转型的基本作业。全面推进法治并非仅仅是实体法规范的建构和实施,相比较而言,现代法治的建构和推进在现阶段更重要的是程序法的建构和推进。程序法的建构和有效实施是与传统法制的主要区别之一。[①] 广义的民事诉讼法作为现代法治程序规范中最为重要的组成部分之一,没有发展和完善的民事诉讼法,不能有效地实施民事诉讼法,就谈不上现代程序法治,也谈不上法治的发展和建设。民事诉讼法与其

① 现代法治与传统法制的区别主要有两个方面:一是法的精神和观念。现代法治是以保障人权、财产权和追求的自由发展为前提。二是重视和承认程序的价值和程序建构的意义。没有坚持这两点再多的法也没有意义,依然是传统的法制。

他部门法一样也必须适应这样的社会发展，推动社会的快速转型，为全面推进法治发挥积极的作用。不言而喻，民事诉讼法的发展和完善必须依赖于民事诉讼法学的发展，从民事诉讼法学中汲取理论营养。民事诉讼法学应当为民事诉讼法的建构、完善和有效实施提供理论营养是民事诉讼法学的基本任务和目的。

在不同的时期，民事诉讼法学的任务或重点又有不同。从国外的情形来看，如日本，在明治维新前后民事诉讼法学研究的任务就是如何移植，如何正确地理解被移植制度的法理依据，以便正确按照该制度的法理予以实施。第二次世界大战日本战败，日本社会进入社会转型时期，政治、经济、文化、观念等方面发生了巨大的变化，民事诉讼法学的任务也转向在新的社会转型过程如何建构具有现代法治精神的程序法规范，注重对程序价值的追求。① 在民事诉讼程序建构和积累到一定程度之后，为了应对民事诉讼程序在解决纠纷中存在的过于刚性、高成本、长周期、低效率、单一化、单纯形式化的弊端，在20世纪八九十年代，日本民事诉讼法学界又将其研究任务的中心和重点转向如何提高效率、控制诉讼成本、缩短纠纷解决周期、讲究武器平等、追求纠纷解决的多样化、替代性方面。除了日本之外，其他大陆法系国家，如德国，也有这种变化。②

再看看苏联的民事诉讼法学。基于国家对维权性、制约性的法律本身的虚无化，对程序及功能先天的戒备以及法意识形态的对立，苏联民事诉讼法学的主要任务就是服从于意识形态的需要，无情对西方资产阶级的民事诉讼制度和理论进行批判。虽然也有一些学者在理论层面研究民事诉讼制度的运用，但这并不是他们的主要任务，其主要任务就是论证苏维埃民事诉讼制度特殊性、独创性，从历史阶段论和阶级论论证苏维埃民事诉讼制度的

---

① 参见[日]竹下守夫:《日本民事诉讼法的修订经过与法制审议会的作用》，载《清华法学》2009年第3期。20世纪70年代，有日本民诉法学者受美国程序正义理论及程序保障实践的影响，提出了在日本再建新程序保障体系，以程序保障为新的视角审视现行的诉讼制度以及以往的理论，掀起所谓“程序保障第三次浪潮”。详见[日]井上治典:《程序保障的第三次浪潮》，收录于[日]井上治典:《民事程序论》，有斐阁1993年版，第4页。

② 日本在这方面的制度建构集中体现为1996年最大规模的民事诉讼法修订。

优越性,并反证西方资产阶级民事诉讼制度如何腐化和虚伪。[1] 作为一个非现代法治国度的苏联,民事诉讼法学在很大程度上就是政治学的分支或政治经济学在民事诉讼中的运用。[2] 显然我国所处的社会阶段既不同于发达法治国家的现阶段,也不同于苏联解体之前的社会阶段。与国外发达的法治国家相比,在某一个方面,我们可能正处于它们曾经走过的历史阶段。更准确地讲,我国的法治处于一种混合阶段——法制大规模建构、纠纷形态现代多样、法治观念刚刚启蒙、传统与现代纠结、高新技术日新月异、资信爆炸、泛滥、阶层分化与固化并行、经济发展与环境严重冲突。因此,在这样一个特有的社会转型时期,我国民事诉讼法学的主要任务应该是什么?这是民事诉讼法学界必须回答的问题。

一个学科不同时期研究任务的设定和描述是宏观的,论述的是一种大的趋势。这种设定不是对学者个人研究兴趣的限制。每个学者会根据自己对这种宏观趋势的判断和自身的研究条件(包括外语工具、本科、研究生、博士教育背景、具象与抽象思维的能力)、学术竞争优势(学术研究成效或社会效应、研究成本投入与产出率。学术研究并非一定是种瓜得瓜)、研究兴趣等选择自己的研究方向和课题。兴趣不同,研究任务的设定就有所不同——有的可能对概念的梳理、概念及制度的历史考察有兴趣;有的可能对制度形成的外部因素——政治的、文化的、经济的有兴趣;有的可能对中国传统文化与诉讼制度的关联有兴趣;有的可能对制度实施的实况有兴趣。每一个学者个体的研究虽然是个性化,但其研究往往无法摆脱研究的目的性,不可能是无目的的研究,目的将指引你的研究,于是对研究目的的判断就很难离开对一定时期民事诉讼法学任务的宏观认知。符合发展规律和发展趋势的研究才有可能是有成效的研究。在建构现代民事诉讼法体系和民事诉讼法学理论体系的大趋势过程中,注重对过去传统方式的研究虽然有助于加深我们对民事诉讼现代化的认识,但对于现代民事诉讼法而言建构

① [苏]阿·克列曼:《苏维埃民事诉讼》,刘家辉译,法律出版社 1957 年版,第 88 ~ 89 页。

② 详见张卫平:《民事诉讼处分原则重述》,载《现代法学》2001 年第 5 期。

所需要的理论体系才具有更重要的意义。对现代民事诉讼理论的研究才更具有积极意义和实际效益。毕竟我们可以从传统中获取的建构资源是非常有限的,因为传统毕竟与现代具有内在的冲突。

一、民事诉讼法学的任务与时事变迁

回望历史,在新中国建立之初基于革命和政权更替的需要,我们坚决而彻底地废除了过去的法统。基于法统的断裂和法观念、法意识的改变,原有的民事诉讼程序和民事诉讼法也与过去的法统一起被埋葬,与过去法统相依相随的民事诉讼法学理论也一同被掩埋于制度的废墟之中,成为旧法统的陪葬品。从20世纪50年代到80年代,虽然也有民事纠纷——主要是离婚诉讼,也有相应少量极其简易化或半隐形化的程序,但在人们的头脑中基本不存在程序价值和程序约束的观念,所以程序也就处于完全虚无化的状态。[①] 在没有程序法的这种状态下,自然也不可能有民事诉讼法学存在的余地,民事诉讼法学及理论继续存封于历史的尘埃之中。

改革开放之后,随着法制的重建,作为程序基本法的民事诉讼法得以再度重生,民事诉讼法学也如枯树逢春。改革开放之初最紧迫的法制建构任务就是民事诉讼法的制定,哪怕是最简单的民事诉讼法,在当时的情景之下也只需要简单的程序。基于这种急切的需要,已经存封已久的民事诉讼法理论也有了重启的机会,虽然在运用时还需要经过适当的"漂白"处理。在民事诉讼法试行制度过程中,过去民事诉讼法的理论实际上在悄然发挥着作用,因为制度运行必须有相应的解释。我们毕竟不同于革命更为彻底的

① 改革开放之前的法制状态,可参见高其才、左炬:《"为中心工作服务":基层司法机关"专政工具"角色的确立与强化——1049年至1956年华县人民实证研究(上)(下)》,载《清华法学》2009年第2期、第3期。

柬埔寨。① 但受苏联民事诉讼理论、传统纠纷解决观念和文化的影响，民事诉讼法学其再生之初并未真正走向应有的轨迹，而是严重地与实体法的精神脱离，与市场经济的社会转型和政治体制改革发展方向背道，凸显口号式、标语式论说。然而经过几十年的发展，虽有曲折、迂回，总体上我国民事诉讼法在具体制度的建构方面有所完善和发展。不过还应当承认在基本理念、诉讼体制、原则、基本制度或基础性制度的探究和建构方面依然还有提升、匡正、拓展和发展的空间。新时期民事诉讼法的进一步发展需要民事诉讼法学能够提供足够的动力，需要通过全面深化研究，为民事诉讼法的转型和发展提供理论资源。

在 1982 年民事诉讼法(试行)颁布实施之后相当长的一段时间，民事诉讼法学的任务就是阐释民事诉讼法，解答民事诉讼法条的含义。尽管民事诉讼法的条文很少，但也给了民事诉讼法学很大的压力，因为对于当时中国的民事诉讼法学界而言，从事民事诉讼法理论研究的人力资源相当有限，民事诉讼法知识相当贫困。那时的研究生已经是很有学问的专家学者了。不过由于那时民事诉讼法适用的实践还不能充分反馈，民事诉讼法的适用也不规范，从而客观上减轻了理论解释的压力。

从 1982 年民事诉讼法试行至今，民事诉讼法已经走过了三十多年的历程，民事诉讼法一直在不断的建构之中。从现在的情形来看，民事诉讼法也还没有完成其大规模的建构，在这个方面，其与我国的社会转型和社会发展的情形完全一致。关于这一点我们从民诉法司法解释的制定和初步实施可以清晰地看到民事诉讼法规范建构的艰巨性。虽然民诉法司法解释尽量基

① “文化大革命”之前，整个中国处于始终革命的年代，法治完全没有存在的价值。从 20 世纪 50 年代开始，统治者已经逐渐将人们的头脑中保存不多的法意识几乎完全格式化了。“文化大革命”期间革命意识达到了顶峰。当时的政治意识是天下大乱达到天下大治。相比更加极端的柬埔寨，我国还算是幸运的。在柬埔寨红色高棉时期，人们做的更为彻底，干脆将法学家和法律专家在人体予以消灭。那个时期柬埔寨的法学家和法律专家都基本已经被处决。后来在重新制定柬埔寨民事诉讼法时，人们再也找不到过去参与柬埔寨民事诉讼法制定和对柬埔寨民事诉讼法有研究的学者和专家。柬埔寨民事诉讼法是由日本民事诉讼法学者帮助完成的。参见[日]竹下守夫:《柬埔寨民事诉讼法的制定》，日本法务省国外法制协力报告，2001 年。

于民诉法文本予以展开，但实际上司法解释已经创设了许多具体的制度。证据制度部分的解释最为典型。民事诉讼法关于证据制度部分的条文仅有18条，约1800字。民诉法司法解释关于证据制度部分有34条，约4500字。其中创设的新制度不计其数，如证明责任与分配、自认制度、书证提出制度、证人、当事人陈述保证书制度、证明标准、无需证明的事实范围、公文书证明等。即使民诉法司法解释在证据制度方面已有所补充和完善，但距离建构完善的证据制度还有很远的距离。有些证据制度的建构也是司法解释无法承受之重。例如，关于对证人伪证、伪造证据的惩罚等。甚至连最基本的证据程序都还存在严重缺失。证据提出的程序是什么？证据应当何时提出？法院调查证据的范围是什么？应当以何种方式、何时公开证据调查结果？对法院证据认定不服的如何救济？我们以民诉法解释关于书证提出义务为例。关于书证提出义务在现行的《民事诉讼法》中并没有规定，民诉法司法解释为了解决因诉讼中证据偏在导致案件真实不能充分揭示，从而影响实质正义实现的问题，明确规定书证为对方当事人所持有的，另一方当事人可以向人民法院申请要求书证持有人提出该书证，这一规定的确是有意义和价值的。但民诉法司法解释仅有简单的一条规定，对于书证提出义务诸多应当细化的规范却没有规定。应当提出的书证的范围？在何种情形下持有该书证的当事人可以免于提出？涉及职业或职务秘密的文书是否应当作为书证提出？涉及个人隐私、商业秘密的文书是否应当提出？为自己工作、业务和私人生活的文书是否应当提出？在程序上，书证提出申请应当何时提出？以何种方式提出？对法院驳回申请的裁决应当如何救济？法院审查判断的程序是什么？这些最基本规范民诉法解释都没有规定。[①] 这必将影响书证提出义务这一制度的有效和正当实施。除了证据规范之外，基本的民事诉讼的程序也还有许多需要建构的制度，可以说，在某种意义上讲，民事诉讼法仅仅是建构了一个大致的程序框架，框架之中还有许多具体的运作

① 关于书证（文书）提出义务制度，参见张卫平：《民事诉讼法》（第四版），法律出版社2016年版，第207～209页。

程序尚未设置。而民事诉讼制度的大量建构就需要民事诉讼法学研究者提供制度建构的理论依据,真可谓任重而道远。

二、转型时期我国民事诉讼法学的主要任务

与我国经济体制改革极为类似,民事诉讼法的建构在很大程度上也是经验主义的,即"摸着石头过河",缺乏民事诉讼理论的充分指导。在当我们观念和理念存在偏差时,就必然摸错方向,误入岔道。历史明确地告诉我们,在民事诉讼法的完善和发展中,民事诉讼理论一直处于供给的极度短缺之中。从2012年民事诉讼法的修改,尤其是之后的民诉法司法解释的制定过程,更突出地表明民事诉讼法理论资源的严重不足。可以肯定地说,现有的民事诉讼理论远不能令人信服地回答、解释具体诉讼制度的结构、具体诉讼制度间的相互关系、制度适用的诸多问题。在民诉法司法解释制定的过程中,几乎每一个方面都充斥着争议和疑义。司法解释的具体制定者发现民事诉讼法学界关于许多问题都没有达成共识,当然有的问题是具体制定的认识问题。这说明民事诉讼法学研究还没有对这些问题提供令人信服的答案。

从表面上看,这些不足是因为民事诉讼法学对具体制度理论研究的欠缺,但实际上是民事诉讼法学对基本的理念、基本原理、基本制度缺乏深入的了解。令人遗憾的是,在民事诉讼法学研究资源本身十分匮乏的情形下,大量研究资源又因为政策导向的原因被投入规范分析法学、法教义学、法解释学之外,规范分析学者并不擅长的诉讼调解、司法制度、大调解等诸多领域,在这些领域中重要的不是制度建构和规范解释,更多的是实际操作技术和运用。另一方面,在这些领域中往往与政治形势关联,因此容易陷入司法政治游戏的秀场之中,导致民事诉讼法研究任务的偏移,学者注意力的转移,导致精神资源——智力和物质资源——人财物的无谓消耗。

我们以诉讼调解或法院调解为例。诉讼调解是在法院的主持下依照当事人双方的意愿就纠纷解决达成协议以避免通过适用实体法规范裁判争议。从诉讼调解的应遵循的规范而言,必须遵循当事人双方的意愿。法院的作为就是引导双方正确辨识权衡利害关系。在追求调解率的司法政策指

导下，诉讼调解成功率主要取决于对双方当事人心理的把握，与诉讼理论没有关联，如果要说理论更多涉及的是实践心理学或临床心理学的问题，实际上主要是经验的积累和运用。国外对调解或和解的理论总结也主要是经验的概括和总结，将大量的学术研究资源投入诉讼调解，为司法政策“背书”是没有必要的。所谓“大调解”是政府主导下的多元纠纷解决机制，是民事诉讼纠纷裁决的替代形式。原本多元纠纷解决机制虽然也是民事诉讼法学研究的一个重要领域，但毕竟在研究方法上多采用规范分析之外的社会科学方法。因此，不是民事诉讼法学研究的主要领域，也就不是民事诉讼法学的主要任务。我国的“大调解”是在政府主导下的作为，因此带有很强烈的行政色彩，而且也是基于特定的政治需要，因此大调解在纠纷解决方面并没有发挥作用，将有限的研究资源吸引到这一政治秀场，无疑是浪费学术资源。

另外一个需要值得注意的倾向是，在泛政治化的社会形态之下，司法实践中有些创新往往是政绩或形势的需要。这些所谓“创新”或实践探索，不过是换一个说法、表述，将法律的规范视为一种“政治艺术”。法律讲究的是规范性，基本取向是反“艺术”的。这种基于政绩的政治艺术甚至“政治魔术”几乎成为我们生活的一种普遍社会现象。因为这样的艺术手法和表现对于实现政绩而言更为简单有效，也反映了政治生态的基本特点。有意思的是，尽管可能是一种行为艺术，但也同样需要尽可能寻找到理论的支撑。为了使得这些形式上的所谓“创新”看起来具有理论支撑和基础，“创新”者常常会为学术界的理论联系实际提供各种方便，如进行考察、举行现场会等。从而诱使学术界关注这些实质上并无新意的所谓“创新”，目的是为这些政绩进行理论包装或“涂脂抹粉”。基于理论关注现实与理论创新的需求，学术界也很容易为这种政绩式的“创新”实践所诱惑，为无果之花“授粉”劳作。如此一来，其结果是不仅转移和分散了我们的学术注意力，同时也导致了学术资源的浪费。

司法制度研究一直是法学界的一个研究重点。因为司法制度与民事诉讼有紧密的联系，因此，司法制度也是民事诉讼法学界关注的一个重点。司法体制改革被视为体制改革，尤其是政治体制改革的一个重要组成部分，司法体制改革也是改革关注的重点,因此也吸引了民事诉讼法学大量的人力资源。许多关心改革的人也都认为民事诉讼法学界应当积极投入司法体制的改革,并且主张,如果司法体制不改,民事诉讼的改革也没有实际意义。这种观点也并非没有道理。而且基于政治改革的社会关注度,投身司法制度的研究更具有社会效应,与民事诉讼制度的研究相比,可谓事半功倍。笔者也一度将研究重点转向司法制度的研究,关注司法体制改革,许多民事诉讼法的学人也跟我一样投身于司法体制改革。我们没有注意到,司法体制虽然是法律制度的一部分,但司法制度与政治体制有密切的关系,许多情形下不是由法理说决定的,司法权的定位和架构涉及政治体制、意识形态、历史传统等诸多关联,不是通过法理原理可以解决的问题。在这一领域常常是政治高于法理、意识高于理性、信仰高于科学、现实高于理想。司法制度的研究更多是实证性的,需要掌握司法的实际运行状态——司法人员、物质资源的配置情况,对司法制度实际情况的了解司法机关远比学者更为清楚,对于隔离于司法机构的学者而言,对司法制度的研究无疑是扬短避长。虽然可以通过司法制度的政治性揭示或解释民事诉讼中的一些现象,但对于探究民事诉讼的原理而言分属不同的研究路径和领域,在民事诉讼法学研究人力资源稀缺的情形下,陷入司法制度的政治性分析无疑分散了民事诉讼法学研究注意力。

由于研究课题的政治性导向,大量的课题资源向具有政治性的话题倾斜。在司法的研究课题方面,关于调解和司法制度改革的课题占据相当大的比例。有一年社科基金关于司法体制改革的重大和重点项目就同时有三个研究团队分别承担。最终也没有见到这些项目的研究对司法体制改革决策有什么重要的影响,仅仅是一种政治形势的应对。人们也不会关注和关心这些研究成果是否能够转化为制度建构和制度运用。因为这些研究课题的设置本身就是政治性的,而非基于学术和制度建构的实际需要。如果从全国范围立体地看,关于调解和司法体制的改革具有相当大的重复度。在法院系统,几乎每一个中级含中级人民法院,甚至许多基层法院都设有关于调解和司法体制改革的研究课题或项目。有些课题作为经验总结虽无可厚非，但将这些研究转化一种政治性行为就失去了研究本身的目的性，更加重了司法机关的政治性特征。课题项目的研究是学术性，而实际改革则是对策性。而且由于课题价值指向的诱导性，对命题的肯定已经预设为命题的必然证成结果，导致绝大多数研究者成了命题价值的坚定支持者，无法做到马克斯·韦伯所提倡的价值中立。对调解的研究最终成为对以审判为中心这一基本命题的贬斥，对裁判功能的批判。也正因为这些领域中政治性因素和理念的诱导，大量的研究课题从物质和精神两个方面吸食民事诉讼法学已经匮乏的人力资源和精神资源（导致人们偏离对主要任务的关注），且这些研究又存在相当程度上的重复性，致使研究资源的浪费。在有些方面，如司法体制改革的研究，由于其“天花板效应”，司法制度的研究只能通过“变脸”的淫技来满足体制改革作秀的需要。如此总总，进一步加剧了对民事诉讼法制度建构的理论供给的短缺。

就民事诉讼法的建构和实施而言，民事诉讼法学或民事诉讼法学者的一个基本任务应该是对民事诉讼基本理念、诉讼体制、基本原则、基本原理和基本制度的深度研究，真正厘清我国民事诉讼法建构的基本路径和基本架构。例如，我们应当构建什么样的诉讼体制？我们是否应当坚持辩论原则和处分原则？如果说，辩论原则和处分原则有多重含义，那么，我们应该坚持什么样的辩论原则和处分原则？辩论原则和处分原则的真正要义是什么？应该如何在具体诉讼制度的建构和适用中坚持辩论原则和处分原则？如果我们对辩论原则的真正要义不了解，我们也就无法真正理解自认制度，所建构起来的自认制度也自然存在先天缺陷或在建构的同时已经被解构（《民诉法司法解释》关于自认的自我矛盾的规定就十分清晰地说明了这一点）。再如，我们是否应当坚持公开、直接言辞原则？如何体现和坚持这些原则？是否应当建构既判力制度？如果已经有了既判力制度某些构成，那么，在既判力制度方面存在哪些缺失？如此，尚有诸多问题都等待我们的认真回复。作为民事诉讼法学者对待民事诉讼法的基本理论问题不享有“沉默权”，民事诉讼法的正确实施也有赖于我们对民事诉讼原理、原则的深入研究。民事诉讼法的实施必然要遭遇民事诉讼法的解释问题，实施中如何理解民事诉讼法的规定、如何协调制度之间的关系,在存在法律规定冲突、漏洞时应当如何处理才符合民事诉讼法的基本原理、价值理念、基本原则等。

民事诉讼的原理反映了民事诉讼的内在要求,对民事诉讼原理的理论探究无疑是民事诉讼法学的核心和中心。原理的探究是对制度规范存在、运用内在要求的终极追问。但我们在制度建构中缺乏对制度规范的内在要求终极追问时,该制度规范的建构就有可能存在这样那样的问题。在没有对制度规范的内在要求予以厘清时,我们就很难把握和合理地运用该规范。例如,关于管辖制度,通过对管辖制度原理的深刻探究,我们就可以知晓,管辖的本质就是法院内部职能的分工,因此就没有过分地强调救济,导致权利"过剩",程序浪费。再如,关于既判力相对性原理。我们需要探究的是为什么既判力是相对的;所谓相对性体现哪些方面。只有探明了这些原理,我们才能知道如何对付虚假诉讼,是否需要构建一个一般性的第三人撤销之诉的制度加以应对。又如,关于诉讼行为的非法与瑕疵问题。是否所有的诉讼行为只要不符合民事诉讼法的要件要求就都是非法的?如果已经实施的诉讼行为不符合民事诉讼法规定的要件要求即为违法,则将可能导致整个程序作废,由此必将对诉讼效率造成严重冲击。对于那些当事人可以处分的事项,是否可以通过设置异议权加以应对?既然属于当事人可以处置的事项,就可以考虑在一方当事人对对方当事人实施的某些诉讼行为放弃异议的情形下,可以使该当事人有瑕疵的诉讼行为得以有效?因为当事人对对方当事人的诉讼行为亦有监督的责任。如果这一原理成立,则我们需要进一步追问的是,哪些事项是当事人可以处置的事项?为什么?这些问题都依赖诉讼行为原理的探究。如果我们没有在原理上进行深入的研究,不了解诉讼行为的性质,就势必导致制度设计存在偏差和不完善的情形。在这方面,举证时限制度是一个教训。由于我们对举证时限制度的功能、目的、价值平衡等基本问题还缺乏基本的认识,导致在 2012 年民事诉讼法修改中,简单地否定了举证时限对于开庭审理准备的意义,将举证时限制度作为一般举证的限制要求,从而使举证时限的规范失去了应有的价值。

改革开放以来，我国的民事关系已经基于社会的快速发展变得日益多样化、复杂化，民事法律规范也相应变得日益复杂化，另一方面，由于民事关系的复杂化，民事纠纷的样态也变得多样化和复杂化。但由于我们的传统纠纷解决观念——凭感觉、无依据、无规范、靠感性解决纠纷，以及传统王权文化潜意识中的愚民认知，对百姓智识的矮化假定和预设，导致民事诉讼规范的建构和实施远远没有跟进社会发展，程序理念没有到位，依然是粗放式地简单应对纠纷解决的过程，忽视纠纷解决的程序正当性。在缺乏实体规范、程序规范以及相应的事实认定和裁判技术能力的情形下，只能靠模糊事实和规范界限的调解方式来解决纠纷。而大量的调解又试图进一步麻痹、忽略人们对程序正当性的要求，忽视社会程序规范性、对纠纷解决规则细化和技术化的追求。造就一种规则细化和纠纷解决程序技术的虚无化。由此，也就使得民事诉讼法学完全没有了理论探讨的必要和需求，没有了生长的激素刺激。加之，民事诉讼法学的研究人力和财力资源又大量地流入非规范分析的研究领域——调解、司法制度，因此也就使得我国民事诉讼法学在贫困化的道路上越走越远。

应当承认，由于我国民事诉讼实践不够，民事诉讼实践与民事诉讼理论的隔离，民事诉讼理论研究的积累不够，规范分析研究在很大程度上还不能形成自创，还没有足够的自信，还必须研究国外发达国家已有的民事诉讼理论构成和具体应用，通过这样的研究来武装自己。但如果片面强调所谓理论创新、本土化研究必然导致人们对国外理论的排斥与蔑视，缺失应有的敬畏与尊重。我们应该清楚，在法治建设中，我国还只是一张白纸。在没有厘清和了解制度的构成原理、适用环境和条件的情形之下，我们的借鉴就完全可能画虎成猫，南橘北枳，我国新设的民事诉讼中的第三人撤销之诉可以认为是这方面的典型案例。在没有厘清第三人撤销之诉与其他诉讼制度的相互关系、既判力制度的作用功能，简单地与原有的第三人制度挂钩必然导致制度的误用和运用的混乱。这些问题源于我们对民事诉讼理论深度研究的缺失，主要根子还在民事诉讼法学自身，虽然也关联立法的封闭性问题。这使人很容易与最近股市“熔断机制”被“熔断”的事例联系起来。[①] 熔断机制的引进者没有完全弄清熔断机制的运行条件，就盲目地引进并实施，等待它的自然是失败的命运。

对民事诉讼原理的理论研究不仅是民事诉讼法学者的任务，同时也是我们民事诉讼法学者的使命。对民事诉讼原理的理论研究不同于对民事诉讼法应用的技术性研究，需要有一定的环境条件（包括学习和研究的时间条件、物质条件等）、学术资料、熟悉学术研究规范、长期的学术训练，了解前人的学术研究成果、研究状态，以及研究者所拥有的研究语言工具等。相对于实务工作者而言，民事诉讼法学者在民事诉讼法学的学术研究方面具有更好的条件，学术研究就是自己的专业。我们可以发现这一现象，从事民事诉讼原理的理论研究的学者对民事诉讼法规范适用的熟悉程度完全可能不如一些律师、法官。但就原理的认识而言，学者则有所长，这是社会分工的不同，特别是对于民事诉讼的法律分析实证研究，民事诉讼法学者更不及司法实务部门有优势。尤其是法院的政策研究部门，它们可利用实务的实践优势和集体优势进行实证研究。虽然，司法实务部门在研究方面，容易受制于单位利益和司法政策导向的制约，难以坚持中立性，但就研究的客观条件而言，显然优于民事诉讼法学者。相反，司法实务部门的实务工作者虽然也可以从事民事诉讼原理的研究，但受制于研究条件、司法实务工作的压力和思维习惯的制约，难以在民事诉讼原理的研究方面有所发挥。即使进行这方面的研究也容易为此而被边缘化，可能被斥为不务正业，理论脱离实际等，属于孤芳自赏的“自拍”行为，最终难以维系对民事诉讼原理的持续性研究。作为民事诉讼法学者的使命正是为民事诉讼实务工作“生产”理论，提供理

① 熔断机制（Circuit Breaker），也叫“自动停盘机制”，是指当股指波幅达到规定的熔断点时，交易所为控制风险采取的暂停交易措施。具体来说是对某一合约在达到涨跌停板之前，设置一个熔断价格，使合约买卖报价在一段时间内只能在这一价格范围内交易的机制。2015年12月4日，上交所、深交所、中金所正式发布指数熔断相关规定，熔断基准指数为沪深300指数，采用5%和7%两档阈值。2016年1月1日起正式实施。但熔断机制的适用效果适得其反，不仅没有阻止股市下跌，反而进一步导致股市下挫，于是便于2016年1月8日紧急暂停。这一改革可谓最短命的改革。

论,是科学理论的发现者。在这方面,民事诉讼法学者无法缺位。

尽管民事诉讼法学者在学术研究中,也会因为研究条件的差异和竞争关系而发生分化——有的学者将更多的精力投入到基础理论的研究,有的学者主要从事理论转化、适用的研究,有的学者甚至会放弃学术理论研究,专心于民事诉讼法的教学或实务。不可否认,民事诉讼原理的基础性研究是更为艰苦的研究,更难见其经济效益,甚至社会效益的研究,文章发表难也在不断挫伤和打击学者学术研究的积极性。但从民事诉讼法学的发展而言,我们仍然希望更多的民事诉讼法学者投入于民事诉讼原理的理论研究之中,以推动我国民事诉讼基础理论的研究。从这个意义上讲,学术研究就是一种献身。学者也是为解明理论,而不是为了核心期刊而活着。

三、民事诉讼法学任务与民事诉讼法学研究的开放性

改革开放是我国这些年快速发展的成功之道。欲取得大的发展,民事诉讼法和民事诉讼法学也同样应当坚持改革开放这样一条正确的道路,因为我国民事诉讼法体系还处于建构的初期阶段,民事诉讼法的实践还没有充分的积累。因此,我国民事诉讼理论还远没有达到可以自说自话、自我发展的程度,基于此,研究、分析、借鉴国外的理论尤其是与我国法制和理论具有形式上亲和力的大陆法系国家的民事诉讼理论就显得非常重要。我们决不可以否认实践和理论的积淀对制度和理论先进性的作用,必须相信人类的进步在于人类智识的共享,相信法治建构原理的普适性。由于改革开放我国的经济发展一直处于高速增长阶段,经济总量不断攀升,以经济发展和实力为基础,大国、强国的意识也开始有所膨胀。在意识上由过去的自卑开始急剧地转向自大,并存在走向自闭的态势。由此显现出一种下意识的,不自觉的排斥心态。在法治建构过程中,这种经济自信加上意识形态上的差异和隔离,人们开始相信传统文化在法治建构的自主作用,随之不断强化对国外法治理论的排斥。在民事诉讼法领域也是如此,尤其是民事诉讼法领域中与司法制度的关联更容易滋生这种情绪。应当看到,在民事诉讼法领域,与发达的法治国家相比,我们还处于初级阶段,无论是民事诉讼制度的

建构还是民事诉讼制度的实施。开放式的,规范地实施民事诉讼法并没有多长时间。因此,在民事程序法治建设方面亦不能有任何封闭自大的心态。在这一点上,实体法如民法学应该是民事诉讼法学的榜样。虽然,民法学在借鉴方面更有优势,而民事诉讼法学受司法制度的牵连障碍更大一些。但是民事诉讼法学应该跟上学习借鉴的步伐。我们应该承认民事诉讼法哪一个进步不与借鉴国外的理论和制度相关?学习、借鉴就是我国民事诉讼法的后发优势。

我们应当注意有的学者(尽管是少数)关于所谓国外法治理论(特别指出系欧陆法系理论)完全不适合中国,无需向这些先进的法治国家学习借鉴的奇葩言论。这些学者虽然打着法学家,甚至是法学大家这样的幌子和名号,其实并没有基本法学基础理论根底,也不了解具体的制度。言称所谓跨界学者,实际上对于法律尤其部门法可谓一窍不通,属于两界不通之人,没有撰写过依据基本法理的论文,仅仅是一些不知所云的观感随笔,却对法治建设说三道四,一味无端解构。这种只有结构没有建构的做法,将对我国法治建设和法学理论的发展产生极大的伤害,是法律虚无主义的翻版,这也反映了我国法治初创阶段的混沌和非规范性特点。这些人从不具体说明为什么大陆法系的这些法律体系和理论不能为我国所借鉴,只是粗暴地、以"文化大革命"时期的思维方式和言说方式抽象地定论为文化历史不同。如果以这样的认识和态度,我们将何以对待人类文化智慧的共同性和社会规范的普适性。法治建设的历史明确告知我们,正是不断地学习和借鉴才促进了人类法治文明,才推动了社会的进步。

民事诉讼法学研究任务的中心或重点与法治的阶段性有密切的关系。我国正处于法治的初级或初创阶段,民事诉讼法学的任务就是要为民事诉讼法的初创服务,初创就是要打下坚实的基础和基本框架,进行大量的制度建设——类似于城市的基本建设。如果比较大陆法系民事法制发达的国家,如德国、日本,甚至韩国等,在制度建设方面已经基本成熟,就如同这些国家的城市建设,很难看到大规模的道路、公共设施和商住楼盘的建设。与此不同,我国的程序制度建设,尤其是民事程序制度的建设,犹如我国城市建设还有很大缺口，还需要大兴“土木”。就民事诉讼程序而言，我国还没有分化并完善“家事诉讼法”、“商事诉讼规则”、“民事执行法”、“非讼程序法”、“知识产权诉讼规则”、“大规模诉讼规则”、“票据诉讼规则”、“小额诉讼规则”、“公益诉讼规则”等。这些程序法规范的建设，需要坚实的制度基础和正确的基本框架。制度基础和框架的建构不能离开基本原理、原则和基本制度的研究，需要用理论、原理指导所有的制度建设。例如，在非讼程序规范的建构方面，我们需要了解非讼程序规范与诉讼程序规范究竟应该有何不同，这些差异的原因和根据是什么？应当将哪些事项纳入非讼程序？非讼案件与民事诉讼案件的区别何在？规范非讼程序的基本原则是什么？在民事执行规范方面，需要在原理和理论上探讨的问题就更多。民事执行法的基础是什么？民事执行法与民事诉讼、实体法、实体权利、请求权是什么关系？民事执行的救济是否应当区分程序事项和实体事项？程序事项和实体事项的处理程序是否应该有所不同？执行异议程序与执行救济诉讼是一种什么关系？执行和解协议的本质是什么？应当如何构建执行关系诉讼的体系？因此，加强民事诉讼法学的规范分析研究，以开放的心态，全面深化民事诉讼基本原理的理论研究是当前和今后相当一段时间内民事诉讼法学研究任务中的重中之重。

民事诉讼法的学者有相当大的一部分是经过规范分析、法教义学的方法教化而成的，虽然早期的法学教育在规范分析和法教义学方面还不规范。因此，在思维方式或分析方法上更熟悉的是规范分析，也只有规范分析才能对口民事诉讼法规范原理的研究。因此，我们更多的学人也应当把研究重点置于民事诉讼基本原理的研究。对于民事诉讼法规范之外的研究不是规范分析思维和方法有用武的地方，应当交由所谓社科法学的学者去完成，否则参与其中就必然是扬短避长。我们需要了解法律与政治、社会、经济、道德交叉的领域，需要关注这些学科的视角以及它们的观察结果。但不是放弃我们自己的“自留地”——民事诉讼法学。当然，那些擅长规范分析和社科分析的两栖学者或仅擅长社科分析的学者另当别论。

诚然，在研究任务方面，我们也不能忽视民事诉讼制度适用的研究，尤其是制度适用的法解释学方法和原理的研究。除此之外,民事诉讼制度适用的法律实证研究也是民事诉讼法学不可或缺的一项重要任务。通过对民事诉讼制度的法律实证研究,充分了解和验证民事诉讼具体制度运用的实用性,以便对这些具体制度和理论进行修正和调整,以发挥其具体制度的最大功效,完善理论构成都是很有意义的。正因为如此,法律实证研究在民事诉讼法学中也是一项新兴的研究,但应当注意的是,法律实证研究是一门非常专业,技术性要求严谨的学问,并非只是做做问卷调查和数据统计就可以完成的作业。即使从问卷的设计而言也是有严格的规范要求,在这个意义上法律实证研究也必须是规范的,否则缺乏科学支撑。

结语

随着中国社会转型和社会的发展,经济关系及相应的社会关系也越来越复杂和多样化,由此,民事法律关系也越来越复杂和多样化,民事纠纷和民事诉讼也必然越来越复杂化,民事诉讼法也必然复杂化,对于民事诉讼的这种现实,民事诉讼法学的研究所面临的挑战也越来越多,越来越大。在民事诉讼法规范建构和实施中,民事诉讼法学研究应当成为其有力的理论支持,这就需要我们以更大的热情投入到民事诉讼基本原理、基本制度以及各项具体诉讼制度的研究之中。毫无疑问,民事诉讼法学的研究必定任重而道远,因而我们每一个民事诉讼法学人都应该责无旁贷,有所担当!

第五章

问题的提出

——以学术问题为中心

写文章，除了文学类的，大体上都要首先提出问题，学术性文章更是如此。因为论文总是要回答或解决一个或彼此关联的几个问题，这是文章的意义所在。论文开头部分通常就是交代问题，说明是一个什么样的问题，为什么是一个问题？对问题分析、解答有何意义——实践意义和学术意义。

我写文章的习惯格式常常是将“问题的提出”作为文章的第一部分，有时用“引子”、“引言”、“导言”、“引语”、“绪言”等说法。这些前言性的内容目的只有一个，就是提出问题，解释这为什么是个问题，问题的意义如何等。

一般而言，能够提出问题，且问题是一个有学术价值的问题，则文章已经成就了一半。分析问题，解决问题的方式可以是多种方式，解决问题的方法不佳，论证不充分，也能起到抛砖引玉的作用。是否能提出有价值，且价值大的问题，是我们这些做学问的学者所常常苦恼的问题。有创见的硕士学位论文、博士学位论文更是如此，提不出问题往往就只能重复他人的东西无所作为。

初期做研究的人往往喜欢在概念的统一性、一致性上发现问题，习惯于从概念之间是否存在矛盾、概念表述是否周延、是否准确、文章表述是否前后一致、文章引用是否错误等方面去发现问题，提出问题。不错，这些都是问题，但往往不能构成有学术价值的问题。尤其是概念矛盾、不周延、不准确等属于逻辑和语言表达的问题，本身不是法学的学术问题，也难以成为语言学上的学术问题。因此，虽然学生们也常常提出各种问题，但实际上大都是文章语法、文字、逻辑方面的错误，而非学术问题。2013年秋季学期我讲授证据法这门课程，课程结束后我出了一道考题，“请你提出证据法学上的一个问题，并说明为什么这是一个问题”。这个考题的目的在于考察一下学生发现问题、概括问题的能力。一般的同学除了书本上或者我在课堂上已经提到的问题（为什么说我国的民事诉讼体制是职权主义的诉讼体制、最高人民法院一审终审的正当性、起诉条件设定的合理性、当事人适格的判断标准、证明责任的分配标准、再审事由是否应当包括事实认定错误、法院院长是否应当拥有再审启动权、小额诉讼适用范围和标准、诚实信用原则如何实施、法院职权收集证据的范围、书证提出义务应当是一般义务还是附条件的义务、书证提出的条件应当如何设定等）之外，很难提出有价值的学术问题。有些问题虽然是问题但或已解决，或这些问题属于价值冲突的问题。主要因为同学还不了解民事诉讼理论存在的争议以及实施，自然也就很难提出问题。当然，也有的同学提出的问题相当不错，真正是一个学术性的问题，当然是否值得研究是另一个问题。基于知识面和基础程度限制，学生们提出的问题，学界都已经提出。如果某一个问题，学术界还没有意识到，那么这个学生就是具有创造性的学生，在学术上极有研究潜质的学生。

作为学术问题，首先应当是具有学术性的。与立法、司法、诉讼中的技术性、实践性问题相区别，这些问题必然涉及理论和原理。什么是学术问题，在概念和内涵上并不是特别清晰。我认为从积极方面，大体上可以从以下几个方面加以界定。其一，学术性问题一定是理论问题，即是被抽象出来的原理性问题，而非实践中的具体问题。例如，诉讼标的的一般识别标准。在一个具体的案件中，此案的诉讼标的有几个，分别是什么？这是实践中的技术问题。识别或判断的根据是理论问题,即学术问题。具体问题的解决虽然有意义,但却不是理论性,具体问题的解决方法如果不上升为抽象的规范或理论就缺乏普遍的指导意义。其二,学术性问题通常是基础性问题。这与该问题涉及抽象规范有关,越是抽象的问题越是基础性的问题。在民事诉讼法学领域中,关于诉讼标的的界定、诉的类型、各种诉的性质、目的、意义、区别、诉讼要件、当事人适格、证明责任的性质、作用、分配原则、证明标准、共同诉讼的类型、不同共同诉讼的规则方式、重复诉讼的判断标准等都属于学术性、基础性问题。提出和论证证明责任的一般分配原则,就可以将该标准运用实践,至于具体的诉讼案件,证明责任应当如何分配是实践性技术性问题。

通常情形下,在理论、原理上已经清楚,实践中就仅仅是技术操作的问题,虽然也是问题但不是学术问题。我们接触到一些实务工作者,他们常常也会提出许多问题,并且认为学术界对这些问题都没有涉及,没有答案。其实,这些问题因为已经有基本理论和原理,问题仅仅是实际运用的问题而已。例如,关于举证责任分配,按照最高人民法院《关于民事诉讼证据的若干规定》第5条第1款的规定,在合同纠纷案件中,主张合同关系成立并生效的一方当事人对合同订立和生效的事实承担举证责任。只要了解了什么是结果上举证责任的含义和分配原则,至于具体的合同案件中,哪些事实的举证责任应该分配给哪一方,仅仅是应用问题,应用的问题一般而言就是技术性问题。当然,关于如何理解结果上的举证责任,分配的原则应当是什么,这是学术理论问题。所以,法律硕士所撰写的案例分析性论文尽管也是硕士论文但其学术含量就要低一些,甚至没有学术含量,只不过案例分析性论文与法律硕士的应用型人才要求是一致的。

学术理论的问题有很多,尤其是传统问题,许多问题并非短时期能够解决,有些问题是需要倾其一生的精力,且往往也不能得以最终解决的问题,虽然有些学术性副产品产出,这种情形与理科中的基础理论研究类似。从学术研究的效率而言,多数学者还是希望能够发现新问题、解决新问题。这里涉及一个如何发现问题的问题,不能发现问题自然便不能提出问题。民事诉讼实务中倒是有不少问题,但正如上面所言往往这些问题不是学术问题,或者说是学术价值不大的问题。例如,关于各种具体送达方式的实现问题、期间的计算问题、民事强制措施具体措施的应用问题(如罚款数额的确定)。在管辖规范中,虽然问题最多,但许多问题均系如何具体界定的问题。可以说关于管辖的规定越多,所涉及的问题也越多。这些问题来源于管辖规定之间的协调和理解,其学术价值并不大,因为管辖问题本质上只是法院审判工作的内部分工而已。但人们往往很容易纠缠于其中,特别刚从事学术研究的学者最容易关注管辖问题。其实关注的多半是概念之间的语义界定。这就需要人们透过问题表象挖掘深层的原因,只要是深层的,就一定是制度结构方面的问题,往往也是学术理论问题。

问题往往反映为矛盾和冲突,但学术问题不是价值冲突和矛盾问题。如果是价值冲突化矛盾的问题,就不是学术研究可以解决的。例如,程序正义与效率、纠纷解决成本的冲突就不是学术上的问题。因为这一矛盾冲突的解决必须根据具体的场景,具体情形具体处理,无法形成抽象的原理,是一种典型的辩证关系,具有不确定性。所有的学术探讨总是希望能够找到确定的、普遍使用的一般原理和规则。

民事诉讼法学的研究以问题为导向,从现实的问题中发现学术问题是人们通常的发现问题路径。但应当注意所谓社会中人们所议论的问题,并非都是学术问题。在民事诉讼实践中公认的老大难问题,如所谓六大难问题起诉难、管辖难、送达难、举证难、再审难、执行难。这些诉讼中的许多难点问题都可能深藏着、隐含着理论问题。当然,有的问题显然不是民事诉讼法的问题,甚至不是法学的问题,“六大难”中的问题可能是诉讼制度的问题,也有些包含着学术问题,但主要不是民事诉讼法的制度问题,更不是民事诉讼法学的理论问题,尤其是管辖难、送达难、再审难和执行难,而是司法制度和司法权的问题,后者涉及政治层面的问题。而且起诉难、管辖难、送达难、举证难、再审难、执行难作为问题的表述本身就不是学术性问题的表达,只是一种诉讼乱象,是一种现实的描述或概括,还需要透过这些社会现象挖掘、提炼出学术问题。所以往往人们关于这些问题的文章,要不是一般描述性的，要不就是对策性的应对措施，缺乏理论上的揭示，或者走向司法制度和政治的分析，成为司法制度或与政治学、政策学、社会学交叉的学术问题，如送达问题。受送达人只要不愿意接受送达、躲避送达，就必然导致送达难。我们一定要让受送达人直接接受送达，送达难的问题当然无法解决。但如果设定根据受送达人告知的地址送达，无法送达时视为送达还会存在送达的问题吗？显然这里并存在学术和理论上的问题。问题只在于我们的观念，在于司法权威和司法权的问题。实践中送达成为一难，甚至成为"最难"，是因为受送达人拒绝接受送达，但还要没有接受送达并通过政治方式向法院施压，而法院又难于承受政治上压力，因而使得送达问题成为实践中的"最难"。这一问题显然不是民事诉讼法理的问题。

再审制度和执行制度中的问题当然包含着许多学术性的问题。例如，我国再审事由应当如何规定，这虽然是一个制度建构的问题，为何如此规定的理论依据是什么？起诉难中关涉制度问题，如关于案件受理的条件问题。现有的制度为何如此设立，与国外起诉制度相比较差异何在，为何有这些差异，其诉讼原理是什么，我们应当如何看待这些差异？这些问题无疑是学术问题，涉及民事诉讼理论问题，一旦涉及原理性的问题就是具有重要学术价值的问题，也是我们应该提出来的问题，值得投入精力去深入研究的问题。

制度的调整或重构是发现问题、提出问题的契机，但提出制度应当调整或重构已经意味着提出了问题。因此发现制度运行中的问题，而且真正是制度性问题，不是技术性问题，也不是非法律的问题，认识到这一点也是非常重要的。在前几年发生的三鹿毒奶粉事件中，法院对于消费者所提起的损害赔偿诉讼不予理睬，就不是民事诉讼法的问题，实体法和民事诉讼法都有明确的规定。对这样的问题只能做制度运行的政治学、社会学分析，或者更为宏观的法理分析——在法治初级阶段中政治与法治的关系问题。从事交叉研究或宏观法理研究的学者不妨试一试。

民事诉讼法的修改时期往往成为发现问题、提出问题的好时期，这段时间发表的文章也最多。为什么这一时期，人们更容易提出问题，并且成为人们所"需要"的问题和重视的问题，这与学术研究的适时性和实用性有关。

学术研究总是存在目的性,实用是人们从事学术研究的目的导向。民事诉讼法没有修改的时候,人们当然也可以通过对现有制度的质疑提出问题,往往通过比较研究就可以提出这类问题,但又难以成为人们的关注点,也就是没有学术市场需求,缺乏研究的动力和热情,尤其一些非基本性的诉讼制度。在修改期间就不一样了,民事诉讼法的修改使得民事诉讼法成为社会热点,点燃了人们研究的热情,修改意味着改变,这种语境鼓励人们对现有制度进行质疑,由此人们必要为制度变革或更新寻找理论依据。这里也提出了一个如何在相对冷清的非制度变更环境中坚持对基本问题的研究,保持一种学者应有的冷静和执著。

一般而言,一篇学术论文价值的高低或大小,与问题的大小有直接关联。大的问题,重要的问题,往往决定了研究的效用性和价值,虽然,我们常说可以以小见大。实际上这里小,仅仅是主观上看小,但其实并不小,深入挖掘之后就接触了深层问题、大问题,因此研究的价值还是由问题本身的重要程度所决定的。无论哪一个法律领域,小问题要多于大问题,民事诉讼法学也是如此。因此在发现问题之后,我们需要追问的是这一个问题是大问题还是小问题,问题的重要程度如何,为什么是个大问题。如果是一个大问题,则我们可以在研究大问题的过程中就顺带地把小问题解决了。也可能因为大问题是涉及原理性的问题,只要原理性的问题解决了,小问题也随之解决了。

我们以第三人撤销之诉这一制度为例。作为一项新的诉讼制度,第三人撤销之诉有许多可以研究的问题。如果时间允许,对第三人撤销之诉作系统研究也是可以的,第三人撤销之诉本身是一个大的问题群,因此就必须考虑对该制度提出什么样的问题来进行研究。在制度确立之前,第三人撤销之诉的必要性是最值得研究的问题,必要性也就必然涉及第三人撤销之诉的目的、结构、与其他制度的关联、相近制度的选择等问题。遗憾的是,民事诉讼法第二次修改当中却没有对这一问题进行深入的研究,导致了现在制度运行上的困难。一旦在法律上确定了,这一问题便不再成为主体性问题,丧失了时效性。制度确立之后,需要研究的问题主要是制度理解、制度结构和运作中可能遭遇的问题。这当中包含着许多小问题。例如,第三人撤销之诉的原告适格问题、被告适格问题、受理的其他问题、第三人撤销之诉的客体或对象的问题、撤销事由或原因、审理程序、审理对象、裁判效力、与再审、执行异议之诉的关系等。这些问题可以都有思考和研究的必要。但作为研究对象需要权衡这些问题的大小和重要程度。相比较而言,从实践和理论两个方面来看,第三人撤销之诉的原告适格是最重要的问题。这一问题涉及该诉的起诉和受理,涉及该制度运用的基本条件,与现有第三人制度的关联,因此是该制度运用当中最重要的环节。无疑这一问题可以作为一个重要的、独立的问题提出来进行研究。像第三人撤销之诉中撤销原判或改判的事由这样的问题,其学术重要性就要差多了。撤销事由的问题可以直接借用再审或再审事由的一些法理,再审或再审事由也会涉及对原裁判"确有错误"的理解。除了利用实证资料进行类型化分析之外,很难有大的研究作为。

拥有越多法律基础理论知识,功底越扎实的学者就越容易发现问题。越是学术性的问题,越是基础性问题,理论层次也越高。具有丰富且扎实的基础理论功底,在观察诉讼现象时就如同有了放大镜和显微镜,因此就容易发现问题。头脑中所储存的知识和长期养成的思维习惯使得研究者更容易将现象背后的实质问题揭示出来。如果仅有民事诉讼法知识而没有实体法的知识,当然无法发现牵连实体法或隐藏于实体法与程序法之间的那些问题。

有些人虽然知识储备已经到达一定的程度,但还是不能有效或很好地发现新问题,尤其是"中国问题"(在中国,当然是关于中国问题的理论分析更具有学术竞争力),依然只能在域外的理论中打转。问题可能在于对中国的问题不了解,或者无法将实践中的实务问题加以提炼、抽象概括或深化为本土化的学术问题。例如,如果不了解实践中存在上级法院不通过二审程序就直接撤销下级裁定的情形(因为能够通过二审程序撤销的裁定,只能是可上诉的裁定),如上级法院直接撤销下级法院作出的关于财产保全的裁定,并且当事人对此提出了异议,作为学者不会考虑这一行为的合理性问题,这一问题很难凭空想象出来。能否不通过二审程序直接撤销下级法院的裁定其实质是什么?作为法律问题是上级法院的权限,法律的规定有无;作为学术问题则是一审法院裁定的性质和效力问题,即法院裁定的拘束力问题。按照司法行政化思维惯习,上级法院撤销下级法院的裁定是理所当然的。但如果按照司法规律,上级法院就不能通过二审程序撤销下级法院的裁定。否则,在诉讼理论上,下级法院就没有了相对独立的司法裁判权。那么进一步的问题是,作出裁定的法院对自己作出的裁定是否具有撤销权呢?作为法律问题,要看法律的规定。法律没有规定的就涉及解释,而解释必然涉及理论和原理,在理论上就涉及裁定的功能和作用的问题。只有弄清这一问题,才能回答法院能否撤销自己所作出的裁定。如果理论研究到达一定高度和深度,那么对任何涉及裁定问题,都能够从中得到正确的答案。

对于如何发现问题,笔者有一个自己觉得相对比较简单的公式,称之为问题发现公式,即“比较差异发现法”。当然,这种方法要求对国外的制度和我国制度、理论实践都比较熟悉,且有一定的外语工具,能够直接阅读原文资料。这一方法再展开就是,“比较—差异—原因—解释—建构或修正”。通过对国外诉讼制度与我国诉讼制度的比较,发现差异所在——国外有,国内没有;国外有,中国也有,但规定不同;国外规定非常细,我们的规定比较粗。知道了差异就要分析为什么会存在这些差异,国外如此规定是基于何种法理的原因,还是历史原因,基于什么样的语境和意识。如此规定解决了什么问题,可以解决什么问题,是否真正解决了这些问题,为什么能够解决问题,基于什么样的法理等。一般进入法理解释层面必然涉及深层的学术理论问题。比较典型的是法律审,国外大都有法律审制度,有法律审的国家都是三审制度,中国没有法律审。通过比较这种差异很容易发现:问题首先是为什么国外要有法律审,法律审的目的和作用是什么?法律审的构建当然不是游戏作业,其目的、作用是我们必须研究的问题。举例而言,我们知道网球比赛中网球的得分规则是,在一盘比赛中,一方胜一球为 15 分,两球 30 分,三球 40 分。如果按照我们通常累计逻辑胜三球应为 45。这是为什么呢？原因在于报分效率的要求。原本计分也是一球15分，两球30分，三球45分。但45(fourty-five)的报分远不如单音节的40(forty)来得快，且15(fifteen)，30(thirteen)都是单音节，所以就把45改成了40。因此人们也就用40分作为计算单位。由于网球比赛的国际化，这样的计分方法也就成为国际规则。这种计分方法给我们的启示是，看问题一定要看实质，这里的40分只是一个符号而已，在计分的内在逻辑上并没有问题。另一点是，应当特别注意语境和制度要求，网球计分的语言是英文，报分讲究效率。如果15或30不是单音节，相信有可能也会以其他单音节数字所替代。

在比较中，我们会反过来问这种制度为什么中国没有？是过去没有这种需求，还是什么原因？基于一种什么样的理念或观念妨碍了我们建构法律审？没有法律审会存在什么样的问题，通过对法律审意义的研究应该十分清楚，为了保障司法的统一性，司法的统一性在我国同样是有意义的。因此对法律审的研究，提出建构法律审就不是没有意义的问题，而是一个十分严肃，需要认真对待的问题。至于对诉讼效率的影响，这涉及如何建构的问题，也是十分重要的，必须解决的问题。当然这种发现问题的方法是基于一种开放学习的态度，将法律文明的发展是基于人类共同知识活动的结果这一认识当中，如果没有了这一前提，而是以文明的冲突为前提，坚持文明的封闭性，这种方法自然无法适用。

在问题的发现过程中，还应当注意法律制度、概念与历史语境有关。历史是概念的正当性的原因之一，但历史不是概念正当性的唯一原因，甚至有时不是主要的原因。所谓历史演化其实就是对历史的叛逆。我们在研究中会从考据法律概念的历史渊源出发，将概念的历史与现实的差异作为一个学术上的问题，并试图以历史上概念的含义来规范现在的概念。实际上这样的问题在概念史是经常发生的，这与人们的社会生活的演变有关，多数情形下只是一个事实问题，而非学术问题。在有些情形下，我们考证概念历史上的含义，在意的是人们对这一概念含义如此理解的正当化根源。其实，概念历史与现实完全不同也并不影响现实概念的实用性，试图以历史规范现实往往无法做到。我们应当注重的是某一概念现实含义的实际功能和作用的问题,试图通过一篇论文实现法律用语、概念的统一常常是不可能完成的任务,用语、概念的统一需要通过时间和实践,在社会竞争中完成。尤其是用语是一种达成某种现实目的的工具,用语根据人们的实际需要会有所不同,会因为需要而不断变化。同样的用语含义就会有所不同,将用语的含义强行固定和确定都是不可能的。实际生活中的一个例子可以充分说明这一点,在南方小吃中,如面条、抄手、水饺等,通常是一两为单位,过去二两就是一两的倍数。假定一两抄手为9个,则二两为18个。但现在则不是这样,往往是一两13个,二两则是18个,而非26个。这是因为人们将一两作为一般满足标准,一两即可,二两的情形相对少一些,如果将二两作为一两的倍数,则超过了需要。因此二两是基本需要之上稍加一些分量,而非按照计算单位。可以说一两非一两,二两亦非二两。认为这种计量是错误的,是一个问题就是一个伪问题了。再以法律概念为例,诉权的概念在萨维尼的认识当中就是实体上请求权,然而现在人们已经放弃了萨维尼诉权概念含义,赋予了诉权概念的程序含义。如果试图以萨维尼的诉权概念的含义来规范现在的诉权显然是不可能的。

总之,提出具有法学学术价值的问题取决于自己对法学知识的把握程度,对诉讼实践的了解、体会和感悟,以及善于观察思考、提炼概括的能力。这些都是需要一定时期的积累和摸索。只要勤于实践和思考,发现问题、提出问题的能力必将大大提高。

第六章

法学研究历程自述

题记：

往事不只是回味。

我在故我思。[①]（摘自《西南政法学院法律系79级9班毕业纪念册》[②]“张卫平”页）

每当我打开电脑，电脑画面上总会自动地跳出台湾诗

① 改革开放前后，青年人追求两个范儿——文艺范儿和哲学范儿。我自视为有些哲学范儿。尽管那时人们热衷于批判哲学大家——笛卡尔。他的名言我思故我在，被当作唯心主义的经典，却异常响亮。其实正确的解释是，当我使用理性来思考的时候，我才真正获得了存在的价值。理性可破除习惯、迷信以及种种所谓的“已成观念”，让真正的思考渗透进自己的人生，那么，我的存在才有真正的意义。当时，用我在故我思，仅仅是想只要我们作为人存在就应该用肩膀上的脑袋思考——独立地思考。三十几年过去了，笛卡尔的《方法论》一书的论断到现在我还在引用，回想起来是一件很有意思的事情。

② 大学毕业之际，我们班——西南政法学院法律系79级9班——有人提议为了纪念大学四年的时光岁月，制作一本纪念册。这真是一个非凡的提议。制作《纪念册》的目的，如《纪念册》序言所写：“纪念已经逝去的岁月，纪念在这岁月里发生的人和事；纪念我们的大学时代，纪念我们在这时代中做过的许多梦。”序言由陈惠忠同学执笔——文字清新、飘逸。《纪念册》的要求是，每一位同学提供一张自己的照片，生活照最好；写一段话，个人资料简介、性格描述；自己信奉、欣赏的警句、格言，以及对人、事、物的感受、感悟均可。《纪念册》由我总体设计、美工与印制。有意思的是，几年前，这位文字飘逸的同学，也是我们班上第一位中共党员，终于出家皈依了佛门，远离了这“污秽”的尘世。想来，这一岁月与他已经皆为空无。

人席慕蓉的诗句:“每一条走上来的路,都有它走上来的道理,每一条走下去的路,都有它走下去的理由。”我终于相信,每一条走上来的路,都有它不得不那样跋涉的理由。每一条要走下去的路,都有它不得不那样选择的方向。①

吾人涉足民事诉讼法学研究和教学,至今已不知觉中走过了三十年,几近桑榆之晚。其间虽未有取得显赫的研究业绩或突出的学术贡献,有些研究成果可能还是“多余的话”,但没有搅局、添乱,即为学界之幸事。无论怎样,自己的经历都是个人最富有的“财产”和独有的“资产”。在学术研究跋涉的征途中自己亦有诸多体认和感悟,并以为这就是我个人“财富”的核心构成。

伏枥之际,回望自己的研究历程,对自己无疑既是一种审视,也是一个总结——无论成功与失败、得意与失意、辉煌与暗淡、荣光与失落。所谓“文章千古事,得失寸心知”。巧合的是,笔者个人的学术经历与自改革开放以来我国民事诉讼法学的发展时期几乎同步、契合。因此,笔者个人的学术经历也自然局部或微观地反映了或折射了民事诉讼法学发展的过程。由此,人们也可以从我个人的学术经历,管窥我国民事诉讼法学发展的脉络与经纬。同时,我个人的学术之路虽然具有强烈的个人色彩和历史的某些偶然性,但我的经历也多少会反映历史发展中学术群体的些许共性特征,故而或许能给他人,尤其能给初涉学术之路的人那么一点点启示和借鉴,至少可做“内部参考”。

第一个阶段:初涉民事诉讼法学;民事诉讼法学还处于襁褓之中;法治初建中的社会尚未形成对民事诉讼法学的强烈需求。

1979年,我考入西南政法学院法律系。进校之前我向往的专业方向是政治经济学和哲学,而不是法学,虽然我母亲也一直在法院工作。这主要是与改革开放之前在意识形态上非常重视政治经济学和哲学有关。马克思、

① 席慕蓉:《写给幸福》(诗集),云南人民出版社1989年版。

恩格斯、列宁、斯大林等意识形态的革命家们都有关于政治经济学和政治哲学的大量论述。这些论述对我们那个时代的人有很大的影响，直到现在，依然可以看出有不少学者的思维和语言风格也还烙有那个时期意识形态思维的某些印记和特征，尤其是那些被称为"新左"或极"左"的学者们。

虽然我考进了法律专业，从事法律专业的学习，但并未想到对未来法治建设伟业的任何担当。1983年毕业完成了法律本科学习。本科学习中感受最深的是法理学、民法学和刑法学，对民事诉讼法学仅有一丝淡淡的印象——客观地讲，讲授民事诉讼法的老师虽然十分敬业，但毕竟时代所限——没有民事诉讼法学专业背景和学术训练，即使曾经学习过少许民事诉讼法，也因为文革风雨冲刷而所剩无几，关键是那时的民事诉讼法还完全没有植入民事诉讼程序的价值理念。同年，我应届考上了西南政法学院诉讼法专业民事诉讼法专业方向的研究生。攻读硕士研究生在当时还算是十分新鲜的事情。令人诧异的是，那时人们对于搞学术研究和教学竟然比现在更有一分崇敬和尊重——但没有几年，这份崇敬和尊重也随全民经商下海之风而飘散得无影无踪。这或许是长期封存所带来的神秘所致，也因而是短暂的。我们班上就我一个人考取了研究生，更多的同学还是希望尽快进入工作岗位，或者还在犹豫之中。

专业研究方向的选择与我在考大学以前曾经自学过一段时间日语有关。"文化大革命"后期，一位在日伪时期学习过日语的水利工程师把我扶上了日语初级。因为有这个方面的优势，加上民事诉讼法的王锡山教授在西政的地位和名望，很自然地与民事诉讼法学这一研究方向对接上了。

如果说研究生就是从事专业研究的学生，那么也就可以说，我的法学研究历程大体始于这个时期。不过，有意思的是，虽然学习的是民事诉讼法专业，但在学术研究方面并没有关注民事诉讼法学，关注的重点在民事诉讼法以外的领域，主要是所谓经济法领域。这一现象与当时的学术市场的需求有密切的关系。毫无疑问，法学中的显学必须是与经济发展和改革有关的领域。在改革开放之初，法制建设迫切需要理论支持，使得经济改革更具有正当性，如关于股票、企业股份制改造、企业所有权与经营权的分离、国营企业、集体企业破产等,与经济体制改革密切相关的社会改革备受社会关注,由于涉及制度化和法制化,因而也是法学界最新的领域。与此形成鲜明对照的是,社会对于民事诉讼法学却没有非常迫切的需求和热情。在人们的观念和意识中诉讼程序仅仅是一个过程和形式而已。在重刑轻民的时代,民事诉讼程序更是为人们所看轻。加之,那时纠纷的形式也远不及现在的纠纷形态的复杂化和多样化,人们还不习惯通过民事诉讼程序维护自己的权益,民事诉讼的程序价值远没有被人们所认识。即使诉讼到法院,对于程序的正当性也没有什么讲究,所谓诉讼程序实质上主要的是调解程序。在当时,法院虽然也没有独立,但作为国家政府机关,借助政府的权威(尽管经历了"文化大革命",政府的权威依然很高),司法的权威性是现在难以比拟的。基于这种权威性和公信力,使得结果的正当性基本上能够获得社会认同,因而,人们对程序的价值和正当性也就不那么在意。社会关于经济领域的法学问题具有很强的市场需求,相反,民事诉讼法学既没有学术资源,也没有市场需求,如此一来,自然就会将我们这些初涉学术研究的人吸引到与经济改革密切相关的法学研究之中(学术研究行为也是受利益强制或驱使的行为)。民法学方向的研究生也是如此,学习的是民法基础理论,但关注和研究的依然是与经济改革相关的法律问题,而且民法就直接涉及经济体制改革中的商品经济流通问题,因此民法专业的研究生更是如鱼得水。我们对经济问题的法律研究在那个时候则是旁门左道。

那时的研究生基本上是在文章写作的过程中学习和研究的。彼时,研究生数量非常少,属于稀缺资源,虽然那时刊物不多,相对而言研究群体的数量与刊物数量相比要大得多,文章发表也相对容易。除了顶级刊物,文章几乎没有退稿的情形。当时的认识是写文章的过程就是研究,文章就是研究成果,文章发表就是学者存在的价值所在。只要能发表,什么文章也都写,当时甚至写过数篇有关介绍东南亚法律的文章发表在暨南大学学报上,时任暨南大学学报主编的老师甚至说我是国内研究东南亚法律的第一人。当然那个时候研究任何问题都可以具有开创性,很容易成为学术上的"第一人"、开拓者,因为法治就中国就是一片未开发的处女地。

如果没有记错，笔者在《法学杂志》(1985年)发表的关于股票法律制度的文章应该是我国最早关于这方面的文章之一。这种以文章刊发为导向的研究，必然使得自己的专业基础学习和研究受到很大的影响。其时，国外的民事诉讼理论还没有大量进入国内，感觉也没有什么理论可以学习和研究。在民事诉讼法学领域里似乎也无法提出什么问题可供研究。从现在的眼光看，一方面是因为经济改革更多地吸引了自己的注意力，关注点不在民事诉讼法学；另一方面是因为民事诉讼法学理论和实践也都很单薄，粗糙、模糊的程序运作对于民事诉讼理论自然没有需求，人们也难以提出什么问题，并上升为学术问题，即使有问题也都被认为是技术性、实践性的问题。在研究生们的认识中，民事诉讼法学专业被认为是没有多少学术理论含量的专业。如果不是还有些令人难以理解的概念，恐怕没有多少人会将民事诉讼法学当回事。前几届中最有才华的几位学兄学弟也都相继"抛弃"了民事诉讼法学专业，转向经济学和社会学的研究。例如，原四川省社会科学院，现四川大学法学院的教授顾培东先生、在零点公司做总裁的袁岳先生(有意思的是，他们的硕士论文都是关于诉权问题的。更有意思的是，诉权的问题研究的一个方向是走向了诉权否定论。不知他们的研究去向与诉权否定论是否具有一种内在联系)。即使1982年出台了1949年以后第一部民事诉讼法(试行)，也因为这部法典实在是过于简陋——如同"简易房"。甚至可以说只是临时搭建的"工棚"，在法制重建，法治初建阶段我们也不可能建设一栋华丽的程序"大厦"。从民事诉讼法的条文来看，仅有205条，是当时世界上除了蒙古人民共和国(180条)以外，法条数最少的民事诉讼法，就此已经有人说，够多了——在战火纷飞的年代，我们只有"三大纪律、八项注意"。因此，在尚未有充分的实践之前，没有多少规范可以有法理解释的余地，简单的语义解释即可满足需要。

这个时期的法学研究具有高度的实用性，研究完全以文章能否发表为导向。写文章更多是锻炼自己的文字表达和驾驭能力，侧重于社会实践的观察和国外制度的介绍。人们也不太在意自己的专业以及基础性理论研究。如上所言，学术市场的需求也引导了我的关注点，使得我自己也将更多精力投入到了民事诉讼法学之外的领域。这种情形在我以后的博士研究生当中也再次被复制。

当时的情形充分地说明了观念、制度、实践、法理知识与学术研究间的相互依存和促进关系。没有程序价值和正当程序的观念,不能理解程序对结果正当化的作用,就不可能对程序构建有相应的需求,也就不可能对民事诉讼法理论产生需求,不可能主动地学习借鉴域外的制度和经验。没有法律广泛和积极调整,民事纠纷也不会被大量纳入民事审判的范围,就没有丰富的民事诉讼实践,也就没有程序制度的需求。没有制度当然就不可能有相应的制度实践,也就不会通过实践向民事诉讼理论提出改进、修正、创新的需求,民事诉讼法学的研究自然也就无所事事,处于麻木或休眠的状态。民事诉讼制度和实践也只能处于低层次水平,实体规范乃至法治也因为触及传统、观念、体制的"纺锤",成为美丽动人的"睡美人"。

在研究生期间,因为毕业论文的原因开始关注群体性纠纷的解决问题。那时的我国社会已经显现出规模化的商品经济行为,由此引发的群体性纠纷时有发生,虽然不像市场经济国家那样突出。在市场经济发达的国家,人们早就开始关注群体纠纷的诉讼问题。笔者的硕士学位论文题目选择的是集团诉讼,这一话题在国外曾经是非常时尚的话题。笔者主要关注的是国外的群体性诉讼制度有关的理论以及在我国的构建、运用的现实性。尽管当时的资料还十分有限,我国的一对一诉讼制度还不健全,进行这样的分析和研究的确具有很大的超前性,但对于以后的民事诉讼法(1991 年)关于群体性诉讼制度——代表人诉讼制度——的建立的确起到了参考作用。

从现在的视角来看,当时的民事诉讼法学还是一片完全没有开垦的处女地,似乎应该很容易发现理论研究命题。对法学的研究几乎没有任何门槛,任何人只要愿意都可以很轻易地踏进法学研究领域。因此在相当一段时期内,即使没有接受法学本科教育甚至研究生教育的人也都可以跨越基础教育阶段进入法学研究领域。其中的原因之一是,中国的法学领域过于初级,自身没有门槛,还没有自己的理论研究规则,没有自己的专业规范要求,理论研究也一如小平同志所言,"摸着石头过河"。另一方面也与我国人文社会科学学科整体的初级性和人文科学的经验性特征有关。那时，对任何一个理论问题的研究都可以是开拓性的。也因为限于当时人们的认识背景，还无法意识到许多制度和理论问题。由此，基于这种状况，在当时要找到一个硕士论文题目依然还是感觉十分困难，并非满地都是论文题目。

这里显然存在一个悖论。对民事诉讼理论没有了解，就无法提出问题，但在了解民事诉讼理论之后，就可能发现所有提出的问题都已经不是问题。如果翻开那个时期的硕士论文，有些题目也是比较平庸的。当然，有的题目属于基础性的题目，至今依然还在争论当中。例如，早在20世纪80年代，王锡山教授就提出应当对举证责任问题进行研究。受此点拨，李浩教授当时作为硕士研究生就将这一命题作为了硕士论文的题目，开创了举证责任问题的本土化研究，成为李浩教授的主要学术贡献。记得对李浩教授的这一题目，民诉专业的研究生也并非都给予认同。比较典型的认识是，在我国法院有义务发现真实，因此根本不存在当事人举证责任的问题。如果有举证责任的话，法院也有这种责任，即对事实予以调查和解明的责任（现在我们知道当事人的责任与法院的责任在含义上完全不同。当事人的责任是一种风险，法院的责任是一种职能要求）。当时，虽然还没有所谓职权主义的认识，但法院的职权干预被理解为理所当然的事情。现在看来问题主要在于人们当时还没有很好地理解举证责任中客观举证责任存在的必要。显然这一题目是一个非常值得研究的学术和实践问题，直到现在还在不断开花、结果。

第二个阶段：民事诉讼法比较研究与教学；关于民事诉讼的宏观思考与分析；求证模式差异及意义。

笔者真正扎实地研究民事诉讼法学还是在研究生毕业之后，因为从事民事诉讼法学教学，专业领域已经被固化，有了自己营生的特定饭碗，也就不能再当“票友”扮演客串的角色。另一方面，也不能老在人家的地盘上“耕种”和“收获”，其他专业的学者也会自觉地排斥这种外部“入侵”，将其扩张行为称为不务正业。所以，必须老老实实地进行本专业的学习和研究。如前所述,自己的兴趣最初不在民事诉讼法学方面,而是更为宏观的经济、政治、文化方面,与这些方面关系密切的法理是我比较感兴趣的领域。到现在笔者也一直对法理学和其他人文社会科学有浓厚的兴趣,保持着高度的关注度。这可能与当时专业化分工以及学术研究尚不够精细化有关,专业分工以及学术研究的精细化程度不够,也就无法形成很强的专业壁垒,外专业的人也就比较容易进入。在本专业研究得越深,就越不容易形成跨界研究就是这个道理。当然,这也可能与我的经历和年龄有关。

研究生毕业之后,立即登上讲台,并为民诉专业研究生开设了苏联东欧民事诉讼法这门课程。之所以讲授这门课,与西南政法学院民事诉讼法专业教师的知识构成有关,也与我国的法学和法学教育的历史有关。西南政法学院有两位民事诉讼法学的领军人物——一位是我的研究生导师王锡山教授,曾留学于日本明治大学,是当时留日中国学生中的翘楚;另一位是留学于苏联的常怡老师。因为常怡老师有留学苏联的背景,因此,自然对苏联民事诉讼法学十分重视(留学于哪个国家自然对哪个国家有一种情结)。

这也是一种心理学现象或效应(记得西南政法有两位在学校很有名的经济法教授,在改革开放之初都出国做了访问学者。因为只有社会主义国家才有我们意义上的经济法,所以他们都去了当时还是社会主义的东欧国家,一个去了南斯拉夫,另一个去了克罗地亚。回国后都认为自己访学的国家经济法如何如何先进,对于另一国家则不屑一顾)。改革开放之前,基于政治体制、经济体制和政治意识形态的同构化,苏联的法律和法学理论对我国一直有很大的影响。苏联虽然在政治体制、经济体制和意识形态方面与西方国家形成对立和差异,但在学术文化方面不像我们那样,通过革命与之完全割裂,苏联法学在学术方面依然具有一定的传承性,虽然表现为内容上的否定性。在当时看来,苏联在理论方面具有相当的先进性——诉权、诉讼请求、诉讼法律关系主体与客体、判决效力等概念于我们而言是那样的陌生。尽管后来具有兄弟般情谊的两国反目为仇,学术交流随之中断,但在改革开放以后原有的影响迅速又得到了恢复。我们也曾一度认为苏联也是法治国家,是我们值得借鉴的模板。在常怡老师的主持下,一些苏联及东欧国家的民事诉讼法资料也被大量翻译。在“文化大革命”以前，高校的第一外语主要是俄语，西南政法学院的外语老师们也大都是俄语老师，其中有一些水平相当高。西南政法学院所独有的一套关于东欧国家民事诉讼法的资料就是由西政的李衍老师、徐冀鲁老师等翻译的。我虽然学过一学期俄语，但仅仅是对俄语有简单的了解，完全没有入门，无法直接阅读俄文资料，讲授苏联、东欧民事诉讼法主要是利用西南政法图书馆所拥有的两本苏联民事诉讼法教材——一本是20世纪50年代的《苏维埃民事诉讼法》，撰写人是当时大名鼎鼎的阿·克列曼教授。另一本是改革开放以后由李衍老师翻译，常怡老师校对，阿·多勃罗沃里斯基等教授撰写的教科书《苏维埃民事诉讼》（法律出版社1985年版）。在证据法方面则是参考更具有政治权威的维辛斯基的著作《苏维埃法律上的诉讼证据理论》（王之相译，法律出版社1957年版）。通过备课，尽管时间短暂，但已经对苏联东欧国家的民事诉讼法有了一些宏观的认识和体会。一个非常强烈的认识和印象是，苏联、东欧国家在民事诉讼法方面的高度同质性。这种同质性的原因当然是基于政治体制、经济体制和意识形态方面的高度同质性。可以说所有东欧的所谓社会主义国家几乎完全是按照苏联的民事诉讼法作为模板加以复制的，只是在具体的诉讼制度方面的表达或表述的方式有所不同。这些共同的东西，后来被我称为体制或模式。另一个深刻的印象是，苏联东欧民事诉讼法学几乎本身就是比较民事诉讼法，尤其是苏联早期的民事诉讼法学，是与西方主要欧洲大陆国家的民事诉讼法作为比较而存在的。其中相当一部分内容是论述和证明苏联民事诉讼法如何先进、真实，如何具有无产阶级的阶级性。对资产阶级的西方的民事诉讼法及理论则进行了无情的批判，揭露其所谓虚伪性。可以说苏联法学理论也是一种法律批判的理论。当然，这种批判理论与20世纪末西方国家兴起的法律批判理论本质上有所不同，是一种基于政治需要的批判。通过学习和研究苏联东欧民事诉讼法，发现以苏联为代表的民事诉讼法特别强调与西方国家民事诉讼法的一个重要区别就是国家干预。苏联的民事诉讼理论总是强调和宣称，苏联的民事诉讼是通过国家干预和法院的主动性来揭示案件的真实，而西方国家民事诉讼则是强调权利自由处分来掩盖其虚伪。为什么会有这样的差异,是否真正存在这种差异,这是笔者当时主要思考的问题。

在“西政”当时的民事诉讼法教研室,有一个很有意思的现象,即民事诉讼法学的两大领军人物代表分处两个不同的法系:一个是研究大陆法系民事诉讼法;另一个则是研究所谓社会主义法系民事诉讼法。虽然在“文革”以前我们一直在批判以大陆法系民事诉讼为代表的资产阶级民事诉讼理论、制度,但在改革开放之后,人们又开始重新思考如何借鉴资产阶级的民事诉讼理论。改革开放的一个社会机能就是制度借鉴。当时一个基本的共识是,开放无疑是向西方国家的开放,开放就意味着学习和借鉴。我的导师王锡山教授尽管在“文革”期间受到过强烈的冲击和批判,被打成资产阶级的反动学术权威,但在改革开放之后,这些学术权威一夜之间成了学校的宝贝,是学校最贵重的资源和资产。从王教授给我们讲课的第一时间,我们就能强烈地感受到他对大陆法系国家民事诉讼理论的青睐和推崇,间接地也可以看出王教授对苏联民事诉讼理论的蔑视。好在王教授是当时全国唯一在职的民事诉讼法教授,拥有超级天王的地位,同时也被人们视为文物级的人物。这样的地位也似乎给人们一种与现实的疏离感。丰富的人生阅历和经验,使王教授养成了豁达、开朗的性格。又基于年龄上的巨大差异,他与当时尚处于中年的常怡老师相处得很好,虽是不同体系和观念,但在理论上是井水不犯河水。受王锡山教授的学术影响,作为他指导的学生,外语又主要是日语,因此很自然会更多地关注日本民事诉讼法及理论。印象中,当时对日本复杂而精致的民事诉讼理论往往感到很难理解,甚至不明白为什么如此复杂和精细。研究生的同学们也质疑,不就是解决民事纠纷,至于在理论上搞得如此复杂吗。记得在读中岛弘道教授专著《举证责任论研究》,尤其是20世纪70年代东京大学的民法学教授石田穰先生的论文《证明责任论的再构成》(1975年)时,更是感觉在阅读佛经一般,语境不明,完全无法理解。也许正是如此,心中也有一种莫名的神圣感。

因为研究生期间学习民事诉讼法(这个期间的民事诉讼法实际上就是日本民事诉讼法,加上中国台湾地区的民事诉讼法),毕业后又讲授苏联东欧民事诉讼法,笔者也就顺理成章地开设了"比较民事诉讼法"的课程。这一课程的基本框架是大陆法系民事诉讼法与苏联民事诉讼法的比较。在准备这门课程中,自然会追问两大法系——大陆法系和社会主义法系民事诉讼法的社会背景,两大法系宏观框架上的差异。由此逐渐整理和概括出两大法系民事诉讼法理念和价值理念上的不同。对具体诉讼制度的具体比较又进一步证成了在体制、理念、原则及价值观方面的不同。

在改革开放的社会大环境中,人们习惯于从宏观方面认识社会改革,或者说愿意将改革的措施拔高到宏观层面,将改革措施提升至体制的高度,例如,经济体制改革、政治体制改革、文化体制改革,认为最彻底的改革应当是体制性的改革。这种思维方式对笔者认识民事诉讼或民事诉讼法也有很大的影响,希望从体制或模式的高度宏观地思考民事诉讼或民事诉讼法,将民事诉讼置于特定的社会关系中加以思考,概括出不同体制的特点。显然苏联东欧国家的民事诉讼是其国家社会形态——经济体制、政治体制、意识形态的产物,反映了计划经济、高度集权和阶级斗争意识形态,与市场经济、权力分散制约、平权意识的市民社会的民事诉讼有很大的不同,集中体现为职权干预与当事人主导的体制差异。尽管诉讼体制的归类站在不同的视角,人们的认识有所不同,但如果从更为宏观的视角即上述几个方面来看待诉讼体制就有了相对的统一性和确定性,从而超越了英美法系与大陆法系之间的差异。如果仅仅从英美法系的视角看大陆法系的民事诉讼,大陆法系民事诉讼中的当事人主导自然不及英美法系,甚至从英美法系的当事人询问来看,大陆法系的职权询问就是职权主义的,而非当事人主义。这正是一些人对我的观点的质疑之处。这种认识主要是没有超越英美法系,从更宏观的视角来看苏联、东欧以及我国传统民事诉讼体制与其他市场经济或法治国家的民事诉讼体制的差异。我的认识是从苏联、东欧和我国传统的民事诉讼体制的视角出发,并进行观察和分析。在武汉大学的《法学评论》上发表的关于两种诉讼体制比较的文章,可以说是最初对诉讼体制的思考成果,为后来提出我国民事诉讼体制的理论打响了"第一枪"。尽管现在看来,由于积累有限,文章的分析还有些粗疏和稚嫩。

基于社会改革发展的大趋势,通过比较分析也就可以比较容易地发现和认识到,我国民事诉讼体制的改革总方向应当是改变原有的诉讼体制或模式,从原来的职权干预型民事诉讼体制转向当事人主导的民事诉讼体制,并坚持认为这种诉讼体制的改革与我国的社会发展的大趋势具有一致性。有一本书对于我在民事诉讼原则和体制的反思具有启示作用。这一本书并非法律方面的书,也非西方启蒙期间的人文著作,而是一本“文化大革命”期间没有公开出版的,所谓供内部批判的参考资料。《苏联国内资本主义复辟纪事(1953~1973)》,柯雄编,生活·读书·新知三联书店1975年版,讲的是苏联如何复辟资本主义。通过此书,我认识到,我国过去所批判的东西,实际上完全是基于政治需要和极左意识而杜撰出来的,当时中国的改革开放在某些方面也正是我们过去所批判否定的东西。现在看来,苏联当时还没有真正走在社会发展应有的道路上。我们的认识是如此容易被意识形态所遮蔽,使之难以达到社会发展的方向,认识到事物的本质。对于我们过去所否定的东西,有必要给予全面反省。在法治领域,我们也同样需要重新认识,包括我们承继的苏联民事诉讼体制、原则、观念和我们批判否定的大陆法系的民事诉讼理论和制度。

在转型中的具体作为中,笔者主张靠近大陆法系的诉讼模式,因为在法律概念、法律文化和历史方面,我们已经具有了一定的借鉴基础,与大陆法系更具有亲和性,在思维方式上也更容易接受大陆法系民事诉讼体制(虽然有的自命为法学家的一些学者对此大为反对,认为我国完全不应该学习借鉴大陆法系)。以后相当长的一段时间里,笔者都将民事诉讼体制改革的问题作为研究的主要对象。而且这一问题的研究很具有发散性,可以从各个方面,可以从宏观和微观,从原则到具体制度结合民事诉讼体制改革的问题进行分析和研究,具有很大扩展空间。民事诉讼体制涉及诉讼观念、诉讼文化、政治、经济、心理、诉讼历史、法律制度、文化的比较、中外法制史,几乎是一个无所不包,涵涉面非常广泛的题目。这样的题目也比较适合笔者的兴趣和条件。能够发现这样的研究题目与改革开放的社会大背景有密切的关系,因此完全可以说这一题目就是中国社会改革的时代产物。

第三个阶段：推进我国民事诉讼模式或体制转型的研究，细化民事诉讼模式结构、成型原因、不同模式的理念、社会发展与模式选择的分析与论证。

在改革开放这一大背景之下，出国留学成为一种时髦和浪潮，甚至成为“第一桶金”之路。20世纪八九十年代中日关系还处于蜜月期，除了留学美国、英国以及其他欧洲国家之外，日本也是留学热门之地。日本无论在经济、文化、社会秩序、法治等方面都堪称国家发展的奇迹。法治方面更是因为明治维新的变革实现了近代法制，“二战”以后真正进入宪政时代，成为亚洲民主法治国家的范本。民事诉讼法也因为传承德国及法国体制和制度成为大陆法系具有代表性的、后起的先进国家。日本还作为大陆法系民事诉讼体制和制度的“二传手”对亚洲各国和地区的民事诉讼产生了很大影响。因为研究生学习民事诉讼法并师承曾留学日本的王锡山教授，留学日本是唯一的选择。作为访问学者，我首选的大学就是日本的最高学府东京大学。当时还不知道东京大学法学部的民事诉讼法学研究在日本有如此高的地位，也不知道担当民事诉讼法研究的教授在法学部乃至东京大学有很高的政治及学术地位——多任法学部部长均出自于民事诉讼法的教授，民事诉讼法学的青山善充教授担任过东京大学评议员，高桥宏志教授担任过东京大学的副校长，三月章教授还出任过日本法务省大臣。当时东大法学部的伊藤真教授和高桥宏志教授已经承继新堂幸司、竹下守夫等前辈，成为日本民事诉讼法学的新一代权威的代表人物。

去日本学习时，日本民事诉讼法学界业已兴起所谓程序保障第三次浪潮（第三波），强调诉讼效率，提倡纠纷多元替代机制，倡导司法接近社会、接近民众的司法理念。随着美国政治、经济的全球化影响，英美法的程序正义理念对日本法治产生了深刻的影响。美国民事诉讼中的各项主要制度都成为日本研究的对象，并试图予以借鉴。更多的学者开始留学美国，而不是像过去的学者那样主要留学德国。因为日本学术的开放性，留学日本可以透过这一窗口更多地了解其他先进法治国家的制度、理论与实践。实际上，留学最大的收获可能在于观念的改变和视野的扩大。现在的学者们很难感受到在改革开放之初出国学习时所遭受的那种强烈冲击。

通过在日本的留学，我对日本民事诉讼的体制、原则、基本制度有了比较系统的了解，虽然谈不上深入。由此也加深了我对日本、德国以及发达法治国家的民事诉讼体制的宏观认识，证明了出国前，我对我国民事诉讼体制转型的初步设想的正确性，坚定了对我国民事诉讼体制转型的认识。虽然以德国、日本为代表的大陆法系国家和以美英为代表的英美法系的民事诉讼法在具体制度、理念和法律思维方式上有着很大的差异，但其民事诉讼的宏观体制和基本原则、框架与市场经济社会与法治是基本协调一致的，为我国民事诉讼体制转型提供了模板和样式。相反，我国现存的民事诉讼体制、观念、原则都与我国正在转型的社会无法相容，应当对我国的民事诉讼体制、观念、原则进行深入的剖析和自省。与日本的情形不同，我国正处于法治的初级建构阶段，无论实体法还是程序法都是如此，改革开放之后虽说是恢复法制，但是决不是重新回到原来的轨迹，而是试图构建全新的现代法精神的法治。因此，民事诉讼在体制上也不应当回归于原有的体制，不能沿着苏联的诉讼体制轨迹继续前行，应当实现从苏联的职权主义诉讼体制转向当事人主义或当事人主导的诉讼体制。考察日本社会的发展历程，可以清晰地看出，我国社会发展同样在许多方面在复制这种现代化的过程。这些过程是我们无法避免的，作为社会治理的手段我们也同样应当吸取发达国家的经验和教训，在制度建构方面应当更加开放，实现民事诉讼的现代化。

回国之后，我的研究基本上还是沿着民事诉讼模式或体制转型这条主线，其基调是反思和重建。利用我当时担任《现代法学》主编的地位，发表了超长论文(约有5万多字，要知道当时的论文有1万字已经是长论文了。杂志的容量也要小得多。我是一贯主张学术论文要发长论文，鼓励作者把问题讲深讲透。当时，我们许多人还不清楚什么是学术论文，也不知道什么是学术规范。说“出师表”这样的文章也不过千把字。不知道这样的文章并非学术文章，不过是形势分析报告)——《民事诉讼基本模式》全面吹响了模式转型的号角。意识到需要从民事诉讼法的原则、基本制度方面论证转型的具体措施。具体的转型作业就是从民事诉讼基本原则入手，重点是辩论原则和处分原则。虽然我国民事诉讼法中也有所谓辩论原则和处分原则，但与当事人主导的民事诉讼体制下的辩论原则和处分原则完全是不同的含义和规范。要实现民事诉讼体制的现代转型，就必须重述民事诉讼的基本原则。回国后相继发表了有关我国辩论原则重述（《法学研究》1996 年第 6 期）和处分原则重述（《现代法学》2001 年第 6 期）的文章，开始按照新的民事诉讼体制框架和理念，对我国既存的民事诉讼法进行"再审"；实施了民事诉讼体制转型在具体制度方面的作业，回答他人对民事诉讼体制转型的质疑和疑虑。例如，按照民事诉讼体制转型的认识，提出应当建立再审之诉制度，取消以职权主义为基础的审判监督制度。虽然在之前也有人提出应当对再审制度进行改革，但因为缺乏体制上的深层认识无法直接揭示原有审判监督制度的问题所在。关于审判监督程序的反思是运用民事诉讼体制框架进行分析的比较成功的范例。"民事诉讼体制"这一学理概念是我的学术理论中的一个非常重要的概念。这一概念不仅是一个分析工具，也是一种思维方式和视角，通过民事诉讼体制这一分析工具可以很清晰地看到民事诉讼制度内在的问题点。例如，在对于起诉与受理体制、释明权、自认制度、职权调查、公开原则、直接言辞原则、诉讼契约、二审的审理方式与范围、再审体制等理论与实践的问题分析方面，如果没有民事诉讼体制这一分析工具，则很难予以深入分析、切入实质。又如，在关于释明权或释明义务理论阐释时，如果不从民事诉讼体制的视角出发，就无法理解释明权或释明义务是何种特点民事诉讼体制的产物，释明权或释明义务为何在当下有其必要性，释明权或释明义务与我国的司法体制有何联系等。如果人们只是从国外的理论上知晓释明权的概念，而不了解释明权的体制语境就必然对这一概念产生误用。在民事诉讼体制没有实现转型的情形下，释明权可以说仅仅是学术上的概念。即使在具体制度中加以规定，也难以有实际的作用，这种情形就是所谓超前或者说脱离现实。当然，这样的超前规定也并非完全没有意义，对于倒逼诉讼体制的转型也有一定的反作用。这样的实际也反映了规范作用的复杂性。有些学者会认为，我关于民事诉讼体制的认识可能导致对各国民事诉讼细节的忽视,有过于简单化的问题。其实我的目的就是要概括出民事诉讼的体制性特征,由此指示我国民事诉讼法发展的应有方向。这是我国民事诉讼体制建构之初最需要关注的问题。

对于民事诉讼体制转型,实际情形远比想象的要缓慢得多,加之体制转型需要通过具体的制度建构来实现,需要经过法律修改首先在法律文本上予以确定。然而在民事诉讼法修改过程中对这种诉讼体制转型是非常谨慎和小心的,人们还没有认识到转型的意义和价值。在学术界对民事诉讼体制转型的提法和民事诉讼体制的分类也存在诸多质疑。也有学者在认可民事诉讼体制类型和差异的前提下,提出了折衷的路径——比较典型的是所谓"和谐诉讼模式"或"协动主义诉讼模式"。这种认识似乎不仅有传统文化的根基,同时还也有国外的理论作为支撑。这种折衷模式论将传统诉讼体制的修正而非否定视为民事诉讼体制发展的第三条道路。显然这种认识对我国民事诉讼体制转型造成了很大的妨碍,很自然地为陈旧的、已经过时的传统民事诉讼体制充当了辩护人,为这种应当转型或淘汰的旧体制"点赞",与有些人主张的所谓"中国发展模式"具有同质性。

除了致力于民事诉讼体制及转型的分析研究之外,民事诉讼基本理论的研究也同时在不断地拓展。对民事诉讼体制的分析必然会涉及基本原理的运用,在研究民事诉讼体制的过程中不断学习、了解、掌握民事诉讼的基本理论,这是必须要做的功课。由于废除了过去的旧民事诉讼法,大陆内地在改革开放以前几乎没有完整系统的民事诉讼法规范,也就谈不上开放、丰富的民事诉讼实践,也不可能生成自己的民事诉讼理论,尤其是体系化的理论。因此关于民事诉讼的基本理论只能借鉴和移植国外的民事诉讼理论,基于法系的归属、历史传承和亲和性,自然选择了面向大陆法系的民事诉讼理论。由于德国、日本民事诉讼理论在理论抽象、概括、逻辑整合方面所具有的优势,移植借鉴自然就倾向于大陆法系最具有代表性的德日民事诉讼理论体系。而且基于一些国家(如韩国)和地区(如我国台湾)成功借鉴移植的经验,我国内地似乎没有其他的选择。虽然有的非民事诉讼专业,甚至非法学专业出身的学者在指责这种选择,但他们没有提出自己的依据,除了抽象的文化差异论之外。大陆法系民事诉讼理论的复杂、精巧、细致的确达到了令人生畏的程度,学者浸淫其中似乎有一种自顾自的美丽或者强烈的自恋。这些复杂的理论也自然形成专业门槛和壁垒,使得其他专业,即使是法学类的其他专业人士也很难进入。必须承认,即使现在,我们仍有不少学者虽然人在民事诉讼法学的地界内,但其意识和专业素养还在民事诉讼法学之外。我们应当认识到,这些理论并非都是学者之间的语言概念和逻辑游戏,一部复杂、精致的理论机器的确能够保证民事诉讼的正当运行。没有这些理论指引和规范,民事诉讼无法运作。成熟、完善的民事诉讼理论能够为所有民事诉讼法规范的适用提供解释,保证其民事司法的统一性。在规范分析的实证主义影响之下,纯粹的规范分析的确会产生形式主义、脱离实际的情形,这是任何理论都无法避免的,只要民事诉讼理论是开放的,与实践保持联系,则实践永远都会是一种批判和矫正的力量,不断修正民事诉讼理论。正确的、具有实践意义的理论和观点总是会在理论竞争中胜出。许多人都设想我们能不能独创一种简单实用的程序和理论来应对我们复杂的纠纷现实。很显然不得不说这种极简主义的想法是十分天真的。在不断追求纠纷程序和结果的正当性的理性中,我们是无法做到简约化的。人类必须面对客观世界的多样性和复杂性。不同类型的诉讼有着自己的特性,不同的特性就有着不同的规范要求。

学术研究中,我的一项任务就是厘清民事诉讼基本理论中一些被视为基本理论、概念的结构,阐述其命题的含义、意义、适用的条件、各理论概念之间的相互关系、理论产生的语境和背景等。在介绍这些基本理论的同时,结合我国的具体实践和语境,从而形成本土化的理论认识,研究的对象主要集中于最基础性的理论问题,如诉权理论、诉讼目的理论、诉讼标的理论、当事人适格理论、共同诉讼理论、证明责任的理论、既判力理论等;然后再逐步予以扩展,如诉讼要件理论、上诉审理论、再审理论、执行关系诉讼理论等。对民事诉讼基础理论的研究有一种"高大上"的感觉,也容易背负照搬照抄国外理论这样的指责。但要借鉴国外民事诉讼制度就必须研究国外的民事诉讼理论,只有在透彻地了解国外民事诉讼理论的前提下,才能很好地予以借鉴。实际上在早期,我对深入研究国外的理论还不太在意,头脑中的实用主义意识常常会影响自己的学术研究,总是会从什么制度可以运用于我国的实践出发,而不是扎实地研究国外的基础理论,探求制度的深层机理,使得我更注重于制度规范,而轻视理论的探究。现在回想起来,如果对国外的理论没有深入地研究和了解,是无法真正知道我国实践的需要的。

作为一个研究民事诉讼法学的学者,最重要的就是将民事诉讼理论与我国民事诉讼实践联系起来,这里所指的理论就是国外的民事诉讼理论,因为我们还远没有发展出自己的理论。对民事诉讼有认识和看法,并不等于有体系化的理论。要做到这种理论与实际的联系,就不仅需要正确地了解特定理论的内部结构,还需要知道特定理论的外部语境和条件。在与我国的具体实践不断联系的过程中,自然生成出具有我国特色的民事诉讼理论。人为地追求所谓中国特色只能是自欺欺人。要真正厘清国外特定民事诉讼理论的内部结构并不容易,并非具有外语工具就可以直译。要了解特定理论的语境和外部关系就更不容易,需要对该国的社会、法治、观念、实体法相关情形有所认识。

要做到与我国实践的联系,必须对我国的诉讼实践有所了解,否则无法与我国的实践密切联系起来,形成具有正确解释力和指导力的工具。但在我国,从事民事诉讼研究的学者要比较充分、真实和全面地了解民事诉讼的实践,发现实践中的类型化问题,却不是一件容易的事情,尤其是改革开放初期。由于司法的不开放,如果不通过自己的实践路径很难认识实际情形。即使是现在提倡裁判过程的公开、裁判文书的公开,相对于实体法,民事诉讼的公开程度依然十分有限。实践的封闭性大大地增加了民事诉讼理论与实践链接的困难。早期学术研究中对实践的认知几乎都是通过个人实践活动,通过非公开的途径了解实践中人们对规范的认识。虽然我们的分析是具有实践针对性的,但严格而言是不符合学术要求的,因为这些个体认知是无法验证的。回头看看当时的论文,几乎都没有以公开的实际案例作为分析样本,即使有也只是一些新闻性的报道,没有规范判例描述。在这种境况下,要想做出符合现代学术规范的论文是不太可能。许多作为分析对象的观点和认识也是在非公开场合的表达,因此许多论文常常使用“有人认为”、“有观点指出”、“一些学者指出”这样含糊、抽象的表述。这也反映了学术生态的非单纯性,反映了整个社会生态的非透明性。

从上述描述来看,我的学术研究似乎是在非常雅静的环境中进行的,是一种面对无垠天际的仰望和自由探索。实际上当时的学术研究环境完全不是这样一种状态,远没有达到学者们应有的生存条件。无论是物质条件,还是精神环境都没有达到可以平心静气进行学术研究的要求。因此许多智识条件很好的学术人才都纷纷离开了高校,下海开启第一次高校“大逃亡”。以后在权力与经济实现更紧密的勾连之后,高校教师又有了第二次“大逃亡”。不少人都嘲笑那些坚守高校阵地,与阵地共存亡的人不过是一些没有本事,无法在社会竞争中胜出的人。这样的社会,显然不可能是在人文科学方面能够有所作为的社会。我国没有从根本上解决人文知识分子,也包括自然科学知识分子的社会独立存在问题。这应该源于封建集权体制社会的历史影响。虽然在高校扩招之后,物质条件在一些地方或高校有所改观,但精神层面依然没有本质性的变化。何况在那个物质基础十分薄弱的年代,更不能为高等教育和研究提供足够的物质保障。因此,要在这个时期坚持学术研究的确是一件特别不容易的事情。即使现在,依然有不少学者,尤其是那些远离政治、文化中心城市的学者,还在为自己的生计四处奔波,无法静坐于书斋,也折射出虽然在物质生产方面突飞猛进,但社会精神生产方面却异常滞后的矛盾性。

回顾这一时期的学术研究,因为诉讼体制的研究是一种内省式思考,因此在方法论上并非法律规范分析,而是从社会与纠纷解决方式两者关系的适应性角度所进行的分析,具体考量的是我国社会转型中的经济体制改革、政治体制改革、改革开放、社会关系变化对人们思想观念的影响、不断建构的实体权利义务规范的实施对民事纠纷解决方式的影响。这种分析更多的是现在被称之为社科法学分析方法的应用。其实,源于前述我对人文社会科学的浓厚兴趣、高度关注以及体制转型研究的经历,在社科方法的运用方面,我自认为有一定的优势。与大陆法系国家的民事诉讼法学的发展阶段不同,在大陆法系国家,民事诉讼法的基本框架、原则已经建构,学者们更多的是从法律规范分析或解释学、教义学的层面对民事诉讼法的具体诉讼制度以及应用进行研究。我希望读者能够注意到这一点差异。

第四个阶段:以民事诉讼体制转型意识为指引,拓展民事诉讼法学基本理论研究,注重理论研究与本土实践的结合,同时关注司法体制改革。重要的分析概念——泛政治化;新的分析视角——政治与法律。

在20世纪90年代中后期,全面经商大潮依然涌动,对高校形成极大冲击,不少高校教师因为物质和精神两个方面的严重短缺,毅然决然地选择了远离高校,远离学术研究。这种形势也对我产生了很大冲击,尤其是在重庆这样的内陆城市,在没有直辖之前,其经济、政治、文化的地位都相当尴尬,与现在的重庆(一个不产一粒咖啡豆的重庆成立世界咖啡交易中心)不可同日而语。虽然不一定是"下海"经商,但至少要考虑离开重庆,以寻求更大的发展。当时的基本方向有两个:南下——广东、海南,主要取向是满足物质生活方面的需求;北上——北京,主要取向是寻求更大的学术发展平台和空间,依托的是北京作为政治、经济、文化中心的城市功能。在我国这样一个政治泛化度极高的国度,政治中心即是一切的中心。于我,其结果是首先"南下",最终"北上"。南下,我先去了海南进了一家国有投资公司,然后转向去了深圳,进了一家证券公司。一年多以后,北上进入清华大学法学院,完成转身。不用说,在这期间,我的学术研究完全中断,虽然学术研究的情结还在。这段时间的生活经历,其意义在于更全面、深刻地了解了我国经济、政治生活。这种认识对于我今后的学术研究也并非没有积极的一面。

进入清华大学之际,时逢高等教育规模急速扩张,高校招生人数大大增加。随之,也因此,高校的物质待遇有了很大的提高。基于清华大学的品牌效应,在法学院基本不再需要再为维持基本生活而担忧,虽然还谈不上优雅体面的生活,但学术研究有了比较好的环境。因为地处中国政治、法律中心,所以能够更为便利地获取法制变动的各种信息,参与更高层次的法制研讨、政策制定的活动,有助于更快地捕捉到具有实用价值的学术选题(在信息非公开化时代,尤其如此)。作为政治、经济、文化、法律的中心,也特别有利于学术影响的扩散。我多次提到这样的比喻——“在京城打一枪,胜过京外放十弹”。这种情形在权力分散的国家,此地理效应是不存在的,最为典型的是美国。总之,在学术研究方面的优势是京外其他任何城市无法比拟的。

但另一方面也有基于这样的地缘优势反而制约学术研究的一面,这就是辩证法。其消极制约在于,这种环境因为过于“热闹”,政治中心、法律中心的地位使得对策性研究、应时性研究比重增大,容易使研究呈现一种我所谓的“磁悬浮”状态。虽然不是像科学革命的先驱伽利略、哲学家费尔巴哈所夸张的那样,城市喧哗就是沉思者的“监狱”,但的确会干扰沉思的心境。所谓“热闹”,就是因为地处中心城市,需要与各种媒体——传统纸媒和电视传媒——打交道。为纸媒撰稿,接受采访,上“今日说法”、参与各种与法制相关的会议——座谈会、研讨会等,甚至出现开会“赶场”的情形。京城有不少属于“赶场”的学者,我也被误认为是属于这类学者。在当下的社会,多数情形下学者们其实不过是政治行为的“装饰”和“花瓶”。在这种热闹的氛围中,学术研究特别容易导致“碎片化”或“随笔化”。可能有碎片化的思考、随想、感想,但缺乏整体性、系统性,也难以达至理论深层,只能形成一种我所谓的“礼花效应”——瞬间绽放,即刻消失。在京城,有思想碎片的学者不少,他们有观点,有想法,但就是缺乏整体链接和论证。因为没有整块的时间完成链接和论证。人们始终处于思想碎片化和思想“微醺”的生态之中。

再有,北京作为政治、经济文化中心也是公共知识分子产生的“温床”。作为从事法学教学、研究的学者,只要愿意随时都有可能被社会拽入公共知识分子的群体之中,为社会中的某种需要发声。作为公知,如果要为良心和职业道德负责,那么脚下等待你的也一定有荆棘和沼泽。在中国做公知,没有相当的“纯度”,是很危险的。我自觉地抵制了成为公知,还是愿意在相对寂寥中关注学术。人们往往是通过掌声和鲜花将人推向悬崖。

在法学方面,对策性、应时性研究主要是顺应当时的司法体制改革,参与司法体制改革的议论。司法改革一直被作为政治体制改革的一个重要方面，为主流所倡导。司法改革的一部分——民事司法，也直接关联了民事诉讼制度的变动。在清华大学这一平台，比较容易投身于与政治关联的司法改革。清华大学为了重振人文社会科学，再现20世纪二三十年代的辉煌，在法学等人文科学学科方面有了很大的投入。清华大学法学院战略发展委员会主任、原最高人民检察院检察长贾春旺就明确指出，国家领导群体将实现从军事家、自然科学家向人文社会科学家的转变，设立“985”项目就是具体举措之一。刚进清华不久，我作为课题负责人申请并获得了“司法公正与司法改革”这一“985”重大项目。120万元的研究经费，虽然对理工科不算什么，但对于文科而言无疑是一笔不小的数目。项目很顺利地结束，也有一批研究成果诞生。其主报告——《司法改革：分析与展开》（法律出版社2004年出版）对于司法公正的法理、阻碍司法公正实现的原因、司法公正实现的体制保障、司法改革的具体举措都进行了详尽的阐述，即使在今天，这些论述依然有效。但是司法体制改革作为政治体制改革的一部分，因为关联政治体制，因此不是法学研究能够指引的。在20世纪90年代，司法改革似乎有过一线希望和生机，但很快就因为司法政策的转向，基本上只是停留在了纸面上，实际行动已经远离体制性改革的目标。诸多被人们称之为司法体制改革的举措都蜕变为一个个政治秀，司法改革演变成了最大的政治秀场。

在这一时期，民事诉讼法的修改也被提上了日程。作为民事诉讼法的第一次修改，学术界自然会积极投身其中，并抱以极大的热情。1991年制定的《民事诉讼法》已经过了十年。在中国这样一个社会发展迅速的国度，十年是一个不短的时期，修改《民事诉讼法》应当系大势所趋。学术界的预想是这一次修改必将是一次全面修改。学术界也试图为这次民事诉讼法的全面修改提供理论上的准备。司法部在2005年将《民事诉讼法》的修改与完善作为当年的重大研究项目。以人民大学法学院江伟教授和我为课题负责人的研究团体分别承担了这一研究项目，并分别形成了两个关于《民事诉讼法》修改的草案版本。修改草案对新《民事诉讼法》进行了全新的设计，比较系统地阐述了修改所依据的法理。遗憾的是，由于立法方面尚未做好全面修改的准备，因此最终仅就再审制度和执行制度部分进行了修改，修改的目的是为了应对诉讼实践中社会反映比较强烈的再审难、执行难问题。

配合民事诉讼法的修改重点，我的研究在那个时期也集中在了再审制度领域。民事执行虽然也涉及狭义民事诉讼的原理，与民事诉讼有密切的关联，但毕竟有着自己的运行原理，因此，在那个时期，民事执行制度不是我关注的重点。对再审制度的修改，我寄予了很大的期望。我的基本想法是试图使我国的再审制度回归于原理的基本要求。考虑到再审对判决既判力的冲击，与诉讼安定性的矛盾关系，因此必须将再审限制在特殊救济的范围内，不能任意扩张，并且有必要以再审制度修改为契机对再审制度进行体制性修改。这也是民事诉讼体制转型的一个组成部分。在2007年的这次局部修改之前，我发表在《中国法学》(2003年第1期)的文章——《民事再审：基础置换与制度重建》阐述了再审的体制性修改的基本设想。基于这样的认识，就必然重新考虑再审的启动、再审事由、再审事由审查程序和本案再审程序。笔者撰写的关于再审事由的文章——《再审事由构成再探讨》(《法学家》2007年第6期)就是立于这种认识的学术探究。在这些方面，虽然民事诉讼法修改还有较大的余地，但较之1991年的民事诉讼法已经有了很大的进步。颇为遗憾的是，由于观念和体制性约束，再审制度的修改未能实现体制性突破，依然保留了职权主义的基本特点——法院可以依职权启动再审程序，甚至不需要顾忌法定再审事由的限制，未能实现从审判监督制度向再审之诉制度的体制性转变。

由于司法体制的约束，尽管民事诉讼法修改在很大程度上已经完善了再审制度，但再审的制度性调整并没有能够化解再审难的问题，也无法化解再审难的弊病。因为从诉讼原理来看，作为特殊救济程序，再审难本身就是一个假命题，至少是一个非常模糊的命题。如果将再审难界定为再审启动难、本案再审难，那么相应的价值命题就是要使再审启动和本案再审变得容易，但如此一来，再审程序将不再是特殊救济诉讼程序而是普通诉讼程序，成为第三审程序或第四审、第五审程序，诉讼的安定性将不复存在。极为矛盾的是，现实中社会对再审有强烈的需求——基于观念和司法不公的现实，人们希望通过再审颠覆原审裁判。司法权威和公信力的缺失、司法腐败、司法专业素质低下、司法职业道德底线的失守成为这种社会诉求的最好的理由。显然再审难的问题是一个政治问题，而非单纯的法律问题，因此试图通过修改再审制度化解所谓再审难问题无疑是刻舟求剑之为。同样，试图通过修改执行制度，化解执行难也是同样的结果。当然，作为学术研究不能因为政治体制或司法体制的约束就放弃对其法律制度的研究和完善，消极地等待政治体制和司法体制的改革。就我国的情形来看，需要有相当的耐心等待政治体制和司法体制的改革。也许以一代人的生命周期来计量都可能是无法实现的。正是这种缓慢的过程和难以预料的进程，进一步挫伤了许多法律学人的积极性，使他们毅然放弃了对法学的学术追求。还是那句老话——道路曲折，前途光明，我们必须以乐观主义的态度积极对待社会，坚信社会发展的必然性。即使司法改革存在严重的滞后性，诉讼制度的积极改进依然必须前行。还应当看到诉讼制度的完善也会在一定程度上反过来促使司法体制和政治体制的改革，形成倒逼，使人们能够对司法体制改革和政治体制改革的必要性有更清晰的认识。

自党的十八大以后，中国的法治进入一个不同以往的阶段。在政治上，依法治国提升到了一个更高的层次，成为更具有实质意义的国策，虽然人们对于法治的基本含义、路径和方法还有不同的理解和认识。在政治局势发生激烈的变化之后，司法政治再次转向。司法改革也再次启动，有迹象表明司法体制改革在层面进入了更具有实施性的阶段，某些措施有了明确的路线图。但由于司法改革涉及政治层面的因素非常多，司法原理的实现与政治架构和政治利益具有一定的紧张关系。在顶层处人们还无法圆满地处置相应的矛盾关系，如此使得其他改革措施都只能是过渡性的政策措施，无法实现学术层面的原理性探究，或者说在司法原理层面已经没有探究的必要，只是具体实施的策略性选择而已。我们以司法责任制为例。毋庸置疑，司法责任制的目的是试图通过强化司法者的责任保证司法公正的实现。其内在逻辑是司法不公与司法者的责任不到位有直接关系。但司法责任制并没有考虑一个基本的前提问题——司法者的独立。没有独立的司法权限，就没有责任承担的正当前提，即使追究责任也无法实现对具体司法者的约束。

然而,法官独立司法将可能直接顶撞到政治体制的“天花板”,冲击政治理念的底线。司法责任制就只能成为应对社会对司法现状不满的政治策略或者成为一种倒逼策略。因而这种改革行为更多的是一种政治行为,而非一种单纯的法律措施,由此也溢出了法理探讨的边界。

另一方面,司法改革需要权衡权力及社会各种利害关系,需要了解司法机关的实际运作情况,因此司法改革并不适合高校学者进行学术研究(实务部门的研究机构除外),尤其是不适合擅长规范分析的学者投身其中。在相当长的一段时间里,对此认识还不是太清楚,误认为这是一个可供学术研究的富矿,实际上由于政治的原因,使得纯学术研究的空间并不多,继续挖掘随时可能发生政治“透水”的可能。这一领域需要有人关注、进行调查分析,提出改革对策,但这些都不是学术性研究,更多是政策性、对策性研究。因为司法改革尤其是体制性改革涉及政治,因此也就不可能像法律运作那样公开、透明,司法组织机构运作的信息和数据都因为涉及政治而不能公开。因此,很难使用以法学研究的方式和方法进行分析和研究。即使是司法改革政策的决策者,也往往没有办法根据实际情形制定具体的改革措施。我们以司法员额制为例。司法员额制的核心在于司法员额的合理确定——司法人力资源与司法工作负担的合理配置。合理确定配置依赖于对司法人员实际工作负担的确定。然而,还是基于政治的原因,司法人员的具体工作是无法量化的。司法人员的有些政治性活动是无法计入工作负担的,但这些政治活动在我国又是必须的。例如政治学习,围绕特定时期开展的各种社会活动、会议等。政治性活动最大的特点是其不确定性,因此这些活动的工作量也是无法确定的。在大量的社会活动无法计量的情形下,员额制的计量基础也就不具有确定性。目前的员额制在配置的计算上虽然以国外司法机构的员额为参照,但国外司法机构的行为远比我国的情形要单纯得多,政治活动很少,司法人员基本不参与社会与政治。政治对司法的影响,司法与政治的隔离程度,在中外具有很大的差异,因而在基本层面缺失可比较的性,甚至涉及“员额制”的基本命题的意义问题。可以说由于国家政治的不同,从而决定了司法在各个方面的不同。如果将司法改革作为一种政治现象,就其学术研究领域而言,更多地应属于政治学领域或政治学与法学的交叉领域——法政治学。这就需要运用政治学的方法进行分析,不可能适用法学所独有的规范分析方法。然而这种研究由于涉及政治,即使有科学的考察和分析结果,也因我国的政治条件,这些研究成果往往无法公开发表。对于学术研究而言,不能公开也就没有了学术的价值,因为只有公开才能检验学术研究成果的真伪,才能有所争鸣,才能推动学术的发展和进步。否则只能成为决策者政策制定和实施的参考依据。如此,学者将不再是学者而是政治智囊或谋士。多数从政的学者在从政后便不再是学者,而是智囊,其理就在于此。在学术必须依赖于政治需要的当下,其学术性研究很难有所作为。正因为如此,作为民事诉讼法学研究的学者可以关注,但不宜深陷其中。也是基于这一认识,我以后的研究就完全转向单纯的民事诉讼法学研究。有些不明其因的媒体人士还误认为,我对司法改革的认识没有与时俱进,已经不再有改革的热情和激情,已是卧槽老骥。对于司法改革,我们应当密切关注、提倡、拥护和推动,但不是法学研究——规范分析法学——的对象,对司法体制改革的关注只是将其作为一种政治现象加以关注,如同我们出行时应当注意天气变化一样,但我们显然不是气象学家,不需要研究台风是如何形成的,有专门学者在研究形成的原理。我们需要注意观察司法改革对民事诉讼制度运行的具体影响,分析司法体制改革的不同走向对民事诉讼的影响。这就类似于观察政治、经济的变化对民事诉讼制度运行的影响,对政治现象的学术研究是政治学的领域。

在21世纪初司法政策转向之后,反司法精英化、反职业化、轻程序化、粗放式司法、强化司法行政化、政治化的趋势愈加明显。过去曾经予以矫正的重调解、轻审判的做法再次强势回归,成为民事司法政策的主要内容之一。各地法院民事案件的调解率不断攀升,甚至有法院提出“零判决”的口号。虽然调解率有一定的浮夸成分,但调解率已经作为一项绩效考核指标实际控制着民事司法的价值取向。这种回归在法理层面也得到了学者借助国外批判法学、现实主义法学、实用主义法学、后现代法学、司法能动主义给予的支持。在理念方面,似乎也得到了弱化裁判程序、强调诉讼效率、回归实质正义以及承继中国传统文化、理念、纠纷解决方式的有力支撑，甚至误以为是与世界潮流趋同，又与中国传统对接，从而形成了中国司法体制的特色。

面对这样的形势，作为民事诉讼理论研究的学者必须认真加以对待，认真、冷静地思考、分析这种民事司法政策、理念和制度的实施对我国民事诉讼现代化建构和民事诉讼体制转型的影响，对我国法治建设和发展的影响；必须从理论上回答，当下司法的作为是否就是在民事纠纷的解决机制和制度方面打了“提前量”，走了司法发展的捷径，是否就是一条符合纠纷解决规律的，具有中国特色的道路？国外的批判法学、现实主义、实用主义、后现代法学、司法能动主义是何种语境下的产物？对我国具有什么样的意义？

2008 年还发生了影响极大的三鹿奶粉侵权事件，严肃地拷问了我国的司法制度对法律坚守的程度，拷问了民事诉讼规范，乃至法律规范的实际效力。人所公知的答案是，即使民事诉讼法有明确的规定，法院也会基于政治需要不会受理，但也不会明确驳回，而是玩起了“政治太极”，等待政治的变化，这是国人的政治智慧。但这种“政治太极”使得起诉难的问题再次凸显出来。这样的社会现实促使我们应当更宏观地思考我国现行法制状态下民事诉讼法运行的特殊性。认识到政策调整与法律调整在国家治理的不同地位，反映了我国法治初级阶段中特定的政治与法律关系。在这一时期，我特别注意从政治视角对我国民事诉讼制度运行的观察和分析，实际上强调了从我国特殊的社会现实思考民事诉讼，是对民事诉讼法的政治分析，而非法学的规范分析，目的在于解析我国民事诉讼法乃至整个法律运行的畸变现实。应当承认，我国的法制现实使得民事诉讼的规范研究受到很大的限制和挤压。

2009 年，笔者在《法学研究》上发表的论文《起诉难：一个中国问题的思索》就很认真、严肃地思考了以“起诉难”为典型的所谓“中国问题”现象背后隐含的政治与法律方面的紧张关系，揭示了现阶段中国法治下民事诉讼法所必然面临的处境。在这篇文章中笔者对批判法学、实用主义法学、现实主义法学、后现代法学、司法能动主义在中国的误用进行了分析，指出了误用的原因所在。从我国法制现实场景来看，似乎我国的情形正好符合批判法学、实用主义法学、现实主义法学、后现代法学、司法能动主义的指向和取向,但实际上,我们没有意识到,这些法学观念和认识均有其特定的法治语境。如果离开这一特定的法治语境必然会导致误用,或成为规避法治的借口。我们以司法能动为例,司法能动在美国是三权分立语境的产物,表明司法权对立法权和行政权的主动关系。而我们没有这样的法治语境和政治架构,根本谈不上所谓的司法能动的问题。其实提出司法能动不外乎是想借助国外法治话语的力量,通过偷换语境将司法能动表达为司法机关在法律规范之外的超法作为,以满足政治的需要。对于法治而言,这样的理解无疑是十分危险的。

在民事诉讼法学的研究中,我特别强调"法治阶段性"这一概念。从法治的阶段性以及这一阶段政治与法律的关系来看,我们可以非常清晰地认识到,调解在我国民事诉讼中如此强调或强化的根本原因所在。在法治的初级阶段,传统的治理方式还是国家治理的重要手段。现代法治的方式还处于萌芽时期,政治体制还没有充分地为现代国家治理提供应有的条件。现阶段的法治也还没有完全注入现代法治的精神,如同我们有民法、民事诉讼法,但并未完全注入民法和民事诉讼法的应有精神一样,或者说现代法律应有的精神只是停留在纸面或文本之中。强化诉讼调解虽然只是一种政策导向,但却既反映了法律调整的弱势,也反映了传统治理方式对法治的排斥。通过大量具有强制性的调解弱化了法院的裁判,实际上也弱化了法院司法的功能,最终导致法律的纸面化,无法通过具体适用、解释获得法律的生命。这就有力地解释了为何在大量法律文本不断产生和存在的情形下,人们却感觉不到大量法律的现实存在。这是因为大量的民事实体法无法通过诉讼加以激活,不能通过具体案件的司法将抽象的法律规范与具体的实际结合起来。抽象的法律规范永远处于抽象的状态,也就永远停留在纸面或云端。在具体的社会治理中,也就必须依赖传统的治理方式,依靠大量的政策,实质是人治的方式进行治理,这也是我们最为熟悉的路径和偏好的方法。可以说强制性诉讼调解实际上为传统的治理方式和政策调整预留了大量的空间。这种强制性的调解使得我国的民事诉讼呈现出一种严重的非讼化状态。由此,民事诉讼程序的应有原则——辩论原则、处分原则、公开原则、直接言辞原则都被抽掉或架空。强制性调解不仅集中反映了职权干预,职权干预也通过政策性调解获得再生。

在学界,也存在视调解泛化为世界发展趋势的误读。就国外,特别是法治发达国家的纠纷解决发展态势而言,的确存在纠纷解决多元替代以及强调非裁判的趋势,如美国、欧洲、日本等国家。纠纷多元替代也肯定是今后纠纷解决的发展方向。但所谓诉讼的非裁判化是与这些国家特定的法治状况或法治阶段有直接的关联。具体地讲,美国是诉讼非裁判化尤为突出的国家。从庭前和解和庭审判决的比例来看,庭前和解的比例高达97%左右。故而国内有学者于是便认为我国也应当如此,支持诉讼调解的高比例,认为我国庭审裁判率还太高,远远高于美国的3%。这种观点的错误之处在于,其对美国的法治、司法制度、律师制度、法律观念不甚了解,错误地将美国的和解率或裁判率与我国的情形加以比较。

在美国的诉讼中,虽然只有少数案件会通过判决方式解决,但在庭审之前,通过诉答程序、证据开示程序、审前会议、双方律师的介入,案件的基本信息已经为当事人双方所了解,加之庭审中高额的律师费用,因此,双方在律师介入之下,通常会在庭审之前解决纠纷。而我国不像美国那样,律师在法治中占有非常重要的地位,即所谓律师中心主义。案件事实和法律理由在庭审之前的诉讼过程中,通过双方律师的参与和诉讼已经能够得以阐明,自然没有必要再通过庭审作出裁判。我国与此不同,没有社会地位独立的、数量庞大的律师群体参与纠纷的解决,案件事实需要通过庭审予以揭示或解明。基于大陆法系的诉讼传统和对法官的限制,原则上要求诉讼过程实行审判公开原则,因此,如果强调像美国那样回避对案件的裁判,则无法传递和解明法律的含义。在美国,透过律师参与,人们可以很清楚地了解法律的含义,法律从而能规范和指引人们的行为。另一方面,英美法系和大陆法系国家强调和解或调解是基于提高诉讼效率、降低诉讼成本。这里的前提是这些国家程序法制的长期积累,程序已经出现过于复杂、运行成本过高、纠纷解决周期过长的情形。这一语境与我国完全不同。在这些国家,长期的法治积累，使得法治原则、精神、权利义务观念已经固化于人们的意识之中。即使大量和解或调解也不会影响人们对法律的认知，法律原则和规范也会自动成为人们的行为规范。相反，在我国，法治原则、精神、意识还没有深入人们头脑之中。由于直接强制或变相强制，必然使得诉讼调解化或泛调解化，法院裁判的社会功能必将受到影响，法律不能得到具体的解释、运用和理解。

面对诉讼调解的泛化和对裁判功能的冲击，我在《法学》杂志上发表了反思、批评的文章——《诉讼调解：时下势态的分析与思考》（2007 年第 5 期，人大复印资料第 9 期全文转载），明确指出了这种强制性、泛化的调解对纠纷解决的正当化、裁判功能、法治建设、法治观念的严重伤害，极力主张理性回归民事诉讼法所明确规定的基本原则——调解自愿原则。在当时调解之风劲吹的形势下，《法学》杂志能够逆风刊出这篇文章的确需要勇气和胆量。当然，学术的力量是十分有限的，一篇文章的影响力更是十分有限。如果不是政治形势发生变化，扭转了这种势头，这股调解之风还会不停地刮下去。

在这一时期，顺应司法政策和政治意识导向的变化，传统审判方式作为对抗现代审判的武器开始在实务界得以提倡，其典型代表就是重新倡导马锡五审判方式。作为传统审判方式，马锡五审判方式具有忽视程序、强调简化和便利、强调调解、法官干预、忽略实体规范的特征。在马锡五审判方式施行的年代，中国尚处于小农经济、熟人社会、以伦理和习俗为规范的时代，马锡五审判方式作为便利的纠纷解决方式具有其时代合理性。同时，马锡五审判方式是一种联系群众，有利于参与夺取政权、巩固政权的政治行为。在当下的中国社会，市场经济已经具有相当规模，社会也在城市圈内已经进入陌生人的社会，社会规范日益复杂，人们的权利义务被不断强化，程序价值、程序意识也在不断增强，在这种现代场景之下，马锡五审判方式明显已经过时。一些人重提马锡五审判方式除了单纯眷恋那个无司法腐败的年代，以表达人们对司法公正的寄予之外，也有抽象强调审判方式以及审判者的政治属性的一面，即所谓人民性的一面。马锡五的形象具有典型政治楷模的意义，由此配合司法界所倡导的人民法官为人民，法官心中只有人民的政治理念。由于人民这一概念的政治性和抽象性，在法律的实施中无法将作为集合概念的"人民"具体化，使得"人民"概念空洞化，或解释的政治化，即根据具体权力者的意图予以解释，这必然导致司法过程中抽象存在的"人民"与具体的"法律"主体的对立，从而影响法律的实施。这一概念在法律领域中的适用，实际上具有排斥法律约束的功能。从政治效应的角度来看，"人民"这一概念是有意义的，是政权维持正当性和合法性的依据，是非常有必要的，但从法律实施的角度而言，则可能导致权力凌驾于法律的实际效果。当然这也是法治初级阶段所必然面临的问题。在这一阶段，法律还无法与政治保持相对的隔离，政治无法与法律分离，我们也不习惯于两者的分离。但为了发挥法律对社会调整的作用，必须尽量做到与政治保持隔离或距离。

上述思考集中反映在笔者于2009年在《现代法学》上发表的文章《回归"马锡五"的思考》一文中，直接给当时正在"赶场"的马锡五审判方式回归热浇了一大盆冷水。文章从社会发展与纠纷解决方式的关联、回归对现代民事诉讼原则、方式建构的消极影响、回归的误识等方面予以了分析和阐释。与之前在《法学》杂志上发表的文章《诉讼调解：时下势态的分析与思考》一样，同样属于逆风而上的文章。基于我曾做过《现代法学》杂志主编的关系，虽然这篇我认为很有意义的文章还是发表了，但为了减少所谓不利影响，杂志没有将其作为封面文章，以维持低调。但这篇文章还是被《中国社会科学文摘》(2010年第2期)《诉讼法学 * 司法制度》(人大复印资料2010年第1期)所转载，并获得了重庆市社会科学优秀成果一等奖。该文也许说明学界对我观点的认同。以后形势的发展表明这种回归只是一时的政治需要。显然，这种回归背离了我国社会发展和现实，冲击了民事诉讼现代化进程，真正是一种逆流而行。马锡五审判方式的某些价值追求是值得肯定的，如对诉讼简便、高效率、司法接近民众的追求无论何时都是有意义的，是永存的，但作为审判方式和职权干预理念的载体是无法回归的。

这一时期的研究中，增加了新的视角或方法——政治分析，也可以说是我过去关于民事诉讼体制分析中政治分析手段和视角的延伸,明确提出对民事诉讼的观察和分析必须考虑我国特定社会阶段中政治与法律的关系,必须考察民事诉讼的政治语境。这种分析方法其实是立足于中国社会现实,是法学研究本土化的体现。这种分析视角具有其本土性,是我国特有的环境下的产物。在典型的西方法治国家,这种观察视角没有多大意义。分析以中国实际存在的泛政治化、泛行政化现实为前提。这一社会现实也是基于传统和政治体制上的权力高度集中的政治架构。可以说这一权力的基本结构决定了中国的社会现实。泛政治化、泛行政化成为分析中最有价值的概念工具,这一概念高度概括了中国社会的现实。尽管概念的表述有可能给人一种消极性,但对于学术而言这是实在和真实的。有了这样的分析视角和分析工具,结合法治阶段性的基本理论(关于法治阶段的概括,最为精辟的论述来自于美国法哲学家、法社会学家诺内特、塞尔兹尼克两人合作撰写的《转变中的法律与社会》(中国政法大学出版社 1994 年版),由当时还在中国社科院法学研究所的张志铭先生翻译。志铭先生能够在那个时代看准这本书的价值不得不佩服其慧眼独具。不得不承认那套书中有一些译本虽然也很超前,但如果不注意这些书的论述语境,会很容易造成误读,对中国的法治也将造成很大的负面影响)。许多令人迷惑、疑惑的问题都有了合理和科学的解释。其学术上的重要意义与我早期研究中的模式、体制概念一样具有重要性。关注民事诉讼法的宏观语境也是我的研究不同于其他同行学者研究的基本特点之一。这一研究特点源于我对政治、伦理、经济、哲学以及人文科学关联密切的法理学的兴趣和长期关注。我现在也非常强调学习民事诉讼法学的人应该关注和学习人文科学,至少始终关注法理学的发展和基本理论。在我个人的研究过程中从其他学科知识中获得了诸多启示,可谓获益匪浅。

在这一阶段,除了回应当时实践和司法政策中的一些问题,从学理上澄清人们的一些错误认识之外,同时还围绕着民事诉讼体制转型的研究完成了系列论文,比较有代表性的论文有:《体制转型:民事诉讼法修改的基本作业》(《法学家》2004 年第 3 期),《论民事诉讼的契约化——完善我国民事诉讼法的基本作业》(《中国法学》2004 年第 3 期);并于 2005 年出版了专著——《转换的逻辑:民事诉讼体制转型分析》(法律出版社)一书,算是对我十年来就民事诉讼体制的研究进行的总结。民事诉讼体制的研究也算是告了一个段落。另外,还从规范分析的角度比较深入地阐述了民事诉讼法建构和适用中的一些具有现实性的问题,主要反映在:《证明标准建构的乌托邦》(《法学研究》2003 年第 4 期);《起诉条件与实体判决要件》(《法学研究》2004 年第 6 期);《民事诉讼法律审的功能及构造》(《法学研究》2005 年第 5 期);《民事诉讼"释明"概念的展开》(《中外法学》2006 年第 2 期);《管辖权异议:回归原点与制度修正》(《法学研究》(核心)2006 年第 4 期);《案外人异议之诉》(《法学研究》2009 年第 1 期)等。

第五个阶段:参与民事诉讼法全面修改和民事诉讼司法解释,从诉讼法理上探究民事诉讼法修改中的制度修正、建构与解释;分析思考民事诉讼法学的发展问题及民事诉讼法学方法论。

一、从民事诉讼法理上探究民事诉讼法的全面修改

虽然 2007 年在民事诉讼法实施十六年之后进行了第一次修改,但由于时间过于仓促,各方面准备不足,此次修改只能选择社会反映相对比较强烈的两大制度——再审制度和执行制度进行了修改。民事诉讼制度的完善问题没有得到解决,因此,立法机构再次启动对民事诉讼法的全面修改。民事诉讼法学的任务就是为完善民事诉讼制度提供理论方案和支持。因此,民事诉讼法学者也必然将民事诉讼法修改作为这一时期的主要任务,尽可能参与民事诉讼法的修改和完善。虽然由于立法程序和机制的缘故,参与的程度十分有限。

第二次民事诉讼法的修改起始于 2010 年左右,受当时法制意识和司法政策的影响,民事诉讼法的修改不大可能深入到体制和原则层面,主要围绕制度层面进行修正和完善。一些诉讼制度的修正和建构在涉及体制因素时只有迂回或予以模糊处理。本次民事诉讼法修改的目的主要是解决那些认为在司法诉讼实践中存在的需要急切加以解决的问题,这些问题中也包含

社会上反映比较强烈的问题,如公益诉讼、小额诉讼、虚假诉讼的问题。在修改方面既考虑了实用性,也考虑政治性。由于我国立法修改的行政化、立法实际权限、修法的有限开放、修改成本的压力、修法资源的有限性、法律实施的有限性,民事诉讼法的修改尽管竭尽全力,但因为没有足够的开放和参与,囿于各种限制,其修改也依然不可能达到人们的期望。人们能够意识到制定规则的重要性,但还不能充分地认识到制定规则与建设一项大的工程一样需要有相应的物质和人力投入,需要复杂的调查、计算、论证。一项工程可以轻易地耗资数亿,但一项立法耗资数亿就无法理解了。实际上,有了大量的物质和人力投入,不一定就能产出一项科学、合理的法律,但没有大量物质和人力投入是一定不可能产出科学、合理的法律的。就民事诉讼法修改而言,欲制定一部好的民事诉讼法就必须进行大量的科学实证调查、对国外相关制度的考察、研究和分析。这些任务没有大量的物质、人力的投入是不可能完成的。加之,由于法律实施的实际状态并不理想,人们对立法、修法寄予的热情也受到法律实施不力的影响,反过来又进一步对大量投入的认同形成抵触。

关于这次民事诉讼法修改的总体感觉是,学界所做的贡献并不突出,应当深入探讨的理论问题没有得到解决。除了少数人以外,民事诉讼法学界没有广泛参与此次修改。修法过程也没有有效的机制激励学者们积极投入民事诉讼法的修改之中,在行政化的修改机制过程中人们看不到修法中的智识投入会打上自己的印记,也自然没有投入热情和积极性。在以核心期刊的学术论文为主要指标的考核机制面前,高唱知识分子对国家的匹夫之责与担当其实际效果是非常有限的。在京城,一些有影响的学者可以有更多的机会参与有关民事诉讼法建议稿的讨论,但会议式讨论因为无法事先预知具体的问题(多数情形下拟定的问题都具有保密性质)、发言时间极其有限,因此试图深化和细化问题往往是不可能的。即使立法机构在正式上会前的一段时间公布了修改草案,人们也没有多大的积极性提出修改意见。多数意见还是出自有组织的安排和社会上的一般反应。民事诉讼法的修改成了各个权力机构的利益"蛋糕"。可以想象,在当时的法制意识、理念、司法政策的支配下，加上上述制约和限制，试图实现理想修正几乎是不可能完成的任务。

就学者的设想而言，理想化的程度比较大，总是希望能够在修法方面走得更远。比如，将执行规范从《民事诉讼法》中分离，制定独立的《强制执行法》；制定独立的《家事程序法》、《非讼程序法》、《民事保全法》，利用法制建设的后发优势快速实现民事诉讼法的现代化，与发达国家的民事程序法接轨。显然，这样的设想是不现实的，一方面不可能有如此大的决心和投入完成这种建构，另一方面并没有现代民事诉讼法的意识、观念的指引，同时还缺乏社会现实的有力推动。《家事程序法》和《非讼程序法》需要在一般民事诉讼与家事诉讼、非讼程序在性质和特点上有所区分的情形下才可能实施。然而在我国人们还没有这样的认识，就我国的民事诉讼现状而言，民事诉讼法具有浓厚的家事诉讼特征，实际运作又具有非讼程序的特征，人们还没有意识到这些程序的差异，没有意识到家事诉讼程序、非讼程序与一般民事诉讼程序在性质上的基本差异——职权干预主义与当事人主义。《强制执行法》、《民事保全法》的制定又是一项巨大的工程，难以在一个立法周期内完成，于是民事诉讼法的全面修改就只能是局部修补和改良。

民事诉讼法的修改有些类似于家居装修，在投入受限的情形下需要考虑实用性和装饰性。民事诉讼法的修改实用性是首选，装饰性也必须要考虑，否则就没有社会影响，这涉及修法的政治性。本次修法中最为突出的制度建构是诚实信用原则、第三人撤销之诉、公益诉讼、小额诉讼程序的特别规定等。这些原则和制度的建构成为本次民事诉讼法修改的亮点，同时也成为学术界的争点。之所以成为亮点是这些原则和制度的建构反映了社会强烈的需求和愿望，民事诉讼法的修改及时地予以了回应。诉讼中非诚信诉讼行为极大地阻碍了法院对案件事实的明察，严重影响了诉讼进程，导致诉讼的高成本低效率，折射了整个社会的诚信危机。人们希望通过诉讼的诚信规则能够在某个方面实现诚信的拯救；社会的诚信危机在猖獗的虚假诉讼中得到了集中体现，已经达到无底线的程度，人们希望能够通过颠覆原裁判的方式实现救济；公益诉讼更是人们对公益侵权救济的渴望，人们希望通过司法、法治的力量解决市场失灵和政府失灵这样的双重失灵所带来的问题；小额诉讼制度不仅寄予了人们对降低诉讼成本、缩短诉讼周期的期望，还为了减少法院所面对的不堪重负的审判压力。然而，虽然社会需求很明确，但相应制度的建构却面临着许多挑战与问题。需要在理论和实证中解决的问题是，民事诉讼实践中显现出来的各种问题，其实质是什么？怎样的制度建构才能解决这些问题？这种建构的理论基础是什么？欲建构的制度与既存的制度之间如何协调处理？这些都是需要加以研究和探讨的问题。可以说对这些问题的回答考验着我国民事诉讼法学的研究水平和实力。学界容易指责立法和修改的不足和幼稚，但我们也应当看到，某些不足和幼稚实际上是学界自身的问题，是我们自己的问题，是因为民事诉讼法学研究自身的贫困化所致。立法的具体操作者的主要职能是组织、整理和协调，本身并不提供关于立法和修法的具体法律知识以及其他知识，这些知识以及规范的价值命题来源于社会，来源于知识界。

诚实信用原则的规定虽然回应了社会的诉求，但由于整个社会的规制不够，无法提供足够的支持，加之司法制度的原因，诚实信用原则是难以具体实施的。我国民事诉讼法所有的原则都基于司法权威的问题而普遍面临无法具体适用的尴尬。诚实信用原则的落实需要实体法尤其是刑法的支撑。我们知道违反诚实信用最严重的行为就是伪造证据，证人做伪证，这也是危害最大的非诚实信用的行为。如果这方面不能有效遏制，便无法阻止诚信行为的社会性崩溃。另一方面，诚实信用原则有促使当事人诚信的一面，但同时也具有限制当事人权利的消极的一面，尤其是当事人诉讼权利还没有得到充分程序保障的情形下，诚实信用原则有可能成为抑制当事人诉讼权利行使的障碍。从民事诉讼法修改以来的审判实践来看，诚实信用原则更多的是一种装饰性作用，虽然对社会诉求做出了政治性回应。这一实际情形已经为学者们在修法时所准确地预测。

笔者在《法律科学》上发表了关于诚实信用原则及实施基本认识的文章——《民事诉讼中的诚实信用原则》(2012 年第 6 期)对诚信信用原则的基本原理进行了阐释，明确指出了该原则在我国民事诉讼实践中可能遭遇的问题。这些认识已为民事诉讼的实践所证实。虽然限于时间,有关理论问题的探讨还有待于细化和扩展,但基本问题大体上已经涉及。

公益诉讼也是人们期望在民事诉讼法修改中能够得以解决的问题。自进入大量生产和大量消费的工业化时代,环境污染和侵害消费者权益的事件大量发生,尤其是日益严重的环境污染凸显了社会生产与社会生活的严峻形势。人们期望能够通过司法的力量拯救政府管制失灵所带来的问题。在我的研究中注意到了两个问题,一个是公益诉讼的范围问题,一个是公益诉讼在我国语境下的实际效益问题。第一个问题是基于公益诉讼与私益诉讼的关系问题,如果不能区分公益诉讼与私益诉讼,则无论理论上,还是实践中都不能很好地处理诉权行使、公益诉讼原告适格、公益诉讼判决对私益诉讼的影响等基本问题。但在这一点上人们并没有充分的认识,最典型的是将人数众多的消费者权益侵权诉讼一律作为消费者公益诉讼。研究表明,在我国的语境下应当将公益诉讼的范围界定为对不特定主体民事利益的侵害。只要是特定主体的民事利益都不是公益,都可以通过该特定民事主体的起诉行为启动诉讼,获得法律程序上的保障和救济。显然这一问题在立法上,甚至后来的司法解释也未完全解决。第二个问题是公益诉讼的实际功能。公益诉讼的实际功能与特定的司法制度联系在一起。社会对公益诉讼功能的寄予是基于司法与政府的分离或者基于国外公益诉讼实效而对我国公益诉讼的想象。没有意识到,在我国由于司法权与行政权的一体化,也就实际缺乏通过司法弥补政府行政管制失灵所发生的侵害问题。在我国的认识上,政府是不存在管理或管制失灵,政府是万能和万灵的。但实际上,由于政府积极参与经济,并常常作为市场的主体,因此就更容易发生政府失灵的情形,基于政府与司法机构的一体化,因此必然发生政府失灵的同时,司法也会失灵的情况。试图借助公益诉讼实现公益救济就只能是一种乌托邦。事实上,公益诉讼并没有人们所想象的那样发挥作用,公益诉讼案件反而比民事诉讼法修改之前要少得多,民事诉讼法关于公益诉讼的规定实际上是限制公益诉讼,而非扩大公益诉讼。这与人们的预想相差很大。之所以会如此,是因为修法中考量了政治因素,顾忌了所谓社会稳定,限制公益诉讼原告主体范围就是这一考量的结果。

关于公益诉讼问题的思考集中于我的长论文——《民事公益诉讼原则的制度化及实施研究》(《清华法学》2013 年第 4 期)。该文是笔者认为比较满意的论文之一。文章学术观点的画外音是,如果不进行司法体制改革,公益诉讼便不能发挥其作用,要改革司法体制,则必须推进政治体制改革,否则公益诉讼只能是一场黄粱美梦。

在民事诉讼法修法中,最具突然性也是争议最大的制度建构,毫无疑问应当是第三人撤销之诉。虽然在民事诉讼法修改讨论中曾提到过是否应当建立第三人撤销之诉制度,但并没有深入地进行探讨。学界提出的修改和完善民事诉讼法的几个草案版本中也均有第三人撤销之诉的构想。但人们的构想基本是对台湾地区第三人撤销之诉制度的移植和借鉴,未在原理和适用条件上予以充分说明。在新民事诉讼法之前,似乎没有内地学者对这一问题进行过研究,没有就其原理,尤其是没有就其与既判力的关系进行深入的分析。由此,也反映出我国的学术研究过于实用主义的一面,没有充分关注海外的制度发展。没有人专门系统地研究过中国台湾地区的民事诉讼理论,又或许是认为中国台湾理论不过是大陆法系国家——德国、日本理论的移植,又或许是因为台湾毕竟只是一个地区。现在看来,中国台湾地区的移植与本土化是一个重要的研究样本。

第三人撤销之诉的提出与应对虚假诉讼有直接的关联。一些人认为,只有通过第三人撤销之诉才能撤销虚假诉讼形成的判决以维护第三人的合法权利。问题是民事诉讼法修改中没有将这一制度的具体设计公开提出来进行讨论,这就导致了第三人撤销之诉结构中的诸多问题。我个人的观点是,第三人撤销之诉是再审之诉的一种特殊形式,其应用限制在既判力扩张的情形,并且是在其他救济方法不能适用的情形下。第三人撤销之诉不能成为一种一般救济手段,如果成为一般的救济手段将严重冲击既判力,而且也没有必要。因为就既判力而言,除了因为实体法上的原因发生既判力扩张的特殊情形之外,对第三人没有约束力,第三人完全可以通过诉讼或其他手段得到救济。他人之间的判决因为对第三人没有约束力,因此也不会导致第三人无法救济的情形。新民事诉讼法中最大的问题在于，将特殊情形的第三人撤销之诉与民事诉讼法规定的第三人直接挂钩，即将第三人撤销之诉的原告限定在民事诉讼法规定的有独立请求权第三人和无独立请求权第三人。这种限定必然导致第三人撤销之诉的混乱。将第三人撤销之诉直接规定在第三人制度之中，进一步加剧了适用的混乱。虽然实施之后，最高人民法院的民诉法司法解释对第三人撤销之诉做了弥补性规定，但限于解释，依然无法完全弥补立法上的缺陷。

在民事诉讼法修改之后，我意识到第三人撤销之诉必然会引起理论和实践的巨大争议，因此比较及时地推出了两篇关于第三人撤销之诉的论文。一篇是关于域外第三人撤销之诉的制度构成、制度语境、实践情形以及理论争议的介绍和分析；一篇是关于我国第三人撤销之诉的构成以及适用问题。两篇文章语境、重点有所不同，可谓姊妹篇，算是国内最早论述第三人撤销之诉的文章。诚然，这些文章是在没有实践和实证的前提下进行的学术探讨，意图在于初步提出问题，推进对该制度的研究。果然不出所料，第三人撤销之诉问题迅速成为了民事诉讼法学界和实践中最为关注的问题。

二、关注和思考民事诉讼法学的发展、思考民事诉讼法学的方法论及转型时期民事诉讼法学的任务

在民事诉讼法的研究进行到一定阶段或时期之后，我个人对于我国民事诉讼法学的发展自然有了更多的思考。问题主要集中于，为何我国民事诉讼理论的研究难以深入，难以对民事实践提供有效的理论指导，为什么从事民事诉讼研究的学者不少，文章也不少，但大多都是较低层面的重复，不少是跟风式的研究，尤其是横向与民法学比较，差距十分明显。与域外台湾的同行比较似有很大的差距。对这些问题的长期思考促成了我的一篇长论文——《对民事诉讼法学贫困化的思索》(《清华法学》2014 年第 2 期)。这篇文章显然是现实批判主义的，标题借用了马克思批判蒲鲁东主义的一本书(《哲学的贫困：答蒲鲁东先生的“贫困的哲学”》)提出的概念——贫困化。文章将制约、妨碍民事诉讼法学发展，导致民事诉讼法学贫困化的主要因素归结为：理论脱离实践、程序与实体的背离、研究自主性失位、研究方法

的缺失与失范四个大的方面,认为这四个方面构成了我国民事诉讼法学贫困化的主要成因及相互影响的症候群。其中最主要的原因是理论研究与司法实践的隔离或背离。而背离不在于从事理论研究的学者,而在于不开放的司法制度。司法体制导致了司法的不开放,司法不开放使得一切学术研究都变成无源之水,无本之木。传统的司法体制既影响和妨碍了民事诉讼现代化,也影响和妨碍了民事诉讼法学的发展。笔者在文章中,还进一步分析论证了这些因素形成的原因,并指出了消解的路径和方法,指出了更为宏观的、体制性的因素,从民事诉讼法学的视角论证了法学与法治发展的正关系,只有社会和法治的发展才能推动法学的发展。例如,要树立和维系学术研究的自主性,则在社会转型方面就必须改变社会的泛政治化、泛权力化、泛行政化的状态,如果只是简单地要求学者坚持学术独立和自由是没有多大实际意义的。没有学术自由,就没有学术研究的自主性,也就不可能有学术的发展和繁荣以及学术创新,更不可能解"钱学森猜想"(我称之为"钱学森之问",因为钱实际上是有答案的,只不过这样的答案不便言说而已)。学术自由必须以制度环境为条件,因此,作为学术研究的发展,可能最重要的还是要推进政治体制改革,给予学术研究更大的空间。政治体制改革的目标不能仅仅是抽象的推进民主和法治,还应当改革权力控制方式,缩小权力控制范围,改变政府职能,推动市民社会的建立和发展,只有政治体制改革在这方面的深化,才能真正实现社会的去泛政治化、泛权力化、泛行政化。

民事诉讼司法政策对我国民事诉讼法学的发展有相当大的影响。这种影响实质上源于政治对学术的影响。在我国,由于泛政治化和泛行政化的问题,学术研究很难摆脱这种政策的影响。加之学术研究的实效性使得学者必然依附于形势,导致学术研究的跟风与漂移,难以将完成民事诉讼法学应有的任务作为研究重心。对于我国这样一个需要建构现代民事诉讼法治的国度,其民事诉讼的任务应当集中于对民事诉讼法原理的探究。但受民事司法政策的影响,课题的导向和强制,我们大量的研究资源被牵引到诉讼调解、大调解、司法制度方面,造成了研究重心和任务的偏移,浪费了大量的学术研究资源,极大地影响了民事诉讼法学的发展和研究水平的提升。这也是今后民事诉讼法学研究应当注意的问题。在我近期的文章中,我一再主张应当将民事诉讼法学的重心回转至民事诉讼法原理和实践的研究,将原理的研究作为民事诉讼法学的主要任务(关于此问题,详见本书“转型时期民事诉讼法学的任务”部分)。幸运的是,在政治变幻的风云中,十八大扭转了过去一段时期司法政策的错误导向,明确提出应当坚持以审判为中心,重拾了程序价值,裁判功能再度得以重视。民事诉讼法学也逐渐回归其应有的轨迹,再度推动学界对民事诉讼法原理和制度建构的深化研究,也点燃了我的研究热情。《既判力相对性原则:根据、例外与制度化》(《法学研究》2015 年第 1 期)、《重复诉讼规制研究:兼论“一事不再理”》(《中国法学》2015 年第 2 期)、《论庭审笔录的法定化》(《中外法学》2015 年第 4 期)就是这一时期对民事诉讼法基本问题的研究成果。

对这些问题的不断思考也触动了我对民事诉讼法学研究方法论的思考。以往,除了专门研究方法论的学者之外,对方法论的思考通常都要在一定研究积累的基础上才能进行。基于研究绩效人们会对自己的研究方法进行思考,也会对他人的研究方法进行评价,进而概括提炼出结合自己研究领域的方法论。民事诉讼法学方法论本身也是民事诉讼法学的一个组成部分。我对于方法论的自觉思考源于 2009 年前后,在这之前虽然法学界已经有学者在进行法学方法论的研究,但这些学者主要是法理学领域的学者,对方法论的研究是基于学科的传承,通常不会与具体的法律领域结合。近年来,有其他法律领域的学者结合本学科理论的发展和争论开始深入和系统地思考方法论的问题。

从 2010 年发表的论文《在“有”与“无”之间——法学方法论杂谈》(《法治研究》)到 2014 年的论文《对民事诉讼法学贫困化的思索》,再到最近发表的《民事诉讼法学方法论》(《法商研究》第 3 期)可以看出我对民事诉讼法方法论的较为系统的认识。民事诉讼法学方法论是法学方法论在民事诉讼法学领域的具体运用,因此其方法论必须遵循民事诉讼自身的规律和特点。从民事诉讼自身特点出发,充分考虑民事诉讼的实践,才能形成具有自身特色的方法论。从狭义法学方法论而言,作为法学分支的民事诉讼法学其方法论依然是规范分析方法。实际上,在我早期关于民事诉讼体制以及民事诉讼体制转型的研究中,就研究方法论而言,主要是社会科学——政治学、经济学等与法律规范分析的结合,注重从政治、经济、文化、历史、心理的视角对民事诉讼制度的考察和分析。这种结合与民事诉讼法的发展时期有密切关系。我国的民事诉讼制度、体系还处于建构初期时,法律规范分析受到许多限制。多数情形下的法律规范分析都只能对抽象的原则和原理予以开展。在我国民事诉讼法的基本原则尚未充分确立、原理尚未厘清、规范建构还不够成熟之时更是如此。但随着民事诉讼制度的不断完善,规范分析或解释学的方法应该成为民事诉讼法学主要的方法。作为部门法学的民事诉讼法学是以部门法——民事诉讼法的存在和适用为前提,研究的是民事诉讼法适用的问题,核心是民事诉讼法的解释问题。法治社会中的法律应当是一个整体,是一个有逻辑层次的、有机构成的系统,民事诉讼法必须依赖于作为基础的法律,如宪法以及作为关联结构的法律,如实体法、组织法等。民事诉讼法必须建立在法治的基本价值和原理之上,并在此基础上围绕民事诉讼自己的价值要求,构建其原理体系。作为法律职业者和法学研究工作者更多的是运用规范分析的方法,探寻其原理和原则。对民事诉讼法的规范分析研究,是民事诉讼法学的重点和主要任务。尤其是在当前中国法官的权威还尚未确立的情形下,强化和细化规则是不得已的作为,而规范分析恰恰在细化规则,判断标准或规则客观化、正当化方面具有绝对优势。这一点与现代体育竞技比赛规则的发展具有高度相似性。推崇和倡导法社会学的我国知名法学家季卫东教授也曾明智地指出,在现阶段,中国法学研究的一项重要任务还是加强法律适用的推理和解释环节,甚至有必要强调和鼓励法教义学的规范思维方式,让制度担纲者树立必要的法律信仰,通过示范作用形成普遍的社会守法精神。否则法治难以张扬和落实,作为正义屏障的法律职业精神难以弘扬。

在民事诉讼法的研究中,法律实证研究方法的运用越来越普遍,逐渐受到人们的青睐。这种研究方法的运用有助于我们认识民事诉讼制度的实际运行状态,有助于认识实然状态的民事诉讼法,便于我们调整和修正有关民事诉讼的法律价值命题，使其能够更好地运行民事诉讼制度以达成民事诉讼的目的。但无论何种方法的运用都应当注意方法的规范性。民事诉讼法学界中，从事法律实证的学者大都没有接受过实证研究方法的专门训练，更为熟悉的还是规范分析方法，如同相声演员唱歌，其歌唱都属于“学”的范畴。没有经过专门训练，不了解实证研究的技术规范，必然会因为研究方法的失范而影响实证研究结论的科学性；而且由于实证研究的验证的困难，不规范的实证研究更易导致人们对民事诉讼实际状态的错误判断。

结语

今后中国法治的走向究竟如何，因政治的复杂性，故非我等能够判断、预测。些许悲观论调也并非完全没有道理。作为法治乐观主义者——如果是悲观主义者，相信学术研究也不会走到今天——虽然我认为或多或少会有些波折或曲折，甚至可能是很大的波折，但相信社会总会在波折和挫折中前行。法治是我国社会发展和进步的必然选择，法治的发展和进步是不可阻挡的。作为法治的重要组成部分——民事诉讼法也是必然要发展和进步的。我个人坚持认为，我国民事诉讼法的发展和进步体现为民事诉讼法体系的现代化。我国的民事诉讼必须从传统的方式转变为适应现代社会现实和发展需要的现代民事诉讼。由此，民事诉讼法学也必须适应这种发展和变化的要求，为民事诉讼法体系的现代化发挥应有的作用。民事诉讼法学的基本任务是不断探究在我国实现民事诉讼现代化的基本原理，充分借鉴国外或域外先进的制度、理念和理论，为我国民事诉讼的现代化提供有力的理论支持，减少现代转型过程中的失误，降低转型的成本和代价。

我国民事诉讼法学发展的历史还很短，学术研究积累并不够，还远远不能满足民事诉讼法现代化及其实践的需要。随着我国民事诉讼现代化的不断推进，民事诉讼法规范领域的分化也将加剧——强制执行法、家事程序法、非讼程序法、保全法等也都会在不久的将来实现与民事诉讼法的分离。民事诉讼法中各项制度的内容也都将更加细化和丰富。这些法律和具体制度的建构、调整和实践都需要民事诉讼法学的理论指导。相信随着我国法治的进步,人们的程序观念将越来越强,对程序正义愈加重视;社会也要求司法更加开放;依照学术研究的规律,学术研究的环境也必须更加宽松和自由;学术研究的物质条件和精神环境也将变得更加优越和纯净。学者们会根据自己的学术优势、兴趣和学术市场竞争的需要,选择自己的学术研究重点、路径和领域,开辟一条适合自己的学术研究之路。根据我个人所处的时期,自己的研究优势、经历和能力,我国过去的民事诉讼研究主要是以民事诉讼体制为主线,围绕民事诉讼体制,以民事诉讼体制转型为指导,根据我国的现实环境对具体民事诉讼制度的进行研究。其基调是分析批判与建构的,色调通常比较压抑和沉重。具体制度的运用解释分析不是我的主要方向。基于我国民事诉讼法学的研究现状,我今后研究或关注的重点还将集中于民事诉讼基本原理的探究,对制度问题的社会性分析(包括政治性分析)会有所减少,侧重于狭义民事诉讼法的完善,兼顾广义民事诉讼法各制度间的整合,推动我国民事诉讼体制的转型和现代民事诉讼法基本架构的形塑。

相信伴随着我国法治的发展和进步,在我们每一个有担当的民诉学人的共同努力之下,我国的民事诉讼法学一定会走向更好的明天!虽是旧剑无芒,却是壮志未酬。

02

第二部分

法学教育方法论

——以民事诉讼法学为中心

183-293

第一章

法学教育的基本理念

题记：

教师最重要的职责是教学，大学也是如此。但在大学，教学却不是教师付出最多、看得最重的工作。

与培养专业技能相比，更重要的是培养专业思维能力。

一、教育与研究何为中心是一个问题

在法学院校，一个经常被教师们提及的话题是，大学究竟是以教学为主，还是以研究为主？通俗的表达是，大学教师究竟是以讲课为主，还是以著书立说为主？这一话题的前提是，大学既是教学单位，也是科研单位，既要培养人才，也要产出研究成果。这一话题的实际意义在于大学的定位，涉及大学存在的价值或功能的基本取向问题。如果大学以教学为主，那么大学的管理和激励机制就应当围绕大学的教学，以教学为重点或中心；相反，如果以研究为主，则大学的管理和激励机制就应当以研究为重点或中心。近年来，这一话题已经成为一个广泛的社会话题。这一问题似乎不是一个问题，因为大学以培养人才为目的。一般而言，人才的培养就是通过教学活动实现的。当然，教师的科研活动也会对人才的培养起到一定的作用，尤其是在学生参与的情形下，特别是对那些研究型人才的培养。同时，科研成果也能促进教学水平的提高。但毕竟科研活动本身对人才的培养是间接的。因此,大学以教学为主似乎没有问题。但事实上,各种迹象表明大学并不是以教学为中心,而是以研究为中心,所以问题变得颇有些复杂和诡异。

从大学对教师的管理和激励机制来看,多数大学都向研究倾斜。最典型的是职称评定和奖励,真正的硬指标是科研成果,过去主要看论文和专著,现在主要是论文,在法学方面主要是核心期刊、法学类核心期刊论文。在一定程度上,核心期刊论文成了"核心竞争力"标志。只要有了这样的指标和要求,教师自然会将研究放在首位。教师们实际上也的确是将大部分精力放在了科研活动上。只有那些完全不在乎这些指标和要求的教师才可以置之度外。现在不少大学,也包括清华大学,已经开始提出并实施所谓"非升即走"的政策。能否"升"的决定因素是科研成果。教学效果也是重要的评价因子,但只是基本条件、必要条件,而非充分条件。教学要求一般人都能满足,在清华大学只有教学评价后5%或出现重大教学事故的才会影响职称评定。即使成为了教授博导,但对教师绩效的考核指标最有影响力的还是研究成果。

不仅学校,社会对大学教师或知识分子的评价也从来是以研究成果作为评价指标的。多数知识分子也以研究成果为自豪。这是因为教学很难成为一个大学教师社会贡献度高的评价指标。前些年教育部为了激励大学教师的教学积极性,推出了高校名师名誉制度。最高的为国家级教学名师。我自己也曾经是北京市高校名师。名师的评价因子表面上看是单纯以教学为主,但实际上最终依然是科研成果,因为本人的一般能力中已经包含了科研能力,同时还需要满足教学方面的诸多指标。作为国家级名师难以到达的指标就是关于教学的研究成果——一定数量的教学或教育的论文。为了成为国家级教学名师,就要把很大的精力投入到教学研究的论文撰写当中。这是许多教师所不愿意的,因为教学水平与教学研究论文没有直接联系。

对科研的重视,对教学的轻视,与大学之间的竞争有直接关系。现在研究型大学已经成为"高大上"大学的标志,只要是研究型大学就是高层次的大学。无论世界一流、国内一流、省一流似乎都应该是研究型大学。研究型大学以培养研究型人才为主，但同时也对研究型大学教师的研究能力提出了要求，于是科研成果成为重要的指标。研究型大学的评价指标不是 SSCI，就是 CSSCI，反正离不开研究成果的数量。更为直接的评价标准是大学排名，不少人虽然在指责大学排名的种种弊端，但人们还是常常拿大学或学院排名说事。每到年终总结之时，清华法学院也要说道法学院的排名，法学院也津津乐道于按照某一个社会机构给出的国际排名中的高排位。

因此，在大学里，是否是以教学为主，恐怕不是大学本身能够决定的，而是由社会决定的。至于大学如何对待大学教师，那是另一个问题。如果大学方宽容或宽松一些，大学管理者可以不拿科研成果说事，不把核心期刊论文发表作为硬指标给教师以压力，让教师们在非常自在的环境中根据自己的价值追求有所作为，当然这显然是不可能的。学者和校方都知道在沉思、冷静、无外在压力和干扰之下才能做出厚重的学问。但这是对那些本身具有内在推动力的学者而言。没有内在的，源自自己内心深处的压力，也是无法深层思考的，尤其是人文科学。在内在压力和推动力的情形下，学校不可能让教师们“闲着”，因为学校承担着社会评价的压力，学校需要有硬指标，需要教师出成果，需要学术 GTP。在这个意义上，教师不想把自己作为论文的生产者、劳动者或打工者也是不可能的。

另外，我们也不要忘了，大学也是培养教师、对教师进行“深加工”、不断提升学术竞争力的“工厂”。教师本身也有一个不断被锻造和打造的过程，不得不承认，如果没有外在的压力，多数人会因为自身的惰性，而不再追求在学术方面的进步和突破。当然，有的人已经具有自推装置，穿上了“红舞鞋”，想让他停下来不写也不可能，像这类学者，不研究写论文、写东西就会很难受。但这些人毕竟是少数。

不写论文和著作，也能够把教学搞好。这话并非完全没有道理。这是因为虽然没有写论文或著作，并不等于他（她）没有思考和研究，只是他（她）的思考和研究不是为了写论文或著作，不以发表包括在核心期刊为目的。只要有思考和研究，自然会有助于教学水平的提高。但是，大多数教师是需要通过论文和著作的撰写推动系统和深入研究，如果不写论文或著作，则很难将研究推向深入,思考只能是碎片化的。没有深入的研究是不可能培养基础扎实、功底深厚的法学人才的,因为打铁更需自身硬,这话虽然俗一些但道理在。我们常说,此人有功底但教学不行,有这样的人,但绝没有教学好而理论功底很差的人。

有的教师会指出,学生只需要掌握一般的原理,尤其是对本科生而言,因此不需要教师教授那些深奥的理论,自然也不需要教师自身有多高的学术修养,也就不需要每一个教师都那么费劲地撰写论文,搞研究。这里存在的问题是,越是原理的问题,在阐释和讲解上越需要深厚的功力。在一些基本原理方面,需要讲清、说透,否则影响学生的基础根底,最终影响学生今后的发展。如果不是那样就只能在教学中照本宣科。大学里强调教授特别是知名教授一定要给本科生授课是有道理的。清华大学在这方面特别强调,许多教授一直坚持为本科生授课。

现实当中,的确存在有的老师有思想,有理论,但不擅长写,而擅长说,也就是不擅长于研究或写论文,但教学效果好。不擅长写,自然无法产出论文,基于此,一些大学考虑设置不需要承担论文工作量的高级讲师,其职能就是专门讲课。但这只能是针对现实情况的过渡性、政策性措施,是不可能长久的。既然存在又能讲课,又有论文产出的教师,学校自然不会聘入那些只能讲课的教师。即使进入大学,也不会让这些教师占据大学有限的资源。因此,不能两条腿走路的教师最终会有被淘汰的可能。相反,也有的学校为了应对核心期刊论文发表数量的要求,专门成立了所谓研究院,让那些擅长论文撰写的教师专门进行论文写作,不承担教学任务。这种专职科研和专职教学的做法,总体上割裂了科研与教学的相互依赖关系。教学与科研具有相互推动关系。尽管就我的感受而言,教学对科研的助推作用不及科研对教学的助推作用那样明显。

如果一所大学不是从长远的发展来规划,则不太容易处理好教学与科研之间的关系,实际上取向于科研是无法避免的。如果从长远来看,在管理和激励机制上适当地向教学倾斜,对于学校的发展是有利的,因为社会对学校的评价依然体现为人才的培养,人才的养成才是对社会最大的贡献。但人才培养的效果需要几十年,甚至上百年的时间才能显现。需要不断积累,而且还不仅仅是看官位高低、人数多少,而是从对社会的思想贡献,对社会精神发展的贡献大小予以判断。

二、大学教育与法学人才的培养

大学法学教育的取向——研究性人才抑或法律实用性人才(本科和研究生)

这一问题与上述提到的问题有一定的相关性,即大学法学教育对人才的培养目的或取向也是一个经常争论的问题——我们法学院的基本取向是培养理论研究性人才,还是具有法律技术操作能力的人才。不用说,最好的答案就是既具有理论性,同时又具有实际操作能力的两栖人才。但问题在于要做到两者兼备实际是不可能的,同样必须根据大学自身的条件和具体人才培养的目标来对待,不可能是一刀切地加以对待。同时,理想与现实也总是有差距的。就基本面而言,大学里是不大可能培养出完全具有实际法律技术操作能力的法律人才的。大学里擅长的就是法学理论的教育和培养。真正的法律技术专家的培养需要在实践环境之中,在实践中才能锻炼和培养。

我们可以在大学法学教育过程中加入一些实践性环节或因素,让学生们初步有一些感性的认识,并通过这些感性的认知加深对法学理论的认识。但这依然无法满足对实际操作能力培养的要求。大学本身就不是实践的场所,大学法学教授也不是法律实践方面的专家。虽然有的教授也在从事一些法律实践活动,但鉴于他们法律实践活动的范围和主体受限,因此也不可能将法律实践活动的知识传授学生,而且所有的法律操作技能只能通过学生自己的实践活动才能实现。所有的传授都只能是外在的方式,不通过实践活动无法完成内化。另外,如上所述,由于大学法学院的研究取向,使得大学的法学教师们更擅长理论分析和研究,思维方式也是理论抽象思维方式,擅长于实践中抽象出来的问题的解析,但不关心也不太知晓实际中的具体操作。对于许多实践中存在的具体问题,法学院的教师可能认为都不是问题。课堂上也不大可能对实践中的问题一一提及,只能以列举方式点到为止,只能依靠学生实现举一反三的作用。因此,大学法学院在法学人才的培养方面,对于本科生和研究生只能完成基础理论知识的培养。至于理论知识的运用以及法律技术技能只能通过在具体的实践环节中予以培养。在国外,例如大陆法系国家和地区除了大学法学教育环节之外,还有一个过渡培养阶段——司法研修阶段。例如,在日本和我国台湾地区,通过司法考试之后进入具体的司法部门之前有一个司法研修阶段,在这一阶段主要是实务性的课程,授课教师是具有丰富实践经验的司法专家。而我国目前缺少这样一个过渡或转换环节,因此也就凸显了学生迈出大学校门后对司法实践法律操作的隔离感,使得毕业生需要几年的时间才能适应司法实践工作的要求。

为了更好地与司法实践衔接,在法学院增加实践性教学环节和课程是必要的,如法律诊所式教育课程、案例分析课程、法庭模拟、法律实务实践、参加法律咨询服务活动以及增加具有法律实际操作技能的课程,如律师代理业务、法庭辩论技巧等。但这里遭遇的问题是,由于受限于法学院师资规模,尤其是一些试图走精英路线的法学院,则不大可能像法律专门大学那样有足够的师资开设如此多的实践性课程。能够和愿意开设实践性课程的教师往往又不能满足研究型教师的要求,在研究型教师主导的法学院中,这类教师很容易被边缘化,生存空间也很容易被挤压。现在多数法学院是通过外聘实务部门的专家担讲此类课程,如聘请法院、检察院、律师事务所的法官、检察官和律师担当讲师,但从实践的情形来看效果似乎不明显。问题在于,实务专家并不擅长教学,难以与学生形成互动,学生们也不习惯这些专家的表达方式和思维习惯。而通过长期的经验积累培养出一批具有教学才能的实务专家,这又需要有一个过程。

三、法学本科生的培养

法学本科生的培养目标是,具备法学基础理论功底,初步掌握法律适用知识,具有法律思维能力的法学专业人才。由于法律是规范人们行为的规范体系,法学也就是一门相对于其他人文社会科学与社会实践联系更为紧密的学科知识体系,因此,对于没有多少社会实践、涉世不深的本科学生而言,如何打好法学理论基础,培养其专业法律思维是主要内容。

就我国的本科教育体系而言,基本上适合基础法律人才的培养要求。然而,对于本科法学教育议论或质疑比较多的,主要有以下几点:

其一,本科法学教育过于注重理论,而轻视技术和实践。这种现象的确存在,但一方面并不普遍,另一方面也与上述笔者所谈到的大学法学教育的特点有关,是一种必然现象。法律技术和实践性知识更多地需要在大学之外获得。为了使得本科学生毕业后能够更好适应法律实践活动,需要加强法律技能和实践教学环节,但又不能冲击理论教学,如何把握两者之间的衡平是本科法学教育的一门技术。另外,如何改进法律技能和实践教学方式也是改进本科法学教育的一个重要内容。近些年来,开设专门的案例教学课程,引进实施法律诊所式教育是不错的教学改革措施。

其二,本科法学教育的课程设置与学分问题。为了使得本科学生能够更充分地根据自身的特点学习法学知识,在课程设置上将课程分为必修课与选修课,同时加大了选修课的数量。问题主要在于,由于存在不同课程,其学分获得的难易程度有所不同,因此,学生们自然会以单纯获得学分为导向选择所修课程。这应当是一个不太容易解决的问题,因为不可能做到课程学分获得难度的统一性,对于不同的教师,其考试难度都会有所不同。

其三,关于双语教学。由于强调走国际化,法学教育在本科阶段也强调要走国际路线,实行和鼓励双语教学。但这对于法学教育而言有两个方面的难度。首先,法学不同于理工科,理工科的理论知识的语言载体比较统一,就是英语;法学存在法系差异,不同法系的法律理论知识的语言载体有所不同,很难实现语言的互换。在法学的某些学科之中这种差异比较小,如国际公法、国际私法、国际经济法、商法、环境保护法、知识产权法等。由于英美法系在这方面的优势,加之英语的国际化,因此在这些法学领域中实现中英文双语教学相对比较容易。但大陆法系特色比较明显的法学领域,如刑法、民法、民事诉讼法等,这些基本大法要实现中英文双语教学就有相当的困难。在这些法学领域中语言载体多为小语种,如德语、法语、日语等。

因此要强求在这些法学领域实现双语教学几乎是不可能的。其次,实现双语教学对教师的要求很高,负担也很重,除了国际法学方面的教师有一部分是用英文进行写作之外,大多数的教师即使能够使用英文交流,但用英文真正进行深入的教学也依然存在较大的困难,影响双语教学的实际效果。使用英文授课的教师如果不是使用英文进行写作和研究,就等于是双线作战,必然在研究成果上处于劣势,最终会弱化法律的英语教学。在多数教师看来双语教学不应当强求,有条件的应该并鼓励使用双语教学,尤其是在国际法学类的法学领域。

其四,关于通识教育。通识教育也是一个本科法学教育所争议的问题。在美国,法学专业的学习是以已经具有本科学历为前提,具备一定的专业知识和一般通用的大学本科基础知识。与此不同,我国的法学本科生来源于高中毕业生。这里涉及的问题在于,大学中是否应当实行通识教育阶段与专业教育阶段分离。如果是想分离,则所有的大学本科生在一年级或更高的阶段所学课程完全一样,然后再接受专业教育。对此,法学院的教师多数有不同的看法,有的认为法学属于人文科学,有自己的特点,更强调的是人文科学基础,因此没有必要强求不同学科基础知识教育的统一性,也有的教师特别强调通识教育的必要性。这里的关键是在大学阶段,自然科学与人文科学的基础教育是否应当统一,是否存在统一的基础。知识具有共通性是毋庸置疑的,但共通到何种程度,通识教育应当达到何种程度是比较难以把握的。笔者的看法是,应当以实践作为标准,看看我们原有的教学安排是否符合法学人才培养的要求。如果长期的实践来看没有什么问题,那为什么一定要改,一定要折腾呢?

其五,关于本科导师制。据我知,近些年来许多大学实行了本科导师制度,目的在于让教师提前介入对本科生的指导,以便根据每一个学生的特点指导学生们的学习。以往的特制是只有研究生阶段才实行导师制,如今清华也实现了本科学生导师制。不过从我的观察来看,效果并不好。分析原因在于,一方面学生们的课程学习压力很大,基本被课程所牵制,几乎没有时间与指导教师接触,连课程外的书籍都没有多少时间阅读,也就没有多少时间接受指导，从入学到毕业就是见几次面而已。另一方面本科生更多是学习，没有多少时间进行研究，而课程外指导教师的作用更多的是在研究方面，因此，教师的指导作用基本不能发挥。这些因素导致了本科导师制基本上流于形式，而我个人也认为该制度没有必要。当然是否也存在不同学科有所不同的问题，如在自然科学方面本科导师制是否具有必要性和实际意义，就不得而知了。

四、硕士研究生的培养

现在的研究生分为两大类：法学硕士研究生和法律硕士研究生。不同类别硕士研究生的培养也应当有所不同。两类学生虽然都称之为研究生，但实际上法学硕士研究生定位于学术型研究人才的培养；法律硕士研究生定位于实践性法律人才的培养。具体而言，这种差异主要体现在两个方面：一是两者教育基础不同。法学硕士研究生已经经过法学本科教育；法律硕士研究生绝大多数本科为非法学专业毕业，没有经过法学本科教育，虽然通过自学或在校辅修过基本法学，通过了法律基础考试，但基本上还未入门。由于近几年允许法学本科毕业生攻读法律硕士，因此也有少数法学本科毕业的学生选择考取法律硕士研究生。二是人才培养目的的差异。政策制定者希望能够将其他专业知识与法学结合起来，更好地服务于法律实践。因此，将法律硕士研究生定位于更高级的法律实践性人才，实现所谓复合型人才的培养。

（一）法学硕士研究生的培养

法学硕士研究生的培养定位于研究型人才的培养，自然在学生的教育方面更侧重于理论方面。许多教师也都是这样做的，主要提升法学硕士研究生的理论水平，尤其是强化其对国外法律理论知识的学习；还培养硕士研究生发现学术问题、解决问题的能力，形成研究型思维，培养其良好的学术研究习惯和研究规范，进一步提升写作能力，以便以后更好地从事学术研究。但现在的问题是，法学硕士研究生绝大多数的志向并非学术研究，而是从事实务工作，因此往往使得教育目的落空。原本就法律运用而言，由于法律具有很强的实践性和社会性,因此在基础理论知识方面,本科的学习已足够了。本科毕业之后通过法律实践在实践中学习和成长,没有必要攻读硕士研究生。但由于就业竞争压力,尤其是女性学生,只有通过进一步提升学位,才能在竞争中处于优势,使得许多法学本科专业女学生不得不通过攻读法学硕士研究生争取就业竞争优势。考虑到年龄问题和高校就业的巨大困难,多数女性学生又不愿意在研究生毕业以后继续攻读博士研究生,最终进入高校从事学术研究,因而获取硕士学位提升形式竞争力就成为更为直接的目的。

近些年来女生考取研究生的比例非常大,民事诉讼法学法学专业硕士研究生几乎全是女生。基于这种现实,法学硕士研究生的培养自然会转向法律实用型人才的培养。我在第一次与法学研究生见面时,通常会询问该生今后的职业志向,如果是从事法律实务,培养的方式就得有所变化,更加注重于法律实务,适当弱化理论知识方面的教学,嘱咐其应当加强实体法的学习。由于其学习的取向不再是学术,因此对专业学习也就不再有多大的兴趣,一切为了毕业,取得硕士学位。这也使得指导教师的指导热情大大降低。对法学硕士研究生,清华大学实行 2 ~ 3 年的学制。考虑到就业取向为法律实务,因此,对于实务取向的研究生我都主张尽快毕业,通常为两年。如果一年进入寻找工作的状态,那么实际沉下来学习的时间也就是一年时间。为此,也有的教师提出来干脆一年制,与国外 LLM 接轨。

就法学教育的现状而言,在清华大学以及许多拥有博士点的学校出现了两头热中间冷的状态。学校对本科生最为重视,教师对博士研究生的培养最为上心,对法学硕士无人问津,法学硕士研究生培养成为最为薄弱的环节。

由于高校教师进一步饱和,对法学研究型人才的需求不断减少,因此今后的发展趋势无疑是相应控制法学研究生的规模,减少法学硕士研究生的招收数量。无论是学校还是高校教育行政管理部门也都有这样的打算,但一个有意思的现象是,法学硕士研究生在就业方面依然最有竞争力。这是因为与本科毕业生以及法律硕士研究生比较,法学硕士研究生的素质和法学基础最好。法学硕士实际上成为素质高与基础好的标记。因此,从单纯就业的角度来看,限缩法学硕士招生规模可能不是一个最好的策略。一旦取消法学硕士或大幅度限缩法学硕士研究生的规模,将这些学生分流至法律硕士之中,这种形式上的标识也就不存在了,届时可能转向学校知名度以及是否法学本科作为基本判识标准。

(二)法律硕士研究生体制及法律硕士研究生的培养

法律硕士研究生体制恐怕是法学教育体制中最有争议的一个点。法律硕士研究生体制以"复合式"、实用型人才培养为目的。这样的体制在一定程度上,参照了美国 LLM 法律硕士制度。

现行法律硕士研究生制度又具体分为两种:一种是本科为法学的法律硕士,另一种是本科为非法学的法律硕士。清华没有如此区分,一律称为法律硕士。法律硕士研究生制度最大的争议在于,是否存在复合式人才的问题,复合式人才在现在的体制是否可能?从理论上讲,知识复合扩展了知识面,不同领域知识的交互影响有利于发现问题、解决问题。但实际上,这种复合知识的优势似乎并没有显现出来。由于每个学生本科专业具有很大的差异,有的本科专业属于理工科类,有的属于人文科学类,有的属于外语类。究竟是否能够有效构成有实际意义的知识复合难以获得证明。在现实中,法律事件类型复杂多样,很难直接对应自己的复合知识,如理工科、人文科学等。具体案件事实的认定,还是必须借助相应的专业知识,这些知识的运用大都是应时性的,只有通过积累才能予以把握。法律实践主要是事实认定、具体操作和法律适用问题。事实认定和具体操作主要依赖实践本身,法律适用必须运用专门的法学方法论。因此,也许所谓法律硕士研究生的知识复合就是难以成立的命题。或者说,知识复合的问题只是一个普世性的问题,即任何人都应该具有多种知识,是一个知识面的问题。从司法实践部门的反映来看,如从司法人员的招聘来看,还是法学硕士更具有竞争力。也就是说,对于司法实务部门,主要还是看专业素质,并不看重所谓知识复合。由于法律硕士缺乏更长期的法学专业的学习,又受到原专业思维的影响,反而干扰了对法学知识的接受和法学思维的形成。因此,今后法律硕士研究生的发展依然是一个值得认真研究的问题。

那些没有经过法学本科教育的法律硕士研究生缺乏法律知识基础,加上法律硕士研究生的法律实用取向,因此,在对法律硕士研究生的培养方面也应当区别于法学硕士,应着重加强法律适用技术知识的传授。同样的课程,如民事诉讼法学,其讲授的重点和方式有所不同。需要教师更多结合实务进行讲解,相对地减少理论方面的内容,如理论概念的缘起、学术争论、理论发展趋势等。在课程设置方面也需要更多开设实践性强的课程。在民事诉讼法方面,清华法学院开设了民事诉讼案例分析。这些案例均以实际存在的案例作为分析对象,而且不单纯就民事诉讼问题进行分析,而是以民事诉讼为主结合实际案件的实体问题进行综合分析。当然,实践性课程的开始也遭遇过诸多问题,如开设的时期。民事诉讼案例分析必须开设在民事诉讼法学之后,这就意味着必须在高年级开设,然而此时,学生们已经进入找工作的阶段,已经无法把心思投入于该课程的学习,而这些课程往往又需要学生的主动投入,因此难以达到开设课程的预期效果。

对于法律硕士研究生来讲,最大的困难来自于毕业论文的撰写,因为缺乏法学论文的写作训练。这也是大多数法律硕士研究生与法学硕士研究生最大的差距所在。虽然绝大多数法律硕士研究生都能过关,但客观地讲,这些过关的硕士论文中有一部分相当难看——无论是过程,还是结果,即使是清华法学院的法律硕士研究生也是如此。一方面,是因为法律硕士研究生的生源无法与法学硕士研究生相比——法学硕士研究生录取竞争相比而言更加惨烈,加之有相当部分源自清华本科以及其他一流大学法律院校的本科,其生源相当优秀。另一方面,也在于法学硕士的法学功底是法律硕士难以比拟的。法律硕士与法学硕士功底和基础方面的巨大差距在毕业论文的撰写上就非常明显地显现出来。法学硕士在本科阶段即通过诸多法学课程的学习、各种小论文的写作训练以及本科论文的写作训练,在论文题目的发现、结构、资料的收集、整理、观点的梳理、案例的利用、命题的论证等方面都比较熟悉,最重要的是法律思维已经初步成型,能够熟练地运用法言法语,行文表达规范。法律硕士虽然有经过两年的学习,但仍存在一些问题:一是基于法理底子薄弱,对法律知识的学习有严重的强化特点和"临阵性";二是原有知识结构和思维方式的干扰,尤其是那些属于侧重于描述性的学科——历史、外语等;三是法律硕士的培养就是以法律实用作为目标,疏于理论研究和学术写作的训练,要写作法学学术性论文是非常困难的。

正是基于这一原因,从法律硕士研究生的培养目标考虑,清华大学法学院的法律硕士论文可以采用案例分析方法撰写。案例分析式论文主要目的是通过此类论文的写作,锻炼学生正确适用法律的能力。这种方式比较契合法律硕士研究生培养的目的——培养具有法律适用能力的法律人才,而非法学研究人才。对于硕士论文,基本要求是学术性或理论性的,要求在特定的命题上有自己的学术观点,对自己的学术观点进行符合学术规范的论证。但法律硕士缺乏这方面的训练和基础,基于法律实用性人才培养的目的,也没有必要提出这样的学术要求。即使有这样的要求也难以达成,实际上反而会逼着学生们违反学术规范和伦理完成论文。因此,将案例分析型论文作为毕业论文也是不得已的选择。甚至有些教师提出,基于法律硕士的培养目的,法律硕士根本就没有必要撰写所谓论文,因为论文本质上只能是学术性和理论性的,撰写一些调研报告或案例分析都是可以的。当然,不写毕业论文或以调研报告替代的方案没有获得有关方面的支持,因为这样可能就不能称为法律硕士。实际上,法律硕士也不过是一个名头而已。

基于法律硕士的生源以及学习、培养的特点,法律硕士研究生对法律方面的社会贡献会受到很大的限制,因此,对于试图获取更大社会效果和影响的法学院而言是一个不得不考虑的问题。必须承认法律硕士对于学校和法学院都存在一定的经济利益,这是法学院难以割舍之处。清华大学早早地放弃了招收非脱产法律硕士,就是为了保证法律硕士的培养具有更好的质量。而在一些大学,在职法律硕士招生依然是一块很大的经济"蛋糕"。作为清华法学院,现在需要考虑进一步限缩法律硕士的招收规模,以保障法律硕士生的培养,以及将法学教育投入到法学本科、法学硕士研究生和博士生的培养上。当然,如果取消了法学硕士,全面转型为新的法律硕士体制则是另一回事。法律硕士体制实际上具有消解本科就业压力的目的,试图通过法治建设的发展来吸收更多其他专业的毕业生,以此化解就业压力。但实际上由于法治尚处于初级阶段,或尚未进入实质阶段,因此根本不可能消化如此多的毕业生。法律硕士研究生体制的问题以及法律硕士研究生政策今后的走向的确是一个需要深入思考的问题。

五、博士研究生的培养

(一)博士生培养的目标

博士是大学培养的最高端“产品”。从应然的角度来看,博士是具有学术研究能力的高端人才。培养博士研究生就是将其打造成为具备独立学术研究能力,创造学术成果的人才。在我国,实际情形与此有些差异。由于博士也被认为是一种知识能力的标识,因此,即使最终目的不是为了从事学术研究,一些人也需要通过博士研究生的学习提升自己的理论水平。况且,博士研究生也是需要考试竞争才能被录取的,一旦成为博士研究生这一结果本身也就反映了考生的能力。博士研究生通过学习,撰写博士论文是一个艰苦的成长过程,因此,博士也就自然成为有能力和知识的标志。由于社会存在人才竞争,无论是从政、经商还是从事法律事务,有博士学位更容易获得竞争优势,因此,博士就有了广泛的社会需求。尤其是过去十年来,无论是在职阶上欲求进步,还是改换人生“频道”,获得博士学位都是一个有力竞争条件或转换平台。

现在这种情形有所好转,人们已经意识到博士的专业性和学术性,对于实务工作而言并没有太大的必要,而且增加了劳动力成本,非学术部门对博士的需求也就大大地减少了。现在,博士需求主要来自就业和学术研究的需要。博士就业一般而言也还是具有一定竞争力。而从事学术研究,博士学位已经成为必须。没有博士学位几乎进不了大学成为教师,也难以在学术方面有很快的发展。因为博士研究生的学习不仅是一个提升自己学术能力的过程,还给自己提供了进一步发展的平台,这一平台最重要的是学术关系资源,包括自己的导师、博士研究生同门师兄师姐、曾经学习生活过的法学院乃至大学都成为自己学术成长的资源,所谓出身名门、名师、名校都是很重要的成功要素。又因为博士研究生不仅是导师和学校的高级学术研究“产品”，还往往与导师的理论承继、影响扩展有关，与学校的学术声誉有关，因此，无论是导师还是学校都对博士研究生格外的重视。

博士研究生的培养主要在于提升学术研究能力，因此其培养的方法应当有别于硕士研究生。博士研究生更多的不是通过上课提升研究能力，听课只是获取知识，进一步打基础，获取选题信息的方式和渠道之一。博士研究生主要是在导师的指导之下，通过自己的学习，进行专业学术研究，在研究的过程中不断提升自己的学术水平。博士生导师有时并非对博士研究生的学习和研究有直接指导作用，往往是通过自身的研究或以往的研究成果和研究方法影响博士研究生的研究。

（二）博士生的选拔机制

至于博士研究生最终能否成为优秀的学术人才，其自身的选择十分重要。从现在的情形来看，虽然获得博士学位也要“吃一遍苦，受一茬罪”，但一般情形下都能毕业，在今后的学术道路上能够走得更远，有所成就，尽管并非都能成为优秀的学术人才。现在的选拔博士研究生的机制就是考试，包括笔试和面试。但实际上笔试和面试都是无法真正考察考生的研究潜质的，尤其是学术品行和个人品行。学术品行包括了学术研究态度、对学术研究的专注和执著程度、对学术规范的敬畏和遵从。个人品行包括处理人际、与导师能否很好的沟通、正确对待导师的指导、协助导师进行学术研究活动和学术组织活动等。考试因为是被动的，因此很难考察考生发现问题、捕捉学术问题的能力，更难以考察考生的理论基础、知识结构和思维特点。有的考生擅长考试，但并不擅长研究。有的考生多考几次以后，对考试的特点有一定的把握，考试也可以顺利通过。所以，我对通过考试考察博士研究生的能力这种方式并不寄予多大希望。

博士研究生的录取考试，实际只是为了体现博士研究生录取的公平性，反映竞争的公平。因为社会存在对博士生导师的不信任以及博士的非学术研究的需求，导致人们不得不通过考试这种形式避免博士研究生资源的不公正分配。实际上，能否成为博士研究生应当完全由博士生导师决定。只有博士生导师自己才知道这一考生能否认真地从事学术研究,能否很好地接受自己的指导,能否协助自己的研究工作。博士研究生在学术上的成败完全由博士研究生承担。一旦考虑这一点,博士研究生导师在选拔博士研究生时就不会不对自己负责了。但是,现实社会已经对这一点不再相信了。为了强调博士生录取的形式公正性也就出现了自己招收的博士研究生需要其他博士生导师同意的尴尬情景,尽管基于人际关系可以使考察的形式真正成为“形式”,暗示或默契之下,导师的录取意向能够得到满足,但这已经说明了博士生录取体制的不合理性。

笔者是主张废除博士考试制度的,应当改为考生申请、导师考察决定的方法。这也是国外普遍实施的方法。虽然我国的社会环境有所不同,可能需要有一个过渡。就目前的情形来看这一条件已经具备。同行评价现在已经具有了很大的影响力,软约束实际存在。导师可以考虑非学术性的因素,基于其他意图招收博士研究生,但这样必然会招致学界同行的恶评,作为导师不得不考虑这些制约因素。清华法学院 2017 年招生简章规定改行“申请—审核”制,一定程度上顺应了博士生考试改革的潮流,但其中仍然保留了不少于 60 分钟的专业书面测试,在中国这样一个重关系情感的社会,博士录取制度在改为审查制后能否抵挡“关系力”,以及唯外语、唯名校的“新血统”论恐怕存在疑义,改革效果还有待观察。

在实行考试制度时需要在考试之外考察考生。我通常的做法是在考生报考之后,通过考生的硕士论文、过去撰写的文章,以及提问了解考生的阅读、知识面、知识构成、学习兴趣、对问题的思考、论证方法、文章的建构、资料收集能力等方面,甚至包括考生的经济条件。当然这样的考察必须与考试内容无关。应当承认,通过这样的考察,所谓面试就完全是走形式了。这种考察也意味着导师有相当大的自由裁量权。这种裁量主要体现在面试结果,对笔试结果没有影响。

对考生经济条件的考察,有的人可能认为这一考察具有一定的歧视性。但实际上,从博士研究生的培养来看,经济条件太好或太差都会对博士研究生的学习和研究有重要的影响。经济条件不是决定性的因素,但是是一个比较重要的因素。知识构成、思维方式、问题的发现能力对一个博士研究生能否在学术上进一步发展提高是非常重要的,有时往往是决定性。有些知识构成会影响本专业的学习和研究,对此我有很深的体会。当然,作为导师可以根据考生的不同特点指导其进行适合于自己特点的研究,但如果知识结构有问题,往往能够予以调整的空间并不大。实事求是地讲,过去我不是太在意对考生的学术品行和个人品行的考察,比较单纯地看考试,结果发现存在较大的问题,不能很好地选拔出有学术发展前景的博士研究生。

(三)在职博士——一个争论的话题

在职博士一直以来都是一个有争论的话题,尤其是它的必要性和价值。在职博士大致上由两类人构成,一类为在非学术机构或单位工作的人,主要是党政部门和企业管理人员。另一类是从事教学和学术研究的教师和专职研究人员。这些人在博士学习期间并不离开自己的工作单位,也不放弃自己的工作,也就是一边学习一边工作。也有的将更多精力放在博士的学习方面,主要就是博士论文的写作。从认同的角度来看,人们认为在职博士可以将实践与理论结合起来,将理论研究与自己的实际工作予以结合。也可以通过在职博士的学习提升管理者的理论水平和素质。博士学习和博士论文的撰写被认为是提高素质和素养的一种有效手段。另一方面,在职博士因为在职,所以拥有一定的权力资源,而且从长远来看还可能拥有更大的权力资源。由于我国泛权力化的现实,学术和研究与权力有着更密切的联系。尤其是研究所需要的资源以及学术影响,如果有权力支持,将能够获得更多的经费保障,学术影响更易扩大。学校和法学院的社会影响力也会大大提升,也有助于提升个人的影响力。例如,如果在职博士在司法部门,如法院,拥有较高的行政地位和影响,自然你的学术和理论影响也就很容易借助权力扩展。这也是为什么不少博导们愿意招收在职博士的原因之一。

否定论者则认为,在职博士由于兼顾工作,不能专注于学术问题的研究,影响博士研究生的学术质量。在职博士实际上无法实现所谓理论与实践的结合,如果结合势必使得博士论文成为对策研究报告,学术性大打折扣。攻读博士者就是为了取得学位,以加强进阶的竞争力而已。应当承认,某些情形的确可以通过博士学习和博士论文撰写使得自己的实务工作能够与理论有机结合,能够推动实际工作发展。但多数情形下是难以做到的,镀金的成分比较大。在高校从事教学和研究的一些教师实际上通过自己的研究磨炼已经具备了博士的学术水平,甚至早已超过了博士的研究能力,因为需要有一个博士学位,所以要么是为了了却对博士学位的祈望,要不就是为了晋升教授职称——一些学校已经明确规定,博士学位为晋升教授的必要条件。在学校或学院排名中,博士学位获得者的比例是一个很重要的指数。而这些人又没有时间,也不愿意离开工作单位,脱产攻读博士学位(脱产学习会影响工作年限的持续计算)。

另一方面,对于一些博士生导师而言,在职博士——无论是非学术部门的干部,还是学术部门的教师研究人员,都有可以交换的价值,是一种社会资源,尤其是非学术部门的干部。如果是司法部门的实务工作者,可以为自己从事法律服务提供资源,如为律师代理案件提供方便。这是部分博导,尤其是不以学术研究为主的博导们愿意招收在职博士的一个非常重要的理由。如果是学术部门的教师或研究人员,因为与自己的教学研究工作密切结合,这些人有一定的实际研究经验,也不存在在博士学习后期寻找工作的麻烦,特别是那些在博士期间还可以实际离开单位的人,这些人正是博士生导师青睐的人。至少我是比较喜欢招收这样的博士研究生。当然,现在这样的人已经很少了。高校的在职教师大都已经取得了博士学位。没有取得学位的人现在再攻读博士风险也太大。基于上述原因,这就使得在职博士曾经一度有过旺盛的市场需求。而现在,一方面因为这一市场正在萎缩,另一方面在职博士的论文水平的确由于时间等原因难以令人满意,影响学校的学术声誉,一些更看重学术声誉的学校或学院已经停止招收在职博士,所以清华法学院比较早的就原则上停止了招收在职博士。

(四)关于博士生资格考试、博士生论文开题与博士论文预答辩

为了督促博士研究生的学习,保证论文质量,有三个程序在清华是必需的:博士生资格考试、博士论文开题以及博士论文预答辩。

博士生资格考试,实质应该是博士生答辩资格考试,考试分为笔试和面

试两部分。博士生资格考试意味着如果没有通过该资格考试,则不能参加博士论文的答辩,也就意味着不能毕业获得博士学位。资格考试的目的在于对不合格的博士生进行淘汰。但实际上这种机制几乎没有意义,除了增加博士生对导师的敬畏之外。因为只要博士生通过考试已经进入学校,就无法通过再次考试予以淘汰,博士生资格考试的试题是由博士生导师出题,除非博士生与导师之间存在无法调和的矛盾,导师是不可能利用这一机制淘汰博士生的,不让博士生通过考试并不是一件难事。如果博士生尤其是存在违法违纪行为,校方即可动用相关规定予以处理。尽管每年都要进行博士生资格考试,但都是走走形式,是最没有实质意义的一项制度,应当废除。

博士论文开题也是博士学位取得的一个必经程序。博士论文开题是一种仪式和程序。按照要求,论文开题需要至少三位教授组成开题小组。撰写博士论文的博士生向开题小组提交开题报告,开题报告写明博士论文选题、国内外对该选题的研究现状、选题的理论或学术价值、论文的基本结构、论文完成的时间进程表等。撰写人陈述上述内容之后,由开题小组的教授们向该博士生提出关于该选题的相关问题,教授们相互之间也要沟通得到该选题是否适合作为博士论文选题的意见。有意思的是,最后还要给该开题报告打出成绩。

对于开题报告这样一种形式,我认为同样没有太大必要。因为只有导师和撰写者才知道该选题是否有撰写价值,没有必要通过这种仪式加以确定,只要导师和博士生合理地把握撰写博士论文的进度即可。撰写博士论文就是该博士生与导师之间的事情,与其他教授没有什么关系。如果说有关系也只能是在博士论文提交或答辩之后,参与开题的教授不能对该选题提出质疑或予以否定,也就是说不能将选题不妥作为否定的理由。关于选题、论文结构、基本观点等只有导师和博士生自己最为清楚。即使其他教授有不同意见,也可以通过非正式渠道得以沟通,除非导师之间本身难以沟通。由于并没有进入博士论文的撰写阶段,因此要在开题时就提出论文的基本观点和基本结构也是不现实的,即使开题报告有所阐述也只是一种初步想象,没有太大的意义。

博士论文预答辩是一项有实质意义的程序。因为预答辩实际上就是答辩的“彩排”、预演,可以让博士生有一种实战的感觉,也能够初步发现一些问题,尤其是得到其他教授对该论文的基本看法,对于存在的问题,该博士生可以再进行修改。预答辩也能够促使博士生抓紧论文撰写进度,给予博士生以紧迫感。

(五)关于直博

直博,一般理解为从本科一直到博士不需要通过硕士和博士研究生入学考试,如果依然要通过考试就没有什么意义了。关于直博,可以想象到的好处是,可以早日确定某特定的学生从事的研究专业方向,有意识地培养相关专业研究的素质,有助于打好相关的理论研究基础。据说理工科方面比较时兴这种直博制度。一种实际理由是因为在清华这样的“留洋后备”学校,学生在本科毕业后就可能留学去国外,特别是那些优秀的学生,导致人才流失,因此,直博是留住人才的手段。我的理解是,直博的长处在于一方面可以提前介入进行有目的的培养,另一方面也可以避免学生为准备两级考试所花费的时间,使得学习和研究具有连续性。而且像清华这样的大学,具有最好的本科生源,学校应当加以理解(因为大学本科入学考试最为激烈,所以清华、北大也最认本科,其次才是硕士研究生、博士生。“三清”的学生自然是最好的)。直博的短处可能在于:(1)过早介入专业,可能影响对其他学科知识的吸收;(2)因为早早锁定专业,没有了竞争,可能导致学习上的消极;(3)直博就如同确定接班人,一旦失误,就难以解除直博关系,特别是在导师与直博生的人际关系出现问题时。至于这些长处和短处都是想象而已,因为法学院还没有实施直博制度,几次讨论都没有达成一致意见。许多博导认为还是竞争考试比较好,直博有些类似于期货,有相当的风险;如果有更好的学生则将错过机会;保险一点还是好一些。直博制度的具体实施也有些问题需要具体的制度措施予以应对。例如,直博对学生和导师有什么约束力?因为博士是一种稀缺资源,一旦确定直博,肯定将占用招生名额。如果学生不愿意攻读或导师不愿意指导应当如何处理?所以关于直博,我的看法是可以灵活对待,愿意招收直博生的可以尝试,也不排除传统招博方式。

第二章

教学方法论

题记：

教学是一种技术，也是一种艺术。

教学是一种最能反映教师个人人格魅力的活动。

在民事诉讼法学的教学中，课堂教学依然是主要的教学形式。课堂教学也有多种方式，主要有规范分析教学法或概念分析教学法，即传统的课堂教学法、案例教学法、研讨式教学法等。不同的课堂教学方式需要根据不同的课程设置、教学目的、教授对象，采取不同的课堂教学方法，有时也会将这几种方法综合加以运用。例如，我给清华大学开设的本科“新生指导课”就采取了这种综合方法，实践效果不错。这与“新生指导课”——“纠纷解决原理入门”这门课的内容与授课对象有关。关于新生指导课的内容将在后面详述。案例教学法专门用于“民事诉讼案例分析”这门课程，其特点是以个案为主，运用民事诉讼的基本理论，对案件中的证据运用、事实认定、民事诉讼法的适用等问题进行分析。关于案例分析法的具体运用也将专节叙述。研讨式教学主要用于研究生和博士生的理论教学课程。这几种教学法也并非完全分割。例如，案例教学法与研讨式教学法往往是结合在一起的，只不过研讨的内容是以案例分析为主,而非单纯的理论解析。

一、规范分析或概念教学法

(一)什么是规范分析教学法

规范分析教学法或概念分析教学法是我们常用的一种传统课堂教学法。规范分析教学法不同于教学中所采用的其他教学方法,如案例教学法、研讨式教学法以及现在比较流行的MOOC教学法。这种教学法与法学的规范分析方法或法教义学有着内在的联系。它是从法律规范的原理、概念出发,而非从司法实践出发。虽然教学中教师也会告知学生们实践中的实际做法。因而传统课堂教学法依然是目前法学教学的主要方式。在我执教的民事诉讼法学、民事证据法等课程中,主要运用的是传统的课堂教学法。教授关于民事诉讼法的基本原理也是我们民事诉讼法教学的基本任务。其基本特点是按照一定的理论结构体系或理论逻辑,从基本概念的含义入手,讲解、分析具体制度的原理、基本构成、适用、相关学说及理论争议,具体的教学内容则根据教师指定的教材或大纲确定。

传统课堂教学法以教师课堂讲解为主。课堂教学的好处在于,能够有利于理论知识的传授,特别适合大班授课。其缺点:一是实践性不够,学生缺乏对法律适用的实在感受。虽然教师也可以在教学中提出案例进行分析,但这些案例的运用,目的主要在于说明某一特定原理的适用。因为要照顾体系性,又囿于课时限制,不可能展开进行分析;二是缺乏教与学的有效双向交流和沟通,缺失受众的针对性,难以通过个体交流,发现个体理解和认识上的问题,并且难以在交流中深化和推进对问题的认识。虽然学生也可以在课堂中提出问题,由教师解答该问题,但也只能是高度概括,难以展开,通常是点到为止,因为大课只能注意面的问题。传统课堂教学法往往比较适合法学基础理论以及部门法学的基础理论课程。这种方法有助于奠定学生的理论基础。

之所以为主要的教学方式,也与大陆法系的法学特点有关,大陆法系无论是实体法,还是程序法都是从法律规范出发,作为法学教学就是以法律适用为中心，讲解法律规范适用的方法和原理，核心和重点是法律解释的基本原理。这与美国判例法（尤其是美国法）从事实出发有着明显的不同。在美国法的法学教学中，主要是判例教学法。我们过去曾误认为，英国法教学也是判例教学法，实际上英国的法律教学与美国的法律教学有很大的差异。美国才是真正意义上的判例或案例教学。而传统的英国法律教学法依然是规范分析。判例法国家不等于其教学方法就一定是判例教学法。下面，我们会讲到这一差异。

（二）规范教学法应注意的若干问题

根据我的教学实践，我们在运用规范分析教学法时需要注意处理以下几个问题。

1. “民事诉讼法”的课程内容——讲什么？

作为民事诉讼法体系的骨干课程——“民事诉讼法”是必须讲的。几乎没有例外，“民事诉讼法”都是必修课。尽管民事诉讼法在清华法学院也是必修课，但限于学分的限制——3 学分，因此课时只有 48 学时，据我所知，应该是法学院中民事诉讼法课时最少的。其他学校，民事诉讼法通常在 68 或 72 学时。无论是 48 学时，还是 72 学时，甚至 96 学时，课时都是有限的，要想在有限的课时中将庞杂的民事诉讼法——制度和理论全部讲授给学生是不可能的，也是没有必要的。这就提出民事诉讼法这门课程应该讲什么的问题。无疑，每一个执教民事诉讼法这门课的教师对如何讲授，都有自己的想法和取舍。以下，是我自己对如何讲授这门课的一些经验和体会。

（1）侧重讲基本制度、主要制度

在时间资源有限的情形下，我们只能讲民事诉讼的基本制度、主要制度。学生把握和理解了民事诉讼的基本制度、主要制度，也就容易把握和理解其他非基本、非主要制度。民事诉讼法中有些制度规定得非常细，如果详细交代这些制度细节，放弃对基本制度、主要制度及原理的讲授，一定是“捡了芝麻，丢了西瓜”。最典型的是管辖制度部分，具体规定非常多，课堂讲授不可能面面俱到。如果要把管辖制度的细节照顾到，课程 1/3 就过去了。管辖重点需要交代的是管辖确定的根据、原理，以及主要的几个点——一般地域管辖、特殊管辖、专属管辖、管辖异议等。有些制度,如先予执行、诉讼费用、送达、期间、非讼程序等通常都是一带而过,或者交代需要注意的几个问题,强调的是学生自学。当然,通常学生很难做到课下自学。

(2)重点讲原理、基础理论,实践和技术操作不重点讲

在民事诉讼法的教学中,教师们对于如何对待基础理论与实践、技术操作的关系是有分歧的。一种认识是,民事诉讼法教学不能只讲理论,甚至不应当将重点放在理论上,因为民事诉讼是一种实践性很强的活动,教学需要讲究“实战性”,学生们需要掌握民事诉讼法的技术操作,而实际操作技术就必须注意细节。

而我的认识取向是,一方面,民事诉讼虽然是一种实践性很强的活动,但是,对于在校学生而言应当将重点放在原理、理论的解释,实践中的技术操作问题不是学校课堂教学能够解决的问题,应当放在实践环节中加以解决,只有经过具体实践才能有所体会。民事诉讼原理和理论具有抽象指导意义,虽然不能解决具体实际操作问题,但在有限的时间内也只能将重点放在原理和理论的教学方面。当然,原理的一般适用必须讲清楚。原理的基本内容与原理的适用有所不同,原理的适用必须结合具体的事例,但并非面面俱到,也非细化到案件的每一个环节。例如,关于证明责任分配原理应当详细加以阐明,并结合具体的事例,如具体的借贷案件,阐明何谓权利或法律关系产生的事实,何谓权利或法律关系变更的事实,何谓权利或法律关系消灭的事实,何谓妨碍或妨害权利产生的事实,以及为什么如此分配?但没有必要将每一类案件的证明责任分配一一加以交代。这些具体应用问题可以在案例分析课程中加以解决。在实践技术的运用方面,我们不可能比法官和律师更强。大学讲师从经验和知识结构而言也最擅长原理和理论的讲解,而非实际技术的运用。基于这样一种认识,关于民事诉讼实践中的具体技术操作问题基本不涉及,只是在个别情形点一下。

另一方面,重理论、原理的教学也与我国的法制环境特点有一定的联系。我国的法制环境是以法官为中心,而非如英美法国家以律师为中心,即所谓“律师中心主义”。英美法国家的法学教学也是以培养律师为基本使

命。法官来自于律师,可以说培养合格的律师,使学生具有律师的基本素质是英美法学教育的使命。而在我国,法律院校的毕业生可以在通过司法考试后直接成为法官,不需要通过律师这一环节。显然法官的思维与律师的思维有所不同。在英美法系这样的律师中心主义国家,法学教育也自然会按照律师的思维,将学生培养成具有律师思维的法律专业人才。律师思维强调的是,什么能够影响法官的裁判,加之美国各州法的非统一性,这就要求法学教育重点在于影响最终结果的各种因素,而不是像成文法、司法高度统一的国家那样强调,法律是如何规定的,法律的规定应当如何解释。这也就是日本学者中村宗雄所谓"规范出发型",而非"事实出发型"。我国作为法官中心主义的成文法国度,其法律思维方式也同样是"规范出发型",而非"事实出发型"。"规范出发型"的思维必然要将法律是什么,即法律的理论解释放在第一位,也就自然会将法学理论置于教学的重点。这也是法教义学之所以盛行的原因。

(3)难点、疑点是课堂教授的重点

因为课堂时间资源的限制,所以,课堂讲授必须要有重点。除了在内容的块面上将讲授的重点置于原理之外,还需要把握住在每次课堂讲授中将难点、疑点作为重点。在民事诉讼法中有许多难点和疑点,如果不解决民事诉讼法中的主要难点和疑点,民事诉讼法的教学可能就不是成功的。因为民事诉讼制度与理论的复杂性导致对有些问题的理解比较困难,或者说在理解上容易产生歧义和误解。例如,在原则部分,重点是辩论原则、处分原则、诚实信用原则,尤其是要讲清楚国外的辩论原则与我国辩论权原则的区别。诚实信用需要讲明该原则的特殊性。在管辖部分,管辖异议的对象、管辖异议权的意义、管辖异议的主体范围、管辖异议权与责问权是什么关系等问题应该讲清楚。在诉的部分,诉讼请求、诉讼标的、诉、案由之间究竟是一种什么关系,应当是一种什么关系?给付之诉、确认之诉、形成之诉三种诉的各自特点;诉讼标的识别根据。在当事人部分,形式上的当事人与实质上的当事人的判断根据;共同诉讼的类型与特点,尤其是必要共同诉讼与普通共同诉讼之间的区别与根据;第三人的类型及其区别;第三人类型与第三人撤销之诉主体范围的关系；无独立请求权第三人的两种类型。在证据制度部分，难点、疑点比较多，如证明责任的作用、性质、证明责任适用的前提、证明责任的分配、证明标准、书证提出义务、鉴定制度与专家辅助人的关系、自由心证原则的基本含义、适用条件等。在判决制度中，重点有判决的效力、判决的基本类型与特点、既判力、执行力、形成力的性质与内容等。在审判程序中，重点为一审审前程序、一审程序与二审程序的关系、再审的性质、再审事由、审判监督程序与再审的关系、再审程序的特点等。在非诉程序部分，重点放在非讼程序的基本特点以及担保物权的实现程序。如果执行制度没有开设单行课，则执行程序部分的重点在于执行总论部分。

(4)注意各基本制度与理论板块之间的链接和关系

虽然在课程内容的讲授上有重点，各制度和理论也有自己的结构和体系，如管辖、诉、当事人、证据、审理程序等，但在讲授中需要注意各制度和理论板块之间的内在联系，并注意各制度和基本理论与民事诉讼法目的、价值、诉讼体制、民事案件特点和类型之间的关系。否则会导致制度之间和理论之间的割裂，无法使学生更好地理解各基本制度和理论。例如，举证时限制度与证据交换制度、审前准备程序、庭审制度之间的关系；诉讼标的与既判力制度的关系；既判力相对性原则与第三人撤销之诉的关系；当事人处分原则与诉、再审制度的关系等。

2. 教学与教材的关系

规范分析教学法作为一种课堂教学方法，相应的教材和大纲是必要的，教材编写的质量直接影响教学效果。课堂教学不是照本宣科，需要对教材内容进行处理，再加工。其过程不仅是将书面表达转化为口语表达，使其口语化和通俗化，还需要进行适当剪裁。讲授的内容是对教材内容的进一步提炼和选择。讲解以学科理论知识中的重点、难点、疑点为主，其他内容作一般介绍，让学生自己在课前或课后阅读教材。一些教师往往顾忌体系化和全面性，导致重点不突出，在重要、关键的理论问题上无法深入、细致、讲深讲透。我在讲课中反复给学生们申明，课堂所讲授的知识只是我们需要掌握的专业知识的很少一部分，许多需要掌握的知识还在课堂讲授之外，在教材和其他文本之中。希望同学们特别注意,课堂讲授非常有限,主要起到启发、解析难点和基本原理的作用,因此务必不要放弃课堂外的学习。

在民事诉讼法学的教学中,教师一定要提醒同学们注意将教材、法典、司法解释、案例与课堂使用的 PPT 结合起来,以教材为主,其他为辅,如此才能很好地理解课堂讲授的内容。

在讲授特定内容之前,尽管教师都会强调预习教材,以便更好地理解所要教授的内容,但实际上往往只有少数学生能够真正做到。这一点需要教师们注意。这也导致产生了一个悖论性问题,即考虑到学生多数没有预习,老师在讲解时就会按照没有预习来讲解,于是已经预习的同学就会觉得预习没有必要,教师对预习的强调成为一种"欺骗",进而也会放弃预习。这样一来教师关于预习的提示也就变得没有实际意义。

3. PPT 的应用

PPT 是现在课堂教学常用的,甚至是主要的教学手段,也可以说课堂教学进入了 PPT 时代。由于 PPT 具有可视性、扩展性(具有空间扩展和知识扩展的无限性),使得教学更加生动、直观,有助于学生们理解和记忆。对教师而言,大大减少对记忆的依赖,也减少了板书、现场绘图和口语表达,极大地节省了教师课堂体力的付出和时间的耗费。如果要"偷懒",只需要一句,"同学们,请看 PPT",然后不断按动遥控器或点击键盘即可。特别是需要进行案例说明或分析时,在没有 PPT 的时代,的确是个费时费力的事情。

当然,PPT 在丰富表达的同时,也直接给口语表达艺术套上了枷锁,没有了幽默、机智,更完全扼杀了板书艺术,取而代之的是 PPT 制作艺术。教师的个人魅力将被技术所取代。还要注意的是,如果 PPT 运用不好,也容易导致 PPT 成为主角,降低教师在课堂上的主体性,教师反而成了课堂上的机器人,也就必然影响教师的讲课激情、表达的艺术性和感染力。对于不擅长口语和肢体表达的教师来讲,PPT 不啻是一个福音。我所观察到的一个现象是,大多不擅长表达的教师 PPT 都做得不错,相反,擅长表达的教师对 PPT 的依赖程度都比较低。由于我对传统课堂教学方式的路径依赖,也因为没有专门学过 PPT 制作技术,所以 PPT 制作比较一般,制作 PPT 也是非常消耗时间和精力的,在这方面我自己是 out 之人。当然,从长远来看,收益远远大于投入。我对 PPT 的使用,主要用于章、节、目、要点、概念表达、条件或要件提示、制度和理论的结构关系图示、案例简介、程序或流程图示、问题表达等。口头表述主要用于细化解释,举例说明,回答疑问等。PPT 始终都是一种教学手段,而非目的。

4. 案例的运用

教学必须运用案例,无论是以案例说明诉讼原理,还是以案例锻炼学生的分析能力。案例分析有助于学生更直接地感受法律的实际运用,更好地理解法律理论,能够使得课堂教学变得更加生动。在课堂教学的案例运用方面,我的经验和体会有以下几点:

(1)案例应当具有真实性、典型性或代表性。真实的案例对于说明原理和进行分析才具有实际意义。典型的案例因为其典型性,自然也是学习和实践经常遇到的问题,因此通过典型案例的分析可以起到举一反三的作用。案例最好是公开的判例。当然对于民事诉讼法而言,要获得实践中公开的判例有相当的难度。因为现在主要是判决公开,判决公开的内容中主要是实体法方面的,程序法的内容很少。处理程序问题的裁定通常不予公开。这就需要教师平时更细心地观察,注意收集和积累。

(2)对真实的案例也一定要进行裁剪和处理,使其便于根据具体教学情况加以运用,原始的案例很难直接使用。但在裁剪、处理时又要注意保持案例的真实性。案例应当高度概括,否则会不适当占用课堂时间。但另外,所裁剪的案例又必须保持一定的生活性,否则案例的鲜活性将大打折扣。

(3)有影响的案例根据教学情形可以在不同的教学阶段多次使用,因为一个民事诉讼的案例往往会涉及诸多民事诉讼法的问题。如此可以节约案例资源,民事诉讼与刑事诉讼不同,有社会影响的案例不多。有影响的案例更容易引起同学们的关注,使得教学更具有吸引力,如彭宇案。该案涉及主张与请求、经验法则、证明责任、自认、证人证言、电子数据、视听资料、上诉和解、判决的表达、司法公开等民事诉讼与司法的问题。尽管因为社会影响的问题,媒体报道受到限制,但作为一个有争议的案件是相当好的教学案例,也可以在专门案例教学中使用。

(4)有些案例可以事先发给学生,让学生们在课前对案例的事实有所了解。但有的属于考察学生分析能力的案例,则不一定要事先交给学生。这种课堂的"突然袭击"有助于对学生形成刺激,能够更深刻地理解案例分析中的法理。

5. 教学中如何处理法理的应然与现实的实然关系

课堂教学经常遇到的一个问题是,民事诉讼法法理上的应然与民事诉讼法规范以及民事诉讼法实践中的实然之间的矛盾冲突或差异。由于我国处于法治初级阶段,法律体系和法律规范还处于不成熟阶段,也由于法律规范的制定需要顾及多种因素,受多种外界因素的干扰,法律规范包括民事诉讼法已有不完善之处,与民事诉讼法原理的要求有一定距离;同时,也是因为法治阶段初级性的原因,司法制度和人们的观念尚不能保证民事诉讼法的充分实施,这也使得民事诉讼法在实施过程中与民事诉讼法原理所要求的应然性有更大的差距。在课堂教学中,作为部门法学的教师不能仅仅解明部门法的原理,还需要指出相关法律的不足及原因,更要指出现实中民事诉讼法的实际运行状况。但在处理这些关系上,不容易把握两者之间的度的问题。对现行法批评过多容易摧毁学生们对法律的信赖,导致学生们对法治失去信心,对现实情形的真实揭示也容易给人以"抹黑派"的印象,给教师带来政治上的负面影响。课堂上需要指出法律缺陷,但重点在于指出原因所在,法理原因可扩展深入,非法理原因点到为止。法律实践的问题做一个大体上的背景交代即可,没有必要将民事诉讼法的教学课堂变成社会现实主义批判的场所。学者应尽量避免对现实的牢骚,可以有些不满,但不宜牢骚太盛。学理分析应当冷静,避免涉及敏感问题,讲到"你懂的"程度即可。

6. 如何提问

提问是必须的,也是一门艺术。一个有智慧的问题,本身就是一个好的教师。好的教师也必须是善于提问的教师。

课堂上的提问是指教师向学生的提问，不同于课堂上、讲座和讲演中，学生、听众向教师或讲座、讲演者的提问。这些讲演、讲座中的提问，更多的是提问者印证自己的观点和认识；或为难或挑战教师、讲座、讲演者的命题、观点；或显示自己的观点和能力。

课堂上向学生提问，不仅可以检验学生们对教学内容的接受度，也可以引发学生们的进一步思考，提高理解的准确性。有些知识点，老师讲过之后，学生们可能还处于似是而非的状态，老师也不是特别清楚学生是否已经理解或掌握，这时需要提问。有些问题需要进一步深化、拓展时，也需要提问。提问也可以使学生兴奋起来，处于紧张的状态，学习与运动一样，只有在高度紧张的状态下，才能更好地接受和理解知识。如何提问，使其能够达到上述提问的目的，无疑是一门艺术。提问需要把握以下几点：

（1）根据目的设置问题。提问的目的不同，自然问题有所不同。如果要考察学生对某一概念是否理解，就可以通过运用事例或实例，提问学生，让学生进行分析，检验学生对概念的理解程度。请学生举例说明也是一种提问，不能举例往往意味着学生没有能够理解。两个相近概念各自的内涵如何理解也可以通过提问两者的区别与联系，增强学生们对概念内涵的把握。还可以提问让学生判断某一论述的正确性，强化学生对相关法理的理解。

（2）提问应当简洁、明确。避免问题本身的模糊或表达过于复杂化，使学生不得要领，难以把握问题的实质。教师的提问对学生今后也有影响，学生会学习教师的提问方式。

（3）提问可以是即兴的，根据课堂的具体情形即兴提问。提问既可以提升学生们的注意力，也可以调节课堂气氛，具有投石入水的作用。有时提问的作用，就是变相提醒同学提升注意力，或者将学生的注意拉回到课堂。因为，上课时常会有同学“身在曹营心在汉”或者在课堂上“交流感情”。直接提醒或批评往往会伤及学生的面子，不如通过提问更好，学生也知道“醉翁之意不在酒”。

不过，许多问题应当事先准备，有经验的教师会根据自己的教学经历注意到学生们在学习中经常遇到的具有普遍性的问题，有些问题可以直接解明,有的则需要通过提问,引起大家的关注,通过学生们对问题的回答进一步解析问题之所在。因为有准备,才能给出正确或合理的答案,才能更充分地阐明,使其回答和解释更具有说服力。

7. 课堂规模——大班与小班

课堂教学的规模涉及教师资源与教学效果的关系问题,也可以简约化为大班与小班的关系问题。小班授课有利于交流、沟通,教学更具有针对性,许多高校鼓励甚至要求尽量小班授课。但小班授课的教学成本更高——需要更多的教师,支出的课酬也更多。同时,优质的教学资源不能得到充分的利用。小班上课必然限制名教师讲授受众的范围,出现教学服务的差别对待。我记得我在西南政法学院读本科时,学生分为甲乙两个大班,学生们的感觉是讲课效果比较好、名气更大一些的教师一般都给甲大班授课。对此,乙大班的学生经常表达不满。我的观点是,对于本科生的必修课,完全可以大班授课,可以充分利用优质教学资源,也有助于奠定科学的知识基础,没有必要强求小班上课。当然法学院校为了考虑满足教师的课时要求则是另外的情形,这涉及教师的课时工作量问题。一个学科需要由一定数量的教师队伍构成,以便支撑教学和科研。一旦教师达到一定数量,就可能出现教师个人课时任务不足的情形,处理上除多开设课程外,化大为小也是一个解决课时不足的办法。这样一来,法学院校的教学成本也就必然增加。

二、案例教学法及其实践

(一)什么是案例教学法

案例教学法现在已经是法学院校课堂教学的一种常用的方法,尤其是对于部门法学而言。在20世纪八九十年代它还是比较稀奇的方式。许多法学院校都已经开设了诸如刑法总则案例分析、刑法分则案例分析、民法案例分析、合同法案例分析、侵权法案例分析、民事诉讼法案例分析、刑事诉讼法案例分析、证据法案例分析、知识产权法案例分析、公司法案例分析、环境法案例分析。现在随着司法实践的积累和司法公开,案例教学法的实施有了更加充分的条件。案例教学法的基本特点是以相关的实际案例为对象，分析案件中的事实认定和法律适用的基本法理。与规范分析教学法中的案例运用不同，案例分析教学法中的案例是主线，案例不是为了解释说明某一个理论和原理。案例教学法中的案例分析是中心，教学是围绕着案例中的相关法律予以展开，讲究针对实际案例，对法律问题的揭示、分析、处理的完整过程。规范分析教学法中对案例的运用通常是将案例"切片"或"分段"以此说明特定的理论和原理。

案例教学法的兴起，在理念上与英美法判例教学法的影响有关，也与法学教学的实践化，强调具体分析和操作技能的趋势有关。案例教学法相比于规范分析教学法的长处在于，可以通过比较完整、更加实际、细致的分析过程，更好地理解和运用法律和法律理论。不过，一方面由于我国不属于判例法国家，另一方面我国与多数国家一样，在全国层面强调法律适用的统一性，因此我们现在实施的案例教学法不是美国式的判例教学法，与美国式的判例教学法还是有很大的不同。尽管我们也是通过实际案件分析其法理，讲究具体的法律技能的应用。在美国，由于各州的法律存在差异，而学生又面向各州，因此，美国判例教学法不仅更加注重将判例作为一种法源的法理，即作为一种有约束力的判例形成的理由和根据，也特别注意从事实出发，探究在具体案件中什么因素对裁判结果具有影响，怎样才能说服法官。一个典型的事例是，学生们需要学习对法官行为心理的分析。这在我国和大陆法系国家中除了注重或讲授法社会学或律师实务的之外，大概没有教师会引导学生分析法官行为心理。我国的案例教学法的核心还是法律和相关法理的具体理解和应用。从基本取向而言，与所谓"规范出发型"的特征一致，而非英美法或更准确地讲是美国法的所谓"事实出发型"。

案例分析教学法虽然有助于提升和强化法理的实践性，但由于是以具体的案例为中心，因此，无法完全按照部门法学的理论逻辑体系加以展开。如果既要照顾具体个案，又要照顾理论逻辑体系，则该课程内容将非常庞大而杂乱。所以，在我国，还无法以案例教学法取代规范分析教学法。案例教学法主要体现和反映的是具有"实战"意义上的司法实践过程，与规范分析教学法的目的取向有很大的不同。

笔者在清华法学院也开设了“民事诉讼案例分析”课程。该课程为选修课,3 学分,48 学时。民事诉讼案例分析主要为法律硕士开设,这是基于法律硕士更加倾向于法律实用这一特点。通常是在法律硕士高年级阶段开设,一般是在第四学期,即第二学年的下半年。

(二)案例教学法的实际应用

1. 选择案例

案例教学法最重要的就是对案例的选择,这是案例教学法成败的关键。以我个人的经验,对于案例的选择通常要求以下几点:

第一,真实性。用于教学的案例必须是真实的,最好是公开的案例。

第二,完整性。所使用的案例尽可能是完整的。最好有比较完整成套的诉讼文书,有完整的证据目录更好,因为常常涉及案件事实的认定。当然,要收集到完整的案例比较困难,对于还做兼职律师代理案件的教师而言比较容易做到。这里的完整性是相对的。

第三,问题性。所谓问题性,就是所选择的案例存在可以议论分析的问题所在。没有任何争论或问题点,该案例作为教学案例就没有太大的意义。案例教学法正是通过对实际案例中具体争议问题的分析解剖,深入阐释法律基本原理和运用法律的。在我开设的民事诉讼案例分析课程中,比较典型的案例有“吴华林诉北京地铁侵权赔偿案”、“三菱汽车赔偿案”、“南京彭宇案”、“天津许云鹤案”,这些典型案例都具有上述特点,有完整的诉讼资料,而且还具有相当的社会影响。

在“民事诉讼案例分析”课程中,其案例教学法在运用中不仅仅就民事诉讼的问题进行分析,也会涉及实体问题的分析,因为在一个案例中,也会遭遇实体上的问题。作为教师不可能回避实体问题,只讲程序问题。这就要求教师必须具备一定的实体法知识,注意实体法的发展,不断更新实体法的相关知识。所以案例教学需要教师付出更多的时间和精力。这也是案例教学不太容易被推动的一个原因。我曾多次希望学院能够在政策上予以支持,例如提高课酬以刺激案例教学的热情,但也没有得到回应,也许难以平衡,或这种要求过于物质主义。

2. 注重实务应用技术

案例教学还不单是对案例所涉问题的理论分析,还需要同时培养学生的实际操作技能,包括作为法官或律师在诉讼中的实际技能,如判决书、起诉状、上诉状、再审申请书、答辩状、代理词以及其他诉讼文书的撰写技能。教师也要在案例教学过程中对实际案例的法律操作技能进行分析和评价。在“民事诉讼案例分析”的课程中,我会根据案例的具体情形,让同学们针对实际的起诉状写出答辩状,针对一审判决书写出上诉状,针对终审判决写出再审申请书。这就要求授课教师对民事诉讼实务有相当的了解。因此,如果按照这样的教学法去实施,自然也会消耗教师更多的时间和精力,而且有可能冲击教师的学术研究,这是十分实在的矛盾冲突,尤其是对那些学术研究负担比较重的教师而言。因此案例教学法的充分适用也存在较大的限制。

3. 案例教学所面临的问题

从案例教学的长处而言,案例教学法的确对于学生更好地理解相关法律和法理,初步形成法律实践思维有很大的帮助,但也面临诸多问题。

(1)如何提高参与度

其中一个比较突出的问题是,学生对案例分析讨论的参与问题。对于案例分析教学法,如果学生不能很好地参与案例的分析和讨论,就会使这门课程失去意义,学生只有参与才能使成为分析主体,才能在具体案例的分析中得到锻炼和提高,才能真正感受案例分析的实践性。因为强调学生的参与,因此,案例分析需要具体落实到每一个选课的学生身上。一般是两个学生或三个学生为一组承担一个案例的分析,并就该案例提出问题、分析问题、提出自己的分析意见或报告。其他学生就这些分析报告的内容,在教师的指导下展开讨论,发表自己的意见和观点。但由于其他学生没有参与具体案例的分析,对案例的情形缺乏了解,因此只能从法理上进行简单的分析。其结果是学生往往仅就自己承担的案例有兴趣,并能够深入的分析,完成相关的作业。对其他案例基本上就是旁观者。教师可以要求其他学生也必须关注,但这种主观要求往往没有什么效果,虽然可以通过分数予以制约,但分数的制约效果同样有限。

(2)如何提升课程质量

另一个问题是,由于案例分析课程是选修课,学生可选也可不选,对于案例分析课程,如果要求认真应对,就要求学生需要付出更多的时间和精力,阅读大量的案件材料、写出分析报告和诉讼文书,给学生的压力相对于非案例教学课而言要大得多,因此学生选课的积极性不高。加之,案例分析课程通常在高年级开设,此时学生们已经忙于寻找工作,也就更无暇顾及,容易导致案例分析课程无法深入。如果将案例分析课程前置,又会因为缺乏实体法和程序法的理论基础,影响案例分析教学的实际效果。这似乎是一个两难问题。

三、研讨式教学法

研讨式教学法也是现在课堂教学的一种常用方式,主要适用于研究生和博士生等针对小众对象开设的课程。

关于研讨式教学法的改进或改革,也是最为缓慢和困难的。清华法学院一直沿袭传统模式——教师给学生布置专题,学生就专题撰写报告,针对报告,教师与学生互动,对专题进行研讨。学生通过撰写报告和研讨的过程,学习和研究相关专业领域的法律理论。国外大学的法学院(主要是大陆法系国家)也都是采取这样的方式。

研究生的研讨课对硕士研究生和博士生开放,不限专业方向,当然,对于民事诉讼法学专业的课程,如"民事诉讼法学前沿问题研究"、"民事诉讼法专题研究"、"民事证据法学"等课程,选修的学生主要还是民商事及民事诉讼法学研究方向的研究生。研究生、博士生的课程不再强调学科理论的体系化,侧重于理论的深化和研究方法的学习。我们所开设的"民事诉讼法学前沿问题研究"与"民事诉讼法专题研究"这两门课程并没有实质上的差别,主要是为了适应两位教授讲授的需要。因为无论是"民事诉讼法学前沿问题研究",还是"民事诉讼法专题研究"都是根据研究的需要,有着不同的侧重点。例如，今年的“民事诉讼法专题研究”的具体内容有可能是围绕民事诉讼法的修改与完善，明年也有可能是新民事诉讼法的实施研究。我还在“民事诉讼法专题研究”课程中系统地讲授过“民事诉讼的政治分析”这一内容。当然，民事诉讼法研讨式课程更多的时候，还是讲授民事诉讼的基础理论问题。这样的内容具有重复性，可以反复讲。这种安排与研究生侧重于自学和研究方法的学习、训练这一特点有关。

研讨式课程最大的问题，还是学生的参与度问题。尤其是专题研究当中，通常只有负责专题的学生能够深度参与，并且提出问题。其他学生很容易成为旁观者，虽然教师可以加以调动，直接提问学生，但往往也很难得到积极回应。这涉及学生学习的主观态度问题。期末的成绩虽有考评的压力，但对于满足于一般成绩——“及格万岁”的学生而言，没有多大的作用。

现在对博士研究生也有学分要求。不过，我认为，博士研究生应当根据自己研究的需要学习，不应有选课要求和学分的要求。博士研究生可以根据自己的需要以旁听方式参加课程学习。学校也完全没有必要专门给博士生开课，唯一的要求就是写出博士论文，并通过博士论文答辩。因为理论上，博士生已经完全具备了自学的能力，主要是利用学校的学习和研究条件，在导师的指导下进行学习和研究。

四、法律诊所教育

在我国，法律诊所教育从21世纪初开始作为一种时尚的法学教育方式和法学教育改革的方法逐渐各法律院校推行。但近些年来，法律诊所教育似乎有些降温，许多曾热衷于法律诊所教育的教师迫于体制压力又逐渐淡出，回归于传统。对于法律诊所教育在我国法学教育中应有的地位和作用，法律诊所教育模式的存在机理以及与我国法治环境等因素的契合度如何是我们应该认真思考的问题。

1. 法律诊所教育的缘起

从21世纪初开始，在我国法学教育中出现一种全新的教育模式——法律诊所教育。法律诊所教育即诊所式的法律教育（Clinical legal education）。

法律诊所教育模式被认为是基于美国法律现实主义法学的认知，在反思、批判案例教学法的背景下发展起来的。在1920年代开始如火如荼地兴起的法律现实主义运动中，实践型法学教育由于关注社会现实、以问题解决为导向等特点，被现实主义法学学者所倡导。法律诊所也是在这一时期逐渐开始成为一种正式的法学教育内容。法律现实主义运动中的代表性学者弗兰克等人在1920年代至1940年代，开创了诊所式法学教育的方法论。①

在法律诊所教育发端之前，美国主流的教学模式和方法是由原哈佛大学法学院院长兰德尔发明的案例教学法。按照案例教学法，尽管案例使用的是实践中真实的案例，但这些案例毕竟是用来进行教学的。为学习和训练学生的法律思维服务的。在兰德尔的法学教育理念中，法律是法律条文、法律规则、法律原理的逻辑集合。兰德尔认为这就是法律学习的全部，而法律执业技能、执业技巧并不是大学所要讲授和提供的。兰德尔的这种观点也被认为是一种法律形式主义。通常认为，法学教育应包括三个部分：通识教育、法学理论知识教育、实践技能训练。案例教学法侧重于法律分析，主要是教给学生法学理论知识，虽然这种知识并非是纯理论的，其也属于法律职业教育的一部分，但是却不能够胜任实践技能训练的要求。法律诊所的教育理念正是要打破这种不能更充分地服务于法律实践，将学生置身于法律实践之外的抽象教育的法律教学模式。将学生在学校期间便置于活生生的法律实践之中，打通抽象法学教育与实践教学之间的隔断。在耶鲁大学法学院的发起之下，法律诊所教育在美国获得普及和发展。

2. 法律诊所教育的理念

法律诊所教育方法仿效医学院学生在医疗诊所临床实习的做法，用诊所和医院培养实习医生的模式，在有律师执业资格的教师指导之下，将法学专业学生置于“法律诊所”之中。学生们“诊断”具体案件中的法律问题，并开出相应的“处方”。以此促进学生对法律理论的深入理解。使学生接触真实的当事人和处理真实案件，学生在诊所教师的指导下培养学生运用法律

① 胡铭：《司法竞技、法律诊所与现实主义法学教育》，载《法律科学》2011年第3期。

的实际能力,促使学生对法律的深入理解,缩小学院法律教育与法律职业技能的距离,并培养学生的职业道德观念,传授和培训学生有关法律实践的基本技能,增进学生对“实践是还原法律”这一理念的理解。法律诊所教育模式的目的在于使法学院学生获得法律经验、培养实务能力的有效方法和途径。诊所教育模式的特点就是实践性。在使学生获得实践知识和实践能力方面,具有单纯的课堂教学无法企及的优点。可用于培养大量的法律实务人才,并加强对理论性研究的理解和实践配套经验。

3. 法律诊所教育在我国的发展

在我国,北大、人大等7所大学的法学院从2000年开始引进法律诊所教育法以及课程。并将课程定名为“法律诊所”。在美国的大力支持下,法律诊所教育模式在全国得以迅速扩张。目前全国开设“法律诊所”的法律院校据说已经达到50余所,几乎覆盖了国内著名大学的法学院和政法院校,并在一段时期内成为法学教育改革的一项主要措施和内容。

4. 法律诊所教育的运行方式

完整的法律诊所教育包括两个部分——课堂教学和课外实践。“法律诊所”课程通常以真实案件为对象和“教材”,由课堂教学和案件代理两部分组成。

课堂教学围绕学生承办的案件,采取提问、讨论、模拟、反馈等方式,在互动交流中,让学生自己获得事实和法律上的认识和判断,改变了传统教学方法中单一的“满堂灌”做法。

课堂外的诊所实践包括两种形式——院校法学院内置的诊所实践,律师事务所诊所实践。内置法律诊所,是以法律院校为组织基础建设的教学组织。通过接受社会上的各种案件,主要是为弱势群体提供实实在在的法律帮助,在法律诊所教师的指导或帮助下,协助或自主完成案件的代理任务,通过参与案件全过程,使得学生能够在法律知识的运用和实务处理技能方面得到很大的提高。从实践来看,法律院校相当一部分学生对此也比较有兴趣。不过这种方式的缺点在于,受制于案件的来源,以及案件处理的周期,因此,内置法律诊所很难充分发挥其法律诊所教育的功能。

法律诊所教育为我国改良现有实践教育方式提供了借鉴模式,弥补了我国法学教育在现阶段的不足。当前,法律诊所基本采用设立法律援助式诊所的方式建立,探讨如何将法律诊所与法律援助有机结合具有普遍意义。

5. 法律诊所教育模式在我国运行的问题点

从2000年开始,法律诊所教育虽然在我国有了长足的发展,但从现状来看,法律诊所教育并没有如许多人所期待那样成为法学教育中的一种主要教学方法或手段,甚至希望能够取代传统的规范分析教学方法。但是否真如有人预言那样能够取代规范分析教学方法,成为今后我国法律教学的主流,实际上存在相当大的疑问。

其一,法律诊所教育模式的最大特点是追求法学教育的实践性,将学生置于实际的法律运用环境中,从具体法律应用的环境中感受法律知识的运用,在实践中掌握法律。其意义是毋庸置疑的。但问题在于,为什么美国会特别重视法学院学生实践能力的培养?另外一个问题是,法律人的法律实践能力,即实际运用法律的能力应该在哪一个阶段培养,其培养的成本应该由谁来承担?

美国法的一个突出特点是法律应用的经验性,正是在这个意义上,霍姆斯大法官才发出这样的声音——法律是经验,而不是逻辑。美国法的这种经验性特征与大陆法系国家的规范出发型有着根本的区别(关于英美法与大陆法系法律体系的不同类型,详见本书第一部分“法学研究方法论”第三章“民事诉讼法学方法论”)。大陆法系国家讲究是规范分析,要求学生掌握规范分析的一整套理性分析方法和技能,至于实践的运用问题被视为一种具体技术问题。法律理论与法律应用技术有着明显的区别。法律理论是法律应用技术的基础和指引。法律应用技术技能培养只能交给实践,交给实务部门,学校不能担当,也没有必要担当这种实践技能的培养。在美国,无论是案例教学法,还是法律诊所教育都更加追求法律教学的实践性,这种对实践技能的追求与美国法本身的这种经验性特征有直接关系。因此,如果要将立足于美国法的这种法律诊所教育模式完全移植于我国势必难以发挥法律诊所教育在美国本土那样的作用。因为法律本身以及运用的环境都有所不同。即使是英国,也因为其法律体制的差异,经验性特征没有美国那样的明显,法律教育也没有采用美国的法律诊所教育模式。英国采用的是法学教育和实务教育双轨制模式。获得法学学位的学生还必须在专门的律师学院学习。不过英国大学法学教育也在一定程度比较注意实践环节,在高年级阶段也会聘请律师学院的教师或其他律师在法学院讲授实践性课程。以便能够与以后的实践性学习接轨。总体而言,与英国相比,美国的法学教育更重视实践性教学,英国更偏重于法律理论知识的教学,英国与大陆法系国家的情形比较相似。其实,无论是法律运行,还是法律教育英国与美国都有较大的差异。这是我们往往不太注意的。我相信如果不是美国的综合影响力,法律诊所教育也很难对我国产生如此大的影响。如同现实主义法学难以在我国以及大陆法系国家得以流行是同样的原因。

与美国不同的是,就我国的现实来看,我国的法学教育的主要目的不是培养律师,法学院校培养的司法群体实际上主要以法官为主。法官是广义上司法的主体。这与我国的律师生存现状有直接关系。我国几乎不存在法律共同体的认知。律师在我国的法治过程中实际上是一种边缘化的存在。尽管社会对律师的法律技能有要求,但社会似乎并不要求学校提供具有律师实践技能人才。而是希望学生在进入社会之后通过真正的律师实践提高其实践能力。

在美国,法律共同体已经形成并且相对独立。法律人有共同的理念和认知基础。律师是成为法官的必经之路,法官可以看作法律的高级版本。法官的培养没有特殊的路径。因此,法律人才的培养就只需要以培养律师为目的和起点,不需要考虑对法官的专门培养。在我国,甚至大陆法系国家比较普遍的现象是,法官与律师是两种不同的或培养、成长路径。法官的养成需要专门的途径,法官的思维与律师的思维呈现出更大的差异。因此,美国的法律诊所教育也就难以发挥像美国那样的作用。

同时,进入律师事务所从事律师工作几乎没有门槛,因此,对法学院校毕业生也就没有强烈的实践要求。从毕业就业来看,美国法学院的毕业生如果要从事法律工作唯一路径是进入律所。毕业生今后在法律事业上的发展与进入什么样的律师有直接的关系。(与此不同,在我国,毕业生往往是通过不断"跳槽"成长起来。)因此,美国法律市场的这种现实强化了法学院毕业生的竞争。显然,既具有法律理论知识又具有法律实践能力的学生更受有实力、更具有竞争力的律所的青睐。于是,法学院也要为满足这种市场要求而尽力。我国的律师市场远不像美国那样成熟,市场化特征没有那么明显。律师业务的拓展,与我国的社会现实一致,讲究是律师的综合实力,其中相当一部分是软实力,实际上就是关系。美国的情形是先做律师,然后做法官,这是一种法律经验积累的结果。相反,在我国,有条件的往往是先做法官,然后再做律师,反映的是社会关系的积累。这种现象也反映了我国法治初级阶段的基本特征。

其二,不仅是我国,在大陆法系国家或地区,法律基础理论知识和实践技能、能力的培养是有明确分工的。法律基础理论知识的培养交给法学院;实践技能和能力的培养主要交给法律实务部门。作为法官的司法实践能力交给专门的司法研修机构,如日本的司法研修所,我国台湾地区的法官学院等。作为律师的实践能力的培养交给了律师事务所。表面上看是一个法学教育的目标、理念的问题,但实际上关联的是法律或法律体制的基本特点的差异。并由此牵涉教育的分工问题。这种分工又与市场需求有密切的关系。在大陆法系国家为什么有这样的分工,法学院校为什么不担当实践能力培养的职能,与学校的条件、目标和体制有直接的关联。

在我国的法律院校中,以专门培养法律实践人才的院校不多。这些学校大多数是地方院校,而且是近些年来法律院校扩张的结果。大部分法律院校都是以培养研究性的法律人才为主。大学也都是以研究型大学为高端大学。人们往往认为只要具有研究能力,有比较好的法律理论功底即可,从事法律实务就是"砍柴"还是"挑水"的实践性问题。法学院校主要是担当法学基本理论功底的培养,而非专门培养"砍柴"还是"挑水"的实践性人才。因此,在教师人力资源方面,师资的配备也是以研究性教师为主。合格教师的标准基本都是以科研成果为主,教学业绩为辅。在大学里(除了培养法律技术性人才的院校之外)研究性之外的教师在收入等各方面都会有所差别。

通常而言,教师一般不愿意“沦为”非研究性或非科研型教师,如像有的学校中所谓的“教学型教师”(潜台词是没有研究能力。在大学里最怕被别人认为没有研究能力。)。大学教师的这种地位差异和学校的科研考评机制显然间接地“谋杀”了法律诊所教育。

法律诊所教育不像课堂上的案例教学,作为指导教师从事的就是法律实践活动,不可能有很多时间从事理论研究,没有大量的时间从事论文和著作的撰写。法律实践中可以有思考,能够提出理论问题的引子。但要将问题转化为理论观点,并且写成学术论文是一个相当长的孕育和生产过程,更重要的是法律实践的思维与理论研究思维是有差异的——有着不同的方式,一个是理解、运用;一个是批判、分析和建构。一旦长期从事法律实践活动,就不大可能写出学术性论文,这是因为思维方式的不同。案例分析教学尤其是中国式的案例教学几乎对法学研究没有太大的影响,甚至有助于学术研究。在大学中,真正的压力来自于研究成果的产出。研究成果的产出也是最耗费心智的劳动。许多早期在我国从事法律诊所活动的教师,虽然在法律诊所教育有突出的贡献,但这是以牺牲研究成果为代价的。这些教师除非涉足诊所教育不深,否则,在现在的科研评价机制之下,就可能处于被淘汰的边缘,或被“沦为”教学系列的教师。教学能力不强无所谓,相比之下,科研能力不强往往是研究型大学中相当具有贬义的评价。试想一下,在这样的体制之下,还有教师愿意深度从事法律诊所教育。要知道几乎每一个教师都是按照研究人才的条件要求,竞争进入法学院的。

法律人才,哪怕是初级法律人才也要求不仅具有法学理论知识,也要求具有实践技能,否则就只能是“半成品”。问题是,法学院是否应当提供“全成品”?法学院有无动力去完成“全成品”的生产?现在的就业市场似乎主要是看学生的素质,并不看重学生的实际技能,实务界的观念通常是实践技能应当在校外的法律实践中养成。法律实务机构——法院、检察院、律师事务所和公司法务机构等在录用新人时不大容易对技能高低进行考察。对基本素质的考察还是以文凭、学校的知名度、学校成绩为依据。而且由于法律诊所教育的时间毕竟有效,对于提高学生的实际法律运用技能而言也并非根本性的。如果在律师事务所也就是半年的时间就可以获得大体相同的经验。问题就转变为，这半年的实践是在校园里，还是社会中实施的问题。

如果法律人才市场对学生的实践技能有强烈的需求，需要提升学生这方面的能力，那么法律诊所教育的必要性就相应有所提升。也就随之要求法律院校充实法律诊所教育。欲充实法律诊所教育就必须改变法学院单一的评价标准或考核标准，或者将科研型和教学型教师分列，各自有不同的考核标准。教师的培养也要按照实践性教学或专门的法律诊所教育的要求予以培养。虽然，法学院可以聘用律师、法官等实务专家从事法律诊所教育工作，但毕竟是学校，离开了法学院教师的指导也会影响法律诊所教育的质量。而且法学院的聘用经费也是一个问题。总体而言，就现在的现状而言，法律诊所教育的开展还不大可能有更大的前景。毕竟受限于法治环境、法律体制的特性、司法体制、律师体制、诉讼观念、法律市场、传统教学方式等若干因素的限制。因此，以法律诊所教育在美国的发展情形来看待或预测法律诊所教育在我国的发展也许过于乐观。

五、新生指导课

"新生指导课"是清华大学的一门有特色的课程。据我所知，国内许多大学还没有开设这样的课程。

新生指导课是清华大学原校长顾秉林院士在任期间推出的一项教学改革，该课程开设的目的在于，改变、扩展或拓展新生的思维，通过启发，提升新生的创新能力。这门课不是为了系统地传授一门学科的体系化知识或学问。听课学生一般不能超过20人，属于小班课。限制人数主要是为了让学生们更好地进行交流，通过提问，启发学生们的思维。清华的本科生一般而言都具有非常优秀的条件和素质，但由于受应试教育的影响，有的人虽然考试能力很强，但创新能力不够、思维不够活跃，因此，需要在入学一开始就打开他们的创新思维之门。

这一想法看似很有创意，但法学院却没有多少老师愿意"接单"。因为作为授课对象的学生，还完全没有专业基础。授课又并不能从基础概念入手,而是需要从观念入门,强调的是思考的方式。讲课内容要求具有相当大的发散性。老师们受原有课程体系的影响,需要重新备课,课程的内容也不好把握;且因为授课对象为新生,一些老师对这样“低层次”的课程没有太大的兴趣,而且讲得不好容易受到差评,可谓费力不讨好的事情。最终,我接了这门课,除了因为这门课是一种挑战外,还因为当时学校对于这门课给予了较大的支持力度,主要是经济支持,课时也不多。对于这种发散性的课程,我比较有兴趣。

笔者所开设的新生指导课为“纠纷解决原理入门”。这门课有些类似于现在比较流行的“公开课”。目的在于给这些同学们灌输一些基本的法律观念、原理,使同学们对法律思维方式的特点有所了解,即使对于那些多数今后不会从事法律职业的学生来讲也是有益的。上课方式非常灵活,可以采取各种方式。课堂外的实践性活动都很丰富。实际上同学们参与这门课程的时间远远不止 16 学时,16 学时主要是在课堂上。上课没有提纲式的 PPT,PPT 主要用于相关案件、资料的介绍。

“纠纷解决原理入门”这门新生指导课,通常以社会事件为引子,如许霆案件、佘祥林案、彭宇案以及每年社会评选出的所谓十大有影响案件。每年的新生指导课上,哈佛大学已故知名教授富勒虚构的“洞穴奇案”是必须讨论的经典案例。该案涉及许多法学、社会学、经济学、伦理学、心理学、宗教、政治学等多方面的内容,让同学们有一种眼花缭乱的感觉。

针对我提供的这些典型案例,同学们可以展开谈谈他们自己的认识和想法;然后又由我引导同学们进行进一步思考和分析;最后,我会做一个基本的评析,主要分析这些案件发生的社会背景、大众认识、法律适用、法理解释以及相关争议。我注意到,同学们的看法其实很大程度上都是来自社会上的各种认识,主要是网站上的一些观点。也就是说,他们的基本想法实际上主要受大众媒体的控制。所以尽管是网络时代,但要控制社会大众的意识并不是一件特别困难的事情。社会上的一般认识许多情形下,是受大众情绪的影响。涉及法律的事件,通常不是从法律专业角度思考。原因可能在于专业思考必须具有相应的专业基础知识,而大众并不具备。专业的思考必须考虑相应的条件，只有满足相应的条件，一定的结论才能成立。而媒体是不可能提供这些具体信息的，为了时效，只能抓住最主要的资讯事实，细节被忽视、阉割、舍弃，如果注意细节就一定是专业的。而且真正的专业认识是不会向情感、情绪、政治投降的。如此，专业的思考与结论就往往与大众认识背反。当然，如果有专业认识的引导，大众认识就是正确的。

在新生指导课上，我的分析不是给出答案，而是提供思考的路径和方法，关键在于提出问题，如具有社会影响的"许霆案"。需要提示学生们注意，人们争论的焦点是什么？为什么存在这种认识上的差异？我们应当考虑什么因素？从比较法的角度来看，国外的情形是怎样的？为什么有这样的差异？如此等等。在讨论富勒教授的"洞穴奇案"时，首先是弄清提出假设案件的基本事实和条件，让同学们从法官的立场作出判断或判决。然后，不断加入各种情景和观点。同学们普遍认为法学这门课很有意思，同时又感觉很玄妙，总体感觉是具有高度的不确定性。这些新生由于受过去应试教育的影响，形成了"工科式"思维定式，还不习惯于辩证思维和相对性概念。因此这样的课对他们既有的思维是一种冲击，有助于拓展他们的视野，改变思维的单向性，因此，是很有意义的。当然，如何讲好这门课有许多讲究，需要具备宪法、法理、比较法、外国法制史、中国法制史、其他人文社会科学方面的综合知识，要求知识面广，善于观察、把握各种社会现象。这些年法学院的新生指导课主要由我来承担。我是希望这门特殊的课程能够继续开设下去，也希望法学院其他较资深的教授们能够开设新生指导课。这门课也比较适合科研压力不大，成果积累比较多的老教师开设。科研压力比较大的青年教师，会因为新生指导课在内容上的综合性而容易分散注意力，影响论文的撰写。

六、关于 Mooc

Mooc 的确是一种新型的教学方式，我的体会是集远程教学、交互沟通、实时互动、资料整合、实时演示、背景变换、多媒体化于一体的方式。其最大的特点是利用移动终端设备就可以实施碎片化学习，不管在哪随时都可以上网进入 Mooc 课堂进行学习。教师可以通过各种手段刺激学生们的学习，甚至可以包括经济手段。我看到许多上 Mooc 的教师都在为自己注册学生数量的增加而倍感兴奋，当然也为自己财富的增长而兴奋。清华大学现在也在大力推行 Mooc，不仅给予补贴，而且还通过加倍计算课时来刺激教师上 Mooc。清华已经将"毛泽东思想"这门课在美国上线了，可能还打算在国外，主要是西方国家大本营的美国推出更多更具有中国特色的课程，有打算占领美国意识形态阵地的想法。还是过去的意识："意识形态阵地，无产阶级不去占领，资产阶级就会去占领。"因为美国是非常开放的国家，这种阶级占领在法律上是不能反对的。这也正是我们一些有意识形态战略观念和阶级斗争观念的人认为可大大利用之处。说实话，这种想法的祸福之果还难以预料。其实在美国"极左"，甚至"极左"的思想始终都有其市场。

Mooc 由于投入很大，单靠校方难以承担，因此一般都是通过与企业合作进行开发。企业也意识到其中藏有大量商机，所以积极参与 Mooc 的设计与制作，据说一集成本高达万元，如同拍摄电视剧一般。我认为 Mooc 一定是今后的发展方向，因为可以很大程度地调动教育资源，使得更多愿意学习的人能够通过这种方式获得知识。尤其是在当下时间碎片化的时代，这样的教育和学习方式是很有意义的。不过，是否上 Mooc 也需要根据具体情形，像清华大学法学院目前还是走精英化路线，在人数少的情形下，只能走个体化作业，因而 Mooc 对强调研究成果产出率的学院就不一定适合了。Mooc 需要有一个团队，有助手。有的人可能说，你可以让你的博士做助手。这看似是一个合理的解决方案，但实际上，在不能保证每年招收一个博士生的情形下，让博士生大量投入 Mooc 是不现实的。没有博士生从心里愿意投入到这种与研究无关的实务当中。Mooc 的一个优势就是学生多，受众面广。学生一多，自然社会影响也就大。但既然是精英路线也就不会在意社会影响的大小，精英一定是讲究高大上的东西。有的老师讲，你也可以把 Mooc 玩得很深，很复杂。但如果这样，还会有大量的学生参与吗？高与深都意味着和者寡。何况大众的这种学习大都是"碎片化"式的学习，"碎片化"的思考是不可能深到哪里去的。不是每一门课程都适合 Mooc，就我观察还是那些比较热闹的，与社会现实比较接近，或比较感性的课程更容易或适合上 Mooc，而且有大量的参与度，当然，有些技术性和技巧性强的课程也适合推 Mooc。前者，像历史——宋史、明史、清史，艺术——绘画、音乐、表演，外语、各种基础课程，尤其是理工科基础课程。在法学中，我认为比较适合上 Mooc 的，有外国法制史、中国法制史、刑法、刑事诉讼法、知识产权法、环境保护法、合同法、侵权法等，配合各种案例、图片、故事（中外古今）、中外音像资料，一定能够吸引大量的学生，加上名师尤其是参与司法考试出题的老师（当然也有一定的责任风险）。

我个人对 Mooc 是敬而远之的，主要是因为课程特点、时间、精力和体力的问题。Mooc 必须要有相当大的时间、精力投入，也需要一定的体力作为保证。在强烈的聚光灯下工作，尤其是在夏天没有很好的体质也是不行的。好在只要完成第一次，以后就是维护的问题。我对社会影响现在已经不太在意，如果在意的话，做“公知”，多做一些媒体的普法节目就可以了。现在的形势下，我更希望待在象牙塔里，而且 Mooc 对于讲授内容也有诸多限制，不那么自由。自由地言说对我而言，比什么都重要。Mooc 制作还是年轻人比较合适，精力更充沛，但矛盾在于年轻人又有很大的科研压力、职称评定的压力。Mooc 还很难作为竞争的标准，因为没有门槛，也不好拿注册学生和点击量做比较。职称中最硬的东西即核心竞争力，还是研究成果，而非教学成果。另外，Mooc 一旦与市场联系，就难免会出现因市场追逐利益所带来的问题，例如为了提高受众人数或注册率，有单纯追求观赏性、娱乐性的问题，过于追求授课的表演化、剧场化、故事化，与单纯追求电视收视率的问题有些类似。这是大众化必然会面临的问题。如何做到既保持专业教育的特点，又能够通过市场获得物质支持，推动 Mooc 的健康发展是一个需要认真对待的问题。

七、如何使课堂教学变得生动

生动性不是教学要求的第一性，但却是对教学更高的要求，更集中地体现教学的艺术性。教学的生动性有助于学生更关注课堂教学的内容，为教学的内容所吸引,也有助于发展学生对该学科的兴趣,助推学生的学习和研究。所谓兴趣是学习的动力就是此理。教学的生动性不是在课堂说笑话,讲单口相声,也不是脱口秀。但生动性一定与教师语言表达的艺术程度有关。清华大学教学评估中,获得第一名的老师大都属于口头表达方面的高手,可以说也是语言大师。要达到很高的讲课水准,需要专注、投入、尽心,经验积累以及一定的天赋。有的教师的口头表达可能一辈子都只能背负平庸二字。清华的大师当中,就有上课始终以天花板为对象,也从不与学生交流,始终沉浸、陶醉在自我的世界之中,当然,上帝也会为他打开另一扇窗,如论文或文章的书面语言方面可能极为出色,思维也极有自己的特色。

生动性一定是专指课堂教学而言,如果不是课堂教学而是实践性教学如实践、观摩、法庭模拟等,则不存在是否应当生动的问题,因为实践本身就非常生动,是生动性的母亲。课堂教学就不一样,是远离实践的空间,教学的生动性必须要靠教师挖掘、调动、组织各种教学素材才能得以实现。也许有的人认为,生动与否可以无所谓,只要传授知识,什么样的方式都可以。当然这是误识。方式不同,其效果肯定不一样,知识的传授也是如此。人们对文章的要求,就是要写得生动。即使是学术论文,生动性也是必要的。生动的文章要有比喻、形象、立体、有细节。生动的教学有助于知识的传授和掌握,更容易为学生们所接受,给人的印记也更加深刻,也更能吸引学生的注意,刺激学生的兴趣,尤其是大班讲授。因为大班课堂教授时,人们更容易分散注意力。要做到课堂教学的生动性,以我的经验可以通过以下方式实现。

1. 生动的理论图示

图示的意义在于直观可视,所以就使得教学内容能够生动起来。例如,关系图(如共同诉讼、第三人、代表人诉讼等)、结构图(如判决效力)、数据图、流程图(如一审、二审、再审流程)等。这些图也在我的纸质版教材中得到体现。如何制作这些图,尤其是关系图和结构图需要对所讲授的理论有深入、准确的了解和把握,否则不能高度简约地概括这些内容。

2. 案例的巧妙运用

案例的运用对于课堂教学至关重要,不仅涉及教学的实践性问题,还关系到课堂教学的生动性问题。有了案例就有了使得课堂教学变得生动的基本条件。案例的运用也是一门技术和艺术。第一,要尽可能用真实的案例。真实的就必然是生动的。编造的案例自己讲起来也没有劲。为了表明案例真实性,在案例人物方面,尽量不用ABCD,或甲乙丙丁等。纸质版教材中为了简约表达,这是不得已为之的行为。有关联人物的图片、案件相关材料的图片,应尽可能予以展示。第二,要注意具体案例的选择,主要把握的是典型性、代表性、社会性。学生们对具有一定社会性的案例会有共识,容易在头脑中产生联系。收集的案例不经过裁剪就可以直接用的,几乎没有。如何裁剪也是一门技术和艺术。案例剪裁主要是针对具体教学内容,需要什么样的问题。案例的表达、叙述、交代应当突出重点,关系应当明确。如果剪裁不好,交代不清,反而会影响教学。第三,所选的案例应当注意时效性。一般来讲,应当是越新鲜的案例越好。这就需要教师经常关注实践,随时提取新鲜的案例。当然有的案例由于属于经典倒不必在意其时效性。例如,我在讲授证明责任这一问题时,经常使用的案例是一个关于消费者购买水晶球的买卖合同纠纷案。我把这一案例称为"水晶球之谜"。经过加工,这一案例在说明证明责任问题上效果就很好。

3. 生动的文字表达

在教学中,无论是口头语言,还是书面语言也都应当力图做到生动。生动是一种自然的表达,是语言的艺术化。在我的教学事例中,在语言的生动性方面,我以为关于说明证明责任性质与分配的"水晶球案例"的运用属于比较典型的。这个关于购买水晶球的合同纠纷案件,我在标题上,就生动地标示为"水晶球案之谜"。

4. 细节、背景

交代理论以及相关人物事件时,一定要有细节、背景的交代,使得理论介绍更加丰富、生动、立体。例如,在谈到证明责任理论时,会配上图片资料,用几句话对规范分析说的代表人物罗森贝克的背景作一个交代,使该理论变得有了立体感。在谈到休谟、波普尔时,也会提到他们人生和时代的一些细节和背景。

在教学中,典型案件对社会的影响、对理论学说的影响等都是细节的表现。再比如,关于法条形成的背景和细节的介绍。当然对于这些细节的介绍,其前提是需要做大量的资料收集工作,平时就要注意观察和收集。

5. 生动的举例

举例对教学的生动化具有十分重要的意义。举例意味着从抽象到具体,只有具体的东西,才是生动的。一般而言,例子应具有经典型、所谓现实性、近距性、周知性、时效性。所谓现实性,是指所举的例子应当是现实中的例子。现实即生动;近距性,是指例子发生在我们的身边。我们能够实际感受到;周知性,是指所举的例子为众所周知。因为是周知的例子因此无需完整、详细地交代事实经过。具体情节一提便知,这样就可以在节省时间,快速聚焦所要说明的问题。时效性,是指所举出的例子,应当尽可能是刚发生的,最近的例子。只有具有时效性的例子,才具有场景感、现实感。例如,要提到离婚诉讼,最具时效的案例(在笔者修改本章时)当然是王宝强离婚案。只有经典的例子可以超越时间和空间。经典的案例有,但不多。

6. 营造生动的课堂气氛

在课堂上,学生不仅仅是学生,可以是法官,可以是当事人,还可以是证人,也可以是检察官,他们的角色可以随着场景的变化而变化。总之,就是要将受众作为主体。例如,对于某一个问题,你作为本案的法官应该如何回答?对方当事人的主张,你作为律师应该如何抗辩?这样一来,学生就将自己置于了实践的现场之中,感觉自然不一样。有时我还会以特定的案件为素材,让同学们在课堂上即兴表演,一方面活跃气氛,一方面也可以发挥同学们的表演才华,效果自然很好,不过一定要把握好时长。

同时,现在的技术手段已经非常丰富,诸如多维动画、立体结构显示等,我们还可以利用非常丰富的影像资料营造生动的课堂氛围。例如,我在讲授证据法这一门课中讲到交叉询问这一问题时,就利用了电视提供的关于“刀锋战士”皮斯托瑞斯谋杀案中法庭实际交叉询问的音像。以前也利用过电影中的音像资料,如《费城故事》、《诉讼》、《我的堂兄文尼》(美国有一本书——《影像中的正义——从电影故事看美国法律文化》,书中对这些与法律相关的电影作品进行评价和排名。此书可以作为我们选择教学影像资料的参考指南)。电影自身的艺术性也就必然将生动性注入教学之中。最近最吸引眼球的快播案更是课堂教学的最好音像资料。然而,我们在这方面的意识虽然能够跟上,但技术手段还不能跟上,很多技术手段还没有被掌握,需要学习再学习。不过这一切都需要时间和精力,所以学习应当更早地进行,否则成本会越来越高。

八、关于教学评估

相信绝大多数高校对于教师的教学都有一整套教学评估的方法,惯用的方法是由学生给授课的教师打分,也就是通过学生的评价对教师的教学进行管理。学校利用这样一套评估方法引导、规范教师的教学,以保证教学质量。教学评估一般不对外公布,通常只有教学管理机构能够掌握整体的情况,对教师个人教学的评估信息只对教师个人开放。但教学评估在职称评定和奖酬金的确定方面会有一定的参考意义。有的学校还规定,排名靠后,如5%的,会直接影响职称的评定。教学评估由若干具体的评估项目组成,每一个项目的指数或分值有所不同,反映该项目在评估体系中的地位。正确确定项目以及分值,对于教学评估的科学性具有十分重要的作用。从清华大学的教学评估而言,其评价项目和分值是很合理的。问题仅在于无论如何细化,每一项目的指示依然是抽象的,需要学生的解读。有些项目的评价容易把握,如思路清晰、重点突出作业等训练有助于学习,给予课外指导及建议;但有的项目就比较难以把握,就是凭感觉了。

教学评估是一种较好的方法,但绝不是一种最好的方法,实际上外在的管制也不可能有最好的方法。尤其是在学生人数很少时,这种评估很容易被操控。因此,当人数很少时评估的客观性就会大打折扣,甚至完全不能反映教学的实际效果。教学评估必须指标化、细化,否则就有太多的主观随意性,但指标化和细化又正是教学评估的主要问题之一。因为学生在打分时,是针对具体的项目打分。只要教师注意每一个项目的要求,得到该项目基本分就没有问题。如果是含义过于抽象的项目,学生通常都给出基础以上的分数,通常是 7 分(分值最高为 10 的情形)。如此一来对于教学水平的提升帮助不大,不能有效鼓励有特点的教学。只要教师针对评估指标稍加注意,通过评估不会有大问题。我注意到一些对教学很上心的教师,反而教学评估成绩不能令人满意,多数情形是对教学指标认识不够。而且,学生们在教学评估中给出的意见往往与具体的项目没有联系,是学生对教学的实际感受,有时是对教师某一个方面不满的间接表达。在我的教学经历中,我比较在意的教学,往往评价一般,不是特别在意的,却获得很好的评估成绩。我也曾经还在 100 人以上的课堂教学评估中,获得全校第一,真可谓"无心插柳柳成荫"。其实在教学中,学生对教师教学的一个重要评价指数是教师的口头表达能力,尤其是人文科学,但这一点在教学评估项目中却恰恰没有反映。大多数教师都是因为口头表达能力的原因导致教学评估成绩不佳。表达能力有些是天生的,要改变需要相当的努力。因此,引进教师应当特别关注这一点。

附:清华大学教学评估办法

1. 教学评估分为两个部分。

(1)总体评价(S1)

学生对教师本门课程教学的总体给分,以百分制表示。

(2)单项评价(S2)

项目	分值
工作状态,教书育人	10
思路清晰,重点突出	10
讲解生动,激发求知欲	11
师生互动,思路引导	11
教学资料有助于学习	9
作业等训练利于学习	9
考核评价激励学生钻研	9
创新意识和能力培养	11

给予课外指导及建议 ………………………… 9

学生有收获 ……………………………… 11

2. 教师的得分。

(1)总体评价 S1 的确定

总体评价是每位学生对教师本门课程教学的总体给分。统计时取 A = 95、B = 80、C = 65、D = 50、E = 0

(2)单项评价 S2 的计算

问卷中各个项目的分值分别为:

A　1.0×项目分值

B　0.8×项目分值

C　0.6×项目分值

D　0.4×项目分值

E　0 分

将各个项目的得分进行累计,得到百分制的单项得分 S2。

总得分 S 为 S1、S2 两项得分之和的平均值。

将课堂规模分成三种:30 人以下,30～100 人,100 人以上,同等规模课堂教师放在一起进行评估比较。

项目得分的状态表示:

表示该教师此单项得分处于同等规模课堂所有参评教师该项得分的 Top 15%;

表示该教师此单项得分处于同等规模课堂所有参评教师该项得分的 Last 5% 且 <80 分。

深色表示该教师总得分在同评估类别课程同等规模课堂所有参评教师总得分中的排序位置。

3. 计算及统计方法。

每一份教学调查问卷为一个样本,样本中各项调查问题的得分,经过加权平均得到的综合指标值 xi 是一个随机变量,每位参评教师有 n 个样本,则作为这些 xi 的均值(为每位参评教师所得 S1、S2 的总平均分)也是一个随机变量。教学期望和标准差由样本数 n 和综合指标值 xi 确定。本次统计用(- k, + k)表示每位参评教师所得总平均分的置信区间,其中 k 与 n、xi、及 xi 的假设分布有关,表示了统计数据的估计误差(或统计数据的估计精确度),这是一种用区间来估计其真实数据的方法,区间的大小意味着估计误差。数理统计学中所谓区间估计,就是要用有确切意义的数字表达某个未知总体参数在一定区间之内的“肯定程度”。若每位参评教师所得总平均的期望值记为 α(未知),“区间(- k, + k)包含 α”这回事的真实性的置信程度,称之为置信系数(或置信概率),(- k, + k)称为置信区间,简记为“ ± k”。

每位参评教师的样本数(有效调查问卷份数)n 的值越小,置信区间的长度越长(k≥0 的值越大),表示调查统计结果的误差越大,为了使调查统计结果能够公平地反映出学生对每位教师课堂教学打分的实际状况,我们选定置信概率为 95%,每位参评教师所得总平均分的置信区间用“ ± k”表示。并规定:有效样本数小于 10 的教师不参加统计;统计时去掉 5% 的最高分和 5% 的最低分;样本数≥30 按正态分布计算,样本数在 10 ~ 30 按 t 分布计算。

4. 评估等级的确定。

评价等级分为四等:优、良、中、差。

其中

总分 S≥90 分　优

80 分≤总分 S < 90 分　良

70 分≤总分 S < 80 分　中

总分 S < 70 分　差

第三章

如何学习民事诉讼法*

——学习民事诉讼法中应当正确处理的十大关系

题记：比知识更重要的是方法。

常言道，水滴石穿。只要努力就会成功。但任何知识的学习和掌握都有一个事半功倍的问题，方法得当，就可以在消耗同样的时间、同样的精力的情况下学到更多的知识。又因为每一个学科的内容不同，知识构成有所不同，因此，在学习这一学科的知识方面也就有其自己的特点，即使同为法学门类的各具体学科也是如此。作为程序法、基本法、部门法的民事诉讼法不仅不同于民事实体法，也不同于同为程序法的刑事诉讼法和行政诉讼法，但又与民事实体法有密切的联系，与刑事诉讼法和行政诉讼有诸多共性。以我个人的学习、研究和教学的经验，我认为学习民事诉讼法

* 本文阅读提示：本文虽然可以在开始学习民事诉讼法之前阅读，但由于本文中存在大量的民事诉讼法的概念，因此难以读懂，这是自然的，不必感到懊恼。在开始学习民事诉讼法时先阅读本文能留下一个大概的印象即可，不必深究。待进入到民事诉讼法的学习过程中时，阅读本文就应该有所体会了。在复习和总结所学习的民事诉讼法时帮助则会更大，有助于加深其理解。

应当注意以下几个方面的关系。

一、注意程序法与实体法的关系

在民事诉讼中存在两个法的规制，而这两个法的规制在性质上是不同的，规制的目的和价值要求在一定的范围内也有所不同（这是由法规制的性质所决定的）。一个是实体法——民事实体法规制，一个是民事程序法规制。尽管实体法规制和民事程序法规制在本质上都是一种“决定自由的前提”，在特定的领域中，只有权利人才能作出具有法律效力的决定；规定着“自由的界限”，权利人的决定自由以不损害第三人的权利为界限；规定着“自由决定的后果”，在通过法律行为实施的决定方面，民事实体法规制在具备必要前提的情况下，可以产生行为人欲期的法律后果。例如，对要约表示承诺，就可以使合同成立；在侵权行为和债务合同中在参与人之间产生一种法律关系，而法律关系又可以产生请求权和形成权。

但民事实体法规制是在特定、固定的时空中对主体权利义务的规制，本身没有时序状态；尽管民事实体法规制也规定在不同的时间、状态下，主体的权利义务有所不同，但总体上仍然是对特定和固定时空关系的规制。与此不同，民事程序法规制是调整一种处于运动变化状态的关系，试图在运动变化中能够始终贯彻程序正义的价值要求或目标。民事程序法规制要考虑主体在程序中的正义判断，要考虑对立平等主体之间的均衡性，因此不同阶段的程序设计和规制都会有所不同。例如，在异议被驳回时，应当给予主体以复议的机会，以使主体的不满得以吸收。民事诉讼的运动发展必然导致程序的初始状态与发展中以及终结状态有所差异，如果没有差异，也就无所谓阶段性和运动态。

民事诉讼法是程序法，是解决民事争议，实现实体法规范的一整套程序规范。作为一种解决民事纠纷的程序体系，包含若干主程序（如一审程序、二审程序、再审程序、执行程序等），也包含一些起辅助作用的子程序或辅助性程序（如管辖异议程序、财产保全程序、先予执行程序、证据保全程序等等）。程序的特点是时序性展开，并具有一定的阶段性，因此把握民事诉讼中的程序就必须从时序性考虑，在头脑中形成阶段性的，时序展开的时空印象，把握每一个阶段中法律规定，以及诉讼主体的诉讼行为的法律效果。例如一审程序，是由起诉和受理、审理前的准备、开庭审理、判决等阶段构成的。一审程序中的起诉和受理阶段又是由起诉和受理的不同阶段构成的，还可以进一步将起诉阶段细化成更具体的阶段。

同时，民事诉讼法作为程序法也有自己特有的价值判断和规范要求，并不是完全依附于实体法的，因此特别要注意不要以实体法的思维和概念取代程序法的思维和概念。例如，实体法范畴中基于实体权利的请求与诉讼请求就有区别，是两个虽有联系，但又有区别的概念，如果将两者混淆，就将导致错误的发生，误认为没有实体权利的当事人便没有不能提起诉讼请求。实际上对于消极确认之诉（要求法院确认与他人没有法律关系的诉讼）而言，只要有诉的利益，没有实体权利的当事人也可以提起。

在理解民事诉讼法时，要密切联系实体法，但也要注意程序法的特点，避免以实体法的概念和思维教条地思考程序法的问题。例如，在对待如何强化人民调解制度的作用方面，人们就照搬了合同制度，这就是典型的实体法思维在起作用。最高人民法院于2002年发布了《关于审理涉及人民调解协议的民事案件的若干规定》，该规定通过对调解协议效力的认定，使调解协议间接具有了强制效力。具体地说，人民调解协议的一方当事人如果不履行调解协议的，对方当事人不是像过去那样，就双方的民事纠纷向法院起诉，由法院对该纠纷进行审理并作出判决，而是就双方达成的协议向法院提起诉讼，法院直接对协议进行审理和裁判。如果协议有效，并应当履行的，法院作出协议义务人履行的判决。由于法院不再对“元纠纷”进行审理，而是就协议的合法性（“次纠纷”）进行审理，这就使得协议像合同一样具有了约束力。另外，将调解协议作为合同，也避免了法院对“元纠纷”的审理，对“元纠纷”的解决将涉及最初民事法律关系的事实认定问题，而对调解协议的审理只是涉及调解协议有效性和权利义务问题，实际上是一种形式上的审查，相对而言要简单得多。该规定的理论基础就是把调解协议作为一种民事合同，因为是合同，所以当事人按照约定履行自己的义务，不得擅自变更或者解除协议。尽管上述规定将调解协议作为合同,但调解协议与一般的合同有所不同:主要反映在以下几点:(1)调解协议的目的是解决民事纠纷,而不是设定民事权利义务;(2)一般合同中可以约定违约金,而调解协议不能约定不履行协议的惩罚措施;(3)一般合同不需要当事人以外第三人的确认,而调解协议的生效需有调解组织的确认;(4)一般合同一旦被撤销或确认无效后,其法律后果是恢复原状,如果造成损失的将予以赔偿,但调解协议如果被确认无效,则"元纠纷"依然存在,当事人仍然可以就该纠纷提起民事诉讼。

按照司法解释的规定,调解协议是一种合同,这就意味着人民法院在审理时将适用合同法的有关规定。但这样一来,必然产生诸多问题。例如,根据合同法的规定,合同存在撤销或无效原因的,当事人一方可以向法院起诉,要求法院撤销或判决合同无效。问题在于如果将调解协议作为一种合同,就可能发生当事人起诉要求法院撤销调解协议或判决调解协议无效的情形。法院撤销调解协议或判决调解协议无效的,实际上当事人之间"元纠纷"依然存在,当事人仍然可以就"元纠纷"向法院起诉(关于调解协议的裁判,当事人还可能申请再审,法院也可以在该裁判确有错误时提起再审。),这样必然导致纠纷解决的进一步复杂化,反而增加了纠纷解决的成本。

学习民事诉讼法当然需要注意民事诉讼法关于各个程序的规定,注意有关民事诉讼程序的理论,总之,应当注意民事诉讼自身的特性;但还必须注意民事诉讼法与民事实体法的联系,两者有着密切的联系,因为民事诉讼法毕竟是实现实体法规范的程序规范,不可能离开民事实体法,必须反映民事实体法的内在精神。

首先,民事诉讼法必须考虑民事实体法中关于民事主体对民事权利的处分的自由,给予当事人在诉讼中不仅能够处分实体权利还能处分程序权利的自由。因此民事诉讼法中也就必须体现民事实体法中同样的精神——自由处分,从而在民事诉讼法中确立处分原则以及辩论原则。如果离开民事实体法,就无法真正领会实体法的精神,也就不可能真正领会民事诉讼法。正是基于民事主体对民事权利的自由处分,也就有了当事人起诉和撤诉的权利,提起上诉和撤回上诉的权利,诉讼与对方当事人达成和解或在法院主持下达成调解的权利以及在执行阶段与对方达成和解的权利等。正是基于处分原则,也就有了管辖中的协议管辖、当事人对程序的选择权(当事人对简易程序的选择权)等。

其次,应当注意具体诉讼制度、理论与实体法制度和理论的关系。在民事诉讼中有许多制度和理论与实体法制度和理论是直接关联。因此,只有充分地理解和把握了实体法制度和理论才能正确认识民事诉讼制度和理论的意义,正确运用民事诉讼制度和理论,如正当当事人的确定、法院主管、管辖、诉讼标的、诉讼保全、判决的效力、要件事实、证据的可采信、证明责任的分配等等。我们以判决制度中既判力理论为例说明程序制度、理论与实体制度、理论结合的意义。根据既判力理论,前诉法院已经确定的判决具有约束后诉法院和当事人的效力,即后诉法院在同样的判决事项上不得作出与前诉法院相矛盾的判决,前诉法院已经判决的事项,当事人不得再向法院提起诉讼要求裁判。理解既判力理论一方面涉及作为原则必须了解法院裁判的实体法律关系,了解诉讼请求事项与作为理由的实体法律关系之间的关系,否则无法应用既判力理论中关于既判力原则仅限于判决主文,而不涉及理由。诉讼请求为要求对方返还某物,但作为请求的理由可以是所有权关系,也可以是租赁关系等。另一方面作为既判力约束原则的例外,在某些情况下即使该事项不是作为本案诉讼标的的法律关系,法院的判断也同样具有既判力,如抵销权的行使。在本案诉讼中,被告如果符合债的抵销条件的就可以在诉讼中行使抵销权。由于抵销是一种抗辩,而不是反诉,因此如果按照原则,原本法院对抵销权行使的判断是没有约束力的。但是如果判决中关于抵销权的判断没有约束力的话,就可能发生虽已经在前诉中抵销,但行使抵销权的当事人在后诉中再提起已经抵销之债的债权之诉。

最后,民事诉讼制度和理论具有实现实体法的工具性的一面,因此民事诉讼制度和理论也需要与实体法制度和理论保持内在的一致性。例如,诉的类型、判决的类型,就需要与实体法保持一致。与当事人的实体请求相一致,从而形成给付之诉、确认之诉、形成之诉,并又相应的形成给付判决、确认判断、形成判决，过去有的学者将形成之诉、形成判决称为“变更之诉”和“变更判决”。虽然只是称谓的不同，但反映出人们没有从实体法与程序法、实体法理与程序法理的一致性出发加以思考的缺陷。在判决的效力方面，又相应的具有执行力和形成力。因此，要能够充分地把握程序制度和理论，正确地加以运用必须学好实体法，注意与实体法的结合。

二、注意理论与实务的关系

理论与实务的联系大概是每一个法律学科都应当注意的问题。民事诉讼法学也不例外，只有注意到理论与实务的联系，才能很好地理解民事诉讼理论，发现问题和解决问题。民事诉讼法学本身是一门与民事诉讼现实和经验事实密切相关的知识体系，而不是概念与概念之间的抽象的逻辑演绎体系，如果套用经济学家科斯的表达方式来讲就是，民事诉讼法学不是，也不应当是“黑板法学”。根据民事诉讼法学的特点，我认为在民事诉讼法学习中，理论与实务的联系中有以下几条路径：

1. 选择性地阅读各级法院公开的判例，分析判例中法院对具体程序问题的理解。通过这种阅读可以发现实务中法院对民事诉讼法法条的理解以及民事诉讼法原理的应用。学生们在学习中的一个问题就是不能很好或自如地将诉讼法的原理加以运用，因为在课堂讲授中不可能过多讲解各种实务情形的运用。而诉讼法原理与具体情形之间有一个对接和转化的过程。另一方面，通过阅读判例也可以发现问题，提出问题，判例与理论的不一致究竟是理解的错误，还是原理本身有问题。

2. 注意案例教科书中的案例分析。教科书可以分为两大类：一类是注重概念、理论阐述的教科书；另一类则是以个案阐释原理的教科书。两类教科书各有优点和长处。因此，学生们在学习中，最好两类教科书都看，通过案例教科书中案例的阅读可以增强实感，有利对原理的理解。

3. 勤做案例分析练习。法律应用是一门技术和技能，案例分析就是法律应用的一种训练，也是需要练习才能很好掌握的技能。有的同学认为，我只要懂了民事诉讼的理论，就知道了如何应用。其实这是一种误识，知道规定和理论并不一定会应用，如上述所说，理论与应用之间有一个理论转化的过程，这个过程必须通过自己的实践活动才能领会。在案例分析中首先应当厘清案例中的主要事实和基本关系，尤其是基本关系，然后确定基本关系的法律性质，这一点非常重要。例如，在确定是否为必要共同诉讼时，就需要在实体法上确定是否为共同共有关系，如果不是共同共有而是按份共有则可能因为当事人之间没有共同的权利义务，而不能形成必要的共同诉讼，也就不能适用关于必要共同诉讼的规则。

4. 注意民事诉讼实务运用的实际状况，了解实务操作的背景。实务操作的实际状况法条规定和理论往往存在差异和不一致的情形，因此需要注意这种差异的背景是什么，是什么导致了这种差异的存在？这里需要注意的是实务差异往往与司法政策的动态变化有关。

三、注意基本原则与制度的关系

民事诉讼法的基本原则规定了民事诉讼法各具体规定的精神实质，是诉讼主体必须遵守的基本规范，基本原则指导着诉讼主体正确地适用民事诉讼法的具体规定。理论上，民事诉讼法的具体规定应当体现民事诉讼法的基本原则，是民事诉讼法基本原则的展开。因此，只有把握和理解了民事诉讼法基本原则才能正确适用民事诉讼法的具体规定。只有坚持从民事诉讼法的原则出发，才能在宏观上正确地把握民事诉讼具体制度。

例如，我们在认识上诉审理的范围时，就应当首先考虑民事诉讼基本原则——处分原则和辩论原则的要求，上诉人没有在上诉程序中提出的请求事项，法院就不能进行审理，并作出裁决，不能仅从查明案件事实的视角来看待上诉的审理，必须服从民事诉讼的基本原则。又如，在如何认识撤诉的问题上，就存在是对撤诉进行实质审查，还是进行形式审查的不同认识。实质审查就是看撤诉人的撤诉行为是否在实体方面的否定性事由——如是否损害他人合法利益；相反，形式审查仅就撤诉人是否是起诉人，是否是在法律规定的期间提出撤诉，撤诉是否已经递交书面申请等，而不考虑实体方面的原因。如果从民事诉讼的基本处分原则考虑，那么对撤诉审查就应当是形式上的审查,而非实体上的审查,因为撤诉是当事人对诉讼权利。

四、注意制度目的与制度运用的关系

民事诉讼制度是一个“树”系统,系统中存在若干具有包容关系的制度分支,形成若干“制度群”。虽然每一个制度都有其制度设立的目的,但这些制度又不能与民事诉讼的基本目的相悖。因此理解和把握民事诉讼以及其中的各项具体制度,不能离开对民事诉讼的基本目的和各制度的基本目的的学习,一旦离开制度的目的,我们在思考时就会陷于片面之中。

以管辖异议制度为例。欲对管辖权异议制度做出正确的评估,就必须从管辖制度的基本目的来加以认识,因为管辖权异议制度作为一个子制度和辅助性制度是管辖制度的组成部分,其应从属于管辖制度的目的。只有首先明确了管辖制度的基本目的,才能真正理解管辖权异议制度的价值所在。关于管辖制度的目的,从学界的主流认识来看没有什么争议,其价值或功能就是将不断发生的案件分配于已经给定的、处于一定区域的法院。管辖制度可以分为两大部分:级别管辖制度和地域管辖制度。“级别管辖是按照一定的标准,划分上下级法院之间受理第一审民事案件的分工和权限”,是一种纵向分配;地域管辖的作用则在于“确定同级人民法院在各自辖区内受理第一审民事案件的分工和权限”,是一种横向分配。也就是说,无论级别管辖,还是地域管辖,其作用和目的都在于按照一定根据来分配第一审案件。所以管辖制度的实质就是一种分配制度。确定分配的根据主要包括三个方面:有利于当事人进行诉讼;便于法院审理和案件的执行;有利于维护国家主权。对于国内民事诉讼而言,国家主权的考虑自然相对消解。而当事人不在一地时,管辖总是对其中一方当事人进行诉讼更为方便的,只要可以选择,原告总是会选择有利于自己诉讼的法院管辖。所以此时确定管辖最重要的根据就是法院审理案件和执行案件的便利性,尤其是案件的执行方面。例如,对涉及不动产的案件由不动产所在地法院审理,就既方便当事人进行诉讼,又方便法院审理和执行。

应当明确的是,管辖制度的设计并没有考虑,也不可能考虑如何防止司法地方保护主义的因素。司法地方保护主义的确在现实中存在，但并非对每一个案件都发生作用，其是否发生作用因地域、审理法官的个人意识和具体案件的情形而有所不同。尽管司法地方保护主义与民事诉讼所强调的平等原则相违背，严重地损害了程序正义的基本要求，应当努力消除和避免，但这却不是管辖制度所能解决的，试图通过改革管辖制度来实现防止地方保护主义的目标无疑是徒劳的。因为只要管辖法院为一方当事人所在的法院，而不是双方所在地的法院时，司法地方保护主义就可能发生作用——要么有利于原告，要么有利于被告。法律无法规定每一个案件都由当事人双方共同的法院来管辖，否则凡是当事人不在同一个省或直辖市、自治区的案件都只能由最高人民法院作为第一审法院来审理，而这显然是不可能的。有的人主张修改民事诉讼法关于"原告就被告"的一般地域管辖原则来防止有利于被告的地方保护主义，理由是该原则有利于被告，由于地方保护主义的原因，原告的权利很难获得保障。这样的设想似乎很有道理，但问题在于这一想法有一个预设的前提，那就是原告一定是权利人，而被告总是应当承担民事责任的有过错的那一方当事人，表面上看，这样一种观点甚至还可以获得统计学数据上的支持。例如我们可以假设，从以往的案件看，85%的原告都是权利人，相应的85%的被告都是责任人。但实际上，一旦按照这样的预设来改变管辖方面的规定，所谓"恶人先告状"的情形马上就可能大量发生，因为即使没有获得给付的权利，义务人也可以通过提起消极确认之诉，即当事人要求法院确认某种有争议的法律关系不存在来获得原告的诉讼地位。那么，此时的统计数据马上就会发生变化了，因为人们总是在根据已经给定的制度，按照自己的偏好和利益来调整自己的行为，而统计数据不过是这种调整后的行为的产物。前述统计结果的出现，也许正是"原告就被告"的原则下才催生出的相应数据。不仅如此，如果我们径直依据防止被告地方保护这一点来修正"原告就被告的原则"，那么该原则所考虑的其他因素就被完全否定了。如人们一般所认同的抑制原告滥用起诉权，以免被告受不当诉讼的侵扰；有利于法院审理，传唤被告参加诉讼，对诉讼标的物进行保全；便于法院进行调查、便于法院执行等。事实上，司法地方保护主义对于抽象的当事人而言不过是一把“双刃剑”,只有针对个案的当事人才有“意义”。因此如果不解决司法地方保护主义本身的问题,而去修正管辖制度就只不过是在缘木求鱼;即使对级别管辖和审级制度的修正也许会产生一定积极的意义抑制司法地方保护主义,但要从根本上克服司法地方保护主义,仍只能通过司法体制的改革,实现司法独立,割断司法主体与地方利益的联系。

五、注意民事诉讼静态与动态的关系

民事诉讼是一个动态的过程,从起诉、受理、开庭审理前准备、开庭审理、判决的一审程序到上诉、审理、裁判的二审程序,反映了一个渐次不断展开和变化的诉讼过程。另一方面,在每一个阶段,每一个阶段的时点上,诉讼又总是相对静止的,因此民事诉讼程序是一个典型静态与动态相互关联结合的形态,因此,在学习民事诉讼法时应当特别关注这一特性。以当事人为例,原告在起诉时所起诉的被告往往并非是正当被告,原告自己也可能不是正当原告,而对于民事诉讼而言,只有在正当原告和正当被告参加的诉讼在实体上才有意义。因此,对于非正当的当事人就应当予以更换,这就导致民事诉讼主体在起诉时与诉讼中或诉讼结束时的主体有所不同,即主体变更;除了主体之外,诉讼客体也可能发生变更,即诉讼请求的变更;甚至程序也有可能发生变更——从简易程序转为普通程序。

正是这种变化的动态特点决定了不同阶段、不同时期,从主体到客体各个方面的不同特性。起诉时的当事人是形式上的当事人,但形式上的当事人并非没有程序上的意义,形式上的当事人具有判断管辖、确定诉讼系属的程序法意义。没有形式上当事人的概念,就无法确定管辖法院,法律中所规定的地域管辖中的一般原则——“原告就被告”就是指形式意义上的当事人。随着诉讼的发展,形式上的当事人就需要确定是否为实质上的当事人(正当当事人),即一般而言是否是本案实体权利义务争议的当事人,只有在正确确定正当当事人的情况下,法院的实体判决才具有实质意义。

事物的动态性导致了在不同阶段的事物的差异性,从形式上看是单一的、不变的事物，在运动中就发生了多样性，而这一点常常导致一些误识，如关于证据的认识。在民事诉讼程序中我们给出的概念是单一的、不变的，但人们对证据的认识却又是动态的，而且法律或司法解释也在动态中来运用证据这一概念的。具体地讲，当事人所提出的证据、司法解释关于举证期限规定中的证据、法院认定案件的证据其实是不同的。法院认定案件的证据是通过质证的证据，与当事人提出的证据以及举证期限所提出的证据是不同的，理论上法院认定案件事实的证据才是符合我们对证据特性界定。尽管当事人所提出的证据并非是法院认定案件事实的证据，但我们又不能否定其作为证据的意义，因为毕竟其中有一部分就可能成为法院最终认定案件事实的证据。因此我们也不能不把举证期间中交换的证据称之为证据。这些问题其实就是由民事诉讼动态关系所致。只要把握了民事诉讼的动态性，对这些问题也就不难以认识。

不论形式上的当事人，还是实质上的当事人的判断，同时又是一种静态考察，只是阶段不同而已，静态考察需要把握静态中事物的性质，如果不将所要考察的事物置于静态之中，则无法进行定性的分析。通过静态的分析，确定形式上当事人和正当当事人的基本属性以及法律意义，以便加以区分。可以说，在民事诉讼中所有概念和特征都是静态分析的结果。静态考察和分析使得我们能够比较清晰地认识事物的特性，注意到事物之间的区别和联系。但应当注意的是民事诉讼毕竟是一个动态的过程，因此需要在动态中去认识静态事物，从变化中看待诉讼关系，这样才不至于走上僵化和教条的歧途。

六、注意相近概念之间的异同关系

民事诉讼法学理论是由若干概念所构成的，这些概念概括了民事诉讼法若干制度的基本含义，由于制度之间总是存在一定的联系，且联系的亲疏程度有所不同，这就使得有些制度相互间具有更多的共性。这些共性的存在就容易导致人们在学习时混淆不同制度、不同概念的特性，因此特别需要注意把握不同概念之间的差异和共同点。在民事诉讼法中存在许多具有相似性的概念,如给付之诉、形成之诉、确认之诉、证明力、证明标准、证明责任、证据的质证、认证等;且有的概念还具有一定的对应关系,如普通诉讼与必要共同诉讼、有独立请求权的第三人与无独立请求权的第三人、形式上的当事人与实质上的当事人、行为意义上证明责任与结果意义上的证明责任、既判力的主观范围与既判力的客观范围、判决实质上的确定力与判决形式上的确定力。

要能够比较清晰地把握这些相近概念的区别,需要在学习中将相近概念加以比较,从细微之处找出它们的不同点,注意从制度的目的、制度构成、主体、程序、法律效果等方面来加以把握。通常在一些教科书里,会写明相近概念的差异、共同点以及相互的之间的联系,这样方便学习者把握,但我的建议是最好是自己去进行比较分析,找出他们的不同点和共同点,然后再与教科书的观点加以比较,这样有助于深刻的理解相近概念的差异。

七、注意民事诉讼法中一般与例外的关系

在法律规范中总是存在针对一般或多数情形的一般性规范和与一般或多数情形不同的少数情形的规范,之所以存在这两类情形是因为规范对象或事物的一般性和特殊性的客观存在,除了制度规范外,作为解释制度规范的理论也同样存在一般和例外的情形,其原因与规范的一般性和特殊性的存在相同。因此在学习民事诉讼法的制度与理论时特别要注意例外或特殊的情形,并理解形成特殊的原因的所在。

例如,按照民事诉讼既判力的理论,只有对作为诉讼标的的事项所作出的裁判才具有既判力;但对于抵销的情形,即使对抵销债权行使的判断不是本案诉讼标的的事项,法院关于抵销权行使的判断也仍然具有既判力,作为抵销债权债务的当事人不得在后诉中对此再行争议。作为抵销权的判断就是既判力一般约束原则的例外或特殊情形。

再如,关于证明责任的分配,如果按照证明责任分配理论中的法律要件分类说的理论,主张权利存在的人应当对权利存在的法律要件事实承担责任。但是在某些情况下,考虑到如果一概按照这一原则分配将难以充分实

现实体正义和程序正义,因此允许证明责任分配实现对原则的倒置,即证明责任原则的例外。这一例外在最高人民法院《关于民事诉讼证据的若干规定》的第4条中有明确的规定。例如,该规定第3项就明确:因环境污染引起的损害赔偿诉讼,由加害人就法律规定的免责事由及其行为与损害结果之间不存在因果关系承担举证责任(证明责任);第8项规定:因医疗行为引起的侵权诉讼,由医疗机构就医疗行为与损害结果之间不存在因果关系及不存在医疗过错承担举证责任(证明责任)。如果按照证明责任分配的一般原则,作为侵权案件,关于环境污染引起的损害赔偿案件应当由受害人就因果关系的问题承担证明责任,但基于环境污染案件的证据存在的特殊性,实现了证明责任倒置,倒置为加害人就自己的行为与损害结果之间没有因果关系承担证明责任。医疗纠纷的案件也是这个道理。

八、注意民事诉讼规范中确定性与不确定性的关系

法律规范应当是确定的,因为它需要约束和指引人们的行为,从这个意义上讲,确定性是法律规范的基本要求和本质。民事诉讼规范也是如此,对法院和当事人以及诉讼参与人的行为规范应当是具有确定性的,即这些规范在内容上是具体的,可判断和可执行的,如起诉的规范要求。对原告的起诉条件是确定的;对上诉人的上诉的条件是确定的;对不服生效判决申请再审的条件也是确定的。但也应当注意民事诉讼规范的确定性往往只是相对的,而不是绝对的,由于事物的复杂性,我们不可能将所有的情形全部加以确定,加以具体的规范。规范的确定性往往只在某些情形或原则上是确定的,这也是由事物存在的性质和现实中确定与不确定的辩证关系所决定的。虽然事物的性质是由特定的概念加以确定的,但描述事物性质的概念又往往是不确定的,任何制度的规范又必须依赖于一定的概念加以确定,如民事诉讼中举证时限的规定中关于新证据的界定就是一例。按照民事诉讼举证时限制度的要求,只有所谓“新证据”才可以作为例外不受举证时限规定的约束,但何谓“新证据”呢?其中一个界定要求,须是“新发现”的证据,但什么叫“发现”,“发现”的对象是什么,是否是证据的价值?这些都需要加以界

定，只要一个层次或某一个环节上存在不确定性，“新证据”的界定也就存在不确定性。再如，相对确定的当事人申请再审的再审事由中，关于“原判决、裁定认定事实的主要证据不足的”这样的规定，也同样存在何谓“主要证据”这一相对抽象概念的具体确定问题。

当然，我们承认法律规范的相对确定性，并不等于否定法规范所有的确定性特性，否定规范的确定性，从而否定规范对行为主体的约束性，成为怀疑论者。在法律规范没有具体、明确的确定性时，适用相对确定性规范所需要的确定性就只有委任给审判人员，由审判人员根据案件的具体情况和自己对法规范内在的精神、规范的目的、原则的理解加以自由裁量，通过这种抽象约束下的自由裁量，使得规范具有确定性。

在民事诉讼规范中存在不少具有相对确定性，而没有具体确定的制度和概念，如证明标准、新证据、证明力的大小、经验法则、诉讼保全的必要性等。可以认为，凡是需要通过审判人员自由裁量才能加以具体适用的规范都存在相对的不确定性。以证明标准为例，民事诉讼证明标准在理论一般认同为证明达至高度盖然性即为已经证明。但由于何谓“高度盖然性”是一个抽象的概念，因此，对于高度盖然性的判断就委任给审判人员，根据具体的案件情况加以判断。试图要给出一个清晰的、具体的、统一的判断标准几乎是不可能的。但虽然高度盖然性是不确定的，但确定高度盖然性的经验法则在一定程度上又是相对确定的，审判人员可以通过对具体案件中具体的经验法则来判断是否达到了高度盖然性的要求，审判人员总是在相对不确定和相对确定之间认定事实和适用法律的，这就是司法的辩证法原理。

九、注意民事诉讼法律关系的主次关系

民事诉讼是若干诉讼主体参与、相互作用的过程，在这一过程中形成了若干的法律关系。在这些法律关系中，最主要和最基本的是人民法院和当事人之间的法律关系。人民法院作为民事审判主体对民事争议事实进行确认，并适用法律进行裁判，控制民事诉讼程序的发生和发展；民事案件的当事人是争议的实体法律关系的主体，是主张诉讼请求、案件事实和推动程序

发生的主体。当事人通过行使诉权和诉讼权利与人民法院行使审判权相互作用,形成民事诉讼的基本运动方式。其他诉讼参与人,如证人、鉴定人、检察机关等主体,与法院和当事人之间的关系都是依附于人民法院和当事人之间的基本关系。民事诉讼法的基本原则和基本规范也是以这一基本关系为规制对象的,因此在民事诉讼法的学习中应该把握人民法院与当事人之间的这一基本关系,从这一基本关系来认识民事诉讼。民事诉讼的基本模式或诉讼体制就是对这一基本关系的一种基本认识和归纳。如果没有从人民法院和当事人这一基本关系来认识,便无法从宏观视角正确、全面地认识民事诉讼,学习也将抓不住要领。

十、注意形式上民事诉讼法、实质上民事诉讼法以及司法习惯的关系

民事诉讼法可分为“形式上的民事诉讼法”和“实质上民事诉讼法”,形式上的民事诉讼法,是指以民事诉讼法法典的形式规定民事诉讼程序和作用的法律,如我国现行的《民事诉讼法》;实质上的民事诉讼法,是指一切有关民事诉讼程序和作用的法律。实质上的民事诉讼法不仅包括《民事诉讼法》法典,还包括其他法律、法规中有关民事诉讼的法律规范,从实际规范的作用来看,还包括了最高人民法院关于民事诉讼的若干司法解释性规定。形式上的民事诉讼法也称为“狭义的民事诉讼法”;实质上的民事诉讼法则称为“广义上的民事诉讼法”。在论文或其他论述中,如果没有特别指明时,“民事诉讼法”通常是指实质上的民事诉讼法。实质上的民事诉讼法实际上是一个开放的法律体系,会因为包含民事诉讼规范的新的法律的颁布而不断得以充实和扩展,因此学习民事诉讼法的学生和老师都应当充分关注新的实体法的颁布,注意新法中的民事诉讼规范的内容。

民事诉讼法典本身、其他法律中关于民事诉讼的规定以及各种司法解释是学习民事诉讼法所必须依据的法律文本,尤其是各种司法解释。由于我国法典的制定普遍存在比较简化的特点,因此许多实践中需要遵守的规范在法典中大都是比较原则性的规定,因此为了弥补这一缺陷,最高人民法院适时出台了许多调整民事诉讼关系司法解释规范,成为人民法院和当事

人及诉讼参与人必须遵守的法律规范。因此在学习民事诉讼法除了注意《民事诉讼法》的法条之外，更要注意最高人民法院的各种关于民事诉讼的司法解释。虽然这些司法解释只是《民事诉讼法》的展开和细化，但也有一些司法解释具有某些创设性，是对《民事诉讼法》规范的补充。在民事诉讼领域之中，最高人民法院的司法解释包括以下几种：(1)“意见”，如《关于适用〈中华人民共和国民事诉讼法〉若干问题的意见》、《关于人民法院审理借贷案件的若干意见》；(2)“规定”，如《关于中国公民申请承认外国法院离婚判决程序问题的通知》(1991 年 7 月 5 日最高人民法院审判委员会通过)；(3)“通知”，如《关于第一审离婚判决生效后应予出具证明书的通知》[1991 年 9 月 27 日法(经)复〔1991〕5 号]；(4)“批复”，如《关于行政机关对土地争议的处理决定生效后，一方不履行另一方不应以民事侵权向法院起诉的批复》[1991 年 7 月 24 日(90)法民字第 2 号]；(5)“复函”，如《关于在民事诉讼判决生效前对因管辖权异议的裁定上诉后如何适用法律问题的复函》[1991 年 8 月 10 日法(经)函〔1991〕82 号]。最为重要的司法解释有，最高人民法院《关于适用民事诉讼法若干问题的意见》、最高人民法院《关于民事诉讼证据的若干规定》、最高人民法院《关于适用简易程序审理民事案件的若干规定》、最高人民法院《关于人民法院民事调解工作若干问题的规定》等。

除了注意最高人民法院所发布的大量的司法解释之外，还要注意司法习惯，尽管从理论上司法活动应当按照《民事诉讼法》和最高人民法院司法解释，但是由于各地的情形的差异性和司法传统的影响，法院在进行审判活动时，依然存在某些司法习惯。这些司法习惯有的是对法律规范的补充，有的实际上也是对法律规范的变通，这是客观存在的情况，即使是发达的法治国家这种情形也是存在的。因此，作为学习和研究法律的人也应当注意，否则就会导致所学习的理论与实践的脱节。了解司法习惯对于我们全面了解我国民事诉讼是有好处的。

十一、注意主要程序与附带程序的关系

民事诉讼就是一个程序系统,是由若干程序所构成的,当事人双方就诉讼请求进行攻击和防御,法院对诉讼标的进行调查和审理的程序就是这个程序系统的主程序,而其他为该程序服务或起着辅助作用的程序就是辅助程序或次程序。一审中的普通程序和简易程序、二审程序和再审程序就是主程序,而财产保全程序、先予执行程序、证据保全程序、证据交换程序、证据收集程序、送达程序、强制执行程序等则属于附带程序。其中财产保全程序和强制执行程序与判决的最终实现有直接关系因而是最主要的附带程序。

区别主要程序和附带程序的意义在于,正确把握民事诉讼中主要程序与辅助程序的关系,注意主要程序和辅助程序各自不同的功能和作用。如果将民事诉讼视为一个时空关系的话,那么,以裁判争议为目的的审理程序,主要程序是贯穿始终的程序,所有附带程序都将围绕着主要程序展开,辅助程序是服从主要程序的。认识这一点对于把握和运用民事诉讼中的各种程序是很有意义的。以财产保全程序为例,财产保全程序是为了保证将来生效的判断能够得以实现,而对被申请人的财产进行保全的程序。在启动财产保全程序之后,法院将根据案件的实际情况对被申请人的财产采取冻结、扣押、查封等财产保全措施。一旦诉讼已经结束,申请人败诉,则毫无疑问应该解除财产保全措施,保全程序也就应当终结。只有在申请人胜诉,判决尚未执行之前,保全措施才有必要存在,保全程序也就没有终结。再比如强制执行程序,强制执行程序的目的就是最终实现法院对民事权利义务争议的判决,是法院判决实现的手段,该程序并不裁决民事争议。因此在强制执行程序中,就没有法院与当事人就民事争议的调解,法院不能在强制执行程序中改变法院所作出的判决,当事人之间可以行使除分权就权利义务的实现方式达成和解。

第四章

硕、博论文的撰写

题记：

学位论文是一个人综合能力的最终证明；

需用心去写；

写论文就是打一场没有硝烟的攻坚战！

引言

要想毕业就必须撰写毕业论文，要想获得学位就必须使得论文能够通过。在一些大学里，本科生的毕业论文不需要答辩，但几乎在所有的高校，硕士论文和博士论文都需要通过答辩，只有答辩合格，并经过相应的学位管理机构的认可，才能授予硕士学位和博士学位。因为本科生学习的目的在于打好相关的学科知识基础，重点不在培养其研究能力，所以本科生的论文在于学术研究方面，既需要提出自己的学术观点，更要注重于基础训练。所以，在清华本科生的毕业论文称为“论文写作训练”，但也需要经过答辩。硕士论文与博士论文在学术方面有更高的要求，这也是硕士研究生和博士研究生们最为重视和感觉最困难的事情。的确，撰写一篇合格的硕士论文和博士论文不是一件容易的事情，涉及资料收集、选题、梳理和归纳相关命题的理论研究历史与现状、命题表述、搭建论文结构、组织论证、资料运用、引注规范等诸多方面，尤其是博士论文更为讲究。指导硕士生和博士生成就一篇优秀、至少合格的硕士论文和博士论文是每一位导师的职责。以下，根据我自己这些年指导硕士生和博士生写作论文的经验，结合民事诉讼法学专业，谈谈自己对写好硕士、博士论文的一些体会，以供参考。

一、撰写硕士论文、博士论文的目的

如果我们撰写硕士、博士论文，就是抱着为了获得相应的学位这样的目的和动机，那么我们就难以成就一篇优秀的论文。同学们必须意识到，撰写硕士、博士论文是为了提高我们的学习能力和研究能力，并获得研究成果，对学术研究有所贡献，尤其是博士论文。硕士、博士论文就是检验和验证我们学术研究能力的文本根据，是证明我们的学习能力和研究能力的"法定证据"。

硕士、博士论文的撰写是一个学习和研究的过程，通过这一过程达到锻炼学术研究能力，提升理论分析问题和解决问题的能力。通过硕士论文的撰写，使硕士研究生初步具有一定的学术研究能力；通过博士论文的撰写，使博士研究生完全具备独立进行学术研究的能力。

在提升学术研究能力方面，具体包括：

1. 发现问题的能力。研究的目的就是发现学术问题和解决学术问题，一旦发现了学术上的问题，题目就有了，论文就有了基本的保障。

2. 归纳问题的能力。在归纳问题时，需要指出该问题的焦点、核心、实质。

3. 梳理、整理学术观点的能力。学位论文作为一种研究成果的体现，不能重复前人已经完成的研究，如果只是重复就没有任何学术价值。因此，首先需要对前人、他人的学术观点进行整理、归纳。整理、归纳的目的之一也是便于让别人能够更容易地辨识自己观点的独创性。如何梳理和整理是一种能力的体现。只有通过整理、归纳，才能正确指出以往学术研究的空白或者以往研究在观点和认识上的不足、缺陷或错误，从而使自己的研究能够填补空白，弥补不足和缺陷，矫正错误，做出学术贡献。

4. 收集资料的能力。如何收集资料，从哪些方面着手，如何将这些资料加以分类，也都是一种基本技能。

5. 分析问题的能力。这是一种最重要的能力。通过论文的撰写过程，对相关问题进行深入的研究，分析问题的产生和形成原因，为解决学术问题提供根据。

6. 解决问题的能力。在论文中我们不仅是提出问题，更重要的是解决问题，也必须提出解决问题的思路和方法。通过学位论文的撰写可以提高我们解决问题的能力。在解决问题的过程中必然要运用相关的理论，证明自己观点的正确性、现实性以及具体实施的技术方案等。

7. 锻炼运用各种方法的能力。无论是提出问题，还是解决问题，都必然涉及方法论的问题。正确、合理使用不同的研究方法，有助于我们发现问题、解释问题和解决问题。方法论不仅包括法学通常所使用的方法——规范分析方法，也包括不同学科的方法——经济学、社会学、政治学、伦理学、心理学、人种学、文化史学、历史学、宗教史学、生物学等人文和自然科学的方法。

8. 养成多视角观察和思考的能力。如果仅仅是单纯的学习，完成教师布置的作业、甚至小论文，都无法像完成学位论文那样进入一个更宏大、更深入的研究之中，这样的研究就需要从更广阔、更多的视角进行观察、分析和思考。有了这样的锻炼过程，就自然养成了多视角观察和思考的能力。

9. 锻炼构架体系、结构的能力。研究生们提出某些观点，即使是碎片化的观点也属不易，能够架构自己有体系的观点，而非仅仅是零碎的观点，更是非常困难。这种能力同样需要通过训练才能成就。

10. 锻炼架构文章结构的能力。文章一定要有相应的结构——文章的骨骼。文章有观点，同时必须通过一定的结构链接起来，没有骨架的论文，也是一篇有缺陷的论文。

11. 驾驭语言、运用语言和使用自己语言的能力。为了使得学术观点更加明确、论证严谨、缜密、表述准确，作为学术性论文的学位论文必须使用学术语言，而不是其他语言——口头语言，故事性、夸张性语言，杂文、随笔、短评性语言，尤其是网络语言，在学术论文中通常都是需要避免的（除非在研究分析中引用),特别是对自己的学术观点、内涵、论证的表达。这也是许多不习惯于学术论文写作的学生们感到异常痛苦之处。学生们的论文在表达方面经常会被导师指责为不准确、不严谨。严谨、缜密的语言表达必须通过一定的写作训练才能驾驭。

二、硕士论文、博士论文是什么

要撰写硕士论文和博士论文,首先必须清楚硕士论文、博士论文是什么?硕士论文、博士论文在性质上属于学术性论文,是研究学术问题、有学术观点和学术贡献的论文。因此,硕士、博士论文原则上不能是涉及法律著作的书评、实践报告、调研报告,经验总结、案例评析、学习总结等。作为硕士、博士论文,要求有单一的学术命题。论文需要围绕特定的学术命题进行研究和论述。当然,作为例外,法律硕士的毕业论文,从法律硕士的特点出发,案例分析型论文是被认可的,至少在清华是可以的。实证分析性的论文虽然不是传统规范分析性论文,但同样是学术论文,也是不少教师所提倡的学位论文形式。也有的教师反对将毕业论文界定为学术性,尤其是硕士论文。其认为论文未必一定要拘泥于学术问题,而且认为,学术问题的界定也不是那么清晰,只要提出了问题,是法律上的问题,对该问题有所分析、论述,就可以是学位论文。

硕士、博士论文是对论文命题比较系统的展开并且进行论证和论述。在民事诉讼法学中关于处分原则、辩论原则、当事人适格、必要共同诉讼、证明责任、既判力的主观范围、既判力的客观范围等都是特定的命题,关于这些命题的论述也就属于学位论文的主题。

博士论文在命题的论证方面则要求更为系统、完整和细致。无论是硕士论文还是博士论文,作为学术论文都要求在特定命题的论述上要有自己的学术观点,并且能够充分予以论证,对论述的命题有一个完整的回答。这一点是对论文所谓创新度的要求,也是硕士、博士论文撰写中最难以满足的要求,也不容易达到。当然如何理解论文的创新,人们的理解有所不同,对此,我会在后述中谈及我的认识。

学位论文作为学术论文可以在学术刊物发表,但在学术刊物上发表的文章不一定能够作为学位论文。因为学术刊物上的文章不一定要求系统性和完整性,尤其是我国的法学期刊发表的文章。有些可能重点就在于提出问题,引起学界争议,推进学术争鸣。学术期刊发表的文章也并非都是学术性的。学位论文的撰写格式也有其专门的格式和要求。

硕士论文与博士论文的一般区别在于论述的深度和理论性,没有外在的、量的实质区别。一般而言,博士论文因为讲究研究的深度或广度,自然在规模和体量上要大一些。一般情形下是在十几万字左右。硕士论文通常在几万字左右。作为一篇学术论文,从理论梳理、问题整理及提出、对问题的分析、自己观点的论证,加上引注,没有一定的规模是不可能的。在这个意义上,论文的深度和广度与论文规模有一定的联系。

三、学位论文的选题

(一)关于学位论文选题的共性问题

硕士、博士论文必须有一个明确的命题,该命题就是论文的中心议题、主题。论文撰写将围绕这一命题或中心议题展开研究和论述,提出自己的观点和认识,形成自己的研究成果,从而对学术研究有所贡献。这一命题或中心议题往往就是论文的题目。论文题目通常会直接表明论文研究的命题。所以,对于学位论文而言,确定命题即选题是首要的,也可以说是最重要的一个环节。论文可以在一个命题之下就命题之中的若干问题或子问题进行研究和论述。

对于传统的规范分析性论文,法律规范中的价值命题往往都是可以作为论文的学术命题,如地域管辖、协议管辖、管辖恒定原则、主管范围、当事人适格、当事人能力等等。选题最关键的在于考量有无作为硕士、博士论文的价值。

所谓论文的价值,主要是看是否提出了学术问题,并对这一问题的解决提出自己的观点。也就是有所创新,要有自己的独到的观点和见解,且这些观点和见解还能够被证明是成立的。如果没有深入的研究,没有扎实的理论功底，通常很难对民事诉讼规范中的价值命题提出学术性问题。因此，学生们在选择论文题目时可以发现，命题很多，但都已经有人写过，自己很难再就此有所发现和提出新的见解。

我们在阅读和思考时，也能够比较容易地发现一个命题论述中的问题，如地域管辖中特殊地域管辖的确定问题，但仔细研究后会发现这些问题太小，往往属于具体如何操作的技术性问题，无法展开或提升作为一篇硕士论文的题目，更不用说是一篇博士论文。这种情形最典型地反映在管辖领域，在这一领域中似乎问题很多，实践中由于管辖问题是涉及诉讼成败的现实问题，实践需求比较强烈。但这些问题都很难单独作为学位论文的命题。因为管辖领域中绝大多数都是实践性问题、技术性问题，而非学术性问题，自然在这个领域之中就很难找到具有学术价值的学位论文题目。

除了注意论文选题的学术性之外，还要注意基础性。如果可研究的问题缺乏基础性，则往往会因为问题太小，而无法展开成为一篇硕士论文。我们以回避制度为例。在回避制度中需要解释回答的问题虽然不少，但这些问题都可能太小，原因就是缺乏基础性，也就决定其学术价值不大。例如，关于回避制度，最高人民法院《关于适用〈民事诉讼法〉的解释》（以下简称《民诉法司法解释》）第43条第5项规定，“本人或者其近亲属持有本案非上市公司当事人的股份或者股权的”为回避的事由之一。那么这就存在持有本案上市公司与非上市公司当事人股份或者股权的区别，为什么要有区别的解释或理解的问题，在适用该规定时应当予以说明。但显然这一问题无法构成一篇硕士论文，更别说博士论文的选题。但如果硕士论文专门就回避事由进行研究，而非仅就一点研究。由于回避事由是回避制度的基本或基础性问题，如果在学术上还有可挖掘的余地，也就可以成为一篇硕士论文的选题。

我们鼓励硕士生撰写有关国外民事诉讼制度或民事纠纷解决多元替代制度的论文。虽然，这些论文大多都是关于国外相关制度的介绍，但是撰写这样的论文也需要有相当扎实的法学基础，对中外的法律制度背景有一定的了解，需要对这些制度的运行机制、环境、制度的作用有所研究。通常要求具有一定的针对性,对我国制度借鉴和完善能够提出相关的建议。因此,也具有一定的学术价值。但对于博士论文而言,我不是特别赞成这样的选题。关于博士论文选题将在后面专门予以论述。

在选择论文题目时,学生们常常有一个误识,即资料越多越好,因此在选题时,首先是看哪些问题的资料多。学生们所谓的资料多寡,实际上是指相关的论文或文章数量的多少,误认为与命题相关的论文或文章越多越好。为什么说这是一个误识?是因为如果已经有了如此多的论文和文章,在一定程度上就说明在这一命题中,已经没有多少可以提出问题、发现问题的余地和空间。

单纯从教科书和他人的论文发现问题是很难的,最好的方法是通过对实践活动的观察发现问题。作为硕士研究生,其亲身的实践活动非常有限。这就需要关注其他人的实践活动,观察他人在实践活动中所遇到的问题。这种实践资讯的获取,主要是通过非学术性刊物、媒体报道、案例。一旦发现这些具有社会性和实践性的问题,就需要及时将其归纳、提炼成为学术命题,对其进行学术上的研究。这就要求我们要保持对实践性活动的一贯关注度,具有学术敏感性。只有如此,才能发现问题。可以说,相关论文或文章比较少,而实践问题比较多,才具有提出学术问题的空间。

由于硕士研究生的理论功底相对还比较薄弱,刚开始踏入法学研究领域,用于研究的时间也有限,因此其论文在很大程度上主要是检验其学习的成果和研究能力,对于学术创新方面不会有太高的要求。论文的最低要求是能够用自己的语言正确地表述一个法理理论,弄清楚这一理论的基本结构、原理、适用的条件以及如何应用;要求完全有不同于别人的观点,并且能够论证成立,对于不少学生而言无疑是不可能完成的任务。

(二)博士论文的选题

博士论文由于其对学术要求更高,因此博士论文选题就显得尤为重要。虽然许多博士生毕业以后还会继续从事学术研究,但以后难有博士学习期间这样整块的时间以及压力,因此,博士论文有可能就是自己学术研究历程中的一个高峰。博士选题也与自己的学术发展有直接的关联,属于自己学术规划的重要组成部分，因此博士论文的选题一定要慎重。关于博士论文选题的确定，我的体会有以下几点：

1. 博士论文的选题，应注意命题的可扩展性，具有一定规模性。

法律上的问题很多，民事诉讼法领域亦是如此，许多问题都可以写成一篇文章，甚至可以成为一篇硕士论文的选题。但其却不一定适合作为博士论文的选题，因为不是任何问题都具有足够的复杂性，可以扩展成为博士论文研究的对象。

2. 博士论文更加偏重于理论性和学术性。

除了法律实证研究分析的选题之外（因为法律实证的分析从社会学的角度来看，其学术性往往在于选题和方法本身），有关民事诉讼法学的博士论文应当注意理论性，能够涉及民事诉讼的基础理论，通常不宜将民事诉讼中的某个现象的分析作为博士论文的主题，但不妨碍将其现象作为论文命题的引子。不能或不适合将某种现象直接作为命题本身，尤其是规范分析型论文。因为社会科学研究的目的主要是制定概念、提出命题、建立理论框架。在知识贡献方面，最高层次是有系统地组织经验，其次是提供解释和预测的理论，最低层次的贡献是对现象的描述（关于学术研究与知识贡献度的阐述，见吕亚力：《政治学方法论》，台北三民书局2002年版，第33～34页。）。对现象的分析一般属于社会学、政治学、心理学的领域，不会对规范分析提供解释理论，例如关于立案难、管辖难、执行难、送达难、再审难等现象的分析。只有涉及制度及理论分析的问题时，才可能在理论方面有所贡献。

3. 博士论文应具有一定的规模。

因为博士论文的规模性使得博士论文具有足够的容量和空间可以对问题进行更深入的探讨。即使传统的基础题目或他人已经初步探讨过的题目，也可以进一步拓展、深化成为一篇博士论文。这一点与一般刊物上发表的文章有所不同。并非完全颠覆过去的观点，在原来的理论上有所扩展、深化，也是在学术上有所贡献，有学术上的价值。

4. 比较研究是博士论文选题比较好的一个方向。

当然，在研究中应当切忌单纯的制度异同比较，需要深挖制度和理论上的差异,并提出我国制度建设和完善的合理建议以及理论支撑。对于比较研究的博士论文,选择什么制度或理论进行比较是非常讲究的,应注意比较的学术意义和现实意义。

5. 国外某一诉讼理论和制度可作为博士论文的选题。

某些国家在法治发展上的先发性,使得这些国家的制度和理论也具有可借鉴性。通过对这些国家制度和理论的研究,并为我所用,正是我们的后发优势所在。但也需要注意,作为博士论文选题的国外诉讼理论或诉讼制度是否有足够的研究价值。这里所谓研究价值的判断标准在于:其一,该诉讼理论和诉讼制度在该国民事诉讼法学和实践是否具有重要性;其二,是否对我国民事诉讼的理论和制度实践有重要意义。这类论文的风险在于,容易陷入单纯对国外理论和制度的介绍,从而影响学术评价。

6. 博士论文应作为自己学术发展的平台。

博士论文选题最好能够顾及到今后自身的学术发展。也就是说,对该选题的研究能够成为自己今后学术发展或拓展的理论平台,使得自己的学术具有可持续性。这里的反命题是,并非任何问题的研究对今后的学术发展都具有可扩展性。这就要求博士论文的选题在理论性方面具有基础性,因为基础性越强,就越具有可持续性。当然,基础性越强的论文越难写。

四、如何理解论文的创新或学术上的贡献

论文要有创新,无论是硕士论文,还是博士论文。这是我们对论文的一般要求,因为学位论文不仅是一种写作训练。但要做到论文创新,尤其是关于基本理论问题的学术上创新,即使是对专门从事学术研究的教师而言也是非常困难的。

对于论文创新应该有广义上的理解,尤其是对硕士论文,以下情形大体都属于有创新的情形(程度上有所不同):

1. 内容新。论文在研究的内容方面尚无人研究、涉足,是典型的创新。

2. 研究方法方面有创新。研究方法上的创新,不是指作者创新了一种独特的研究方法,而是说作者在研究中运用了一种不同于传统或以往的研

究方法或视角对传统的问题进行了探讨,即关于命题的分析和研究中合理地运用其他学科知识进行了研究。我们常常说,新的方法意味着可能有的发现,研究方法新也包括对自己观点的论证方法上有新意。

3. 视角新。有新颖或独特的视角,广义上也属于研究方法上的创新。就这一点,给我特别深刻印象的是一本叫《魔鬼经济学》(美国经济学家史蒂芬著)的书。此书有一章从经济视角和生育社会学的视角阐述了美国 20 世纪 70 年代以来犯罪率下降的原因,如果单纯从法律的角度这一原因过去并没有得到充分的说明。

4. 资料新。在论文中虽然论述的基本观点可能是他人已经论述过的,但你的论文所使用的资料更新、更有说明力,并且有外文资料,能够从更广泛的角度说明,这也是一种创新。

5. 观点新。观点上的创新当然是最不容易的,这也是论文最主要的学术贡献和价值所在。

6. 更好的案例。在论文中使用更具有典型性、更具有说服力、更新的案例。当然,案例的这些优势只是提升论文评价的一个方面或一个评价因子,不是一篇论文只要在案例方面做得好就可以了。

7. 表述方法有创新。关于某一观点和认识,你的表述更加精练、准确也是一种学术上的贡献。

8. 有深度。虽然论文同样命题有人已经论述,但自己的论述更加深入、细致,论文自然也具有学术贡献,也是一种创新的表现。由于硕士论文,尤其是博士论文有相当的容量,因此就有条件往深处探讨,更加细致地予以论述。许多文章往往限于看法文章的限制,没有将外提的研究走向更深,这就为学生们的研究留下了可以深化的空间。

9. 有广度。与上述关于学术问题的深化一样,学术问题的研究也有进一步拓展的问题。如果你的论文更有广度,涉及的范围更广,同样是一种创新和学术上的共性。我曾经写过一篇关于民事诉讼契约化的文章,刊登在《中国法学》上,但限于时间没有将这一问题拓展开来。以后有一位学者在做博士论文时,将这一题目进行了拓展,更系统、全面地加以论述,形成了一篇不错的博士论文。

学术要有创新,但必须遵循学术规范。法学研究的创新与艺术的创新有很大不同。艺术创新要求艺术表现的手法有其独创性,着重于表现手法或方法的差异性,能够表现美,且表现手法不同就是有所创新。

五、学位论文的类型与写作

学位硕士、博士论文从基本研究方法上可以大体上分为三大类:规范分析型论文、实证分析型论文、社科分析型论文。规范分析型论文又包括概念分析型和案例分析型两类。

规范分析型论文、实证分析型论文和社科分析型论文大体上可以对应广义法学分析中的三种基本方法——规范分析法学、法律实证分析法学和社科分析法学。关于法学的这三种方法以及在民事诉讼法学方面的运用,详见本书民事诉讼法学研究方法论部分。

(一)规范分析型论文

1. 规范分析型中的概念分析型论文。

这类论文侧重于从特定的法律理论中的概念出发,对理论的构成、背景、语境、法律概念的内涵、适用条件、如何适用进行研究和探讨,核心是法律适用的解释。这类论文又可以分为:建构性论文;制度考察、借鉴性论文;反思性(批判、商榷性)论文;评介性论文。这种分类视角主要是看论文的重点或中心。因为大部分论文都不可能那么单纯地围绕着某一个方面。

(1)建构性选题

建构性选题论文可细分为制度建构性和理论建构性论文两类。建构性论文主要是提出建立某项具体诉讼制度,以完善我国的民事诉讼制度,如三审终审制度的建构、公益诉讼制度的建构、小额诉讼制度的建构、家事诉讼制度的建构、票据诉讼制度的建构、既判力制度的建构等。建构可分为完全建构和完善性建构两类。完善性建构就是从修正原有制度出发,提出并论证该具体的制度完善措施,如管辖制度、起诉制度、上诉制度、必要共同诉讼制度、诉讼代表人制度、取证制度、证人证言制度等。

这类选题基于两个方面的考察而提出，一类是对域外制度的考察，发现某型制度具有在我国建构的可能；另一类是基于我国民事诉讼实践，或者具体制度运行问题的考察。这类选题的需求主要来自于实践需要，就要求对司法实际要有密切的关注和细微的观察。

(2)域外制度考察、制度借鉴方面的论文

这类论文的重点主要以考察域外特定国家或地区的诉讼制度为主，对该制度进行研究，并最终提出我国借鉴该制度的可能性以及具体借鉴的路径或方法。这类论文要求有比较好的外语基础、大量的第一手资料，同时要对我国民事诉讼语境有相当的了解，如王亦的硕士论文《美国民事诉讼中的管理型法官研究》、韩波的博士论文《证据开示制度研究》。硕士论文也可单纯以域外诉讼制度研究为主，简单提及制度借鉴或者完全不对制度借鉴的问题进行研究。

(3)反思性论文

这类论文侧重于对某一传统诉讼理论或现行制度的反思。因为其他类型的论文在探讨法理问题时也可能涉及对某个概念的反思，但不是以某一个理论或一项制度的反思作为论文的选题或基本取向。这类论文在选题方面，需要注意抓那些比较重要的、重大的理论和制度问题。例如，对我国民事诉讼基本原则(如处分原则、辩论原则)的反思，对上诉制度、再审制度、法院体制行政化的反思等。

这方面的论文更适合于博士研究生，因为这类论文需要更深厚的理论功底，需要花费较大的研究投入才能阐明，且风险比较大，因此不鼓励硕士生撰写这类论文。

(4)评介性论文

这类论文主要是关于外国理论和制度方面的介绍和评价，通常是一种辅助性的论文，是关于某一制度系统研究的副产品。这类文章相对研究成本较低、周期短，但其学术分量不够。因此，这类论文不是学位论文的主流，特别是对于博士论文。但也不排除将某些域外重大理论的研究评析作为硕士、甚至博士论文的选题。

2. 案例分析型论文。

案例分析型论文主要适用于法律硕士研究生毕业论文。案例分析型论文主要是在具体案例中具体运用法律理论,更强调法律技术性,而非学术性和理论性,因此,论文的学术含量不及规范分析型论文。但基于法律硕士主要是培养法律实用性人才,且法律硕士研究生在理论基础方面弱于法学硕士研究生,因此特别适合于法律硕士。教师中对于法律硕士的硕士论文是否应当按照学术论文的要求就有很大的争议。

(1)案例分析型论文的分类

案例分析型论文大体上可以分为两类:个案综合分析型论文;围绕命题的多个案例分析型论文。

①围绕一个综合性案件对案件所涉及的若干问题进行分析。以一个典型案例为主,分析该案例中所涉及的主要法律问题。例如,民事方面的,像吴华林案件、彭宇案件、许云鹤案件。

②围绕一个命题,通过多个具体案例的分析加以说明。例如,关于举证责任的分配,用多个案例加以说明;又如,关于当事人,共同诉讼、判决效力中的既判力等。

(2)案例分析型论文对案例的选择

如果是对一个案例的综合分析,则对作为对象案例的选择非常重要。选择案例的原则是:①复杂性。如果一个案例不够复杂,则分析的复杂性和深度就无法体现,也就影响了论文的价值。②典型性。如同案例分析课程中所使用的案例一样,案例越典型论文就越有价值。最高人民法院公布的指导性案例是我们应该特别关注的案例,也是硕士论文很好的研究案例。现在民事诉讼方面的指导性案例逐渐增多,为案例分析型论文的撰写提供更好的条件。③影响性。一个有影响的案例,例如吴华林案件,由于人们的关注,论文的分析和研究对实践又具有更大的影响,这也是论文的价值之一。④真实性。只有真实的案例才对今后的实践具有指导意义。真实性和复杂性是案例选择的首要原则。

如果围绕一个命题展开的案例分析,可以将诸多案例用于一个命题的各子问题之中。例如,彭宇案中关于侵权事实的判断可以用于说明证明责任适用的前提——案件主要事实真伪不明;许云鹤案件可以用以说明证明责任分配的问题。

收集案例有多种途径,如通过"北大法宝"、"中国裁判文书网"以及各级法院尤其是高级人民法院、中级人民法院的网站等实现。不过,法院的网站公布的案例是通过过滤之后的案例,通常不大会刊载有争议的案例,因此,难以直接发现有争议的程序性问题。这是为什么撰写民事诉讼法论文更难的原因之一。还有就是去各大律师事务所的网站,可能收集到有用的案例。因为有的律师会将自己实际代理案件中遇到的问题在网站公开,以表明自己观点的正确性,并对法院的裁判及理由提出质疑。这些争论恰恰就是我们进行学术研究的素材。学生也可以更加主动的姿态,向相关的律师索取相关的诉讼资料,以便进行分析。有的律师是愿意提供这些资料的。

(二)实证分析型论文

实证分析型论文主要依托于法律实证分析方法,是法律实证方法的具体运用。与典型的法律规范分析型论文不同,这类论文不是从法律规范或法律概念出发,对规范、制度、概念的内涵或价值命题进行分析和讨论,而是将制度的具体运行、实践中人们对法律规范命题或法律概念理解的实际情形进行调查,说明制度的实际运行情形,为法律制度的调整和具体实施方法提供实证依据。由于这类论文是以具体制度的实证分析为论文选题,因此,单纯从选题的范围来讲相当丰富,为论文选题开拓了更广阔的空间,而且不会受到规范分析型论文在选题方面的重合性限制,题目设计也相对比较简单,如关于小额诉讼的实证分析,公益诉讼的实证分析、送达制度的实证分析、行为保全的实证分析、举证期限制度的实证分析、立案制度改革的实证分析、证人证言制度的实证分析、代表人诉讼的实证分析等。理论上,虽然属于同样的实证调查对象,但只要区域不同,原则上都是可以的,如内地小额诉讼的实证分析、沿海小额诉讼的实证分析、中心城市小额诉讼的实证分析。

不过,实证分析型论文在研究中,对实证调查的方法有专门的要求和规范，而且需要耗费大量时间，尤其是田野调查，因此可能不适合需要将更多时间放在学习方面的硕士研究生。一旦不熟悉调查方法和规范（而法学院的学生大都没有接受过这方面的训练，特别是法学硕士研究生在思维方式上已经形成规范分析的法律思维模式，擅长的是规范分析），学生们又没有大量的时间可以进行比较充分的调查，论文就有可能失败。可以说这类论文选题容易，也由于这类论文的写作不属于规范分析，因此，不大会犯规范分析容易发生的学术不端行为，比较容易通过所谓论文"查重率"这一关。但也由于实证分析型论文对实证规范的要求和时间、物质的投入，实际进行研究并不轻松。正应了哲人马克思的特别高大上的一句话，"在科学的道路上没有平坦的大道，只有不畏劳苦沿着陡峭山路攀登的人，才有希望达到光辉的顶点"。

这类论文通常都会事先有一个明确的具体调查对象，如关于调解、判决效力、起诉立案制度、小额诉讼制度、公益诉讼制度、无独立请求权第三人制度、再审审查制度、执行制度中的案外人异议之诉制度。在选题时，应当选择那些当下比较为社会或学界所关注的制度，使得论文更具有现实意义，提升论文的价值。

从实证调查入手，最后对调查进行分析和说明。在进行实证研究时，应当尽量避免价值先行，即事先预设该制度的意义——积极或消极，避免在具体调查研究时受这种价值预设所牵制，导致调查结果的主观化，即所谓心理学上的"疑邻盗斧效应"。

（三）社科分析型论文

社科分析型论文与所谓社科分析法学有直接关联，即这类论文采用的研究方法在法学方法上称之为社科分析法学，也就是运用法学之外的其他社会科学的方法分析法律现象，或者从其他社会科学的视角看待法律现象，如政治学、哲学、社会学、经济学、伦理学、语言学、历史学、文化学等。它与传统的法学规范分析方法有所区别，是最近十几年比较时兴的一种分析方法。在法学学位论文方面，社科分析方法也常常成为一种专门的研究和写作方法。一些不太擅长或不愿受规范分析方法约束的博士研究生往往会使用社科分析方法撰写博士论文。徐昕教授博士期间撰写的博士论文《论私力救济》就是这方面成功的例子。在这之后，也有不少博士研究生试图模仿这条路子，但由于受规范分析的影响和选题的困难，成功得不多。

社科分析型论文在选题上通常是对一个法律现象进行分析，如审判直播问题，是否直播可以是政治问题、社会问题、伦理问题、法律问题，可以是一般议论的话题，也可以作为学术问题进行研究，比较多的集中在司法制度方面，或者与司法制度有关的问题，如民事诉讼中的"五大难"问题——起诉难、管辖难、送达难、再审难和执行难。因为司法制度中的问题最容易成为一种现象，而现象就是一种事实状态，社会科学能够对这些现象提供解释。

在民事诉讼领域，社会学、经济学、心理学和历史学的运用比较常见，当然，许多情形下是多种方法并用，甚至与规范分析方法并用，单纯使用一种社科方法的不多，适用最多的还是社会学方法。法律硕士研究生的大多数第一专业都不是法学，而且外语专业以外的也比较多，即具有知识结构上的"复合性"。理论上，有些专业出身的法律硕士研究生利用本科专业的知识撰写这类论文是有一定条件的。例如，我指导一个法律硕士研究生本科是历史学专业，因此，他的硕士论文选题为《1949 至 1964 年中国的民事诉讼制度与实践》，重点在于对这段民事诉讼制度与实践的历史进行考察和分析。在这篇论文中，他所熟悉的历史分析方法就有了用武之地。有的学生特别不喜欢规范分析，甚至很讨厌规范分析的范式。例如，有一位早期双学位的学生，虽有灵气，也很有钻研精神，但对规范分析可以说是恨之入骨，将其视为枷锁，恨不得赶快扔掉这一枷锁，投入到他认为的可以无拘无束的法哲学分析之中。当然，任何学术研究都不是艺术创作，可任由主观想象、解释而信马由缰。任何世界都是他人所规定或设定的世界，只要立足于法学，最终也就很难逃出规范分析的如来佛之手，除非逃离法学。现在看来，大体上也是这样的命运。

从许多法律硕士的情形来看，能够运用相应的社科分析方法，对法律现象进行分析还是很有难度的，因此，选择这类论文还是不多。分析其原因，一是这些学生尽管本科可能是社科专业的，但是所掌握的专业知识还不能很好或自如地运用在对法律现象的分析上；二是对法律现象进行分析还要求具有一定的法律基础知识，然而一些学生虽然通过一段时间法律学习，对法律有一定的了解，但限于原来专业思维的约束和时间，对法律的了解十分有限，因此，很难将两者结合起来，成功完成硕士论文；三是指导教师大多是擅长规范分析的教师，即使该教师对社科知识和方法有一定的了解，但专业性显然不够，也就难以发挥导师的指导作用，如果要指导也可能是外行指导内行。

六、论文的资料收集

论文撰写，对选题进行研究，必须要有足够的资料。一方面需要通过资料了解特定选题的研究历史和现状，确定选题，另一方面也需要通过资料形成自己的观点，因为自己的观点、认识和想法，按照德谟克利特的观点，都不是无中生有的，也需要通过资料为自己提供论证依据，设计解决方案，搭建制度结构。

如何收集和运用资料也是学位论文和任何学术性论文所需要注意的。在论文资料收集方面应注意以下几点。

1. 资料的权威性。

越是权威的资料，越是可靠，也是论文论述科学性、可行性的保障。现在人们在收集资料时更多地依靠网络，但问题在于为了简单化，通常都是以“关键词”上网进行搜索。网上出现什么资料就用什么资料，而没有顾忌资料的权威性。在资料的权威性判断方面，通常要注意的是，如果系公开发表的文章，则一定要注意刊发文章的刊物地位和撰写文章作者的地位。在刊物方面，一般而言，首先是法学类权威核心期刊，其次是一般核心期刊，最后是一般公开刊物。虽然不能说在一般刊物上发表的文章学术水平就一定不高，但一般情形下权威层次越高的期刊，刊发的文章水平也越高。实践中，学生们出现的问题是，有核心期刊的文章不引用，而要引用一些非权威、非核心刊发的文章。

对权威性判断另一个依据是作者，我们需要看作者的层次，而作者的学术水平自然是通过职称、学位、资历、学界的地位和影响等方面来加以判断。学生们收集资料在这方面出现的问题是，撰写博士论文引用的文章资料却是硕士论文，尽管在这个方面，已有教授、副教授等人撰写的文章，却没有用心去发现。硕士论文作为资料不是不能引用，有的硕士论文也能够写出有创意、新意、有见地的观点。但如果要引用至少要给予说明，为什么要引用。

2. 可靠性、准确性、可检验性或可验证性。

资料的可靠性、准确性、可检验性也是一篇论文是否具有科学性、可行性的另一个保障。可靠性、准确性、可检验性三者是相互联系的。可靠性源于准确性和可验证性。可以验证的文章资料应当是公开的，具有公开性的资料大都是公开发表于学术刊物、报刊和网站。现在许多资料来源于网站。应当注意的是，鉴于网上资料的可靠性、准确性相对较低，因此，有刊物（包括电子刊物）、报刊的资料，应尽量收集和使用这些资料。网上资料尽量注明下载的网站和时间。对于某些来源于自己所做调查的资料，在文章中可能因为多种原因不便公开资料来源单位和机构，可以理解，但如果能够公开应当尽量公开。对于学位论文而言理论上也应当公开，如果要发表则应当予以处理。如果总是出现“S”、“Y”等符号替代真实名称，因为无法验证，其可靠性就要打折扣了。这也是为什么有些实证性文章不容易具有可信性的原因之一。

3. 时效性。

时效性也是资料收集应当注意的一个问题。但论文写作的过程中，人们往往容易忽视这一问题。这一方面的基本要求是，如果不是进行历史渊源考察，应当引用最新的资料，引用他人观点应当是最新的观点；引用著作时，应当注意最新的版本。尤其是教材，修订比较快，几年可能有所变化。否则就可能出现你所要质疑、批评的观点，别人早已经在新版著作中予以修正，靶子已经不再存在，属于无的放矢。在引用国外的著作时也要注意引用最新的版本。文章也是如此，应当注意他人观点的更新。

七、论文提纲与结构

1. 如何撰写论文提纲。

撰写提纲是撰写论文所必须的。提纲是骨架,是基础,也是指南。但撰写提纲也常常是学生觉得最难,最为痛苦的。有的学生会提出这样的问题,能写出提纲,文章不也就差不多了吗?提纲可能意味着文章的骨骼已经具有了。的确,能写出论文提纲,也就意味着论文有了一个很好的开端,写不出提纲,文章也就无法继续推进,前进也就没有方向,因为没有提纲指引。我的体会是,作为最初的提纲就是对于这一选题,我自己打算写哪些问题。将要写和可以写的问题列出来,这就是提纲。

我们以公益诉讼制度为例。对于这样一个选题的硕士论文,我首先考虑打算写哪几个主要问题。通过查阅资料,我们发现,公益诉讼的目的、作用、公益诉讼的含义、公益诉讼的范围、公益诉讼的原告、公益诉讼的起诉条件、公益诉讼与私益诉讼的关系、公益诉讼的撤诉、公益诉讼和解与调解、公益诉讼程序、公益诉讼的裁判效力等诸多问题都可以写。那么,我们就可以将这些问题串联起来,形成具有一定内在逻辑关系的问题链,这就是关于公益诉讼制度这篇论文的提纲。在每一个大问题之下,再思考需要研究哪些小问题。例如,公益诉讼的原告,可以研究的问题包括原告的范围、原告限制的根据和理由、国外公益诉讼原告、原告确定的技术问题等,由此又形成二级提纲。每一个二级提纲之下,还可以细化为更具体的问题。如此,整篇论文的骨架就基本完成了,下一步就是具体丰富其内容——立论与论证。

2. 论文的基本结构。

(1)整理问题。

提出问题,并对问题进行解释,为什么是一个问题?这一问题在学术上有什么意义。对他人或学界关于该问题的认识或研究成果进行归纳、梳理。

(2)对该问题的研究现状。人们现在的观点、认识在理论上的缺失或制度建构存在的问题。

因为是法律论文,通常是法律的理论和制度问题,因此一般而言会涉及现有制度的缺失和矛盾等。

(3)进一步分析问题发生和存在的原因。

(4)提出自己的观点或解决问题的方案,并进行论证。

在这一部分,也包括对国外理论的介绍与相关制度的借鉴。

(5)交代尚未解决或遗留的问题。

一篇论文,不可能将相关的问题全部解决,因此,需要将未解决、难以解决的问题做一个交代,以便他人继续研究。

八、论文引注规范

学术论文的"恐怖"之处还在于有一整套复杂的规范。这也是对学者的专业要求,是一种作为专业人士必须要受到的约束,以保证科学性。只有那些超出专业界限的思想大师能够挣脱这种束缚,自由自在地在天空中翱翔。例如帕斯卡尔、叔本华等人的著作很少或几乎没有引注,似乎所有的观点和思想都是自己的原创。当然,我国古代的大师们更不可能有引注,因为那时几乎没有学术规范可言。论文引注规范是必须遵守的若干规范之一,也是学者感觉比较辛苦之处。正因为如此,许多学者还是愿意逃离专业学术的道路,尽力走向思想性。

(一)论文引注的意义

学术论文引注了他人的观点或论述时,必须要有引注。这一规范本质上基于私有财产权的基本理念。

在论述一个学术命题时,我们往往需要引用他人的观点或论述,以交代命题的背景、梳理以往的学术研究成果、研究进展、现状、存在的问题等,在对自己的观点和认识进行论证时也要引用他人的理论,已提供支持。如果使用了他人的观点、提出的资料、对事物和现象的描述而不加以引注,那就是剽窃,是学术上的不端行为。这是论文写作所必须要杜绝的。但这种不端行为就像毒品一样有相当的诱惑力,因为可以节省人力、物力和精力;对他人是一种侵害,对自己则是一种自杀。

我们可以将引注的意义或作用概括为以下几点:

1. 厘清观点、理论、思想的源起,产生的背景、发展变化的脉络。

2. 表明自己观点的源头。

3. 为自己的观点提供有效、有利、有力的证明。

4. 表明自己阅读的知识范围,对这一问题的了解程度——深度和广度。

5. 知识的来源。

6. 避免被指责为抄袭,包括故意抄袭、非故意抄袭。非故意抄袭包括将他人的东西通过学习转化为自己的认识,从而认为是自己的独创。抄袭的危害性在于,侵害他人的权利,最终危害自己。

原则上,只要是他人的论述都应当予以引注,主要在以下情形时常常会使用引注:(1)讨论某一理论或观点;(2)使用他人提供的数据;(3)引用他人理论、观点支持自己的论证。

7. 引用他人对现象的概括和描述时。当然,论文中涉及的常识性认识或知识不需要加以引注。

引注的文献包括专著、论文、网上资料信息、其他资料信息载体。不能查证、验证的内容不能引用,如他人之间的谈话等。

(二)论文引注的格式

论文或文章的引注都有一定的规范要求。作为国际上常用的引注格式规范有所谓的"哈佛引注格式"和"芝加哥引注格式"。

1. 哈佛引注格式。

哈佛注释体系(Harvard System),也叫"作者—日期法"(Author-date method)。每一个引文,无论直接还是间接,都应分别在两处注明:在文中引用处注明;在全书或全文最后的参考书目(bibliography)处注明(投稿时请注意所投刊物对引注格式的要求)。

2. 芝加哥引注格式。

《芝加哥引注格式使用指南》(The Chicago Manual of Style),也叫杜拉宾引注格式。例如,文后参考文献的格式要求:使用作者的全名。第一作者先写姓再写名;从第二作者开始,先写名再写姓。引注规范的基本要求是:能够查阅、查证所引资料和文献;主要因素:作者、时间、信息载体。

（三）关于参考文献

1. 一般规范。

只列作者直接阅读过、在正文中被引用过、正式发表的文献资料。

应该遵循论文写作的相应规范要求，不可以杜撰引注格式，而且应当做到全文应统一，不能混用。参考文献通常应放在论文结论之后。

（1）用自己的语言加以概括和描述，不得大段直接引用。按照哈佛引注规范，不应超过两行。

（2）概括应准确。

（3）直接引用、间接引用、转引。直接引用加“”，间接引用写“参见”。不能转引作为间接引用或直接引用。

（4）除非作追溯性研究，引用的文献应为最新版本。

（5）网上资料的引注。应标明登录网页、时间。尽可能不使用网上资料，如必须则尽可能适用官网。例如，王世涛：“宪法不应该规定公民的基本义务吗？——与张千帆教授商榷”，http://www.chinapublaw.com/emphases/20051010215905.htm，2010 年 9 月 2 日最后访问。

（6）注意引注的价值或意义。

（7）外文文献应采用相应外国的注释规范。

2. 参考文献与脚注（注释）的区别。

参考文献按照提供目的划分，可分为引文文献、阅读型文献和推荐型文献。引文文献是著者在撰写或编辑论著的过程中，为正文中的直接引语（数据、公式、理论、观点等）或间接引语而提供的有关文献信息资源。阅读型文献是著者在撰写或编辑论著的过程中，曾经阅读过的文献信息资源。推荐型文献通常是专家或教师为特定读者、特定目的而提供的、可供读者阅读的文献信息资源。学位论文中的参考文献主要指引文文献及阅读型文献，参考文献与脚注是论文的必要组成部分。

脚注与参考文献有所区别。参考文献是作者写作学术论文时所参考的文献，一般集中列于文末。参考文献序号用方括号标注，与正文中指示序号一致。脚注是对学术论文中某一特定内容所做的进一步解释或补充说明，一般排印在该页底端,并用阿拉伯数字加圆圈标注。

(四)基本格式

1. 论文引注。

作者、论文题名、出处(期刊名)、刊载时间、具体刊次、页码。例如,张卫平. 民事诉讼"释明"概念的展开. 中外法学. 2006(2):131。

2. 著作引注。

作者(三个作者以上加等)、著作题名或书名、出版社地址、出版社、出版年、页码。第二版及以上的应标明版次。例如,张卫平. 民事诉讼:回归原点的思考. 北京:北京大学出版社,2011:117。

案例引注涉及裁判文书的,应当标明作出裁判文书的法院判号以及出处。例如,最高人民法院(2006)民三提字第1号. 北大法宝. http://eproxy2.lib.tsinghua.edu.cn/rwt/160/http/75YPLURNN4XZZLYF3SXP/Case/。

译作引注应当标明作者和译者,外国作者应当标明国别。中文著作、论文的中国作者不需要标明国别。

(五)引注中应注意的几个问题

1. 引注的必要性。现在的论文写作中,有一种不好的倾向,即将引注作为一种装饰,似乎引注越多越好。的确引注多,给人的感觉是理论性强、论证严谨,但其实有的引注是没有必要的,引注过多反而会影响他人对你论文的阅读。

2. 外文资料的引注。论文经常会使用外文资料,对于资料来源必须引注。这就需引注者要诚实,实事求是地交代外文资料的出处。

3. 直接引注他人成果时,需要将他人的表述转换为自己的语言。我们往往会认为他人的论述,只要我交代了出处就可以原文引用。这是不正确的,因为如果在论文中原文引用也是一种不端行为,他人的语言表达或表述也是他人的劳动成果。所以引用他人的观点或论述,也需要将其表述转换为自己的表述,并且还要保持与他人表述观点的一致性。这一点需要我们特别注意。在我早期的文章中,往往没有在意这一问题,认为只要交代出处就没有问题了。

4. 所要引注的参考文献资料应当与论文有必然的联系，否则为不必要引注。

5. 论文撰写中，我们容易注意正文中的文字，而不太注意引注中的文字是否存在错漏，所以应当予以特别注意。我们在论文答辩中就遇到论文写得不错，但引注中的错别字不少，给论文摸黑。

九、论文撰写的一般流程

需要说明的是，这里所言的论文撰写的一般流程只是大致表述或描述，不是论文撰写的程序范式或技术操作程序，仅为写作提供参考。

1. 泛阅读，搜索问题。这一步是论文写作前的阅读和观察，已经具备了论文写作意向或导向的也是如此。一旦进入研究生阶段，这种指向就必须建立。论文选题的“雷达”始终是打开的（如果论文题目是导师制定的，服务于特定的课题需要，属于命题论文，则不适用本流程）。

2. 对观察、搜索到的诸多问题，进行初步筛选，初选出可能具有作为论文基本主题价值的问题。

3. 以初选问题为视角或聚焦初选问题，再进行深度搜索和扫描，进一步锁定问题。如失败，则重新进行泛搜索。

4. 对问题进行深度学术评估，并最终确定论文命题。具体方法，需要向导师或其他人尤其是同学、前辈征求意见。有否定意见的，不要盲目听从，需要判断否定意见的理由和根据。有时，对于博士论文的选题，博士生导师也不一定能够判断。原因是多方面的，如导师的关注点不在学生选题的焦点上。如果要对学生选题进行更细致的判断，可能会转移导师的注意力，也就会影响导师当下的研究，尤其是对那些还处于研究产出高峰阶段的导师。学生的选题并非导师关心或感兴趣的领域。博士论文往往要对更细致的理论问题进行研究，而导师虽然对一般理论或基本原理有所了解，但对更细化的理论，特别是国外一些新的制度和理论也可能是生疏的。导师也是人。

5. 进一步思考论文命题之下的子问题或者问题群，即有哪些更细的问题需要进行研究，包括他人研究的状况。

6. 在对子问题或者问题群进行初步探寻之后,便可以进入提纲写作阶段。将这些问题按照逻辑层次加以归纳整理,论文的提纲初稿就基本形成了。通常情况下,论文应当围绕基本命题有一条逻辑主线。这一逻辑主线将所有的问题串联起来。例如关于民事诉讼处分原则,其基本命题和主线就是当事人的处分权——性质、意义、根据、范围、具体形式、制度规定、域外情形、理论争议、制度缺陷与完善等。

7. 根据提纲,开始研究和写作,并根据研究进展不断调整提纲和论文体系。论文写作需要注意,虽然我们要求对每一个问题都要深入研究,但也要兼顾论文的规模、完成时间、精力。因为有些问题,一旦扎进去就可能出不来,或需要太多的时间,影响论文其他问题的研究。有些问题可以留在以后再进一步研究。

8. 修改论文。论文基本完成之后,最重要的一个环节就是修改。

修改中,首先,要注意论文基本观点的一致性,避免观点、表述的矛盾和冲突。

其次,注意论文的基本结构是否协调。常常出现的问题是,有些环节过于薄弱、简单,论文不够平衡。结构平衡也包括重点突出,该重则重,该轻则轻。

再次,审读论文基本观点的论证是否充分。这需要我们从证伪的角度提出合理怀疑。论文达标也适用"排除合理怀疑"的标准。由于自问难见其效果,所以,可让其他学生进行审读,提出质疑。论文写作应当是充分开放。整个写作阶段始终都是开放的,需要不断听取意见、看法,随时进行修正。从这个意义上讲,论文并非都是自己思考的结晶。

又次,检查引证资料来源的正确性。

最后,对论文文字进行调整、勘误,尤其是外文部分。注释部分的文字错误也是最容易忽视的。论文自我校对是一件非常痛苦的事情,有时比写作本身还要难,主要是基于心理上的重复厌烦症。而且自己写的东西,往往有些语言文字表达方面的错误也难以发现。将自己的论文大声读出来,是一种有效的方法。还有就是同学之间的相互校对,不过,质量上就很难说了。我是不太主张导师对学生的论文进行文字、语法上的校对，导师主要把握论文的方向和基本观点的论证，文字校对是一种专门视角。

十、结语

在本章的结语部分，还有几点想提一下。

1. 必须用心去写作。

论文写作是一种磨炼，自然伴随着痛苦，但其结果是自己能力和素质的全面提升，甚至是质的飞跃，尤其是博士论文。即使同学们以后不做研究，这种自身素质和能力的提升，对今后任何非学术的工作也是有重要意义的。要写一个工作总结报告、方案、制定一项政策、对政策进行分析等都是小菜一碟。所以，一定要有决心和毅力才能很好地完成学位论文的写作，实现自己人生中的一次"凤凰涅槃"。

2. 尽快进入写作状态，克服拖延症。

对于撰写学位论文而言最难的不是没有观点和思想，其实最难的是进入沉思的写作状态。一旦进入沉思的写作状态之中，观点就会自然冒出来，并形成自己的思想。学位论文与一般学者平时撰写文章不同，有严格的时间限制——"提出时限"。超过时限，不能提交论文，答辩、毕业及学位全都化为泡影。对于硕士，尤其是法律硕士很难从容地在规定的时间之前完成论文。我一再告诫学生们，一定要提前完成硕士论文，千万不要以学校的规定提交时间作为最后"通牒"，务必要在开始寻找工作之前完成，因为这期间可能有许多意想不到的事情会干扰你。但只有极少数学生（指导了这么多学生，大概只有一两个）能够听取这一劝告，绝大部分学生的论文写作都被无情地拖入找工作的泥潭之中而难以自拔。拖延是人的劣性之一，写论文也是如此。硕士论文撰写的最大问题在于，撰写期间其时间会被找工作所挤压。在绝大多数学生的认识中，工作岗位比论文更重要。挤压的还不只是时间，实质上更严重的是干扰了学生对论文的关注和思考。找寻工作是生存之大计，当然要全力以赴，因此，关于论文的沉思、写作的时间和精力也就自然会被找工作所挤压和吞噬。论文只能在最后通牒之前仓促完成，甚至有的不得不走上学术不端之路。尽管指导教师会再三催促，但效果并不明显。试问在一两个星期内加班完成的论文，还能有多少自己的观点，更别谈思想。说实在的，相信如果教师们不是受到学生"工作"或"生路"的"绑架"，或那么富有"同情心"，应该有不少论文难以过关。所以，关键还在于对写作阶段的把握。我再次告诫，一定要在规定阶段提前完成毕业论文，千万不要让论文写作带入找工作的泥潭之中。我甚至开玩笑说，我指导的同学们最好拿出一笔钱出来，超过一天罚十元，以促使同学们克服拖延症。

3. 在写作方法的学习上，看他人的论文是最简单的方法。

有许多同学在提笔准备写论文之前都会问老师学位论文怎么写这样一个很自然的问题。我的回答特别的简单：看看你的师兄师姐是怎么写的。是的，关于写作方法，学生们需要学习，首先要做的不是听指导老师怎么说，而是实际地看看之前学生撰写的毕业论文，尤其是那些获得优秀评价的论文，看看这些论文的标题、表述、结构、对以往理论的概括、观点的提出、如何进行反驳、如何进行论证、毕业论文的格式规范等。

4. 论文撰写中，如何与导师沟通。

撰写论文的过程中，另一个应当注意的问题是，一定要与指导教师有效沟通，与同学就论文撰写进行交流。与教师沟通能够发现自己撰写论文所存在的问题，甚至可能需要改变题目、转换思路和方向。如果不及时沟通，就有可能会来不及。与同学们沟通交流对于论文写作的看法和经验有助于更好地完成论文。实际上，通过交流可以学习他人的方法和思路，就论文相关问题也可以进行讨论。通过讨论初步验证自己的观点和看法，以便提高论文水平。同学之间也不存在学术上的竞争关系。要知道，除了老师之外，同学也都是你的"老师"。我的观察是大多数同学都是封闭性写作，几乎没有交流。当然，在没有时间，论文"大限"即将到来之际，这一切都是空谈。

5. 尽量避免论文中的文字语法错误。

论文中的文字语法错误，虽然不会导致论文被"枪毙"，但如果达到一定程度将会影响教师对论文的评价，通常会被认为没有用心，要想获得优秀论文的评价几乎没有可能。在实行"末位淘汰"的情形下，严重的文字错误还可能在比较中成为淘汰的理由。

6. 关于论文“致谢”部分。

通常论文中都有致谢部分，但致谢部分本身并不是论文的组成部分，可有可无。同学们不必在意。当然，对指导老师表示谢意可以理解。我的认识是，作为自己论文的指导教师没有必要致谢，因为这是指导老师的义务，更没有必要将其调子提到很高。对其他老师给予的帮助表示致谢才是应该的。总之，论文谢辞应当真挚、诚恳，否则宁可不写。有许多同学实际上会在致谢部分，表达自己对论文撰写如何不易的感怀。作为一种释怀心理完全可以理解。

最后，衷心祝愿每一位学生，学位论文成功！

第五章

课程体系与教材

题记：

教材是教师手中的武器。

教材简单、容易，是人们的最大误解。教材难写，最难在于写作时缺乏激情。

一、课程体系、设置与课程安排

在系统的法学教育中，人们通过不同的课程，将不同门类的法学知识传授给受众。特定课程的内容是由特定的各分支法学知识体系决定的。一个法学学科知识体系的传授，通常又是通过由若干骨干、枝干组成的课程体系来实现的。一般情况下课程的设置与相应的法律分支有着内在联系。一个法学知识体系的内容分化越细，课程设置也就越多。例如，关于民法学体系的课程就可以分为民法总论、民法分论，还可以单独设置物权法、债法、侵权法、继承法、人格权法、婚姻家庭法等。

民事诉讼法学体系的课程既可以设置一门总括性课程——民事诉讼法学，也可以根据具体相对独立的内容设置不同的课程。例如，在具有总论或概论性质的民事诉讼法学之外，设置民事证据法、民事执行法等。这些具体的课程在同一学科体系中就构成了一个相对独立的课程体系。

不同学科体系的划分会影响课程体系的构成，如民法与商法、商法与经济法、经济法与行政法等。

课程的设置除了与法律的性质有关之外，也与特定知识门类的相对独立程度以及在体系中的地位和重要程度有关。例如，在民事诉讼法学知识体系中，证据法、民事执行法就有相对的独立性，具有自己的特点，因此，可以独立成为一门课程。同时，证据法、民事执行法也具有十分重要的地位，独立设置为一门课程也言之成理。在民事诉讼法学课程体系中，民事证据法、民事执行法、仲裁法、国际民事诉讼法、纠纷多元替代机制等都可能独立成为一门课程。随着家事诉讼法和非讼事件程序法的分离，其重要性逐渐为人们所重视，则家事诉讼法和非讼事件程序法也都可能成为独立的课程。

在法学院校中，具体课程的设置还与教师资源有直接的关系。教师资源丰富的院校，开设的课程也更细、更多。通常而言，法律专门大学，由于师资数量多，因此，开设的课程也更多，如传统的"五大"政法大学——中国政法大学、西南政法大学、中南政法大学、华东政法大学、西北政法大学等更具专门特色的大学。综合性大学，尤其是打算走精英化模式或研究型的大学，部门法内课程设置就比较少（名义上，交叉性的课程可能比较多，但实际运行的并不多）。在清华法学院，过去因为民事诉讼法方面只有两名教师，因此，其他一些法学院校分设的，与民事诉讼法学相关的课程（例如民事执行法）也都没有单独开设（民事证据法除外），而是统括在民事诉讼法学这一门课程中讲授。仲裁法、公证法、国际民事诉讼法由其他学科的老师担当。现在，有了新的年轻教师加盟，相关课程也会多起来。现在民事执行法就已经开设。相信在今后，家事诉讼法、非讼程序法课程也会分别开设或合并开设。

比较完备的民事诉讼法学的课程体系可包括以下课程（主要针对本科生）：

民事诉讼法学、民事证据法、民事执行法、家事诉讼法与非讼程序法、国际民事诉讼法或涉外民事诉讼法、ADR、仲裁法与公证法、律师制度、法律援助（或律师、仲裁、公证与法律援助）。根据具体情形，有的课程依照讲授内容量的大小，可以单开，也予以合并。例如将律师、公证、法律援助甚至包括仲裁，合并设置为一门课。有的课程的设置与知识体系的完整性没有太大关系，而是从涉及扩大知识面和视野的角度予以考虑，如外国民事诉讼法、比较民事诉讼法、外国民事证据法、比较民事证据法。因为普通高校的法学教育强调或侧重于理论教学，所以，课程基本上是理论课程为主，实践性课程比较少。例如，像英美国家法学院系中比较重视的是律师法庭技巧这类实践性、技术性的课程，在国内法学院校中却鲜有课设。有的专门法律院校可能在“律师与公证”或“律师学”、“律师制度与实践”这一门课当中部分讲授。通常，“律师与公证”这门课中律师制度是重点。无论是“律师与公证”、还是“律师学”或“律师制度与实践”，都强调其实践性的一面。律师实战技术和方法是其核心内容。

现在为了使理论教学能够更为生动和具有实践性，许多法学院校都开设了案例分析课程。民事诉讼法学课程体系中也增加了这方面的课程。清华从2008年开始就已经开设了“民事诉讼案例分析”。该课程设置的目的是强调民事诉讼法理论与实践的结合。总体而言，因为强调理论知识的传授，所以，民事诉讼法的整个课程体系依然是以理论性课程为主，实践性、实用技术性的课程为辅。从国外的情形来看，基于法律实用人才的需求，人们逐渐远离理论性课程，而亲近实用性、技术应用的课程。但由于我国法律实用技术尚不够发达，尤其是在法律人才需求量大的诉讼领域，法律技术之外的因素还占有相当大的比例，因此，尚未直接对法律教育的实用性提出更为迫切的要求。实用性、技术性的课程还很难成为主导和主流。

是否开设外国民事诉讼法或比较民事诉讼法等课程，与教师的知识背景有关。开设通讲主要国家的民事诉讼法、证据法或民事执行法课程的似乎不多，即使课程名称为“外国×××法”，但也只能有重点地讲授一国或两国的民事诉讼法，因为受限于知识面、精力、课时和学分。因此，清华法学院的情形是，根据师资的具体情况开设相关外国法的课程——德国民事诉讼法、美国民事诉讼法和日本民事诉讼法。一个老师如果没有专修过某国民事诉讼法的知识，则难以承担这样的课程。

在民事诉讼法学课程体系中,有的课程是基础性的,因而属于骨干课程。如作为总论性质或总括性质的“民事诉讼法学”这一课程,就是必须或首先需要开设的课程。其他课程可根据具体情形予以开设。但除了“民事诉讼法学”之外,民事证据法和民事执行法是应当优先考虑开设的课程。因为一门课的课时量很难满足如此多的内容,除非将“民事诉讼法学”分开为“上”“下”或“总论”“分论”加大其课时量。

几乎在所有的法学院校,“民事诉讼法学”都是必修课,清华也是如此。在清华法学院,“民事诉讼法学”设置为 3 学分,48 课时,每周三学时。课时多少与学分和一学期的讲授时间长短有关。清华一个学分的课程,课时为 16 学分。一个学期课堂讲授时间为 16 周:第 16 周结课,第 17 周复习,第 18 周考试。一些经常性开设的非必修课程——民事证据法、外国民事诉讼法、外国证据法、纠纷替代机制均为 32 个课时。与其他法学院校相比,清华关于民事诉讼法学的课时应该是比较少,甚至可能是最少的。有的学校民事诉讼法学这门课多达 60 个到 70 个课时。除此之外,还独立开设了民事证据法、民事执行法,如果加起来关于民事诉讼法学的课时可能高达 150 课时。“民事诉讼法学”这门课程究竟应该讲授多少课时没有定论。不过清华的 48 学时肯定是太少了。现在,采取的弥补方法,是独立开设民事证据法和民事执行法。但问题在于限于必修课的数量限制,民事证据法和民事民事执行法都只能是选修课。因此,如果不能保证民事证据法和民事执行法的必修性,将会导致民事诉讼法基础知识缺失。虽然可以告知学生们这两门的重要性,一定要选修,但实际上作用并不明显,我的统计是约有 1/3 的同学不会选这些课。

二、关于教材

1. 教材的特征。

教材或教科书的基本作用在于为学习知识的人们提供指导,辅助学生或其他人体系化地学习相关知识,可以说教材是那些尚未具有相关基础知识的学生或其他人最主要的学习工具。教材也是教师们传授知识的最主要的工具和方法,是教师手中的武器。由于课堂讲授的时间有限,教材也就成了学生们自学的最佳文本。为了做到能够系统、准确地传授知识,达到教学的目的,每一门成熟的课程最好拥有适当的教材,当然并不要求每一个教师必须要有自己的教材。

关于法学类的教材,并没有统一、明确的规范要求,也不大可能有统一的硬性要求。相对于法学专著而言,教材通常具有以下特征:

其一,体系性或系统性。

无论是民事诉讼法,还是民事证据法、民事执行法,都讲究比较系统地阐述相关法律知识。在教材中,人们总是希望能够将相关法律知识比较系统地传授给学习者。体系化是一种价值要求,教材实际上是否做到体系化则是另一个问题。

其二,基础性。

所谓基础性,就是指注重阐述相关的基础法律知识,如民事诉讼法的基本原理,不追求在理论上的深化和细化。因此,教科书的对象,通常是本科生或初学者。对于硕士研究生(法律硕士除外)和博士生等已经有了初步的相关知识基础,因而少有针对研究生的教材,似乎也没有太大必要。当然,也有的出版社也在组织撰写,或已经出版了针对研究生的教材,由于追求了深度从而影响了体系性。

其三,理论性。

这一特征主要针对高等法学院校法学类教材。通常教材主要从规范分析或教义学、解释学的角度阐述相关法律的适用,注重传授理解法律适用的理论知识,而非制度和理论运用的实际操作技术。如果是实务部门的关于实务操作的教材则另当别论。一些同时兼做法律实务的教师则可能持不同的认识,会注重实务中的技术与技巧,也很自然地会将自己的实务经验融入教材当中。但是要知道,所有的技巧都只可能是经验的,也是个体的。而教材针对的是一般性,而非经验性,只有亲身实践才能真正体会。看似教给了学生实践的技巧,实际上没有太大的意义。课堂教学不可能教会学生骑车或游泳,只是告诉骑车不倒的原理和游泳的原理。骑车不倒,游泳不沉的技巧只能在实践中才能掌握。

其四,简洁性。

由于考虑到理论的体系化和篇幅限制,所以教材对于每一个部分的理论叙述都非常简洁、概括,主要侧重于对原理和基本观点的交代,而不是像专著和论文,有细致、复杂的论证过程和展示。在这方面,德国学者罗森贝克的民事诉讼教科书是典型。由于教科书侧重对基本原理的简洁化阐述,而非详细阐明论证过程和根据,因此一般没有太多的注释。这也是教材与专著形式上的区别。

在一些人文科学领域中,有许多强调体系性、基础性的教材做得很不错,可以为法学教材所借鉴。我印象最深的就是哈佛大学经济学家曼昆的《经济学》,读书阐释清晰、生动、深入浅出,堪称教材典范,毕竟该教材是百万美金打造的经典教科书。

在国外,教材最主要的特点是讲究体系化,并不太在意国内教材比较看重的体例问题。一些国外的知名学者通常都比较注意,在自己的学术研究取得一定成就时,撰写具有自己特色的、体系化的著作,称之为"体系书",通常这样的著作就是本科生的学习教材。例如,在国内民事诉讼法学界很有影响的体系书,就有日本学者新堂幸司的《民事诉讼法》(法律出版社,林剑锋译)、三月章的《民事诉讼法》(台湾三民股份公司)、德国著名学者罗森贝克撰写并由他的学生施瓦布、戈特瓦尔德续写的《德国民事诉讼法》(此书德文版已经出到 17 版,中国法制出版社,李大雪译)等。作为体系书,作者也会注意不断更新再版,与时俱进。在国内最有影响的民事诉讼法教材大概应该是由江伟教授主编的《民事诉讼法》教科书(高等教育出版社)再版次数最多(2016 年已出至第 6 版),发行量也最大。

与国内教材同质化的倾向不同,作为学者自己的体系书,国外学者讲究的是理论观点的个性特征和创新,是对自己在该领域学术贡献的体系化展示。作者也特别注意避免理论阐述、结构的雷同。在这方面,国内的法学教材不太注意。甚至有的人认为,教材在观点、表述和体例上就是可以雷同的。其实,作为教材也同样应当避免抄袭,无论在理论观点、概念表述还是体系(体例)结构设计等方面都必须体现个人的知识创造。正是一些人对具有体系性、基础性、理论性法学教材的创作缺乏足够尊重,因此,才出现相当普遍的抄袭和剽窃现象,甚至出现了有的教材就是由硕士研究生撰写的情形。在人们的认识当中,撰写教材似乎就是单纯为了满足本院校上课的需要或者一种话语垄断和经济利益的诉求。这一点恐怕是今后法学教材需要特别注意的问题。当然,教材在注重个性化的同时,也应当讲究在理论上的相对成熟,对基本原理的阐述,因为教材传授的是基础知识。对于一些有较大争论的理论问题可以在教材中提出,以启发学习者的思维,但应当适当对通说的观点做出交代。

国内关于民事诉讼法、民事证据法、证据法、民事执行法学、律师与公证、仲裁法等民事诉讼法学体系的教材市面上拥有不少版本。最多的自然是关于"民事诉讼法(学)"的教材。据不完全统计(2015年),现在已经出版的教材有51种之多;有关证据法的教材有47种(其中大部分以刑事诉讼证据法为主),专门针对民事证据法的教材有9种;仲裁法的教材24种;律师与公证的教材13种;民事执行法的教材8种。民事诉讼法教材数量如此之多与近些年来法学院的扩张、民事诉讼法师资数量的增加以及教学积累有直接的关系。对于从事民事诉讼法学的教师而言,都希望有自己或本院校的教材。在专门法律大学和较大规模的法学院,因为拥有较广泛的教材市场,因此多数都有自己相应的教科书,通常以合著教材为主。相信今后随着民事诉讼法学的发展,也将会出现更多的民事证据法、民事执行法方面的教科书。

在教材撰写方面,我比较赞成撰写教材不必着急过早。最好在有较广泛、深入研究和教学经验积累之后,再撰写具有自己理论特色和体系的教材。因为教科书应该是自己学术研究成果体系化的概括展示,如果没有研究和教学的积累则可能更多的是重复他人的观点和表述,还不如使用他人的教材。由于教材具有体系化特征,所以要求作者在很多问题上都要有自己的观点。因此,没有相当的学术和教学积累,是很难在整个体系的大部分内容中都反映自己的理论特色的。如果仅仅是在某一个方面,或某一点、几个点上有自己的特色，则作为体系化的教材其价值就非常有限了，不如以市面上比较好的教材为主，讲授中适当穿插自己的观点，或者将自己的观点汇集为辅助教材。

教材中如何处理自己的观点与原理的一致性，常常是一个比较纠结的问题。撰写教材的学者通常都会认为自己的理解是最正确的，也是最接近原理的解释。但应当承认，自己的认识与原理本身往往存在不一致的情形，所谓原理其真谛是一种终极状态，而人们的认识始终都处于证伪的状态。为了不至于误导读者，我们在教材当中，应该介绍学界主流的观点，也就是通说，并适当提及有力说，即使是以反思或批判的姿态，以便让读者或受众予以判断是否成立或自圆其说。

2. 教材——合著与独著。

现在有不少教材是合著教材。这类教材的好处是：(1)教材形成的时间短。大家齐心协力，可以在很短的期间内完成，迅速满足教学或学生学习的需要；(2)个人撰写成本低。独著教材因为投入大，因此个人成本投入高。虽然专著有深度，但往往只在一个点上。教材要求照顾各个方面，需要撰写者在每一个方面都要有所了解和一定程度研究，战线比较长，因此将耗费太多的时间和精力；(3)具有较好的市场占有率。如果没有很大的市场号召力或影响力，独著教材就存在较大的市场风险，尤其是民事诉讼法的教材。

相比于独著教材，合著教材的最大缺点就是不能反映作者的体系性观点以及合作者观点之间的不统一。虽然有所谓主编或统稿人，但实际上是很难对他人的观点进行统一的。即使是现在国内比较知名的民事诉讼法合著教材也存在诸多前后不一致的地方。因此，在国外，教材更多的是独著。

我的独著教材有两本——法律出版社出版的《民事诉讼法》以及中国人民大学出版社出版的《民事诉讼法》。这两本书的基本观点没有太大差异，但在学术性、体系结构和表述方式上有所不同。法律出版社的民事诉讼法教材相对具有更多的学术性和理论性。因此，法律出版社在宣传时强调了该教材为学术性教材。在这本教材中也更多地涉及一些理论前沿问题，意图在于引导有学术研究兴趣的学生更多地了解相关的理论，扩展其知识。

人大出版社的民事诉讼法教材则更多地强调对现行民事诉讼制度的解释和运用，理论阐释也相对简化一些，运用了许多关系图、结构图说明相关的制度和理论问题。

3. 教材的类型。

民事诉讼法方面的教科书大体上有两大类，一类是单纯阐述民事诉讼理论概念的教科书，另一类是结合具体民事诉讼案例，对民事诉讼理论概念予以阐释的教科书。但通常情形下，案例式教科书往往还是作为一种辅助性教材在使用，这类教科书通常也是为了配合案例分析课程的教学。现在也有的出版社正在酝酿推出围绕典型案例，以案例为线索或中心，展开理论阐释的案例分析型教材。案例分析型教材因为密切联系实践，能够直接反映诉讼或裁判的思路和方法，想象中应该很有市场。民事诉讼的许多青年教师反映很需要这类教材。

这一类教材的撰写，对于实体法而言比较容易，同为程序法的刑事诉讼法也相对容易一些，而民事诉讼法就比较困难了。这类教材的撰写难度并不是太大，关键在于案例的获取。其要求案例是真实的，不真实的案例也就不具有典型性，缺乏实在感。实体法的案例比较好找，因为公开的裁判文书大都是判决，判决是一定要反映实体问题的。通过网上公开的裁判文书即可以获得典型的、有分析价值的案例。但诉讼法不同，作为程序问题在判决中不会有太多的反映，甚至有的基本不反映诉讼中的程序问题，处理程序问题的裁定通常也不会公开。因此，很难从公开的裁判文书中获取典型案例。越是有争议的程序问题越不会出现在公开的裁判文书中。判决书在描述案件过程包括审理过程时虽然也会涉及程序事实，但往往也只是一笔带过。由于刑事诉讼问题，社会关注度高，常常有错案会在社会上曝光，这些案件中的刑事诉讼程序问题作为案例分析的题材也就很有意义。民事诉讼中能够引起社会关注的案例极少。因为，民事案例涉及的专业问题比较多，要理解或说明这些专业问题比较困难，大众往往没有兴趣。比较而言，刑事诉讼更多涉及的是一般社会生活事实。所以尽管出版社多次催我撰写案例教材，我也因为案例的问题而始终犹豫不决。

由于现在教科书的内容规模越来越大，对消费者造成一定的压力，所以出版社又推出了教材二维码技术。读者通过扫描二维码可以读取教科书纸质版之外的更多知识信息，主要是有关的参考资料，如典型案例、相关论文、法律、法规、司法解释、理论争论等。但是相当多的作者们显然还不习惯于这种方式，因为缺乏直接的可视性，感受不到教材的规模，所以依然习惯通过纸质加以表现。教材的数字化也是今后的一个发展趋势，如何适应这种发展趋势，编写具有信息更加丰富，表现形式更加多样化的教材，给教材撰写者带来新的挑战。

目前市场上出现的民事诉讼法教科书合著的较多，独著的较少。合著有利于教材的使用，但问题在于难以实现理论认识或表述的统一性。有的教材在观点上可能出现很大的不一致。如上所述，我个人比较主张独著，不过也的确存在市场占有和教材的使用问题。这就要求独著的教材在质量上要具有更强的竞争力。

03

第三部分

理解方法

——张卫平问答录

295—408

提问代表、记录、整理：曹云吉、曹建军。**校对：**吴沣桦。

回答：张卫平

提问者：在您从事教学和科研的三十年的历程中，您对教学和研究一定有许多经验、感受和体会，对于我们可能走向教学和研究的年轻人而言，很想知道您在这方面的经验、感受和体会，同时，我们（包括在校和已经毕业的同学们）在学习和研究中也有诸多问题，也希望得到您的解答。因此，我们组织了以下近百个关于教学和研究方面的提问，想请你予以解答。问题的排序没有什么讲究，带有随意性。非常感谢！

张卫平：好的。三十年过去了，有必要认真回答有些问题。通过回答问题，也可以清理自己的认识。

1. 教学与科研的关系，如同政治关系。

问：在大学里，历来有重科研成果，不重教学的现象，这是什么原因？如何才能消除这种现象？

答：的确，在大学里，重科研成果，或者说重科研不重教学，就原因而言，一方面，科研成果的影响面更大，更容易评价，而教学的社会影响面相比较要小得多，也不容易予以评价，科研成果的评价主要是对论文的评价，而学术论文一般可以通过所发表期刊的层次和社会影响加以判断，比如说在《法学研究》《中国法学》上发表文章。通常来讲，《法学研究》《中国法学》是法学界当中最具影响力和学术水平最高的刊物，发表论文也最为困难，因此只要发表在这些核心刊物上,就可以推定为学术水平较高。而教学面对的往往只是一个班、一个年级,面对的对象是相对封闭的,论文可以在社会上普遍传播,不受时间和空间的限制,而教学内容只有受众才知道。尽管有些教学可以上网络,但基于网络的限制,难以对其不同教学予以评价。尤其是其教学的对象限于本科生、研究生,要在课堂上凸显学术研究水平很困难,而文章可以就自己研究的一个很小方面进行研究。在一个课程当中,必须照顾大多数学生的理解,即使是研究生的课程,因为研究生也并非都是民事诉讼法学专业的研究生,必然占用相当部分时间解释基础性理论。如此一来,在讲究高度、深度、广度时,教学就难以和科研相比较,人们也往往容易把教学效果看成一种语言表达技巧的反映,因此对教师的评价往往是对其口头表达的褒奖,而科研成果综合地反映了一个教师的能力,除了口头表达能力之外。基于这一点,自然在奖励方面也往往是侧重于科研,而不重视教学,重大科研项目、不同级别的科研项目当然都是考察的重要指标,所以要消除重科研轻教学的现象很困难。当然由于学校的目的就是为了培养人才,重视教学是必须的,这就要求增加激励教学的机制,比如说对于教学要加大奖励力度,对于教学突出的教师,应当在评定职称上有所倾斜。清华规定,在教学评估中处于前5%的教师,作为教师评职称时优先考虑的对象,进入后5%的将不得申请职称。但是相比较而言,还是科研成果更能凸显客观性。当然由于教学的评价在主观性方面更强,在奖励教学方面、政策倾斜方面是比较困难的,这应该是一个难题。

2. 美式案例教学法的基本特点是,教师们很少长篇大论地讲解法律规范的原理,包括案例中的原理。

问:为什么美式案例教学法很难在我国推行?

答:所谓美式案例教学法就是指美国式的案例教学法。在这里首先要明确的是,什么是美式案例教学法。美国的案例教学法与我国通常所说的案例教学法是不同的,通常人们会认为案例教学法在美国受重视是源于英美法系与大陆法系在判例规范作用上的差异,即判例在两个法律法系中的地位不同。因为我国同样不是判例法国家,因此不会在教学中重视案例,也不会有美式案例教学。的确,在英美,判例是法源之一,在我国判例不是法源,作为法源的判例,可以通过具体的案例创设新的制度和规范,而在我国,即使是最高人民法院的判例,也只能作为各法院参照的案例,不具有约束力。

在我国或者说大陆法系,是从规范出发,规范反映法律的价值命题,审判需要实现这些价值命题,实现具体法律规范所规定的价值命题。而英美的判例法是从具体的判例当中生成价值命题,而不是完全遵循成文法国家这样的价值命题。那么英美的案例教学法就需要通过判例教学,学习和理解判例中所设定的价值命题,理解判例设立价值命题的理由和根据。但这只是一个方面,实际上美式案例教学法具有自己的特点。同是英美法系判例法的英国并没有采取美国式的案例教学法,美式案例教学法为 1870 年被任命为哈佛大学法学院院长的克里斯托弗·兰德尔教授所首创,到 1900 年案例教学法逐步成熟,并最终征服全美,成为美国法学院最具特色的法学教学方法。

美式案例教学法的基本特点是,教师们很少长篇大论地讲解法律规范的原理,包括案例中的原理,即使是有一二百学生的大课也是如此。教师通过案例,提出启发式的问题,并不断追问。教师将引导学生对课堂上安排的司法意见书进行缜密的分析,学生不仅要了解法院判决的理由,还要准备进行批判,教师和学生都不会认可法院判决就具有当然的权威性。案例教学法要培养的是学生的分析能力,洞察法律问题产生的原因,以及这些法律问题是如何解决的,当自己面对法律问题时,应当如何解决。案例教学法相对而言并不像大陆法系国家以及其他英美法系国家中的英联邦国家那样重视规范理论知识体系的传授,讲究的是如何实际地解决问题。根本原因或主要原因在于在美国有 50 个州,各州的法律都有所不同,同样的法律问题,各州的解决方法却不尽相同。司法的统一性和确定性在美国是最容易受到挑战的。为什么法的不确定性在美国最有市场，这是最根本的原因。①

案例分析教学法的突出特点在于对案例问题相关的政治、伦理、经济、文化、宗教、历史等原因的分析。因为在美国学者看来，法律不过是一种“政治、经济和社会政策的工具”。教师们的任务就是引导学生揭示法律背后的“社会政策和实际管理问题的必要性”。② 案例分析探究的不是规范的含义和目的，而是法律问题解决的正当性和合理性，探究的是实然中的法律，而非仅仅是应然中的法律。与美式案例教学法不同，大陆法系国家的法学教育讲解的就是应然的法律世界，实际中的法律是“非法”。在美国，许多法律问题可以一下追究到正义的本源问题。与英国以及大陆法系国家的法学教育不同，美国法学院很少有教科书这种东西。美国法治的这种体制也是为何在美国社会学法学、实用主义、现实主义受欢迎的重要原因之一，也是批判法学能够在美国兴起的重要原因。

在我国，虽然也有案例教学法，但是教学当中的案例基本上是说明性和应用型案例。所谓说明性案例就是以具体的案例来说明应当怎么来理解抽象的法律规定或者价值命题。应用型案例主要是通过具体的案例了解抽象的法律规定或机制、命题是如何在具体的实践中加以运用的。在案例教学当中，也包含着假设的和抽象出来的案例。正因为案例是抽象性的，因此可以假设和虚构一些案例。英美的案例教学法极少虚构和高度抽象案例，几乎所有的案例教学法中的案例都是真实的案例。正因为如此，基于英美判例法而存在的案例教学法就很难在我国的教学实践中应用，我们的案例教学法依然是说明性或应用型的教学，这种案例教学的目的主要是便于学生将抽象的法律规定和实际结合起来，那我们就可以发现在我们的案例教学中所争议的依然是理论争议，而英美案例法中对问题的争论，由于不受也没

---

① 关于美国法学教育，特别推荐[美]P. S 阿蒂亚、P. S 萨默斯：《英美法中的形式与实质——法律推理、法律理论和法律制度的比较研究》（金敏、陈林林译，中美元首法治计划项目——美国法律文库丛书，中国政法大学出版社 2005 年出版）一书，重点是该书第十四章：法学院、法律教育和法律文献。阅读本书不仅对美国法学教育，而且对美国的法律观念有新的认识。

② 同上书，第 328 页。

有成文法抽象规定的约束,因此更加灵活、更加生动。当然不是说英美的案例教学的某些东西不能在我国的案例教学法中应用,毕竟这两者之间还是有一些共性的。从这些年来看,案例教学法已经有所扩大,因为实践当中的问题毕竟是千差万别,具有更丰富的多样性,通过案例教学法能够把多样性和单纯的理论结合起来,所以我国的案例教学还需要更多吸收英美案例教学法的长处。当然我本人没有从事案例教学研究,很难理解和掌握英美的案例教学法,我想,如果不是在英美的法学背景下成长起来的教师,在这些方面理解起来也相当困难。

3.法系不同,地位不同。

问:您常常提到,在英美法系,法官是上帝的使者;在大陆法系,学者是上帝的使者,这个上帝指的就是立法。我们的问题是:为什么会有这样的差异?

答:是的,我在一些场合曾经提到过,我们说在英美法系当中,法官是上帝的使者,是说法官有权对法律命题作出解释,那我们可以看看,以美国为例,美国最有影响的法学家是最高法院的大法官,也有学者在法学圈内很有名,这些学者基本上属于宪法和法理的学者。因为他们都是阐释宪法和法理基本问题的学者,部门法学者没有什么名气。为什么美国最高法院大法官影响很大,也是因为判决的案件都涉及宪法,判决也是对宪法基本问题的诠释。这一方面说明其在美国重要性,另一方面也说明美国判例法的重要性,而判例法凸显的就是法官的地位和作用。大陆法系由于不承认判例法,法官更多是工具性的,法官不能直接造法。但是在英美法系,法官造法是得到法律认可的。在大陆法系,解释法律主要依靠的是学者。法官也没有必要在学者的理论之外创造理论,理论研究需要大量的精神和物质投入。因此,学者的言说、学说观点就成为成文法解释的主要根据。所以我们说,在大陆法系学者是法律的诠释者,而学者的学术观点对司法有重大影响。在英美法系,我们更多地看到的是法官。相反,大陆法系法官往往不见身影。哪怕是这个国家的首席大法官,也见不到他的身影,听不到他的话语。这也凸显了大陆法系法官和英美法系法官在司法中能动作用的差异。

4. 理想与现实的冲突。

问：如何看待课堂教学中理论与实践的冲突？

答：这个问题可能需要再进一步界定一下，这个地方所指的课堂中教学的理论与实践的冲突的意思是说从我们现在学生们的反馈来看，这个学生指的是毕业以后的学生。从他们反馈的信息来看，认为我们教师们课堂上讲授的理论与他们在实践中所感受到的情形有较大差异，他们感觉课堂上教师所讲授的理论与实际有很大差异，进而也就使得他们在工作中或司法实践中感到特别困惑。他们经常问我对这个问题怎么看。

对这个问题我的看法是因为我们在课堂上讲授的理论都是应然的理论，理论表达的是一种法律命题的应然状态，就是说实践中应该这样做，这是法律的价值命题。至于这个价值命题有什么问题，可不可能予以实现，这是另外一个问题。但是只要我们认可了这个价值命题，就要按照这个价值命题，按照理论的解释，以及应有的法律构成和法律要件去实践它、实现它。在实践中，限于各种条件或者各种原因，使得这些规范理论不能够在现实中得以实现，这就形成了一种差异和冲突。我们怎么看待这种差异和冲突呢？如果说我们按照原有的观念，基于某些利益，不遵循法律规范，或者从自己的利益出发和基于传统的行为方式出发，不愿意遵守这种规范，这就是我们必须克服的，因为这就是规范命题，这就是调整、规范社会的命令要求。没有做到这一点，只能说明我们的主观能动性不够。有些冲突和差异是因为客观条件无法实现这个价值命题、这个理论的要求。理论完全脱离这种客观条件预设，因此就需要我们根据现实条件来调整我们的理论，甚至修改法律规范。所以这是两个不同的东西。因此我们不可以把旧的习惯和旧的传统，不利于社会进步的传统，也看成是法律规范和理论必须要实现和满足的要求。因此必须要区分这两种差异。我们要进步，这种进步就体现在我们的正确价值观、正确价值命题。这就是我们可能有些学者也会存在这样的问题。简单地让我们的价值命题去服从社会现实，而这些社会现实其实是反映了社会消极的一面，落后的一面，如此我们如何通过法律实现社会发展呢？

5. 阅读非法学之外的书籍，有助于我们更全面地认识法学的问题。

问：您经常提到一个从事法学研究的人并不只是要阅读法律方面的学术著作，甚至文章，也要读一些非法学类的学术著作，比如政治学、社会学、经济学、伦理学、哲学等。那么怎样阅读非法学类学术著作呢？

答：是的，对学生们以及一些青年教师，我经常会提这样一种观点，我们从事法学研究、学习法学理论的人，不仅要看法学类的学术著作和论文，当然我们主要还是要看法学类的学术著作和论文，也要看与法学相关的非法学类的学术著作和论文，主要还是著作。因为论文一般比较细，更专、更深。对于我们从事法学研究的人来讲，阅读这些更专、更深、面更窄的论文，没有太大必要。但是大量阅读一些非法学类的著作，比如政治学、社会学、心理学、哲学、经济学等著作是非常有必要的。因为任何法律规定和解释的背后都有政治、社会、经济、心理、文化、观念的因素。但是要注意，我们毕竟不是相关的专业人士，因此，阅读非法学类著作，主要应从基础性、常识性的著作着手，对于有些比较深的非法学类的著作，我们也要读，但是阅读这些著作，可能我们不是更多看他们复杂深奥的观点的论证过程，主要是了解这些观点是什么，了解这些观点的基本构成及原理就可以了。尤其是有些属于数理分析类，我们更多的是看结论，把他们的结论作为我们思考的新方向和基点。阅读这些非法学类著作主要是增加新的视角和视点，有新的素材。关于法学问题，可能我们从这些学科知识中能够找到更充分的论证理由，比如说关于证明标准的问题。关于证明标准，我们通常说刑事诉讼是排除一切合理怀疑，民事诉讼的证明标准是高度盖然性，为什么两者有差异呢？法学一般是从是否涉及人权、是否涉及人身自由等角度来考量，也会考量具体利益的大小，进而来进行质和量的比较，说明标准差异的理由和原因是什么。但如果我们看一下经济学的解释，就可能更充分了。经济学认为，如果刑事诉讼证明标准降低了，就可能导致社会双重成本，即无辜的人受到惩罚，有罪之人未能得到制裁。因此,经济学是从社会的整个面的成本和收益来观察和分析,是更宏观的分析,直接从成本的角度就更明确了两者之间的差异。而且读这些非法学类著作,还有助于改变我们的思维方式。不是说改变我们的法学思维方式,而是在思考法律问题时,更加全面、更加充分地对问题予以分析,所以我特别提倡多读一些非法学类学术著作。

6.教学评估不能大意。

问:如何看待大学的教学评估?

答:现在许多大学都有一套教学评估体系。学校根据教学评估指标对大学教师的教学进行管理。评估体系能否真正起到对教学质量的评估与体系评估的指标设计有密切的关系。当然,也必然存在不合理的情形,因为教学效果的好坏与教学的内容有密切的关系,也与教学的对象和教师有密切的关系,应当是因材施教,但评估体系和指标是形式化的,也就无法满足根据具体情形进行教学的这一客观要求,只能说大体上具有合理性。评估体系因为实际存在奖惩效应,也能促使教师按照这套体系的要求进行教学,至少让教师们能够认真对待教学。因此,教学评估体系不可以轻视,更不能无视,但也不必太在意。

7.“清华速度”与“清华模式”。

问:去年(2014年)是清华大学法学院复建20周年,您对清华法学院的发展如何评价?有哪些方面或因素制约清华法学院的发展?

答:去年(2014年)是清华大学法学院复建20周年,我们可以看到这20年来清华大学法学院有很大的发展,可以说其发展速度在国内毫无疑问是独树一帜的,可以称为“清华速度”。清华大学法学院的发展取决于诸多条件和因素。这是其他大学法学院可能难以比拟的。

首先,清华大学法学院的发展与清华大学法学院的领导有密切的关系,清华大学法学院在李树勤老师做党委书记之后,发展的方向非常明确,要朝着国内一流法学院的方向发展,走高大上的路线。李树勤老师是一个非常有魄力和魅力的领导者，在清华有相当深厚的人缘关系基础，作风朴实果断，有极强的执行力和推动力。在他的领导和运作之下，全国各地的法学人才纷纷归入清华法学院麾下。他有效地利用了清华大学的人脉关系资源，很顺利地以超常规的方式引进了人才，这对清华大学法学院今后的发展奠定了扎实和深厚的基础。

其次，清华大学法学院能够有如此快速的发展，一个非常重要的因素就是清华大学是一个极好的发展平台，没有清华大学这样的平台，是无法吸引、招纳各方人才的，也无法为这些人才的进一步发展提供最佳的发展条件。清华大学在政治、经济、社会各方面都具有强大的推动力和影响力。

再次，清华大学法学院的发展也取决于清华大学法学院具有创新性的若干管理体制和机制，简化法学院内部管理体制，以突出、发展科研和教学为主的管理体系，以走精英化发展的道路。在清华大学法学院，由于提供了相应的物质保障，提供了较好的科研教学条件，使得教师们能够把主要的精力投入到科研和教学中，因此才能够在科研成果方面取得如此巨大的成就。

最后，清华法学院的快速发展也因为时机恰到，从而能够将当时已经崭露头角，又希望能够有所发展的地方优秀人才吸引到北京。从改革之初到20世纪末已有十余年时间。当初从事研究的人有一部分已经脱颖而出，成为各地法学研究的新锐，年龄在四十出头，正是出成果的当打之年。这批人主观上希望有更大的发展空间，而能够提供这种发展空间和资源的只有北京。可以说那个时候，这些人都是心向北京。这与清华扩军的需求正好不谋而合，而其他在京的学校显然还没有注意到这一点。这也是因为那时还没有形成强烈的竞争意识，也没有现在的各种排名刺激人们注意竞争。

当然，清华大学法学院虽然有这些好的外部条件，有很好的发展平台，但是我们也要看到，清华大学法学院的发展也受到某一些制约因素的影响，那么这些因素实际上也就是我们高校科研和教学发展所同样面临的问题，清华大学法学院依然是在传统的教育管理体制之下，也就同样难以避免不受到传统教育管理体制的约束。比如说，教育管理过度行政化的问题。对于教学科研的管理虽然也是一种行政工作、行政管理活动，但是我们对于法学教育、法学教育本身的客观规律尊重不够。受大的环境影响，受传统管理方式的影响，我们还有些精力必须要放在应对这种没有必要的会议、过于繁琐的管理规章之上，对于教师还缺乏足够的尊重。如果我们能够摆脱传统的教育管理方式，能够摆脱高校行政化，一个教学科研单位具有更大的独立自主性，那么相信清华大学法学院将有更大的发展，还希望能够为法学院的教师们创造更优厚的科研教学条件，使得清华大学法学院能够持续地、快速地发展，上一个新的台阶。

制约的因素当中也还包括我们习惯于用工科、理科的管理方式来管理法学和其他人文科学的科研和教学。这种管理方式和管理思维来源于理工科与人文、法学的差异，尤其是工科。理工科研究具有很高的国际化，科研成果显示度和辨识度高。工科出成果的年龄段更低或具有年轻化的特点，研究方面属于投入密集型，研究成果有很高辨识度，容易获得国际承认。由于历史的原因，清华形成了重工科的特点。清华是“工程师的摇篮”即这种特色的反映。因此以理工科思维看待文科自然就存在问题。例如，受理工科国际化标准的影响，在理工科重视 SCI，在人文方面也特别重视 SSCI，由于 SSCI 主要是英文期刊，因此，如果在法学以及其他人文方面也以 SSCI 为标准加以衡量，就不能正确地对这些学科的研究成果进行衡量。法学本身就具有法系特点和本土特点，尤其是在中国这样的法治初建的国度。除了国际法的少数学者之外，国内的法学工作者几乎不可能在 SSCI 期刊发表文章。在这种意识之下，法学可能几乎没有什么能够被国际所承认的研究成果，在学校的发展规划当中也没有提到过法学（这也正是我国法治的现实）。有一个有意思的现象是，一方面，我们强调意识形态的特殊性，另一方面，又强调研究的国际化。因此，在这一方面也应当转换我们的管理思维、管理模式，尊重人文科学，尊重法学科研和教学的特点和规律，促进人文科学的进一步发展，使得清华大学真正成为一所综合性大学。

还有一点，正因为是清华速度，也就导致人才断档现象比较突出。因为快速集聚引进教师，看重人才集聚效应，讲究精英化，因此也就不大可能在意人才梯队的建设——梯队建设需要有一定的数量支撑，否则就会出现在某一个时段人才突然断档可能影响学科的后续发展,突出显现其后发劣势。现在清华法学发展的这一问题已经比较突出,这可能是当下清华法学院应当认真解决和对待的问题。

8. 清华模式具有不可复制性。

问:清华法学院的成功模式是否具有可复制性?

答:人们都认为清华大学法学院的发展是一个成功的典范,清华大学法学院成功的路径也在社会上被称之为“清华模式”。的确,从清华大学法学院复建的20周年来看,清华大学法学院的发展应该说是很成功的。由于独特的条件,也就形成了独特的发展方式,可以称之为“清华模式”。看到清华大学法学院的成功发展,不少大学尤其是综合性大学,在设置法学院时也想效仿或模仿清华大学法学院的发展模式。这就提出了一个问题,“清华模式”能不能被复制、借用。我的看法是,清华法学院的成功模式是具有相应条件的;如果不具备这些条件,显然这种模式是不可以复制的;如果具备这些条件或者说具备主要的条件,那这种模式是可以复制的。所以我们需分析一下它的这些条件中哪些是可以复制的,而这些条件属不属于主要条件。我认为,清华法学院的成功条件当中最重要和最基本的条件还是清华大学这样的一个发展平台,而清华大学这个平台又取决于它在北京,是中国政治、文化、经济的中心,没有清华大学的平台,或者清华大学不在北京,清华大学法学院不可能有如此大的发展。清华大学独一无二的平台条件当然是不可复制的,就这一点来讲,清华大学的发展模式也就无法复制了。当然我们也不是说完全无法复制,如果我们不从清华大学法学院发展的速度、发展的规模、发展的高度这个角度来看,利用相应的平台进行发展,那么可以说一定程度上也是可以复制的。比如说,该综合大学是本省、直辖市、自治区所在地的综合性大学,是当地的一流大学,那也可以在另一个层次上复制清华的发展模式。可能还要指出一点的是,清华大学法学院的发展有时间条件,有时机条件,清华大学法学院集中吸纳人才,主要是在20世纪90年代末至21世纪初,也就是从1998年到2005年,而在这个时机各地散在着较多的又有发展潜力的中青年人才,这个时候引进人才成本低、时间快,而现在要引进人才,其成本要高得多。一些有潜力的人才已经被充分吸纳,通过几年人才市场的竞争,基本上已经固化,再要像清华大学法学院发展初期这样吸收容易游离的人才,时机已过,那么从这个条件来讲,已不再具有可复制性。

9. 早发现、早培养。

问:现在清华法学院民事诉讼法学方面又引进了两位青年学者,他们在民事诉讼法学方面已经崭露头角,很有学术发展前景。据说,这两位学者都是您在本科二年级开始有意识培养的,您能谈谈这一缘由吗?

答:清华大学法学院基于从可持续发展来看,在引进青年学者方面近些年也颇有力度。就民事诉讼法这个专业来看,最近引进了陈杭平和任重两位博士,陈杭平是北大毕业的博士,任重是德国萨尔大学毕业的博士。的确,这两位博士虽然从事教学和科研的时间还不算长,尤其是任重,但是在科研教学方面已经显现了相当的发展潜力和潜质,也已经取得不少科研成果,发表了多篇论文,而有些论文还是在法学一流刊物上发表的。他们两人本科、研究生都是在清华大学法学院读的,应该说也都是我在本科期间发现的,因为我比较在意从本科时开始发现和培养。其实要说培养应该说可能有些过,我的发现和培养其实主要在于说服他们把研究兴趣转向民事诉讼法学。因为在我国的背景之下,程序法的学术市场毕竟更为狭小,远不如实体法,社会的影响力和学科在法学体系上的地位也比民法、刑法、商法这些学科要差。所以所谓的发现和培养其实主要是说服、引导他们对民事诉讼法学感兴趣,而我认为培养兴趣越早越好,本科二年级正好是我讲授民事诉讼法学这门课之时,就可以更好地通过上课和同学们来进行交流,掌握和了解他们的这种自学条件、思维方式、对问题的敏感度,从而发现他们是否具有对学术的兴趣和具有进行学术研究的潜质,所以在那个时候通过接触认为他们在学术上都有发展的潜质,事实证明我这个认识也是正确的。如果我们从研究生、博士生这个阶段来发现,恐怕就稍微晚了点。当然,硕士生、博士生有一个竞争筛选机制,那是另外一个路径。当时在我的本科教学中,实际上我发现的还不止他俩,当然有的学生最后通过研究生的学习和以后的学习希望转向其他路径,没有走上民事诉讼法学研究和教学道路,这些同学素质也很不错,对此我也感觉有些遗憾。当然他们在其他的发展道路上也会有一番作为,我也祝愿他们能够取得很好的成绩。

10.法学的学习有自身的规律和特点。

问:本科学习阶段对于学习法律专业的学生而言是非常重要的阶段,那么,作为本科生应当如何学习法学呢?

答:本科生应当如何学习,这是一个大问题,我们在此所谈的本科生应当如何学习,当然指的是法学专业的本科生如何学习法律,学习各法律学科的知识的问题。对这个问题,我可以说一个大概的框架。

首先,本科生的学习一定是和高中的应试学习不一样,而且我们所要学习的内容是法律、法学,而法律和法学的学习有着不同于其他人文社会科学知识的学习特点。法学这一门学科是关于法律规范的知识的学问,所以在学习中理解各种概念非常重要。因为所有的规范、法律制度都是由概念构成的。这和其他人文社会学科的学习就有所不同了。我们在一开始学习的时候就要特别注意如何理解、把握和运用这些概念。法律体系由若干法律构成,我们在学习当中,就要特别注意法律与法律之间的关系。法律规范的体系有一个明确的位阶结构,由上位和下位的法律构成。我们对于法律体系的把握,首先是要把握最上位的、最基本的法律规范和法律制度,下位的法律和制度必须服从上位的法律和制度。阐释、认识、理解和把握相应的法律还有一整套理论体系,这一套理论体系也是由基本原则、基本精神、价值理念、基础理论、基本理论以及在这些原则、价值、基本制度之上建立起来的理论构成。我们把握法律,也应该从基础着手,把握原则、认识原则、理解原则。

本科生在学习过程中,需要正确地处理课堂学习和课外学习的关系。许多学生习惯于高中的课堂教学,特别关注和注重课堂教学,轻视课外学习,尤其是课外自学。实际上每一位教师在课堂上所讲授的相关课程的知识仅仅是这一部门知识的很小很小的一部分。通常来讲,按照教学的规律,老师们只是在课堂当中讲解基本原理、重点、难点、疑点和容易导致认识错误的地方。其他一般比较容易理解的内容,需要同学们在课外学习。对于本科生的学习而言,比较难做到的是预习,都知道课前学习的重要性,但是真正要能够做到每一堂课前都进行预习,有相当的困难。这是基于人们自身的惰性,但我们要尽可能地克服这种惰性。预习通常来讲不大容易,通常很难真正理解和掌握预习的知识。但就是因为不能真正的理解,带有问题或疑惑,课堂学习才真正有帮助。

其次,本科学习时,还要注意PPT、教材、法典、案例之间的关系,因为现在上课中,教授们大多使用PPT来进行教学,所以同学们特别重视PPT,但是PPT容易误导学生,因为PPT是对知识的高度浓缩、简化,对人们真正掌握所学的知识是有害的。PPT只是一个指引授课讲师、指引学生的标识或缩影,便于老师们按照这个标识有序地讲授知识。但是PPT所反映的知识量是很有限的,所以很多同学侧重于记忆PPT,而忽视对教材的认真阅读,片面重视PPT和重视课堂教学。教材作为对相应法律知识的阐述,必然是围绕着法律文本,因此对法律文本的学习、阅读、分析是非常重要的。我们往往是最重视PPT,其次重视教材,然后不管法律文本,这样的学习是有害的。除了书本上的知识以外,那么也要注意将书本上的抽象理论与实践案例结合起来,这就要求抽时间阅读案例,案例相对来讲是比较生动的。案例是具体的,教材的理论和法律规定都是抽象的大前提。必须要与小前提结合起来,我们才能够通过三段论得出应有的结论,也就才能够适用法律,掌握法律思维的特点。本科学习当中,还要注意的是把握基本学科,对基本学科比如说六大法,要花更大的力气和功夫来掌握。因为基本法涵盖了最主要的法律的基本原理,这就是我们特别要注意的。法律的内容非常多,法律的种类数量庞大,我们不大可能对每一部法律都学习和掌握。所以这就要求我们从基本的法律出发,打下扎实的基础,打下对基本法律知识的基础。我们说这些学生法律功底是否扎实,也主要是看他对各基本法的基本原理的把握如何。这是我关于本科生应当如何学习的一些想法。

11. 社会活动要参加，但要节制。

问：本科生一进学校，老师就鼓励我们多多参加社会活动，但是我们以为进学校是为了学习的。对此，您认为本科生如何对待学校的社会活动？研究生如何对待学校的社会活动？

答：许多本科生一进校以后，都会面临大量的社会活动。如何处理参与这些社会活动与专业学习之间的关系，怎么看待对这些活动的参与是学生们经常提到的问题。一部分老师主要是专业课的老师对于学生参与社会活动的态度比较消极，另一部分老师主要是与行政管理接触比较多的老师通常持比较积极的态度。我个人的看法是本科生进校以后，参与学校的一些社会活动有一定的意义，主要是锻炼与人交际的能力，以提升对学校生活的广泛适应。因为本科生之前的高中阶段主要是应付激烈的高考，面对的是比较单一的应试学习，与社会交道不多，接触社会的范围也比较窄。进入大学以后，虽然也主要限于大学校园社会，但大学生活的多样化，社会活动的多样性，为学生们比较广泛地接触社会提供了一个有益的环境。参与社会活动有助于改变本科生的生活行为，加强人际关系的交流，提高处置问题的能力，为今后真正进入社会起到一个预热的作用。在大学里，尤其是综合性大学，学科院系门类众多，许多活动也与专业有一定的联系，广泛参与学校的这些活动，也有助于加强不同学科之间的联系，从交往实践当中获取和扩展有益的知识。当然也要注意把握对社会活动的参与度，本科生毕竟是以学业为主。在校园生活当中，也有一种行政化的趋势，由于学校的行政化，很自然地把社会行政化的习惯和思维方式也带进了学校，使得一部分同学比较热衷于行政组织活动，也有的认为这是为今后从政进行预热。我个人认为这种行政化的社会活动易引导学生崇拜权力，这种做法是不妥当的。这种思维会影响同学们对专业的学习。所以，我主张应当尽量消除社会活动当中的行政化。总而言之，希望同学们能够适当地参与社会活动，正确把握、协调专业学习和社会活动之间的关系。学校的各种有益的社会活动会调剂我们的专业学习,不至于患上学习疲劳症,从这个角度来讲的确是有益的。

12. 意义不大,主要是满足学生的好奇心。

问:您如何看待学生在学习期间到实务部门的实习?

答:在本科生、研究生和博士生三个学习阶段中均有实习环节,对于人文科学尤其是法学也是如此。在学习期间参与社会实践,有助于同学们加深对法学理论、制度的理解,法学院的学生从事实习活动就是出于这样的考虑。学生们通过实习了解司法部门的司法活动是有意义的,但是也没有必要将这种实习看得过重。学生们在学习期间的实习主要是一种感受,而且这种感受也不可能是全面的、深入的,因为一是实习时间短,二是不大可能真正接触整个业务的全过程。我们的实习通常只在一个机构,如法院或检察院,但无论是在法院还是检察院,实习也只是在一个部门。比如在法院,通常一个人只能在立案庭、民一厅、民二厅或刑庭选择一处,你在立案庭就很难真正了解民事审判和刑事审判的真正运作过程,而且实习生往往从事的是一种辅助性工作,因此,很难接触案件审理的实质性业务活动。对待实习,我们特别要清晰地认识到你所看到的并不是这个机构、机关司法活动的全貌,你的观察有可能是片面的,是片段的考察。我注意到有的同学通过一次实习便认为自己能够适应或不适应相应的法律实务,就如同我们在考试当中所面临的情形一样。其实并不因为民法考得好,就意味着擅长民法的学习和研究,民事诉讼法考得不好就意味着不擅长民事诉讼法的学习和研究,考试具有偶然性,实习也是如此,这一点要特别提醒同学们。实习的必要性在于你能够初步感受司法实践活动,也初次接触实践中的问题,这样有利于我们将实践中的问题转化为理论上的问题。

13. 自己指导的博士生,导师应该有所了解;导师应当具有决定权;后果自负。

问:每年报考您的博士的人想必很多,提前与您联系或者导师推荐的相信也大有人在。有人说这种提前联系违反了公平公正的招生原则,但也有人说提前联系,导师可以对该学生进行更全面的考察,进而可以更大程度地促进博导自主招生。您是如何看待这一问题的？您的博士生主要的来源是考试,还是推荐？

答:每年报考我的博士生数量的确不少,对于招收什么样的学生,应该说是一个很考究的事情。当然,我们说该博士生一定是刻苦学习,能够有学术成就,能够顺利完成博士论文的写作。这样的说法还是太抽象,所以导师通常是特别想了解学生在学习和为人这两个大的方面的情形,因为指导博士生进行学习研究,是导师和学生的相互作用。当然反过来,学生对导师的情形也应当有所了解,如导师的研究方法、研究理念和行为方式,作为一个考生你是否能够认同、习惯。因此有些学生就希望提前和导师取得联系,了解导师的情况,甚至也不排除有些学生对老师录取学生的取向或者更直接一点对于考试的思路、方向有些了解。我个人是希望在考试前对考生有一定的了解,当然考前和学生的接触绝不能够违反有关招生的制度规定,绝不能够透漏有关的考试信息,这是绝对不行的。我对报考博士的学生,通常来讲要了解这样一些具体内容:第一,了解这个同学在硕士研究生阶段甚至本科生研究阶段的学习方法;第二,了解他的硕士论文撰写情形,阅读撰写的硕士论文,希望了解其题目设计、整个文章架构和思路想法,写成的论文和怎么写成论文是两回事;第三,希望了解他对整个民事诉讼法学以及研究状况的认识,对于我国民事诉讼法学研究现状甚至包括学者情况的一些了解;第四,希望了解该同学的阅读习惯、阅读范围和阅读方法,以便考察他的学习和研究的潜质,这也包括具体会阅读哪些书、为什么会对阅读这些书感兴趣;第五,也就是该生人际关系、与人交往,通常是情商的考察,因为如果这个同学不擅长与他人打交道,可能在指导时就需要以相应的方式与该同学接触,如果该生比较外向,那么可能在指导方式上也会不同,一些表达也可能会直接一些;第六,也是非常重要的一点,就是他的执行力怎么样,是否有比较强的毅力。博士阶段的学习和博士论文的写作是要付出相当的劳动,所以该生是否能够持有很强的毅力,这是很重要的。虽然这些考察并非是决定是否录取的基本因子,但对于综合判断是有必要的。我通常会在考试前就会向考生(我认为有必要的话)专门发一封询问相关问题的信,即《给博士生考生的一封信》,比如说哪一本书或哪几本书给你的印象最深。当然在本书也会附上这封信,有兴趣的同学也可以看看这封信。

14. *在职博士最好不招。*

问:我们知道外校许多博导都招收了不少在职博士,你为什么很少招收在职博士?

答:的确,我很少招在职博士,在我目前所指导的博士当中,在职博士只有一个。相比较于其他老师,尤其是其他学校的老师来讲,可能我这个数量是很少的了,是不是最少无从知道。招收在职博士的确有一些长处,有的老师可以通过在职博士强化对实践的联系,通过"在职"获取实践活动的相关信息。在职博士通常已经有一定的从政经历,也就是说具有一定的权力资源。在中国这样的关系社会,对于完全没有权力资源的教师而言,实际上是一种交易关系。我提供知识和学位,你提供权力。当然,许多情形下,在职博士通过获得知识和学位会在自己的仕途上有很大的发展,也可以将所学知识予以传播,对于导师而言也是一种正能力的东西。一个人总是希望自己的观点和理论得以传播。

很少招在职博士主要还是因为在职博士的学习时间非常有限,他们毕竟是在职的,会受到在职工作的影响,不能够全身心地投入到博士的学习和研究当中。清华对于博士论文要求很高,如果没有足够的精力和时间来保障,要完成高质量的博士论文非常困难。而且我招收博士,其中一个目的是培养民事诉讼法方面的科研和教学人才,希望把我所具有的有限的博士资源用于科研和教学的人才培养。在职博士通常来讲一般不会脱离开自己的工作岗位转向科研和教学,那么这样一来博士培养的资源实际上就有所浪费。当然,从广义上来讲,博士的学习和学术研究也是一种知识的增进,也有助于提高人们进一步学习和研究的能力。

我们现在之所以有很多在职博士,其实主要是因为在我国政界对博士学位有很强烈的市场需求，一些在实务部门工作的人，实际上对于专业知识的需求并没有那么强烈，主要是通过获得博士学位加强形式上的竞争力。由于博士的学习研究其专业面向十分狭窄，对于在职博士的工作并没有直接的帮助，就实务工作来讲，具有硕士学位甚至本科学位已足够，因为实务工作更多的是通过经验的积累总结，在积累经验的基础上完成自己的工作。所以在职博士的需求实际上是一种人才市场扭曲的反应，所以我本人，至少在我这个专业，不太赞成招收在职博士。在职博士有个别的确能够学得很好，在实践当中也能够将所学的专业知识很好地加以应用，也有成功的范例。我培养的在职博士应该说在这个方面是成功的，但他的成功有其特殊条件，他的实务工作和所学专业民事诉讼法有密切的切合度，那么其他在职博士就很难说了。所以就个别情形来讲，对于符合条件、能够很好地利用其所学知识的在职博士，我也不是一概反对，但从现在来看，清华大学法学院已经基本不再招收在职博士，也是基于从保证学习研究论文的质量这个角度来考虑，从政策上讲这个方向是正确妥当的。从发展趋势来看，在职博士已经越来越少，是一种历史产物或历史现象。

15. 现行博士生招生机制必须改革。

问：您如何看待现行博士研究生录取机制？

答：博士研究生的录取机制一般而言就是通过考试竞争，清华大学法学院的博士考试在程序上分为笔试和面试，这与其他学校大体一样，据说人民大学法学院在录取机制上有所改革，但清华大学法学院和更多的学校依然还是采取考试竞争机制。在面试时需要组成一个面试小组，一般是由五位教师组成，至少三位教授，但一般情况下一般全部都是教授。这样的机制也有些人提出疑问，说博士生的指导、培养与特定的博士生导师有关，这样的合议制方式来决定博士研究生的录取是否合适。关于此问题我的看法是，目前这样的机制是不得已而为之，如果从国外来看，博士生几乎不存在考试的问题，只要导师愿意，学校或该专业能够招收博士，基本上就是导师说了算。因为只有导师才清楚这个学生能不能够培养成为一个学术研究方面的人才，能不能够适合由自己来进行指导，能不能更好地理解自己的观点和理论。这是一个非常个别化、特别化的教育机制，每个导师都有自己的培养方法，每个导师也有自己的观点和理论，因此“合议制”的方式应该说是违背个别化和特定化规律的。但是又必须看到在目前的社会背景之下，对于教授也好，官员也好，法官也好，都缺乏信任度，没有这样一种信任度，在博士录取资源非常有限的情况下，公平问题可能是容易引发社会不满的问题。因此就只能够采取一种满足形式平等而忽视博士录取、培养特殊性的方式，只能牺牲其特殊性。当然实际上在录取当中依然会考虑特殊性的问题，所以这也会导致合议制流于形式，如果坚守形式，特殊性就遭扼杀，如果坚持录取的特殊性，合议形式又会遭到扼杀。但从社会发展来看，从根本上还是要解决教师主体的信任问题，要解决这一问题，需要各方努力，改变行政化的管理方式，给予教师更大的自由，同时要建立一个实质的，形成对教师有效的社会评价和制约机制，而不是仅仅通过这种形式上牺牲教育培养规律来满足公平性。就如同法官独立一样，如果我们有很好的制约机制，法官有很高的社会地位和相应的社会保障，法官的社会信任度会自然建立起来，法官依照法律自由裁量，这才有可能形成“具体案件具体处理”，做到充分体现实质正义。

16. 女博士也招，但少。

问：坊间有一种说法，说您不招收女博士生，是这样吗？

答：坊间这个说法如果从实际情况来看，从既成事实来看，显然是不成立的。因为我指导的博士生中就有两位女博士，而且这两位女博士都顺利毕业了，并获得了博士学位。现在这两位女博士都已经是大学里的教授，成为该大学法学院主要的科研和教学力量。其中有一位女博士的博士论文还获得了清华大学优秀博士论文一等奖。的确，和其他导师相比较，我招收的女博士不多。我已招收的博士大概有二十几个人，女博士也就是1/10。可能是由于这一现实，坊间有这个说法，说我不招收女博士。但这肯定是不对的，招收博士不存在性别歧视问题。当然，对于女性考取博士，存在不少的障碍。我这里主要指的是对博士期间的学习、撰写论文,女性博士生可能面临更多的困难。对于考生而言,如果是应届的,那就涉及年龄的问题。读完博士也需要好几年,给女性心理上也会造成一定的压力。未婚的更需要及时考虑恋爱结婚,因为女性结婚年龄选择时间范围相对男性要小很多。已经结婚的,又面临家庭资源分配竞争的问题,在中国这样一个依然为男性中心主义的国度里,有限的家庭资源往往会分配给男性,或向男性倾斜,不否认存在个别例外的情形。因此,我也认为女博士要克服更多的困难,要承担更大的压力。所以女性考博士需要多方面考虑,读博士、从事研究,也不是唯一的出路。当然,社会上有这样的选择,就是女性在高校教书做研究是最好的选择,因为高校相对比较稳定和封闭,还有两个假期,对于子女的教育和培养也帮助。但要进高校教书,博士学位是必须的,这就导致关系已经比较稳定的女性会更多地选择攻读博士生,这就产生了一个悖论的问题。从学校的需求,同样因为女性的特殊性,实际上往往在进人时会向男性倾斜。

从心理特征来讲,博士生是学习和研究相结合,而且相较于硕士研究生阶段更侧重于研究,而进行研究必然会对原有的知识、观点、理论进行沉思和反思,其批判性思维占有很强的比重。而这样一种思维方式,也许与女性的思维可能多少有一些冲突。研究当中的这种反思和批判,会影响一个人的性格,而女性的性格可能对这样的一种反思和批判不能完全相适应。当然,女性研究者也有分析细微,更为细致、更为全面的特点,这也和女性的思维特点相关。如果在研究中,能够发挥这样的特点,那么理论研究也会更为细致和全面。

17. *法律硕士的学习应更具有实用性。*

问:法律硕士应当如何学习?

答:法律硕士与法学硕士不同,设置法律硕士的目的在于培养复合型实践型人才。由于法律硕士大多或者绝大多数本科不是学习法律,因此在进入法学院学习法学时方法就应该有所不同,法学院对于法律硕士课程的设置、教学也应当照顾法律硕士人才培养的目的。因此我认为这有两个方面，法律硕士由于它的目标是培养实践型人才，主要不是培养今后从事学术研究的研究型学者，因此法律硕士在学习时应当更加注意理论和制度的应用，在学习当中尽可能地将一般理论、法律规范与具体的案例结合起来。每一门与法律相关的课程都应该有相应的案例、教材予以配合，法律硕士在学习过程当中主要注意法律的基本原理，在一些理论争议、理论源流、理论流派上，不必像法学硕士那样花很大的精力，学习重点的不同仍然应与法律硕士培养目标联系起来。法律硕士在撰写论文方面也应该与这种学习特点和方法结合起来，不必一概要求所有法律硕士都撰写学术型研究型论文，可以要求他们撰写案例分析型论文。这种论文主要侧重于理论的实际运用，不必在学术上提出新的观点和理论，只要能够很好地将已经学习的理论运用于具体的案例分析当中，就达到了法律硕士人才培养的要求。法律硕士的学习和毕业论文的要求也要一致起来，如果毕业论文是学术型，与注重实践恐怕不能很好地结合起来。法律硕士如何培养，可能还有一个不断探索的过程，这样的培养模式是否能够适应法律人才的需要，也是一个需要不断探讨和总结的问题。

18. 称之为博士，“博”是一种要求，在读博期间的学习往往是“非博”。

问：作为博士生在读期间应当如何学习？

答：博士生如何学习，这个问题也是比较大的问题，前面谈了法律硕士如何学习，本科生如何学习，现在要回答一下博士生如何学习。博士生的学习显然不同于本科生、硕士生的学习。博士研究生更侧重于进行研究，但是也有一个如何学习的问题。从研究中学习，在学习中研究这是一个辩证的过程。如果我们单纯地看学习，那我认为有以下几个特点：

(1)博士生学习和研究的面比硕士更窄了，这是没有疑问的。博士生的研究以民事诉讼为例，有可能就是民事诉讼法学中的一个很小的面，比如说证据制度、当事人制度、诉的制度、程序制度等，还有可能仅仅是证据制度、诉的制度等当中更小的一个方面。那么这个时候，我们就要注意了，博士生的学习面依然应该是非常广泛的，不能仅仅只学习和其研究主题相关的知识，依然要加强与程序法相关的实体法知识的学习，对实体法知识的学习也应该有所提升，有所深化。比如说我们在研究生期间可能也学习了民法当中关于请求权的理论知识，但是在博士生阶段中，我们对民法中关于请求权理论的学习就要更深入一些了。当然如何把握深度和广度的关系，这是有一定困难的。但这些学习都一定是在过去学习的基础之上有所深化，因为我们讲本科阶段的学习应该是最广的，研究生的学习在广的同时，就有所深入了，博士生期间应该是学习更深入一些。在这个意义上，博士生在学习期间在知识的探求方面往往是"非博"，所以特别要求在读博之前其知识就应该有一定的广度。

(2)博士生的学习应该更注意方法论的问题，更注意知识、观点、理论的形成及其特点。通过这样的学习，有助于我们发现问题、提出和解决问题，或者构建分析问题的框架。因此对博士生阶段的学习，要更重视方法，在学习当中，认真地去领会感悟解决问题、论证问题的方法。

(3)博士生的学习要注重对专著和论文的阅读和学习。本科生、研究生期间由于时间关系，涉及的面很广，可能对阅读专著和论文非常有限，在博士生期间，就要加大对专著和论文的学习和研究。因为通常而言，论文和专著是对某一个问题更深入的研究和探讨，从这些论文和专著中我们可以学到提出问题、分析问题和解决问题的方法。

(4)博士生的学习也不仅仅是对理论的关注，同样也要关注实践。因为只有关注实践，才能够将自己的研究与实践结合起来。但这样一种对实践的关注和对案例的关注，应该是站在更高的点上，从更专业的角度看待司法实践活动和案例。

(5)博士生的学习应加强对国外理论的学习和研究。博士研究生的研究需要吸收、借鉴大量的外国理论和制度。因此需要将更多的时间面向外国的理论，这是博士生学习的一个很重要的方面。所以学好外语，尤其是外文的阅读能力是非常重要的。

19. 对博士的要求——勤与诚。

问:不知是否可以顺便谈一下您对博士生的要求是什么?

答:我对博士生的要求抽象地来说当然是勤勉学习、刻苦研究,具体来讲就是要有主动学习这样一种精神,积极思考、勤思考、勤提问,要善于向所有的人包括老师和周围的同学学习,保持一种不断提问的习惯。我对博士生的要求其实就这么简单,但其实这个要求是很难做到的,我坚持认为只要保持不断思考、勤思考,那么自己的研究能力就会不断提高,所以对什么问题都要不断地问为什么。

20. 实证调查——严肃对待。

问:如何看待学生从事实证调查?

答:在本科、研究生和博士生阶段,都有不少学生在从事所谓的实证调查。对于学生们的实证调查,意义主要还是在于了解司法实践。把实证调查作为一种研究,并且把实证调查的结果作为一种研究结果、一种结论需要小心、谨慎。因为我们现在的实证调查有的只是在实务部门收集一些数据,还谈不上进行田野调查、社会学意义上的调查。而我们的学生对于社会学意义上的规范调查并不熟悉。样本的采取、问卷的设计都可能不符合社会调查的规范要求。如果不符合社会学调查的规范要求,就肯定会影响实证调查结果的客观性。所以我们可以通过实证调查了解社会,但是切不可以,我也不主张把这些没有按照社会调查规范来进行的实证调查的数据作为一种结论和判断。这样的结论容易误导,这是我们要特别注意的。我们可以接触一些实践,但是特别要注意我们这样一种实证调查在没有经过严格训练的情况下,这些调查结果的科学性、客观性都有可能存在问题。

21. 勤奋+诚恳=成就+成功。

问:作为您指导的学生,您最看重的哪一个方面?

答:对学生,我最看重的还是勤奋和诚恳,也有人把它通俗地表述为“任劳任怨”。为什么我会强调这两个方面呢？因为我始终认为人与人之间在智力上差异并不大，这个也符合自由主义的基本观点。正因为人与人之间智力差异不大，因此才允许人们有各自的想法和观点，各自不同的追求。在智力差异不大的情况下，能不能成功，能否有所作为，能否成为一个有研究潜质，能否成为一个有所作为的学者，勤奋还是第一位的。诚恳是为人的一个基本方面，也是一个人是否能够成功的一个很重要的方面。总之，勤奋+诚恳=成就+成功。

当然一个社会是复杂的，在事业上的成功与学术上的成功还是有所不同。学术上不错，不等于事业上成功，事业是一个更广泛的概念。例如，在学界或社会上的影响力，更具体地可能包括名誉和地位等。在这些方面的成功就涉及多方面的因素，一个很重要的方面是情商，也包括一些偶然因素。

22. 师生关系的原则是坦诚相待。

问：2015年9月19日、20日中国人民大学历史学院教授、博士生导师孙家洲发布公开信，声明断绝与其新招硕士生郝相赫的师生关系，起因是认为郝相赫不听劝阻，屡屡在微信朋友圈发表攻击其他学校同行教师的言论。之后，公开信迅速在网络和社交媒体传播，引发社会热议。就人大断绝师生关系事件，您可否谈一下如何与导师处理好关系？

答：关于人大教授断绝其与学生的师生关系这一事件，在社会上炒得沸沸扬扬，一度成为最重要的新闻事件。学生与导师的关系是比较微妙的，之所以说是比较微妙的关系就在于导师和学生之间的性格、行为特征不同，关系处理就很微妙，有些导师和学生关系处理得很好，有些一般，而个别会出现比较差的情形，人民大学这个老师就是处理得比较差的典型。作为导师来讲应当了解学生，掌握学生的基本特点，理解学生，善于与学生沟通，导师也有可能会发脾气，学生要能够理解。总体而言涉及知识问题时肯定真理是第一位的，导师和学生之间涉及知识问题应当共同尊重真理，把真理放在第一位，导师不可以武断地将自己的观点强加给学生。我认为在与学生的关系处理上，导师处于更主动的一面，如果从矛盾关系的角度来看，导师应该是矛盾关系的主要方面，所以导师也有义务引导、教育学生。如果学生有不同的认识和观点，彼此之间可以沟通，不是原则问题时可以保留，导师要有一定的容忍，学生要注意观察导师，持不同意见可以以适当的方法表达，因此这涉及一个关系处理的情商问题。因此我不太认同断绝师生关系，这样的做法过于武断，说明老师还是没有真正把握好师生关系。这个问题作为一个孤立的事件，还有一些背景我们还是不了解，因为被问及，所以我还是谈谈对这个问题的看法。当然我们不能坚持过去传统的那种师生关系，完全以导师的观点至上也存在问题。

23. 独立思考是第一位的。

问：如何看待学生与自己的观点和研究方法的背离。

答：一般而言，学生在学习中总是被动的，会受指导老师学术观点和理论的影响，因此，学生的观点多数情况下会与指导老师基本保持一致。但由于提倡独立思考以及学生们在学习当中受他人观点和理论的影响，会在一定程度上反思导师的观点和理论。有的情形下会逐渐偏离导师的观点和理论走向，甚至逐步形成与导师在研究方法、视角、出发点甚至基本理论立场上的对立。这在学界尽管不是普遍现象，但也并非鲜见。尤其是一些硕士生、博士生，在本科或硕士学习阶段已经有比较定型或成型的思维方式和研究方法。虽然在硕士和博士阶段考取了该导师的硕士或博士，但由于并不系统了解导师的研究方法、路径、观点、基本理论体系，因此在其学习中，就会先天地形成一种疏离或对立。

我们对学生的学习和研究总是提倡思考和研究的独立性、独创性，导师希望把自己认为正确、有效、妥当的研究方法和理论传授给学生是非常自然的，这两者之间存在一定的冲突与矛盾，解决这一冲突和矛盾的主要方法在于沟通。双方之间尤其是导师要更主动地阐明自己的理论观点的妥当性、科学性，使学生能够理解自己的观点和理论的出发点。对于学生提出的相反的观点和意见，也要认真听取、琢磨，所以沟通是非常重要的。当然，学生在学习当中,会分析、判断、权衡研究方法、研究路径以及研究成果的实用价值及有效性,会从自己的立场、自己的角度来加以判断。比如说,有的学生可能认为更有效的研究方法应当是超越法规范解释,打破传统的实证主义研究方法,综合运用其他社会科学、其他人文社会科学的方法如社会学、政治学、文化学、心理学、经济学、哲学等方法来进行研究,会具有更大的社会效应。在交叉研究方面,更容易具有创新性和突破性,那么就很自然地与主要从事规范研究的导师的传统的研究方法分道扬镳了。比如说我的博士研究生徐昕教授,他的博士论文选题就不是传统的规范分析方面的选题,而且主要立场和研究方法是社会学的或法社会学的,那么他的博士论文《论私力救济》后来就有了很大的影响。当然从他以后的发展来看,他主要从事公共领域问题的分析,社会问题的分析,可以认为他所擅长的就是非规范分析。对于一个公共知识分子而言,这也是必要的条件。因此要将其限制在规范研究,从事纯粹民事诉讼理论的研究就并不合适了。

总之,学术研究应当根据每一个人的特点,根据自己的实际情况,包括知识兴趣、爱好、原有的知识结构和基础,进而综合决定自己应当采取的路径。至于什么样的观点才是正确的,需要通过较长时期的学术市场竞争,社会自然作出评价和选择,导师不是理论观点的终审裁判者。

24.《现代化与法》是一本很有意思的书,但要注意其副作用。

问:您有一些推荐书目,比如川岛武宜的《现代化与法》。您为什么特别推荐读川岛武宜的《现代化与法》这本书,阅读此书有何意义?

答:川岛武宜所撰写的《现代化与法》一书是近年来我推荐给我所指导的民事诉讼法专业硕士生和博士生必读书目之一。川岛武宜先生是日本著名的法学家,他的影响远远超越了法学界本身。我刚到日本就看到书店里有他的书——《日本人的法意识》。按季卫东先生的话来讲,他是与日本著名政治学家丸山真男、著名经济学家大冢久雄比肩的当代日本现代化理论的三座高峰。

我之所以向学生们推荐川岛武宜的《现代化与法》,主要基于两个方面的原因：

第一，川岛武宜很深刻地揭示了日本封建社会与日本近现代社会完全不同的法意识，并且深刻地揭示了两种社会不同法意识差异的根本原因。例如，川岛认为现代商品经济具有内在的非伦理性，现代法是在冷静的利害关系计算的基础之上来调整各种经济关系，而伦理则具有不可计算的特性。川岛指出，典型的市民社会是面对专制主义（绝对主义）权力而主张自己获得自由的近代市民社会，是以经济的自律为基础的、自律的、独自的社会。市民社会的首要根本结构是仅由自由的个人而成立的，从封建的专制主义的统治（政治的、社会的、道德的）下解放出来的自由个人的营利活动，成为经济生活和社会生活的原动力。基于这些利己性的原动力，为使每一个个人的活动促进经济发展，这些个人都必须是平等自主的人，能够自觉地认识到自己的责任，独自决定自己的行为，能自我控制，近代市民社会因为这些人的存在才能形成。川岛武宜的这些观点对于认识我们现代社会有很重要的意义，西方近代国家的确立和法治就是为了确立自主的个人人格。川岛指出，日本经济社会的自律一直到明治时期以后在法律上才被承认，因此我认为，只有在法律上承认了独立自律的人格才意味着法的近代化和现代化。川岛是民法大家，他认为，民法的规范正是经济自我法则发展的容器，市场经济只有在民法的基础上才能够得以安定。近代的法或现代的法不会像专制主义国家那样仅在外表上起作用，却在各种经济关系的每一个角落起保证作用。在政治社会的强制秩序中，或者说在专制型社会中社会关系的实体只是从上而下的纵向的权力关系，在这种关系占有绝对的地位时，法的独自存在的余地就没有了，由此也可以说司法的独立性也就荡然无存。

第二，川岛武宜在日本法社会学的创立发展方面做出了很大的贡献，他之所以从典型的民法规范法学转向法社会学，是他对实证主义法学、法教义学、法规范分析弊端的自省和反思，在他的法社会学理念中特别强调法和伦理的结合。他认为，19 世纪以来德国或欧洲大陆的法学理论和法学理念是全力将法与伦理、法与政治分开，法的独立性、法的独立存在要求法与伦理、政治的分离，法作为一门独立科学的存在，就是实证主义法学的一个基本特征。川岛认为,在现代法的社会中,单纯强调法的自洽性、封闭性是不妥当的,法与伦理是不可能分开的,现代社会应该反思法实证主义、法规范的局限,强调规范的广泛含义,规范和制度实际上包含着规范和非规范的制度性约束,从这个意义上讲,伦理、社会习惯、规章制度都是规范的一部分,而不再认为社会的规范仅仅是和主要是法律规范。

对于第二点,我们需要特别注意,川岛所处的社会和我们现在所处的社会是完全不同的社会,不同在于,川岛所处的日本社会已经树立了法的独立性意识,已经经过了法和道德、法和政治的分离,形成了一种以成文法规范至上的规范意识,而我们国家的现实还远远没有将法从伦理和政治的混沌关系中独立出来,还没有建立起法律至上、宪法至上、成文法至上的规范意识。在没有这些意识和独立的司法存在的情形下,如果我们片面地跟随川岛武宜的观点,即所谓瘦子跟着胖子减肥必然导致法治阶段和认识的错位。在我国现阶段不是强调法律与伦理、与政治的融合,恰恰应当以法治建构、法的独立性作为前提,由此形成普遍的法律规范意识,形成法律至上的守法意识,并以现代法的精神、现代法的价值观来支撑和改造我国的伦理体系。川岛武宜在这个方面恰恰容易误导我们的学者,这是我们特别要注意的。

历史给川岛武宜开了一个玩笑。

——昂格尔

25. 一种没有意义的考试。

问:您如何看待博士生资格考试?

答:博士生资格考试是否是清华大学的独创制度不是太清楚,它要求在博士生开题答辩前必须要通过博士生资格考试。如果没有通过博士生资格考试,就不能够进行开题和博士论文答辩。那么这项制度的目的显然是为了督促博士生更好地学习和研究。博士生资格考试分为笔试和面试,只有笔试和面试均合格,才能获得博士生开题答辩资格。我个人认为这种资格考试没有太大的意义。因为在这个阶段进行考试,其考试的范围非常有限,很难通过这种考试来判断博士生是否具有撰写博士论文的基本条件。实际上,作为博士生的基本条件的考察已经在入学考试时就完成了。通过一年多的学习来判断他是否具有继续研究的能力和条件是很难达到目的的。鉴于博士生已经在学习阶段中与导师形成了一定的社会关系,要想通过该种考试来淘汰博士研究生已经不大可能,更好的方法还是通过对博士论文的评价来解决其是否应当获得博士学位的问题。从这些年实施的博士生资格考试的情况来看,基本上流于形式,也没有听说有哪一位博士生在博士生资格考试上掉队的。

26. 开题报告就是一个形式。

问:开题报告应做哪些准备,应注意哪些问题?

答:准确地讲,开题报告应该包括三个层次,本科、硕士和博士。本科的开题报告应该说比较简单,主要是选题,至于选题的意义、该问题研究的综述、相关参考资料的收集和整理在本科论文开题报告并不强调。而硕士论文和博士论文的开题报告,相对而言就比较重视了。对于开题报告,我个人认为,重点还是应当放在选题,主要回答为什么要选择这样的命题或者对这样的题目进行何研究并形成硕士、博士论文。当然,要回答这一问题,必须要全面收集相关的资料并进行梳理和分析。只要做到了这些,开题报告的基本工作才算是完成了。我们的开题报告在形式上的要求很多,有些是没有必要的,比如说,对于研究方法其实是没有必要的。现在的情形是研究方法成为一种模块,大多数论文都是在这个方面属于一种模块式写作,没有太大意义。从现实来看,主要的问题是学生在开题前没有广泛和深入地收集资料、分析资料,主要是对间接资料的收集和分析,因为实际上直接资料越多意味着该课题和该题目撰写的必要性就越低,也就很难有创新,所以在开题之前应当更多地注意间接资料。我不主张开题报告当中就已经对论文的结构体系做出了完整和准确的描述,这根本不现实,论文的结构、体系只有在研究、实际撰写当中才能逐渐形成,不可能在撰写和研究之前就已经形成完善的结构体系。

27. 选题因人而异。

问：对博士生而言，博士期间最重要的莫过于其博士论文。据闻您无论做什么事情都要求非常专业，想必对博士论文的要求也非常高。能具体谈一下，在博士生论文选题、写作等方面您的看法吗？比如有的导师希望自己的学生做基础理论研究，而有的导师希望自己的学生做时下最前沿的研究等。您怎么看？

答：如何选题，选什么样的题适合作为博士论文的题目，这是一个必须认真考虑的问题。博士论文的选题必须考虑其命题的学术性、理论性、可扩展性、可延续性及与国外的理论和制度有一定的联系。博士论文是反映学术研究过程和成果的，因此论文的命题和研究对象必须是学术问题，不能是单纯的技术性问题和对策性问题，更不能是事实的描述。所谓学术性和理论性大体上是相同的意思，就是要解决理论上的问题。例如，诉讼标的的识别标准问题、证明责任分配的一般原理问题、重复诉讼判断标准问题、证明标准的问题、前诉裁判与后诉的关系问题，这些问题不仅是实践中经常遇到的问题，也是理论上的问题。注意研究命题的可扩展性、可延续性就是要注意那些具有基础性的问题，能够使自己的博士论文研究成为今后继续研究、扩展研究的平台。一般而言越是基础性的问题，其扩展性和延续性越强，当然基础性研究难度更大，不容易有所突破。因此选择研究对象时必然面临紧张关系。博士论文的选题通常要与国外的理论有所联系，否则有可能是自说自话，缺乏理论脉络上的联系。

还需要注意博士论文的选题要有一定的规模，通俗地讲就是研究大问题。有些题目作为一般论文或硕士论文是可以写的，但作为博士论文可能不合适。因为题目太小无法展开，我们可以以小见大，但有的题目本身就很小无法见大。通常来讲还是基础性的题目是可以做大，越是基础越是大的题目，此时反而要将题目或研究范围加以限制，题目过大，其论述就不容易集中，就可能导致过于宽泛，没有深度。

在博士论文选题中，同学们往往会将政策性或对策性的问题作为博士论文的题目。应当注意的是,政策性或对策性的研究题目不适合作为博士论文题目,主要是因为缺乏学术性。来自实务界或有实务经历的博士生通常喜欢将政策性或对策性的问题作为博士论文。因为实务界的工作就是对策性、政策性的工作,是理论的应用和实施。

博士论文的选题还应当注意一般应当是单一命题,研究讨论的是一个基本命题。容易出现的问题是为了实现论文的规模化,常常将几个命题放在论文进行讨论,必然导致问题不集中,彼此之间没有联系的问题。通常表现为某一诉讼类型的若干问题,如知识产权诉讼中的若干问题、侵权诉讼中的若干问题。一个命题之下可以有若干问题,但这些问题都是彼此存在内在逻辑联系,是这一问题构成的子问题。子问题的解决最终实现这一命题的证成。

博士论文的选题还有很重要的一点,就是因人而异。因人而异,是说根据博士生的条件和特点不同,在选题的选择上也要有所不同。应当看到,博士生之间在思维方式、外语条件等有所不同。有的学生更擅长具体制度和细节进行深入分析,但其宏观把握方面有所欠缺。有的学生却相反,擅长宏观分析、把握,讲究气势;有的学生更擅长抽象的理论分析,有的则擅长制度与实践分析。学生的语言工具也有不同。因此,博士论文的选题也需要根据学生的具体条件或情形来考虑。否则,不适合学生研究的选题,对学生而言是一种痛苦。所以,博士论文的选题不能导师擅断,需要与学生深入沟通,因人而定。

28. 创新是一个综合概念。

问:硕士、博士论文以及学者的研究要求有所创新,应当如何看待研究上的创新?

答:关于硕士论文、博士论文以及学者研究的创新问题是我们经常挂在嘴边的话题。但什么是创新?应当怎么来看待创新,这是需要认真对待的。要求硕士、博士在自己的论文中有观点和理论的创新,是非常困难的。制造不同容易,正确的“不同”很难,因为与众不同的东西往往就是错误的东西。

一般来讲,创新就是要使自己的观点与前人不同,超越前人。这不是每个学生,甚至老师们都能做到的。因此,对于什么是创新,应该做扩大的解释,我的理解创新应当是一个综合的概念。

硕士论文甚至博士论文也主要是通过论文的撰写来培养硕士和博士的研究能力,研究能力包括收集资料、对资料进行分析、整理和归纳的能力,也包括提出问题和解决问题的能力。因此对于硕士、博士论文的创新,就应当包括资料的收集、整理、归纳、综述的能力。如果概括归纳得很好,也是一种创新,新的视角、新的研究方法、新的阐述和论证方法都应当属于创新。有新的观点能够论证成立,毫无疑问是创新。能够把原有的抽象理论进行细致化、技术化,能够很好地转换为实践操作技术;对原有的观点提出质疑、商榷,对国外的理论进行分析、说明,厘清理论源流;区别相近概念和容易混淆的概念,证成实际的含义,也都应当属于创新的范畴。在实践当中,如果我们片面地、绝对地去追求一种观点的创新,反而会破坏理论的传承,破坏研究规范,导致新的概念和理论上的混乱。而且由于片面地提倡创新,就会限制对域外法律和制度理论的借鉴,进而导致人为地滥用一些所谓新的概念,构建没有制度实践基础的空谈的理论和制度,这一点是我们在进行学术研究,强调研究创新时所应当注意的问题。

29. 理论联系实际不能片面化。

问:我们在写论文时,都有一个要求,理论联系实际,如何才能做到联系实际呢?

答:理论联系实际是我们一贯的要求,不仅是在意识形态上强调理论联系实际,同时在撰写论文上也有这样的要求。对于理论联系实际的要求应当实事求是地看待,撰写论文强调理论联系实际,其中包含着撰写论文的实用性要求,但这个不能一概而论。有的论文就是纯理论的研究,如果我们把实际需要片面地与理论研究结合在一起,就会影响理论研究的纯粹性。无论是硕士论文、博士论文,还是一般的非学位论文,也都有一个实用性要求。我认为,只要满足了实用性要求也就做到了理论联系实际,理论联系实际并非要求与社会现实加以联系。一些理论源流的分析、理论结构的分析，就很难与我们的社会现实、现实需要有多么深的联系，就是为了要厘清理论上的渊源、理论上的脉络、观点理论的构成。片面地强调我们的论文与现实的结合是没有必要的，更不应当一味强调与司法实践的联系。根据论文主题、命题的不同来确定怎样做到理论与实际的联系，理论研究的实用性在个别情形没有或没有任何实用性也不是不可以的。

30. 观察、细致、再细致。

问：我们感觉写文章最难的就是发现问题。所以特别想问，如何才能发现问题，并写成一篇文章？

答：这个问题比较大。不仅是你们有这个感觉，我们也是如此，发现问题对于学术研究可以说是最重要的。我个人也经常为此而颇费心血。就我个人的研究经验而言，我认为注意以下几点，也许对于发现问题有帮助。

第一，就要注意观察，观察实践活动，对于民事诉讼法学而言就是要注意观察民事诉讼实践活动。注意从人们(实务界与社会大众)的言论中发现学术问题的蛛丝马迹，从报纸、一般非学术性刊物、其他大众媒体上发现问题。例如，关于经验法则的问题，就是通过报纸上关于所谓“彭宇案”的议论提出来的。在这一事件中，人们关注和议论的中心或重心原本不是经验法则这样的专业问题，而是司法与道德的关联问题。问题的社会背景之幕是对司法的“灰色”与普遍不满。但通过这些议论，我们可以发现，人们的议论实际上涉及如何认识经验法则在认定事实上的作用问题。案件中审理法官对经验法则的认识是否妥当？理论上应当如何理解？经验法则的特点或结构是什么？为什么要认可通过经验法则对事实推定？哪些可以作为经验法则？人都是自私的是否可以作为经验法则？这些问题就是经验法则的学术问题。其研究成果有助于指导人们在司法实践中运用经验法则。

许多实践问题如同我们身边飞驰的汽车一样，如果我们不留意，这些车是不存在的。我们之所以能够注意到这些车中特定的车，是因为我们有一个预设的“指向”。如果没有“指向”，我们是无法锁定目标的。打个比方，在我们进入教室时,虽然教室里有很多同学,但如果没有特定的主体指向,则只有你已经熟悉的学生或所需要搜寻的学生,在此之外,其他所有的学生都是不存在的,只是抽象的学生。你不会意识到其具体存在,所谓“相见不相识”。据说魔术师就是利用这一原理,在你眼前实施“障眼法”。学术上的问题也是如此,尽管就在我们身边,但我们可能却视而不见。因此,我们需要养成观察与思考的习惯。问题意识始终在我们的头脑之中,就像头脑中的雷达一样,始终在对外界进行搜索扫描,一旦有问题马上就可以予以锁定。

第二,就是要善于将问题提炼成为一个学术问题。实践中的问题很多,但并非都是学术问题或理论问题,需要区分技术性问题与学术性问题。技术性问题就是具体如何处理的问题,如何具体处理需要根据具体情形来处理,而学术研究是要概括出一般规则和原理,只要某一个问题的探讨进入了需要根据具体情形予以处理的境地时,学术研究也就到此总结了。大多数实践部门的实务工作者所提出的问题通常都是技术性问题。他们的工作就是解决实践中的个案问题,但这些技术性问题往往隐藏着学术问题。因此,我们需要从这些问题中概括出学术问题,需要予以提炼,这是一种十分重要的学术研究能力。例如,实践中司法部门认为最难的问题是管辖问题和送达问题,称之为管辖难、送达难,但实际上这些问题大多不是学术问题而是既存司法制度的问题,也就是说在学术上已经十分清楚,不过是制度设计问题、观念问题或认识问题。当我们提炼出来问题之后,一篇文章就取得了一半的成功。

31. 文章一般是长的好,人们首先是看数量,尤其是该领域外的人,但刊物会限制你。

问:如何看待文章长短?实践当中似乎是文章越长越好,人们常说我这篇文章有多少多少万字,潜台词是我这篇文章有多好。

答:我也会拿文章字数抽象地说明我的文章。字数多至少表明这篇文章我下了工夫。我们都说文章长短,应该看言说的问题和内容,该长则长,该短则短。话虽如此,但似乎没有意义。“辩证法”的最大问题就是实际上没有意义,是一个“和事佬”。

文章应该写的长,还是写的短,这是我们经常遇到的话题,尤其是青年教师经常会问我这个问题。他们有的经过观察以后,总结出我发表的文章大体上在一万五到两万是经常的。现在的刊物最欢迎的长度就是一万二至一万五。为什么是这个长度,与多种因素有关,如文章篇数与刊物容量、转载、学术评价等。许多学校明确规定五千字以下的文章不算学术论文(《人民日报》《光明日报(理论版)》除外)。那么文章究竟应该写的长还是写的短,我的看法是,文章的长与短一般情形下就意味着包含的信息量有所不同。因此,如果单纯从包含信息量的角度来看,文章长的,自然包含的信息量多;文章短的,自然包含信息量就少。过去我们有的老教师说文章要写的短,短小精悍,文章越短越好。这种观点需要根据具体情形来看,进而来判断其是否妥当。在古文当中,文章都不长,比如说《隆中对》《出师表》两篇文章大概也都是在六七百字,但这两篇文章包含的信息量都很大。这两篇文章不是学术性论文,只是一种宏大概略的叙事和战略论述。我现在还记得陈寿在《三国志》中《隆中对》的开篇是“亮躬耕陇亩,好为‘梁父吟’”。当然,我们要注意古文本身表达的特点,不需要多少字,也无需特别精确,文章自然就显得短。一旦我们用现话语将其展开、解释,这样文章也同样不会短。如果真要加以展开,可能都在上万字以上,即使是几百字的古文。毛泽东的《实践论》《矛盾论》都是小薄书,但要注意的是,毛泽东的写作环境是在战争年代,战争环境没有写长篇论文的条件。《隆中对》《出师表》不是学术论文,不需要论证,更不需要引注,也不需要对前人的观点进行综合评价、分析。毛泽东的文章是在战争年代写成的,当然也不可能有各种引注,参考书目也很少,主要还是为政治服务,为战争服务。

我们现在的学术论文要求文章必须严谨,论证缜密,对他人的观点要进行评述。我们要求一篇好的学术论文要写的深刻,“深刻”在一定程度上就要求必须要有细致的分析,关于这一问题的每一个方面都需要有所阐释,这样一来文章必然很长。从我们改革开放以来的学术研究来看,早期的文章都很短,也不可能写的很长。因为没有多少资料,没有足够的实践,也不可能形成比较丰富的学术争鸣,文章规范性也不够,进而文章也就写的短。我们不是说文章越长越好,但是一定要把文章命题中所涉及的基本内容按照学术规范加以论述和论证。所以有的刊物会要求至少两万字以上才能够达到论文提交资格。当然,片面要求文章一概很长,也不合适。

以上是我们从应然的角度来讲。从实然的角度,人们对文章的评价,如果不是特别专业,或者特别了解这个领域,人们的评价一般是论文越长,该论文越有分量;而真正了解这一命题的,往往人数很少,所以多数人还是按照文章长短来论优劣。这也使得人们会尽量地把文章写长。当然能发长文,也表明撰写者有一定的学术地位。所以有青年教师或学生经常会说你们的文章可以写得长,我们的即使写得长,也会被砍掉,编辑会认为文章有水分。学术影响是长期积累和竞争的结果。对于有学术影响力的人,编辑通常不会担心水分的问题,即使有点水分也就容忍了,这就是现实。我是鼓励写长,写长的意思是鼓励作者尽量把问题搞深、搞透,如果不鼓励写长,实际上也就不会促使他做更深入的研究。我在担任《现代法学》和《清华法学》主编时就提倡作者写长文章。当然有些无病呻吟的文章,就要看他的实际分量,不能灌水,能够写长,也是一种能力。能长则长,能短则短,这也是文字驾驭的一种能力。

32. 心态决定一切;学术研究是一场真正的马拉松。

问:对青年学者的学术成长,您有什么建议?

答:首先是心态,不可操之过急,时间还长,路还远;选准方向,具有可扩展性,注意广度和深度的结合,以免扎得太深以后,就很难扩展到其他领域;持之以恒。

对青年学者的学术成长方面,我的建议首先还是要注意心态,青年学者初出茅庐,往往希望能够在最短的时间内有所超越,尤其是在学术竞争日益加剧的情况下,所以我认为做学术研究要有长远的打算,不可操之过急,今后从事学术研究的时间还长,路还很远,总体上,学术研究是一场“马拉松”,考验的是持久性,尤其是社会科学的研究,不可能像自然科学那样,突然之间灵光闪现，捅破窗户纸，某一原理被发现，需要个人长期积累，不断完善、调教、论证。

当然，整个学术研究的路程也是分段的，在稳步前行当中需要有阶段性的冲刺。所谓阶段性的冲刺就是在一定时间选取一个主攻方向，集中精力，拿下具有一些时效性的选题。就学术研究而言，很重要的是选准基本方向。我的体会是，选择研究方向便于集中发力、持续发力。当然，也不可打疲劳战，如此，会使人产生排斥和厌倦心理。因此，学术研究方向要考虑研究领域的可扩展性，可扩展性实际上是注意研究领域的广度，由于青年学者往往都有博士研究学习的经历，最初的研究成果往往是博士论文，而博士论文通常是讲究深度而不注意广度。从以往的情形来看，最初的研究如果扎得太深，以后反而会影响研究的可持续性发展，很难在其他研究方面加以扩展。深和广同样具有矛盾和辩证关系。在研究当中需要注意基础性研究，因为基础性研究、基本理论的研究都具有可扩张性，如果不注意基础理论的研究而选择制度性研究往往不容易扩展。当然更重要的是要注意持之以恒，有计划地、由点到面。我的研究是先选择与基础理论结合的诉讼体制的研究，然后推广到各个相关制度的研究，我自己的感觉是我这个路子从现在来看基本是正确的。

33. 实用性是基本标准；教科书翻译厚的，专著翻译薄的。

问：青年学者往往想翻译一些国外法学著作，在翻译著作方面您有什么建议？

答：青年学者要想超越以往的理论研究，必须要关注学习和借鉴国外的法律理论。这是竞争利器，也是年轻优势。在学习当中，青年学者们也自然会有想翻译一些国外法学著作的想法。这就很自然地提出了这样一个问题——如何选择翻译国外的法学著作？

翻译国外作品和著作，我认为要注意翻译著作的针对性和实用性。针对性和实用性主要是根据我们国家的情形，针对我国现在研究当中理论供给的不足方面，有针对性地翻译、介绍国外的著作。但在讲究针对性的问题上,恐怕要注意的是,国外著作、理论观点对于我国制度和理论发展趋势的影响,要把握住我国制度和理论发展的正方向。从译者来看,国外的法学著作的翻译,要具有满足其发展趋势的要求。有的翻译作品,我认为没有注意中国法治的阶段性,从而使得某些翻译作品反而阻碍了我国法治建设的发展。例如,我们诉讼体制的发展应当是尽量摆脱职权主义,而如果翻译作品是反思这样一种趋势的,尽管在西方国家的法治阶段上有合理性,但是在我国就会带来消极影响。比如说我们法治现阶段强调的应当是法与政治的分离,然而翻译的作品却是反思这种趋势,例如美国昂格尔的著作。从西方国家如美国的法哲学、法政治学来讲,就是讲究法与政治的相互关系,这是因为美国原来过分强调法与政治的分离,而且国外的政治与法的关系与我们国家法与政治的关系是有不同语境的。因此将昂格尔的法与政治的相关法哲学与法政治学的著作翻译到我国,就有可能产生不利影响。我们在民事诉讼著作方面,虽然不太会涉及这些问题,但是也会出现与中国法治阶段脱节的作品的问题。我主张翻译国外学者的法学著作应当注重主流性、基础性、前沿性。在主流性和基础性方面,我建议以翻译教材为主。在专著的翻译方面,应当选择前沿性的作品,并且注意专著的研究和写作规范,为我们国家的理论研究提供一种可借鉴的范式,这是我们在翻译作品当中需要注意的。因此在翻译之前,选择翻译文本是非常重要的,应注意看看国外同行对翻译文本的评价。

34. 司法改革关联政治,是政治学重点关注的领域。

问:您不只在一个场合提到,青年学者不宜参与司法体制改革研究?这是为什么呢?

答:从 20 世纪 90 年代开始,司法体制改革就一直是学术界不少人研究的课题,甚至是重点关注的课题。我自己也曾经因为课题的关系而参与过司法体制改革的研究。1998 年国家提出要建若干世界一流大学,为此启动了所谓“985 工程”,作为“985”试点的清华、北大开始了一期工程。国家随之也给了清华、北大一大笔项目研究经费,清华大学也相应设立了“985”研究计划,要求各院系申报课题,称之为“985”课题。法学院在报项目时要求项目要大,具有战略意义。我们当时一致认为司法体制改革毫无疑问属于对中国法治建设具有战略意义的课题,果然,一报上去就批了,经费也不少,按照工科的思维这笔钱依然是一笔小钱,我当时是课题的负责人。经过课题组成员几年的研究也有了成果,并顺利结项。但因为涉及诸多政治、意识形态的问题,这些研究成果不大可能具有可采性,尽管我们认为这些基本观点都是正确的。因此,才有了我后来对司法体制改革作为学术研究对象适当性的疑议。

我注意到,现在有不少青年学者也在参与司法体制改革的研究,甚至有的学者将其作为主要的课题进行研究。经过这些年的关注和参与,我个人认为,学者尤其是青年学者不适合专门研究司法体制改革,以司法体制改革的研究为业。关注司法体制改革、观察司法体制改革的走向以及对民事诉讼法、民事诉讼制度运行的影响,这是可以的,但完全发力于、侧重于司法体制改革的研究就不一定合适了。原因是司法体制的改革更多涉及的是政治性问题、政治学问题,擅长于法规范分析的学者必然不适应对司法体制改革的研究,司法体制改革的研究主要还是基于政治的考量和实证的分析,涉及很复杂的政治背景、政治因素和政治环境。虽然与民事诉讼或诉讼制度有关系,但是作为一般的学者很难了解其具体的制度政治背景,对司法体制具体的运行情况也缺乏具体的数据,缺乏宏观的、整体的了解和把握,所以其研究很难反映其客观性和科学性。虽然现在关于司法体制改革的课题很多,但这些课题主要还是基于一种政治需要,在学校擅长从事理论研究的人绝大多数并不擅长对司法体制改革的研究,学者们熟悉的传统的规范研究几乎没有用武之地。我本人尽管写过一些文章,但实际上也主要还是从司法制度的规范出发来进行研究,往往可能脱离中国现实,所以,我不是太主张青年学者参与司法体制改革的研究。尽管面临着诱惑,因为司法体制改革的政治性以及政治影响,大量的课题经费会投入其中。有些学者长期参与司法体制改革,也了解司法体制改革的政治背景,这些学者从事司法体制改革的研究更为有利。

35. 兴趣是发动机。

问：如何分辨自己对哪一部门法更有热情与禀赋？因为通常认为如果对某一法律没有热情和禀赋的话是很难有所作为的。

答：这一问题实际上要问，如何判断自己更适合研究哪一个具体的法律领域。因为，所谓热情实际上就是兴趣，对于法律的学习而言，当然会有学科对自己吸引力的差异问题，有的学科你没有什么兴趣，有的一般，有的则很有兴趣。但无论有无兴趣作为专业都必须有兴趣，另外兴趣也是可以培养、形成的。禀赋的问题主要是今后的研究方向或工作方向的问题，如果认为或实际上可能在某一个领域更有禀赋，则在这个领域发展得好一些，相反就差一些。对一点客观上不是太好判断，还是看自己的感觉，如果自己觉得学起来感觉比较容易，理解起来比较容易，对于理论和实践中的问题分析和解决都有心得，大概可以说在这个领域有禀赋，适合在这个学科领域发展。

36. “镀金”的意义。

问：出国学习别国法律对于回国从业能起到什么作用？

答：这个问题说得大一点，就是留学有什么用？留学的经历对于回国就业竞争无疑是有帮助的，这就是所谓“海龟”的力量。我的理解至少有几个方面的作用：

(1) 出国学习的目的是了解掌握他国的法律以及法律知识，以便提供相应的法律服务。因为他国与我国总是存在生活事实的联系，而这些生活事实的联系中也必然涉及相应的法律问题。这一部分属于法律技术应用。

(2) 除此之外他国的法律可以成为完善我国法律制度的借鉴。借鉴他国的法律制度必然需要了解和掌握相应的法律知识。法律是人类文明的结晶，是人类智慧的成果。一国的发展绝不可以离开整个人类的文明发展。

(3) 开阔眼界、转变思维方式。这可能是出国留学最大的意义。因为我们长期处于具有特色的教育和话语体系之中，思维方式、看问题、思考问题的视角方法可能都具有本土特色。一旦走出去，这些本土的东西就会受到冲击,另一个社会的思维方式和观点会不断挑战我们既有的思维方式和观点。我们的视野会变得更加开阔,会发现自己的思维一下变得活跃起来。而这种思维方式的变化、观念的变化会对自己今后的研究带来重要的影响,再次证明思考方式的更新比知识的增量更为重要。

37. 关键在于理解,理解了的东西不容易忘却。

问:读书是否要力求记住书中的内容,如何防止读过就忘的问题?

答:这是一个不仅学生在学习中会遇到的问题,也是我们这些教师在学习中会遇到的问题。遗忘曾经记住的东西,是一种客观存在的现象,尤其是作为知识性的内容。作为一种技能,人们有可能一旦掌握就再不会忘记,如游泳、滑冰、骑车等。一般而言,对于学习中认真思考过的内容通常会记忆深刻,储存的时间也就会更久。另外,已经理解、掌握的内容也不容易忘却。理解掌握的内容即使文字表述已经忘记,但基本含义、大体上的意思也能够自动地从大脑中调出,甚至会无意识地作出反应。因为遗忘毕竟是一种客观现象,非特殊之人不会过目不忘,终身不忘的东西多半经常回忆或反复提起。因此,对于所学知识的遗忘不必懊恼,重新学习,坚持终身学习、反复温习是必须的,正如《论语》所言,温故而知新。我们常常会认为,这个内容我已经学过了,不用再学,其实这是最大的误区,温故是一种非常重要的学习方法。

38. 运动有助于强化大脑的功能。

问:我们知道您特别喜欢运动,例如,羽毛球、自行车、篮球、游泳、保龄球、乒乓球、快走等,运动对您从事法学研究和教育有什么意义?

答:我的运动爱好是分段的,与环境条件有关。过去我一直就喜欢,后来知道体力对于工作、研究、教学的重要性,再后来,也就是近年来才知道,运动能够改变大脑。这是哈佛大学医学院教授约翰·瑞迪(临床副教授,临床精神病医生、跨学科研究专家、畅销书作者,国际公认的神经精神医学领域专家,1997 年荣获美国最佳医生)的研究表明,运动可以改变大脑,使人变得更加聪明。他和另一位科学家合作的《运动改造大脑》就是现在十分畅销的书。他的基本观点是,“运动是天然的健脑丸。以前我们常通过药物的方式治疗精神疾病,例如抑郁症、ADHD,而现在我更倡导用运动的方式强化大脑机能。对正常人来说,同样适用,运动可以让你更聪明!”2008 年,瑞迪教授出版的《运动改造大脑》一书意义非凡,1968 年,肯尼斯·库伯的“有氧运动”理念,让我们认识到运动促进身体健康,而今瑞迪则点亮了运动带给头脑的好处,重新塑造了运动的新价值,你们可以看看。我自己的感觉是运动完后,头脑很清醒。在激烈的运动当中,大脑中其他东西都被“清空”了,只有出汗、激烈而又放松的运动本身。这样一来,自己在精神上就得到了放松和休息,休息好了,思考就更加清晰、敏锐。

因为学术研究的思维习惯,我自己也喜欢研究运动本身,喜欢在打球时研究战术,指导别人如何打球。当然,这不是一个好的习惯。除此之外,也要研究与此相关的其他社会、心理问题。例如,亚洲人喜欢羽毛球,而西方人相对差一些,不是因为体力,是因为亚洲人在运动上更偏重于技巧,而非出汗,出汗越少也越好。打羽毛球最怕被人说体力好,潜台词是技术不好,意思就是头脑简单,一个字“笨”。其实这种思维取向与体育的基本取向是有冲突的,体力的锻炼是第一位的,这可能也是西方人不喜欢羽毛球运动的一个原因。

39. 话语强势是长期积累的结果。

问:这一问题,也许提得不是太好,有些冒犯。

答:没有关系,什么问题都可以问,我的说法是,没有愚蠢的问题,只有愚蠢的回答。

问:有不少人以有些调侃的口吻说道,由于您还有李浩老师等知名学者在民诉学界的影响,使得您们的话语犹如机关枪,一扫一大片,许多问题虽然其他人也能意识到,但却没有话语权,您如何看?

答:这一问题的实质可能是我们这些人对学术话语的控制和影响问题。我承认这是事实。有些话,我们这些年龄大的人说合适,青年学者说就可能不合适。比如,我最近写就一篇关于从民事诉讼法视角看民法典的编纂。因为涉及对民法典应当如何做的一些要求,有一种学科意识。这样的话题,我们这些已经有些资历的人说起来似乎更合适。

有些问题或命题的提出不那么强调独创性,通常是由社会问题或由此转化的政策性命题,如起诉难、管辖难、送达难、再审难、执行难、审执分离、案件受理体制改革、公益诉讼等,这些问题是大家都同时面对的话题。对这样一些公共性、社会性话题,由于话语的影响力差异,我们这些有资历的人就容易发声,刊物容易接受。也就是说,我们这些人在学术话语竞争中处于有利地形,一阵"机关枪"打过去,其他人就没有可说的了。这样当然不好,因为缺失了学术争鸣和观点多样化,无疑会影响学科的发展。

我有时候也认为,自己应当控制话语,少写文章,把更多的话语让给其他中青年学者。按说写文章是很辛苦的事情,但是有时候写东西,而且写出来的东西多数情形下会刊用,写文章就有了快感。有时读到他人写的东西,自己的手也会痒痒,控制不住。同时,学校也希望我们这样的人能够在文章"GDP"方面有所贡献。还有一点就是基于写作的惯性,一个人一旦处于研究的轨道上,也是身不由己,如同穿上了"红舞鞋",①不会停下自己的舞步。

由于在学界浸泡了这么多年,有一定的基础,也有更多的经验,由此,也许更容易发现问题,这也是实际情况。文科需要更多的时间积累、积淀,与工科不同,工科的研究成果、技术发明往往与个人经验的积累无关,在许多因素具备的情形下,在必然与偶然之间就能有所发现。我们注意到,在清华,工科学者有创造发明的时间可能也就三十来岁。工科学者发现问题也很难,但问题的提出、问题解决方案以及理论的科学性比较容易识别、判断。文科相对就难多了,这也是文科学者经常被理工科学者鄙视的原因。社会科学的结论都是非精确的,总是大概是如此,社会科学只要得出一个大概结论就可以了。人们有时难以判断这是否为一个真问题?这一问题是否已经得到了解决?这一方案是否可行?这些问题往往难以检验。因此,学术影

① 出自安徒生童话——红舞鞋的故事。

响、资历、过去的研究成果就成了一种证明和担保。我承认我们这些人客观上成了一种学术发展的“障碍”。但这要辩证地来看待，一旦你们翻越了这道“障碍”就是成功，其“障碍”越大，其成就也就会越大。你成功了，也许你又成为他人的“障碍”，这就是发展的辩证法。因此，要有所进步，只有一条就是行动，能够躲过“机关枪”的扫射，依然能够发现新的问题，依然能够独自发声，必然是风雨之后见彩虹。

40. 占领制高点不仅是在战争中，在任何竞争中也都是如此。

问：您有一个许多学界人都知道的名言——“在京城打一枪，胜过京外放十弹”，讲的似乎是研究影响力或话语效益的问题。能否再具体讲讲？

答：的确，我曾经讲过“在京城打一枪，胜过京外放十弹”。这句话具体语境是针对学术研究和学术话语的效益而言。这也是我为什么会离开西政，离开重庆，到北京工作的一个重要原因。应当承认，地域差异对于学术研究有直接的影响。在京城打一枪，就是说在北京做学问、做研究的功效要胜过在北京之外从事学术研究的功效，这其中的原理就是所谓“中心效应论”。北京作为中国的中心，是政治、经济、文化的中心，也是学术研究的中心，北京具有京外任何地方难以比拟的学术资源和学术平台。在中国，文化、学术研究更离不开政治（权力）中心。

在北京从事学术研究，可以参与高层次的学术研讨，与更多的研究大家、名家交流，接触更多典型的司法案例。例如，可以和上至最高人民法院，下至最基层的海淀区法院、朝阳区法院进行接触和交流，既可以接触最基层的案例，也可以了解最高人民法院的案例。由于北京在政治、经济、文化的中心地位，政治、经济、文化关系更加丰富、复杂和交错，纠纷类型也更为全面、更为典型。这些典型案例为自己从事学术研究、提出学术问题，提供了很好的实践材料。也由于在北京有更好的学术发声平台，有各种具有全国影响力的论坛、报刊、学术期刊，在中国最有影响力的法学核心期刊几乎一半在北京。如果身在北京，就更容易与刊物编辑者进行交流、沟通。地理位置的距离也会造成心理上的距离，当然，也更便利地宣传自己的观点，通过直接交流，别人也更容易接受自己的观点，论文发表也相对容易一些。必须要承认的是中国是一个权力集中的国度，一切权力都会高度集中于权力的中心，无论是办法学教育，还是从事学术研究，在中国都必然受到权力的影响。因此在原理上，离权力中心越近，其学术影响相应越大。学术研究的社会效应会借助权力中心的放射效应而不断扩大，这就是为什么“在京城打一枪，胜过京外放十弹”的原理。与权力分散型、制约型、多元化的国度不同，在国外，比如在美国、英国、德国，即使从事学术研究的学者远离首都，远离政治、经济、文化中心，也会基于所在地的研究传统而有所作为，不会太受到权力的制约和影响。比如说哈佛、耶鲁、斯坦福、麻省理工、伯克利分校均不在美国的中心城市。在英国也是如此，有些大学在政治中心伦敦，比如伦敦大学，也很有影响，但不在伦敦的牛津、剑桥却更有影响。在中国，不要说不在北京，哪怕一个省、自治区的大学，如果不在省、自治区的省会所在地，其学术地位、学校的总体发展就会大受影响。比较典型的例子，比如河南的大学。河南大学和郑州大学发展的历史可以说明这一点。河南大学因为地处开封，历史上有着非常重要的地位，但后来河南的中心移转到郑州，郑州大学虽然历史远不及河南大学，却因为“地势”的因素发展迅猛，相较之下，河南大学则发展缓慢，甚至有些举步维艰。所以在中国这样一种社会现实当中，我就难以理解，为什么有些地方名牌大学要离开本省的经济、文化中心，不愿借助该省政治、经济、文化中心的平台而独自发展。中国高等教育的发展与中国权力高度集中以及经济、政治、文化一体化有密切关系，当年重庆不是直辖市的时候，西南政法就特别期望能够搬到成都，就因为成都是四川的政治、经济、文化中心，而重庆不是。重庆成了直辖市，西政的老师们也基本上不再像过去那样想要调到成都了。从这一点来看，政治、经济、文化对一个学校、对一位教师的发展有多么重要的意义。当然，中国这样一种社会现实，并非就是一种合理的现实，学术的发展、学术研究应当尽可能地摆脱这些外部的影响，这样才能使其学术研究更加单纯和纯粹，具有自己的独立性，不会单纯成为政治或权力的工具，也才能够创造出更有高度和深度的学问。

41. 中国的发展历来是“人民战争”,精英战略是将来。

问:据传闻,清华大学法学院建立之初的方针就是走精英化路线,追求小而精,因此清华大学法学院教师人数不过62人。相比而言,同时期的北京大学法学院在职教师86人,中国人民大学125人,武汉大学法学院106人,复旦大学法学院63人,吉林大学法学院100人,中国政法大学法学专业教师甚至达到441人。您对清华大学法学院的精英化办学模式怎么看呢?

答:我进清华法学院的时候,精英化、小规模这样一种办学模式已基本确定,我记得最初的发展规划已经确定教师不超过60人。当时主要是从综合大学办法学院的角度考虑。另外,清华作为一个理工科学校对于美国麻省理工(MIT)的办学模式和理念特别认可,也希望走高端、精英化的路线。因此法学院也自然把方针确定为小而精而不是大而全,不打算打一场法学研究和法学教育的人民战争,认可的是美国耶鲁的路线。从这一二十年的发展来看,这样一种办学理念和方向也时刻受到冲击和挑战。冲击和挑战主要源自于中国社会现实,中国的基本特点就是人多,规模、数量我们最有优势。中国的办学体制是朝大而全的方向发展,中国教育发展的初期模式也类似于经济发展初期的劳动密集型,学校的规模越大越好,招生数量越多越好,自然相应的也是教师越多越好,清华在某些方面理念是超前的。

为了达到和实现精英化办学模式,清华法学院没有设教研室,模仿国外学院人事结构。但在精英化模式之下,由于教师人数少,没有行政层级管理,就很难应对国内的各种课题申报、集团化课题研究这样依据现实而存在的体制性问题。在其他人数众多的、有相当教师规模的法学院,很容易以教研室为主体申报项目进行研究,发挥的是集体优势,是典型的劳动密集型模式。这就是为什么清华法学院的老师们不愿申请课题的原因。因为缺乏相应的劳动力,没有精力、人力进行课题申报。尽管也有学科,但学科的管理效率不及作为行政单位的教研室。在我国举办各种学术会议是学术业绩的体现,然而,举办会议也需要一定的人力资源为基础,所以以学科来召集的会议,清华法学院相对比较少,大多数是在学院层面上主办的各种会议,这就看出必须有一定的人力资源和组织基础，精英化模式很难满足这一点。

现在，作为法学院排名的几个重要指标，都是以非精英化为主的，是有利于非精英化办学模式，比如说在校学生人数、毕业学生人数、教授的数量、教育部研究基地、省部级课题等。"研究基地"如果没有相应数量的教授根本不可能成为研究基地，我们的精英化模式与我们的现实发展是曲高和寡的状态。在北京，可以非常明显地看到在法律实务圈内，主要还是中国政法大学、中国人民大学等以毕业生规模占优的学校影响更大。清华法学院一方面复建时间短，另一方面毕业学生人数少，在中国法治发展的初级阶段，法学人才的基数还是很重要的因素。在现阶段我并不完全赞同精英化发展模式，必须要有一定的规模，清华大学法学院有如此好的平台和条件，为什么不可以多进一些人、多培养一些人才？我相信清华大学法学院培养的人才一定是素质更好，做出的贡献也将越来越大。至于以后"瘦身"、"减肥"的问题，可以根据社会发展的情形相应处置。当然不是说越多越好，只是我们简单地认同精英化办学方式是值得反思的。在法学院领导层也是希望教师多参与学校的管理和社会活动，这显然与精英化办学模式是相抵触和矛盾的。

42. 民法最典型地体现了方法论的重要性。

问：我们知道，在学界除了法理学的学者之外，民法可能是各学科中最重视法学方法论的，相对而言，民事诉讼法就不那么重视或关注方法论。我们的问题是，为什么民诉法学不像民法学那样重视法学方法论？

答：这是一个很好的问题，也是一个实际存在的现象。民法学科可能是除了研究法理的之外，应该最重视方法论的。我知道在民法学科中，方法论已经成为一个单独开设的课程。那么为什么民事诉讼法学不像民法学那样重视法学方法论，或者说民法为什么特别重视法学方法论，这是一个双向比较的问题。我觉得可能以下原因是非常重要的：

首先，对于大陆法系来讲，民法学的发展和体系化都与特定的方法论有密切的关系。大陆法系法律特征就是发达的私法，而私法又源于古代罗马法。民法或私法理论和体系的形成和发展与潘德克吞学说汇纂体系有直接的关系。德国民法就是按照这一体系编纂的,日本民法典也属于此类,可以说没有方法论便没有民法典也没有民法学。

其次,对于中国民法学而言,重视方法论是一个法学传承的问题。民法重视方法论,与学术传承有密切关系。我国的民法学主要受大陆法系民法学的影响(次要地受苏联民法学的影响),而在大陆法系当中又主要受德国民法学的影响。德国民法学历来有重视方法论的传统,许多民法学大家都发表过和撰写过关于法学方法论的文章和著作,比如说德国著名法学家拉伦茨教授。在一般的德国民法教科书当中也都会谈及法学方法论问题,而且,民法学当中论及方法论,通常也把它视为一般法学方法论,由于这个学术传承,我国民法学界也自然会对方法论问题十分重视。

相对而言,民事诉讼法学具有一定的特殊性,尤其是中国的民事诉讼司法实践具有外国所没有的特色。正是这种实践中的特殊性导致我国民事诉讼法学不那么重视方法论,讲现实,注重现实就不会重视方法论,方法论都是抽象的。法学方法论主要是规范分析方法,作为方法论,实质上就是认识、理解、解释法律规范的本质,是以研究法律规范为对象。而民法学基本上是以静止的法律规范为其研究对象,就更重视规范分析的方法及法学分析方法。与此不同,民事诉讼尽管也必须遵循民事诉讼的规范,但是民事诉讼的运行与法官的认识有很大关系,民事诉讼是在运动变化之中适用法律规范。由于法律规范的适用受到司法制度和法官认知的影响,因此静止的规范分析就必然会受到运动变幻的司法实际运作的影响。例如,法官会根据自己的认识和现实场景(包括各种利益博弈)来适用法律,(法官实际上拥有解释法律的权力,在司法实践中具有造法的作用),这就使得静态的法律规范变得不那么确定和稳定。因而以确定和稳定的规范为研究对象的方法论在民事诉讼领域中就不那么受重视。

基于我国的司法制度,并不总是法律至上,政策随时冲击、抑制法律规范的调整作用,对规范的研究实际效果也因政策的冲击而具有变动性和不确定性,再加上法官非司法的作用、非司法的实际现实,导致对传统的规范分析方法的轻视。

43. 在我国，基于泛权力化的现实，权力必然与一切勾连，论文发表也是如此。

问：听说苏州大学文学院某院长教授一年在一家核心期刊发文11篇（源自澎湃新闻网思想市场专栏2015年10月12日版），您曾做过两家法学核心期刊主编，对此事件您如何看？

答：我曾经做过《现代法学》和《清华法学》的主编，看到网上的这一则消息，说一个教授在一家核心期刊上发表11篇文章，非常吃惊。一个教授一年发表11篇文章对于特别高产的教授而言，可能还不算稀罕，但在同一家核心期刊上一年发表11篇文章肯定是个怪现象。这就说明，这个院长教授高度垄断了这家核心期刊，是权力的作用，是在滥用权力。

在我们国家，由于权力泛化、权力集中，权力的滥用也就是必然之果。许多拥有权力的人都希望利用权力、通过权力来推动自己的学术影响，这就是一种权力泛化的结果。许多人愿意"双肩挑"——既从事教学研究又从事行政职务，不外乎就是根据中国社会权力的泛化现实做出的自然反应。根据这一权力泛化的社会现实，依托权力能够更多地利用公共资源从事学术研究，从某种意义上来看，其实也是公权私用，这种情形，显然对于学术研究的正常发展、平等的学术竞争是不利的。因为从事行政毕竟会影响学术研究，而为了维系学术影响，搭载权力就有可能在学术研究上人为地制造泡沫。如果我们拂去这些泡沫来看一看，其真正的学术积淀和厚度是不够的。学术研究的竞争应该是平等的，因此应当尽可能地摆脱借用权力获取学术的发展，学术的发展应当远离权力，权力会污染、腐蚀学术，这就是我从这个问题当中发散开来的想法。当然，你们会说你如果做院长，你手中有权力，也同样避免不了利用权力制造学术影响。是的，我也避免不了，但不能说，我避免不了，我就会当然赞成这种做法。正因为如此，才需要通过制度机制加以解决，而不是依赖自律这种不靠谱的东西。

44.评注大全是规范研究的典范。

问:您似乎对评注大全特别重视,据说您近年来一直在读《日本民事诉讼法评注大全》。这套书卷帙浩繁,似乎很难坐下来静静地仔细阅读。借此话题,不知可否谈一下在专业方面,对您最有价值或作用最大的书是什么书?

答:的确,我一直在阅读《日本民事诉讼法评注大全》。《日本民事诉讼法评注大全》一共9卷,大概六百万字,还是当年在东京大学学习的时候,指导教官——高桥先生赠送给我的,这无疑是最好的礼物。当年这一套书约合人民币6000元,买的话要花掉近一年的工资。

《日本民事诉讼法评注大全》作为集日本民事诉讼法学界大家、学术精英的倾力之作,对民事诉讼法学进行了全面、细致、系统的研究和分析,是民事诉讼法学界集大成之著作,几乎可以说绝大部分民事诉讼法中所涉及的问题,评注大全都有所论及,许多问题一定是我们现在还没有遇到,还没有深入思考和探讨的问题。所以我认为《日本民事诉讼法评注大全》作为专业学术著作对我的影响很大。在我的早期研究中,因为主要围绕民事诉讼体制,因此对民事诉讼法理论的细节注意不够,也就不太在意系统地阅读评注大全。

《日本民事诉讼法评注大全》能够有如此的广度和深度,也是因为日本民事诉讼百年的实践所致。没有丰富的实践,也不可能有这样一部集大成的研究成果,而我们国家还不完全在于研究能力的问题,还在于我们没有如此丰富的、长期的民事诉讼实践。再加之,我们的理论修养和理论研究基础薄弱,积累不多,通过认真地学习,对于我们提出问题、分析问题、解决问题及研究进路和方法都非常有帮助。所以我特别关注我国民事诉讼法评注大全的撰写,也希望我们有一部自己的民事诉讼法评注大全,通过我国民事诉讼法学者对民事诉讼法评注大全的撰写和研究,进而提升我们的学术研究能力。我注意到在日本除了9卷版民事诉讼法评注大全以外,还有诸多评注大全。如果我们再把眼光放到德国,那么德国的民事诉讼法评注大全就更为壮观,因为德国的民事诉讼实践和理论的积淀时间更长,更为深厚。所以如果掌握了德语的学者们多关注德国民事诉讼法评注大全，想必一定会从中有所收获。

除了民事诉讼法评注大全之外，在学术专著方面，对我影响最大的无疑是日本高桥宏志所撰写的《重点讲义民事诉讼法》上下两卷。《重点讲义民事诉讼法》代表了日本民事诉讼法规范分析研究的典范。我从高桥先生的重点讲义中，更深刻地了解了规范分析的方法和日本民事诉讼法学者发现问题、提出问题、论证和解决问题的思路和方法，对于我从事民事诉讼法学的研究有很大的作用，尤其是高桥先生在书中对于相关问题的归纳分析，相当到位和深入。这种细致入微，探究至深的研究方法，值得我们借鉴，是我们民事诉讼法学者应当学习和借鉴的。

45. 随笔能够自然地表达自己学术之外的观点和想法。

问：您除了写大量的学术文章之外，还有一些随笔文章，如《法学·蓝调》《琐话司法》《知向谁边》等随笔集，差不多有两百篇。撰写学术文章与撰写随笔应该有很大差别，在写作中，这两者之间没有冲突吗？

答：我在写作学术文章之外也会写一写随笔这样的短文章，加上没有汇集出版的有近200篇。随笔从形式上来讲比较随意，不像学术文章那样规范和严格，不需要引注，使这些文章写起来更随意，这可能是随笔说法的由来。随笔主要是自己对日常学习、研究、生活中一些现象产生的联想，多数情况是有感而发。

随笔不仅是对现象的观察、分析、思考，在行文或文字方面要求要有一定的艺术性，比较讲究文字的优美、语言的精巧和结构的设置，尽管称之为随笔，但绝非随意而就，通常要求有经典，有发散，有隐喻、比喻等，要求从一般现象抽象概括为一定的原理，即使不直接道明其原理、原则，也应当通过随笔自然而然地隐含一定的道理。阅读学术文章常常是很累的，需要思想很集中，不能间断，否则不易理解，因而很沉重。与此不同，阅读随笔就显得很轻松、很轻盈，这也是随笔文章有社会需求和市场需求的一个很重要的原因。但是，写随笔毕竟不同于写学术文章，用写随笔的方式写学术文章就必然会影响学术文章的精确表达，也会影响学术创见、学术观点的规范性，所以应当避免以随笔的方式写学术文章。不过，现在也有的刊物如《浙江社会科学》就推出“学术随笔”这样兼容学术与随笔的栏目。

现在很多学者也喜欢网络写作，网络写作的语言与随笔以及其他非网络写作又有所不同，网络语言表达更加随意，属于一种更加大众化的语言表达。我注意到有些学者网络写作时间很长以后，网络写作语言的风格也会被带到学术论文的写作当中，其不利的方面，就在于大大地影响了学术论文对学术观点表达的规范性，所以，我是特别注意避免介入网络写作或网络化写作，适当地尝试一下可以。写写随笔，有时候能够激发自己的灵感，对学术研究是一种补充、一种调剂，当然，只写随笔，那就可能属于非研究性学者了，今后学术文章的撰写减少之后，随笔文章可能就会更多一些。

46. 思考与实践是唯一的出路。

问：很多学生甚至青年学者经常会说，自己思考了许多问题，但是下笔时就感觉无法将自己的想法精确地表达出来。您写了很多文章，而且很多文章的题目都非常的精练，而且让人感到有一种“一语中的”之感，那么不知可否谈一下如何才能提高自己的写作能力？

答：所谓写作能力，就是指能够把自己所思所想，很好地、充分地予以表达的能力。写作能力包括对问题的提出、问题的归纳、问题的表达，对问题的分析论证、观点最终的概括和总结等能力。能够做到这几个方面，那就说明写作能力很强，光有思考，光有观点，也能提出问题，但是写作能力不行，写作能力不够，那么就不能够将自己的观点完全充分地表达出来，他人也就很难吸收、认同你的分析和论证。怎样才能提高写作能力呢？我的体会其实非常简单，就是要多看、多想、多练，实际上就是多写，要经常写，有观点、有想法，就要通过文字将其表达出来，而且是条理清晰、准确、有层次，各种观点的论证之间很顺畅地对接、转承，这是需要练习的。写作多，练得多，自然写作能力就会提高。

许多同学都会感觉在找到一个命题，发现一个问题之后，要把它写成提纲很困难,这就需要练,就需要我们在研究分析问题时,首先要提出究竟要解决哪些问题,这些问题之间有何种内在联系,认识到这些,文章的提纲、结构自然也就出来了。无论是长文还是短文,通过多写、多练,就能够在构造论文标题、章节、体系、结论方面有很大的提高。

通过多次撰写,就能够找到论证特定问题的一个合适的标题,甚至能够提炼出一个吸引人们眼球、直接涉及问题本质的标题。最关键还是要大量的写作实践。写作多了,也就形成了固定的一些套路,这些套路就成为一种装置,只要有内容,一旦纳入相应的装置,文章也就自然成就了。总之,万变不离其宗,还是要多练。思考与实践是唯一的出路,没有其他捷径可走。

47. 达到最高峰,需要情商。

问:有不少人都说,在中国,对于一个学者的发展与成长,情商比智商更重要,您同意这一观点吗?您是如何看待这一问题的呢?

答:这个问题不是几句话就能说清楚的。通常来讲,智商是针对客体的,是针对人之外的研究客体,情商主要是只针对主体的,情商是指处理人际关系的能力,处理人与其他主体的关系。对于一个学者的发展和成长,是情商更重要,还是智商更重要,这似乎不是一个问题,因为学术研究是研究学术问题,涉及的是研究的客体,从这个角度讲,肯定是智商更重要,智商决定学术产出的质量高低。但问题是,谈到一个学者的成长和发展,现实的问题往往是情商对未来发展的影响,严格来讲,两者之间是很难比较孰重孰轻的。在中国这样一个重视人际关系、重情商的社会,一个学者的发展和成长的确与情商高低有关,甚至在个人事业上的成功、学术影响的大小方面,情商具有非常重要的地位。我们注意到有些学者在智商上不是特别突出,但是因为情商高,其学术发展就非常成功。

原本高情商主要是在政界和商界,在学界应该不是那么重要,但是在中国的现实学术圈,也就是俗语所谓的"学术江湖",学术研究与社会的联系如此之紧密,因此学术的发展也必然受制于情商。当然从理想的层面,我们应该尽量地注重智商,深刻挖掘和提升自己的智商,因为只有智商才真正有利于学术水平的提高，智商的高低决定思想的高度和深度，决定理论的创建，再高的情商也是无法做到这一点的。情商决定研究成果的社会效益，不决定成果本身。情商不过是一种补充和外在条件而已，是一种保障性条件，情商低也许其学术生存就会受到影响，自然也就无法利用自己的智商在智力成果研究方面有所成就。所以，我希望我们所处的社会能够减少对情商的倚重，更多地以智商高低来判断一个学者的水平。

48. 文章，从简单走向复杂；口头表达，从复杂走向简单。

问：您为什么说文章好与口才好两者很难兼得？我们也注意到文章写得好的有些老师，讲课一般，两者之间会是反比关系吗？

答：文章写得好，口头表达也好，这的确是比较难得的。为什么比较难得呢？我的观察是文章的表达、写文章的思维与口头表达、口述式的思维是不同的，甚至是完全不同的。写文章的时候，往往为了追求对问题探究的深度，必然朝细化方面发展，论证越细致，越严密越好。简单而言，就是从简单到复杂，虽然不是说文章写得越复杂越好，但是文章写得深入，必然会复杂。然而口头表达主要通过口头的方式来陈述表达自己的观点，应该是把复杂的问题尽量以简化的方式来表达，而且口头表达需要通过听力来接受表达的内容，它有很强的时效性，因此也不允许口头表达非常复杂，它的方向和思维方式是从复杂到简单，而不是相反。口头表达主要是简洁明快地表达自己的基本观点结论，复杂的推论一般不适合通过口头来表达。如果在口头表达时，依然以写文章的方式来表达，势必达不到相应的表达效果，如果在写文章时以口头方式来表达，必然使文章显得很浅白。所以我们说这两者有差异，也有冲突。习惯于将文章写得好的人，当然也就会把写文章的这种方式带进口头表达的方式中，这样就导致口头表达不清晰，口头表达要求简洁明快，一两句话就能够抓住问题中心和实质。而有的口头表达好的老师，往往以口头表达的方式来写论文，文章则显得浅白。在清华大学，有的先生、教授很有名气，但据说讲课效果很一般甚至不好，如文学大家朱自清，史学大家吴晗等都是如此。当然，也有文章写得好，口头表达也非常好的老师,如我所崇拜的经济学家、诺贝尔奖获得者弗里德曼。他就是文章写的好,讲演也极具感染力。他在公开演讲和电视论证片当中的口头表达有激情、有条理、清晰、明快、机智、生动,可以说是罕见的天才。

49. 课题经费如何使用是难题和“瓶颈”。

问:我们注意到您很少申请课题,这是什么原因?是因为不差钱吗?

答:是的,我很少申请课题,大概我申请的并且完成的课题就那么两三个。不是不差钱,钱再多也不嫌多。(笑)很少申请课题,原因主要在于:首先,申请课题是个很麻烦的事情,填表有很多是格式化的问题,极其枯燥乏味。在我们清华,教师人数少的法学院里,申请课题没有相应的人力资源是不行的。一些学校过去招收的博士生多,又有教研室,能够提供相应的人力资源保障,当然也就容易完成课题的申报。其次,还是因为我们的课题往往不是自己研究的兴趣点,申请课题就必然要受所申报的课题和体制的约束,会阻碍和限制自己的研究积极性和主动性,对自己没有研究兴趣的课题,完全基于一种任务要求而申报课题,这样的课题研究自然是乏味的,也很难调动自己的积极性。最后,课题尽管有钱,但是课题经费的使用有诸多限制。尤其是对于研究劳动力报酬这一块,几乎是无法从研究经费中支出的,只有从报销出租车票、出差费、住宿费用和购书款中支出。但实际上研究课题最大的投入还是脑力劳动,还是人力资源的投入,而恰恰在这个方面,无法获得课题经费的支持。有的人会指出,你们是有工资收入的,为什么还要另外支付劳动报酬呢?既然如此,为什么要申请课题呢?这就是最好的回答。研究只有投入,没有相应的补偿,这样的课题研究谁还会有动力?现在对个人的激励是,没有省部级课题,不能申请教授。可以想象,这种机制对于已经是教授的学者而言没有意义。所以,不改革课题申报、课题管理及其体制,是很难有效激励人们申请课题、研究课题的。

50. 公知是高风险者,且对人的要求太高。

问:同学们都认为,您的阅读量很大,读的书也比较杂,知识面很广,似乎很适合做一名公共知识分子，但您对此十分谨慎，原因是什么？

答：首先要界定一下公共知识分子的含义，我们这里说的公共知识分子，主要是指愿意或经常对社会问题发表自己的看法的知识分子。知识分子关注社会问题、公共问题，而且往往在专业方面不受限制，通常来讲是跨界的。正因为跨界，也就需要公共知识分子有相当的知识面，有敏锐观察的能力，能够及时抓住社会上重要的社会问题和社会现象，发表自己的观点，从而影响民众的认识。我自己比较重视广泛的阅读，除了法学著作以外，其他政治学、经济学、社会学、心理学、哲学等人文社会科学著作也经常阅读，对于其他人文科学发展的趋势、新观点也比较关注，从这一点上来讲，我认为对一些社会现象，发表自己有一定独特见解的观点的能力是具备的。但是我又认为我自己并不适合做一名公共知识分子，至少现在不适合。因为公共知识分子必须要有相当多的精力和时间花在对社会问题、社会现象的分析上。一般而言，公共知识分子会逐渐远离自己原来的专业，公共知识分子都是从专业领域研究发展而来的，不可能没有自己的研究专长就成为公共知识分子。我的专业是民事诉讼法学，在民事诉讼法研究方面，我认为还有诸多需要扩展、深入研究的内容，现在离开自己的专业研究，觉得是不合适的。

公共知识分子通过对社会问题，对公共问题发表自己的看法，把自己的价值观、法治的原理布道于社会民众，对于社会的发展是有益的。公共知识分子对社会的作用应该是分层次的，分领域的，公共知识分子在引导社会民众的理念和认识方面有自己独特的价值。比如说，有些法学公共知识分子就认为，我们更重要的是将法律的一般原理和价值向民众进行宣传，进而提升民众法的意识，改变传统的法的观念，这样更有利于推动社会的发展。完全技术化的、专业化的知识，民众很难接受，也没有必要，每个人都有自己的生活领域和专长。公共知识分子就是要把这些复杂的原理简化，将普世的理念和价值通过一种通俗化的方式影响民众，艰深、专业的学术研究应当留给另一部分知识分子来做。当然，由于面对社会大众，由于面对意识形态，专业领域的知识往往只能在专业领域当中传播。将专业领域中的东西直接传递给社会大众,社会大众往往难以接受。作为公共知识分子必须在享有光环的情况下,也需要有相当强的被“摧残”的能力,有很强的承受拍砖的能力,同时,也会面临多方面的风险,这也需要作为公共知识分子在各个方面都要有相当高的人格要求。而我个人不是一个完人,也缺乏相应的心理承受能力,因此,不适合成为公知,对于公知,还是“短笛横吹隔陇闻”(黄庭坚诗句)比较好。

51. 饭碗是第一位的。

问:对于硕士、博士生毕业后的发展您有什么建议?

答:因为硕士研究生和博士研究生分属于不同的学历教育,培养的目标也不一样,博士研究生的培养目标主要是培养初步具有法学研究能力的人才,侧重的是理论研究能力。因此,博士研究生在毕业以后的发展应当是继续从事学术研究。当然,由于博士研究生在我国并不仅仅是从事理论研究的人才,博士学位实际上是一种就业竞争的工具和手段,在就业方面就未必一定要寻求在学术研究方面的发展。但如此一来,不寻求在学术方面的发展,也就导致了学术资源的浪费。所以,我希望博士研究生如果具有较好的学术潜质的情形,应尽可能朝学术研究领域发展。在进入高校以后,最好能在尽量短的时间内,实现出国深造,进一步打下理论研究的基础,扩大视野,为理论的比较研究打下扎实的基础。

对于硕士研究生而言,应该主要面向法律实务工作。如果要从事理论研究,就应该尽快地攻读博士学位,提升自己的学术研究能力。硕士研究生无论是法学硕士还是法律硕士,能够找到一个好的工作是更重要的,首先要能够就业。当然由于是学习和研究法律的,多数人希望继续从事法律实务工作,如在司法机关或者律师事务所。对于硕士研究生应该选择法院、检察院、律师事务所,还是公司或其他国家机关的法务部门,这需要根据每一个人的情形来考量。从事律师实务,做一名律师,相对而言门槛比较低,但也必须考虑律师实务的两大类型:一种是非讼业务,一种是诉讼业务。一定要充分地了解非讼业务和诉讼业务各自不同的特点,然后考量你适合从事非讼业务还是诉讼业务。诉讼业务更强调与人打交道,与法官、当事人打交道,所以,在选择不同的律师业务时,必须考虑自己的情形。进入法院,从事司法实务工作,当然是不错的选择,但是相对门槛比较高。从司法改革的总体发展来看,似乎在法官实际地位方面会有所改进,虽然目前的情形还不容乐观,就我国在法院的司法实务工作来看,一般情形是压力比较大。与此相比较,检察机关的压力相对小一些,检察机关和法院是两种不同类型的司法运作机构。因此,也必须要对法院和检察机关不同的类型运作机制有充分的了解,进而才能够进行合理选择。现在由于竞争压力大,硕士研究生往往需要将经济因素作为一个重要的参数来予以考虑。如果将经济因素作为最重要的参数,那就未必要从事与法律有关的工作,如现在的一个趋势是大量的法律硕士甚至法学硕士进入银行,进入其他金融机构,几乎和法律、法学没有关系。但通过学习法律,法律的思维、法律所要求的逻辑判断对于即使是从事非法律的工作也有很大帮助。因此,我们不必受专业知识的限制,法律思维也应当成为一种普遍性的思维方式,更多的法律毕业生从事其他社会管理工作,无疑会提升社会的管理水平。

52. 年会是民事诉讼学界的一次年终"派对"。

问:民事诉讼法学研究会即每年举行一次的理论大会,似乎是民事诉讼法学研究会一年中最重要的组织性学术活动。您作为民事诉讼法学研究会的组织者之一,如何评价民事诉讼法学年会理论研讨会?

答:一年一度的中国民事诉讼法学研究会年会暨理论研讨会是我们民事诉讼法学者一次非常重要的学术活动,是一次学术盛会。民事诉讼法学年会暨理论研讨会从 1984 年开始到现在(2015 年),已经举行了 31 次。从我们年会暨理论研讨会来看,它包含了两个方面,一方面是年会,另一方面是理论研讨会。年会更重要的意义在于,通过年会,实践民事诉讼法学研究会运作的有关思想;对过去一年民事诉讼法学研究会的运作情形做一个总结;确定明年甚至以后的研究会运作的重大事项和主要任务。

年会和理论研讨会也是人们加强交流、沟通,认识学术新人的一次聚会,在这个意义上更具有年终"派对"的性质。理论研讨会是学术性的会议,通过理论研讨会可以在全国范围内就过去一年学者们所集中关注、研讨的理论问题来进行交流,展示其研究成果,使与会的学者甚至没有参会的学者大体上能够了解过去一年中学术界理论研究的动态、主要问题和发展趋势,也可以通过理论研讨会进行切磋、交流、沟通,推进和深化学者们对理论问题的研究。由于与会者中还有相当一部分是从事实务工作的学者型专家,通过他们的参会和研究报告也可以促进民事诉讼理论研究与实务的结合。所以,一年一度的民事诉讼法学年会和理论研讨会是有其重要意义的。

当然,年会和理论研讨会还有诸多需要改进之处,比如说,如何让更多的人能够参与年会和理论研讨会,同时又不至于使承办者承受更大的人财物方面的压力,如何使年会和理论研讨会成为一种更为开放的理论交流和沟通的方式。所以,需要在各个方面进行改变,例如,以无纸化、电子化的方式实现研讨会的环保化,降低会议成本。年会和理论研讨会是学者之间的聚会,是沟通、交流的一种形式,因此,也要考虑如何避免会议行政化、形式化的这样一种弊端。在这方面,民事诉讼法学研究会年会已经在去行政化、提高会议效率方面有过一些尝试,做出了很大努力。比如,尽量不设主席台,减少没有学术意义的形式报告,尽量做到学者之间在交流上的平等,学会所有人待遇相同。在去行政化方面很难,因为我们的社会就是一个充满行政化特征的社会,研究会也就不大可能是一个单纯的学术机构,而是一个管理学术的机构,因此,要去行政化还有很长的路要走。

民事诉讼法学研究会和理论研讨会目前面临的最大问题是如何避免研讨当中的泛泛而论,如何深化和集中对问题的讨论,但这一问题就必然反映出深化理论研讨和广泛参与之间的深刻矛盾。一年一度的理论研讨会没有广泛参与不行,而广泛参与研讨的范围也必然比较宽泛,难以实现命题的高度集中化,也就势必影响研讨的深度。我们的改革方向是试图通过设立分委员会或专题研究委员会,通过围绕着分委员会相对集中的主题,开展小规模的如30人左右的学术研讨会,提升理论研究的层次,这样就可以避免上述所存在的问题。我们现在初步设想要建立五个专业委员会,分别是民事诉讼基础理论专业委员会、证据制度研究专业委员会、审判程序专业委员会、非讼及 ADR 专业委员会、执行制度专业委员会。2016 年各个专业委员会就将在研究会的统一领导下各自开展研究活动并进行学术交流活动。不过,专业委员会的设置又会带来分离和分隔等问题。

53. 紫荆沙龙是民诉学界年轻人的舞台。

问:如何评价紫荆沙龙?为什么紫荆沙龙的主题都是规范性研究方面?

答:紫荆沙龙开始于 2014 年,主要是由一些青年教师发起的。发起宗旨主要是为了促进民事诉讼法学的青年学者之间的理论研究。据我所知,他们的初步想法是想通过这样一种沙龙推动和提升民事诉讼的理论研究,为了避免一般理论研讨会尤其是民事诉讼法学研究会年会暨理论研讨会那样的大规模会议所带来的讨论主题不够集中、过于宽泛的弊端,进而沙龙每一次研讨的主题都只限于一个。其理论研讨的方式借鉴了我国台湾大学邱联恭教授所发起的民事诉讼理论研讨会的方式,在程序上事先确定报告主题、报告人和评论人。报告人通常为二人,二人之间围绕一个主题,各自有所侧重,撰写自己的研究报告,研究报告完成之后,即发送给评论人,评论人会根据报告写出自己的书面评议,评论人可多可少,多则七八个,少则四五个,书面评议报告提交给报告人以便对书面评议进行回应。紫荆沙龙也会聘请一些资深的学者参与沙龙讨论。我个人也经常参与紫荆沙龙的研讨,紫荆沙龙到现在应该是第五届,第五届紫荆沙龙是在重庆召开的。沙龙往往不在同一个地方举行,目的主要是为了扩大理论影响,方便各地青年学者参与。那么刚才你们提到,为什么紫荆沙龙的主题都是规范性研究方面的问题,而没有实证研究方面的问题,这是因为紫荆沙龙的目的是要深化理论研究,而理论研究当然是以规范研究为主。同时,因为实证研究缺乏验证性,无法进行切磋、商榷和探讨,因为每一个人从事的实证研究都有特定的对象和范围,无法进行普世性沟通。从近两年紫荆沙龙的情形来看,紫荆沙龙的举办是非常成功的,得到了中国法学会学术研究部领导的高度评价,在青年学者以及民诉法学界当中产生了积极的影响。现在紫荆沙龙在程序上不断规范和完善,相信紫荆沙龙会成为民事诉讼法学青年学者成长的舞台或平台。我也祝愿紫荆沙龙能够越办越好。

54. 好文章,核心是创见。

问:怎样的文章才是好文章?

答:什么样的文章是好文章,这当然指的是学术论文,好文章是一个相当抽象的表述。我认为,一篇好的学术文章在其评价标准方面应该有这么几点:第一,当然是学术上要有创见,这个学术创见就是我上面提到的关于怎么来评价学术创新、学术创见的标准问题,这里不再多谈,学术创见、学术创新是一篇好文章最重要的标准。第二,一篇好文章应该是论证充分、有严密的逻辑性,使人们在阅读该文章时能够直接感觉到这篇文章的逻辑力量,也就是它的科学性。第三,一篇好文章应当是结构严谨,章节安排妥当,问题提出、分析问题、解决问题相互之间逻辑紧密,转接自然。第四,文字表达应当简洁、流畅、清晰、活泼、生动。大多数文章都避免不了因为追求严谨性而显得比较呆板,作为好文章一定要有好的语言表达,做到这一点是很不容易的。尤其是在要反映和表达的内容十分复杂时,如何做到清晰、明确、直接,这是比较难以做到的。第五,一篇好的文章,还要求有好的文章标题以及章节标题。一篇好的文章,论文标题要能够突出文章的命题或主题,同时又能够紧紧抓住人们的眼球,文章标题和章节标题就能够大致看出这篇文章的价值,要求在各个方面都要能够得到充分地反映。

55. 没有外语,问题就像一道墙。

问:从事学术研究我们都会强调外语的重要性,外语无疑是我们进行研究的一种语言工具。不同的学科、研究领域似乎对外语语种的要求有所不同,对于法学而言,掌握什么样的外语对研究更有帮助呢?

答:这个问题也是一个比较有意思的问题。外语是我们了解知识的一种工具和窗口,掌握的外语语种越多,当然我们了解知识的窗口就越大,途径也越多。但是除了语言天才之外,我们每一个人对外语的掌握是十分有限的。一般情形下精通一门外语,然后再额外掌握一门能够达到阅读水平的外语是有可能的。对于学习法学来讲,由于法学门类很多,因此,如果在我们只能掌握一两门外语的情形下,恐怕就涉及将何种外语作为第一外语的问题,而这就有其实际意义。我们现在的学生在高中和本科阶段主要是学习英语,英语是一种普遍的沟通交流语言。但是在学术研究方面,由于法律知识形成的地域文化特征,有的法律如宪法、法理、商法、刑事诉讼法、专利法、环保法等将英文作为其主要研究语言,主要研究工具,是非常有意义的。但在民法、刑法、民事诉讼法等传统学科中,由于这些学科以大陆法系知识作为基础,因此相对而言,德语、日语、法语可能在研究工具方面就更具有优势。由于法系的不同,法律知识的概念含义的不同,语言之间往往难以做到准确对译和翻译,即使将英文普通化,也很难将大陆法系以德语、日语、法语来加以表达的概念予以准确翻译,这样在使用英语作为研究工具时就必然有一定的限制。当然如果一位学者既精通英文,又精通德语、日语、法语,那当然是最好的,尤其是这些语言能够掌握到没有思维障碍,可自由转换,那对于学习、研究,尤其是从事比较法研究,将是非常重要的。我们可以看到,在民法、刑法或者民事诉讼法方面,掌握德语、日语的学者的研究成果方面会更突出一些,这也就说明外语语种与研究具有一定程度的因果关系。所以我强调博士研究生在掌握英语之外,要学习和掌握大陆法系国家的语言,比较好的就是德语、日语、法语。我常常说外语是不可少的,没有外语,问题就像一堵墙,有了外语,就有了梯子,可以翻过这道墙。当然,不是说什么外语对于我们研究法律问题都有帮助,它一定是要有相应的针对性。

56. 最集中反映自己研究特色和主要业绩的文章应该是自己最好的文章。

问:在您所写的文章当中,您认为最满意的文章是哪一篇或哪几篇?

答:这几十年来自己写了一些文章。我比较满意的文章,应当是我认为解决了民事诉讼法学当中重要理论、现实问题的,具有一定超前性,分析也比较深刻,也比较有气势,同时文采和文字表现都比较出彩的文章。如果具体列举的话，大体上我认为，在《现代法学》上发表的关于诉讼模式转型的文章，由于具有相当的超前性，也有较深入的分析，即使到现在，诉讼模式和体制转型的问题依然是值得关注的问题，所以，我觉得这篇文章是我比较满意的文章。与诉讼模式和诉讼体制相关的有一系列文章，像辩论原则重述、处分原则重述、诉讼契约化，也都涉及对民事诉讼法基本原理、原则的分析，对我们重新认识、建构我国民事诉讼理论，矫正原有的认识和观点，有重要的意义，也属于我比较满意的文章。在这些文章当中，对于概念的把握甚至概念的创设都有一定的新意。比如说在辩论原则重述这篇文章当中，就提出了很有意义的概念——约束性辩论原则和非约束性辩论原则，这两个概念有助于我们厘清和区分不同诉讼体制下不同的认识基础、不同的制度设计，反映出不同的原理和原则。诉讼要件与起诉高阶化、起诉难问题的思考也是我比较满意的文章，这两篇文章是两种分析方法的典型。诉讼要件与起诉高阶化的分析是从规范分析、法解释学角度进行的研究，通过对国外理论和制度的认识和理解，揭示了我国起诉高阶化的制度原因所在，而起诉难的思考是从非规范分析的角度来认识和阐述导致起诉难的社会的、政治的原因，通过从社会语境、政治分析、社会分析揭示了起诉难，构成了对起诉制度以及社会效应分析的双剑合璧。除此之外，关于管辖权异议、回归原点的思考、回归马锡武审判方式，都是针对中国现实问题所做的深入思考，积极地回答人们提出的问题，从社会发展、法律的基本理论、制度的目的等方面分析和思考了这些问题，文章的结构设计、论证方式和论证依据都是比较合理的，因此也属于我认为比较满意的文章。

57. 民事诉讼体制转型的问题，远没有解决。

问：您提出了民事诉讼体制转型的问题，您认为现在实现转型的要求了吗？

答：我在前面就提到民事诉讼体制转型的问题是一个具有超前性的问题。所谓超前，就是说在若干年前，即20世纪90年代初，就提出了民事诉讼体制应当转型的问题。我认为我国民事诉讼体制还没有完全实现这种转型，在局部有转型的作为，但是从整个体制来讲，基于现在的诉讼理念、司法制度，我们还很难在体制转型方面有更大的作为。转型的实现应该是一个渐进的过程，要求社会转型在前，只有现实社会实现了转型，人们的观念以及与观念相一致的转型才能实现。社会转型当中很重要的不仅是经济体制转型，也包含政治体制转型，即政治体制改革的深化与发展。从目前来看，转型的现实条件还没有完全具备。但是，由于社会变革、社会改革是一个大的趋势，所以我们也应该能动地、积极地推动民事诉讼体制的转型，来满足纠纷解决发展的要求，使纠纷解决的程序符合民事纠纷解决的客观规律。转型是缓慢的，但是转型是一定会实现的。

58. 相对于程序法的研究，实体法的研究更单纯。

问：您常常提到与民法学、刑法学的研究力量相比，民事诉讼法学有很大差距，能谈谈是什么原因导致差距的存在？

答：民事诉讼法学与刑法学、民法学相比，在研究力量方面的确有很大的差距。在高校中，从事刑法学、民法学研究的人数远远要高于民事诉讼法学。诚然，这种差异与民法学、刑法学所研究问题的广泛性有密切的关系，也就是说，研究的市场对刑法学、民法学有更大的需求。除了研究的范围更加广泛以外，也与我们目前重实体、轻程序有直接的关系，在现阶段我国法治主要侧重于对实体规范的建构，还没有进入到重视程序规范建构和实施的阶段，还没有意识到程序法在法治建构当中的核心价值和意义。在法治的初级阶段，主要追求的是实质正义和对实体规范的建构。与实体规范的大规模建构要求相适应，实体规范理论的研究就有了更大需求。这种强大的需求也就会吸引更多的研究人才、优秀人才流向实体法研究领域，不仅在研究领域的人数上更多，而且优秀研究人才的比例也相对更高。

还有一个原因就是程序法的运作与司法制度有关，而司法制度及其运作又与政治有高度的关联，即所谓政治性。而在法律研究方法论上主要是规范研究，由于程序法常常涉及司法实际运作，又自然会涉及政治性及其他社会因素，因此，对于规范性研究而言具有很大的影响，研究变得不那么单纯,其理论研究的科学性往往大打折扣,这也是人们更愿意从事实体法研究的一个很重要的原因。从上述几个方面来看,在研究力量、研究人才方面自然会出现实体法优于程序法,更集中于实体法。这种状况以后也不大可能有多大改观,所以我们从事民事诉讼法学研究的人应当对此有清醒的认识。

59. 只有正确地认识了法治的阶段性,才能正确理解各种法治现象。

问:您常常提到中国法治的阶段性这一命题,这一命题的意义是什么?

答:是的,我常常会在讲课或写文章时提到中国法治阶段性问题。中国法治阶段性这一命题的意义,就在于提醒我们在研究中注意,中国法治处于一种什么样的时期和阶段,注意这一时期的各种社会基本关系的特点。既不能以法治前时期的观念看待,也不能以法治高级阶段的观念来认识。这一命题提示的是,法治的不同阶段对于制度建构、理论研究都有不同的价值。我们应当承认中国现在的法治阶段不同于西方国家法治的阶段。

客观地讲,当下中国的法治还处于法治的初级阶段。这一阶段曾经是西方法治国家经历过的阶段,而且我们还处于初级阶段的建构之中。认识到中国法治的阶段性,那么,我们就应该注意到不能用西方法治发展的现阶段的认识和理论来解释、认识、指导中国现阶段的法治。如果我们的法治阶段与西方曾经走过的法治阶段是出于相同阶段的话,那么我们就应当用那个时期的理论来认识和理解中国现阶段法治中的问题。比如说,就研究方法而言,我们现在就正处于规范建构阶段。当然,我们有可能会在研究方法上更多地去认识、讨论如何建构一个合理的规范,提出合理的规范命题。对于西方国家已经比较成熟的规范而言,其研究方法上可能就更多地侧重于对规范的理解、分析和解释,建构性的理论研讨应该是次要的。相反,我们现在可能对于建构性的理论研讨更加重视。而我们在理论建构方面就需要借助、借鉴西方法治国家的理论和制度,因为这些理论和制度是他们法治建设过程中经验和智慧的积淀。

如果不注重法治的阶段性,就会误解和误识现今西方国家对调解、集中化审理、简化规则和程序的倡导,进而以西方国家所重视的和解或调解、

ADR来作为我们现阶段的制度导向。我国现阶段主要的任务是强化法治观念,强化守法意识,强化权利义务观念。在我们还没有固化上述观念的情况下,就强调调解,软化实体法律规则,轻视甚至解构程序规则,在诉讼中通过大量调解来解决纠纷,实际上是对法治阶段性的错误认识。现在我们恰恰需要通过强调审判、强调审判说理,通过裁判解释抽象的法律规范,建立起人们普遍的规范意识,使权利义务得到明细化,从而形成权利义务观。这正是以审判为中心这一司法政策的重要意义所在。在我们具有了这样一种认识和观念之后,我们再强调替代纠纷解决,强调调解,则是有意义的。如果不强调特定的阶段性,就完全有可能导致"瘦子跟着胖子减肥"这样一种后果。所以我们在研究、制度建构方面,一定要注意中国法治的阶段性。

60. 特色从来是自然形成的,人为追求必然导致不自然。

问:如何看待民事诉讼法学的中国特色?

答:中国特色一直是我们做理论研究所特别强调的,不仅是法学,其他学科也是如此。但对于民事诉讼法学如何体现中国特色,的确是一个值得深思的问题。法学是一门完全来自西方的学科和知识,民事诉讼法学作为法学的一门分支学科,当然也是来源于西方。可以更宏观地讲,法治尤其是现代意义上的法治也是来源于西方。所以,我们提中国特色就需要注意首先我们是学习、吸收、借鉴西方发达国家的民事诉讼法学理论,而不是首先以中国特色来排斥、拒绝西方的民事诉讼法学理论。西方的民事诉讼法学理论是对西方民事诉讼制度长期研究的积淀和积累,形成了一整套与西方现代民事诉讼制度相契合的理论、方法、体系。

我们要建构现代的民事诉讼制度,以适应现代社会的发展,就必须要认真厘清西方民事诉讼理论的构成原理,为我们建立现代民事诉讼制度提供理论支持。中国特色不是我们所主观追求就可以形成的,中国特色是在我们建构现代民事诉讼制度,运用现代民事诉讼理论的过程中自然形成的。中国有中国社会的特殊性,即使是普世的原理和原则,在中国具体实践过程中,也必然要适应中国的具体情形。在具体的适用方面,会体现出与西方各国具体实践的不同,但是民事诉讼的基本理念、原则、原理应当是普遍适用的,在理念、原理和原则上应该没有特色。如果在理念、基本原则、原理上有特色,那么只能说明我们的民事诉讼制度就可能不是与社会现代化发展相一致的诉讼制度。因此我们不能片面地看待中国特色,只有这样,我们才能够充分吸收和借鉴西方发达法治国家民事诉讼的理论。正因为我们还处于法治初级阶段,现代民事诉讼的实践积累不够,研究不够,我们就更需要现代民事诉讼法学的理论给予指引,而不是完全在没有理论指引的情形下"摸着石头过河"。特色是在自然而然的过程中形成的,不是人为追求的结果。

61. 名师是一种环境和条件,是否能成为高徒,关键在自己。

问:人们常说名师出高徒,法学界也不乏其例,在诉讼法学界,如陈光中教授、江伟教授等老一辈学者培养了许多优秀的法学人才。您怎么看待这个问题?

答:名师出高徒,此话的确不假。名师之所以能够出高徒,我想可能有以下几个方面的原因:

第一,之所以成为名师,一定有成为名师的路径和方法。这包括名师学习和研究的方法。跟随名师便更容易传承名师学习和研究的方法,进而复制甚至发展民事诉讼学习和研究的方法,当然,就能够成为名师的高徒。

第二,要成为名师的高徒,由于名师的教育资源有限,就需要经过激烈竞争,通过竞争淘汰,能够入门成为名师学徒的通常是在竞争中胜出的各方面条件相对比较好的学生。这些学生就具有了成为高徒的自身条件。

第三,名师在学术影响、人际关系等各方面都拥有更大的优势,学术影响和学术界的人际关系也是很重要的资源。名师的学生在成长过程当中,就可以更多地利用这些资源。而这些作为外部条件,也成为推动自己成为高徒的正能量。比如说是不是高徒,研究成果的产出是重要的衡量标准,而研究成果又主要是以论文的发表为标准,在论文发表方面,名师的影响是不可忽视的,名师的推荐也是非常重要的。所以,被名师所看重的学生在论文发表方面就非常突出,在论文产出方面也非常突出。而我们知道论文产出有一个循环推动不断放大的效应,也可以说就是"马太效应",循环推动效应就在于越愿意写,成果也就越多,进而影响力也就越大。当然我们不是说导师没有名气就不能成长为高徒,关键还在于自己的努力。虽然名师没有直接指导你,但是你可以把学界所有的名师都当成你的老师,甚至优秀的学生也是你的老师。那你就会学习、吸收所有名师在研究和其他方面的成功之道,成为无名师之高徒。

名师是一种环境和条件,有了名师的环境和条件,学生就更容易成为高徒。导师不是名师,只是意味成为高徒的环境条件差一些,就需要自己更加努力,需要更多的付出,如此也能成为高徒。

62. 较之实体法,民事诉讼法的研究更加被动。

问:您常常提到程序法的研究比实体法更难,尤其是民事诉讼法的研究,能否具体谈谈为什么?

答:我经常说民事诉讼法学的研究相对于实体法尤其是民法学而言是滞后的。当然分析滞后的原因,除了因为民事诉讼法学的市场需求要比实体法尤其是民法学的需求要小,因此在研究人才的积累方面不及实体法,还有一个很重要的方面,民事诉讼法的研究要比实体法的研究更为困难。我们知道法学研究的发展离不开法学的实践,与实践脱离的研究就一定是无源之水,实体法也好,程序法也好都是如此。但从民事诉讼法与实践的联系来看,显然不及实体法。我们了解实践、观察实践的一个主要路径是通过公开的裁判文书,但问题是裁判文书尤其是判决书,基本上是阐述适用实体法的法理,几乎见不到关于程序问题处理的阐述。这就导致实体法很容易从判决书中发现法院实际适用法律的理解和认知,而民事诉讼法学的研究则无法从公开的裁判文书中知悉、了解实务界对具体的民事诉讼制度和原则的应用,也就很难在实践中发现问题、提出问题和解决问题。所以在这一关键点上,民事诉讼法研究是相当被动的,这也导致了民事诉讼法学的研究更为困难。民事诉讼法学的研究需要通过更多的途径,以个体的方式去观察和分析实践当中民事诉讼法的适用问题。而这些具体考察,由于其公开性不够，在验证和证成上存在障碍，这就是民事诉讼法研究之难。要改变这一现状，需要更全面、更充分地实现裁判公开，不仅要公开实体法适用的理由，也应当公开程序法适用的理由。虽然公开也是有成本的，但至少我们对重要的程序问题应当予以公开，如关于要件事实的证据采信与否、当事人的变更与追加、诉的合并分离等。

63. 法律思维是一种讲究规范前提和事实的思维。

问：法律学习对一个人的思维会有怎样的影响？

答：在法治社会中，人们的思维、理念和观念都应当是符合法治要求的。我们讲法治社会应当是一个人人守法的社会，人们的行为规范应当符合法治的要求。因此我们说法律学习会培养一个人的法治思维，从这个意义上来讲，所有的人都应当具有法治的思维。通过法律学习，形成法律思维，对于法治社会的形成和发展有重要的意义。在这个意义上来讲，法学院不仅是培养法律专门人才，更重要的可能是培养具有法律思维的人才，尤其是在国家管理方面，这样的思维更有利于社会的稳定和发展。

什么样的思维是法律思维，有何特点？我认为法律思维的特点，第一，在于要特别注意公平与正义。对于公平正义的判断，法律思维不是抽象地按照自己的立场和利益来理解什么是公平与正义，而是首先想到法律，把法律看成是公平与正义的规范体系，注意各种法律规范相互之间的关系。有了这样一种思维方式，就能够使我们每一个人在实施行为时能够服从公平与正义的基本要求。第二，注重自己行为的规范和根据，也就是在法律规范的范围内自由实施自己的行为。其思维前提是只要不违反法律，其底线就得到了坚持，也会注意区分法律的底线要求和伦理道德的更高要求。对于法律的要求，必须做到，而对伦理道德的要求是尽量做到。第三，法律思维很注重三段论推理和推论。这样的思维方式当然是以存在实在法与法律根据为大前提，注意将具体事件和事实作为小前提，通过三段论推论，得出正当的结论。行为方式更加严谨，更加具有说服力。第四，注意运用法律的基本价值判断进行思维。由于注意法律的基本价值判断，所以其行为的取向上就更为符合法律的基本要求,即使是在判断有困难,界定不清晰,难以确定具体规则和规范时,可以通过法律基本价值判断的引导来实施行为。如果做到了上述几点,可以说就是一个法律人。如果我们社会的每一个人都初步具有了这样一种法律思维的特点,相信这个社会一定是非常重秩序和稳定的社会。

64. 每一个学科都有取向,这是我们特别要注意的。

问:您在课内课外都经常强调学习法律的人应当多学习和了解其他学科尤其是人文学科方面的知识,能否请您再具体谈谈学习的意义吗?

答:的确,我在课内课外都会强调学习法律的人应当多学习和了解其他学科方面的知识,尤其是人文学科方面的知识,比如说经济学、伦理学、政治学、社会学、历史学、语言学、哲学等。为什么要学习和了解这些学科的知识呢?主要是因为法学是以这些人文学科为基础,是从这些学科知识中汲取营养。一个很有意思的现象是法学不能成为其他人文学科知识的基础,而往往会成为其他学科研究的对象。法学研究的问题如果作为一种法律事实,那将都是其他人文学科研究的对象。学习和了解其他学科尤其是人文科学的知识,有助于我们理解法律的价值命题,理解法律规定的正当性、科学性、合理性。这也是近些年来社科法学之所以在学界成为时髦的一个很重要的原因。立法和法律适用尤其是立法往往会更多地涉及政治、经济、历史、文化、心理、语言等各个方面。对于这些问题,对于立法和法律适用当中涉及法学之外的内容,当然难以从法学尤其是传统的规范分析法学来加以认识和理解,需要借助于其他人文科学的知识,从其他人文科学的视角来加以观察和分析。

再比如关于民事诉讼中的"五大难"问题,所谓"五大难"指的是起诉难、管辖难、送达难、再审难和执行难,这些问题实际上都属于具有中国特色的问题,是中国问题。单单从法律制度、法律的原理来进行分析往往无法揭示问题的实质。"五大难"问题基本上都属于司法制度问题,也就是属于政治问题。政治问题用法律的思维和法律的方式来分析,当然不能解决问题。

如果我们从政治的视角,从司法权、司法体制的角度分析,就能够正确地、充分地认识问题的根源。法律以及实施作为一种事实,当然也是社会学研究的对象,并且当将社会学运用于法律现象的分析时,也就形成了新的具有交叉型的学科,即法社会学,当然其本质依然是社会学。既然法律是一种现象,因此,社会学的分析也大有用武之地。

心理学、哲学、伦理学、历史学、语言学对于我们理解和认识法律也都是有极大的帮助,但是我们也要注意这些科学知识也有其固定的价值取向,如经济学。经济学的价值取向就集中于经济效益,集中反映在行为投入、行为成本及行为效益的关系上。因此,经济学的研究不会顾及法学的价值追求和价值命题。如果顾及了,实际上就是一种法学的思维方式了。比如说最近社会很关注的恒大广告风波就是涉及从经济效益考虑还是从遵循合同契约的角度考虑。从经济学的角度考虑,恒大自然不会履行与广汽之间的合同。因为履行该合同所带来的收益要远低于违反该合同所遭致的损失。但是如果从法学的角度来看,履行合同就是遵守法律,违反或不履行合同是违反法律的基本价值追求的。如果我们都以经济效益为主,必然会伤及法律秩序,所以这是法律人不能容忍的。社会学会自然趋向于对社会现实的认可,社会学的这样一种趋向就会影响法学所认可的规范调整意识,从而影响法律的调控作用。在哲学当中,特别讲究辩证思维。然而,就法律思维而言,法律讲究稳定和确定,而哲学尤其是辩证法讲究的是变化和不确定。如果我们以哲学思维的方式来看待既定法律和实在法,就会形成一种冲突。所以,法律人最重要的是法律思维,其他知识和思维方式都是一种补充性的,法律思维就是坚持法律至上。

65. 苏联的法学具有浓厚的意识形态味道,民事诉讼法学也是如此。

问:苏联民诉法学对我国有什么影响?

答:我国民事诉讼法学理论在相当一段时间内一直受到苏联民事诉讼法学的影响,这可以分为两个阶段,第一个阶段是20世纪50年代到“文化大革命”前;第二个阶段是改革开放初期。从现在的情形来看,苏联民事诉讼法学对我国的影响已经大大衰减，但是在某些方面依然对我国民事诉讼法学有着影响。苏联民事诉讼法学的主要特点是以批判西方民事诉讼法学为己任，分析研究方法实际上是政治学的方法，也就是阶级分析的方法，一切从政治立场和阶级立场出发。在这样一种批判和否定的取向上，导致苏联民事诉讼法学在理论上不大可能继承和吸收西方民事诉讼法学理论，会尽可能形成自己的民事诉讼法学理论，其特点是强调国家干预，否定当事人主义。而这一立场显然与苏联法学批判和否定的司法立场是相反的，这就导致了苏联民事诉讼法学不可能尊重司法的原理、原则，进而也就远离了市民社会和市场经济社会纠纷解决的基本原理和原则。苏联民事诉讼法学对我国的影响尽管大大衰减，但是依然从坟墓中影响着我们，这一影响很重要的体现就在于职权干预方面。我国民事诉讼体制和具体诉讼制度、诉讼理念中，强烈的职权干预意识、强烈的职权主导都与苏联民事诉讼法学的精神有密切关联。因此，在我国社会转型中，民事诉讼法学的进一步发展还需要彻底摆脱苏联民事诉讼法学的影响，使我们的民事诉讼法学真正能够回归到现代民事诉讼法学应有的轨迹。

66.“新中国民事诉讼法学的奠基人”。

问：在中国老一辈民事诉讼法学者中，您印象最深的是哪几位？

答：这里所指的老一辈民事诉讼法学者，我想应该是在1949年以后从事民事诉讼法学研究或民事诉讼法教育的学者。这些学者有些已经过世，在世的大概也在80岁以上。如果要说印象最深的学者，那么肯定是自己的导师。我的导师是王锡山教授，在2005年就已经过世。除了我导师以外，印象比较深的比如说柴发邦老师、江伟老师、杨荣馨老师、常怡老师、刘家兴老师。几位老前辈是第一本民事诉讼法统编教材的撰稿人，也是最早的博士生导师，是新中国民事诉讼法学的引路人，在学界被尊称为“五大天王”。

柴发邦老师虽然是人民公安大学的教授，但对第一部民事诉讼法，也就是1982年《民事诉讼法》(试行)的制定起了重要作用，柴老当时是起草小组的组长,睿智而有亲和力,其主编的统编教材对民事诉讼法学的初期发展具有特别重要的意义。江伟老师是诉讼法研究的组织者,对于民事诉讼法的修改完善,推动我国民事诉讼法学倾注了极大的热情和心血。江伟老师主编的《民事诉讼法》是至今发行量最大,影响最大的教材,是进一步奠定民事诉讼法学体系的经典教材。江老也特别关心呵护中青年学者的成长。杨荣馨老师对于推动民事诉讼法,尤其是执行法的研究也同样起了重要的组织作用。常怡老师对促进民事诉讼法学、着力培养民事诉讼法学新人具有突出贡献。

但要说印象最深的可能还是刘家兴老师。刘家兴老师之所以给我很深的印象,就在于他为人、为事的人品。刘家兴老师前不久已经过世,为了悼念他,我还写过一篇短文。我对他的人品极为推崇,非我辈能够比肩之人。无论是与我们这些小字辈打交道,还是与年龄层次相当的同仁的交往中,都体现了一种直率与明快、宽容与厚道,对青年学者总是鼓励、支持。退休以后,他也过着非常低调、收敛的隐士生活,几乎没有在公共场合露面,并非他对民事诉讼法的发展以及民事诉讼法研究没有自己的想法和认识。他有许多想法是很独到的,视角也很特殊。但他总是谦虚地说"我怕我这些观点会干扰你们的研究"。刘老师也从未对民诉法研究会提出过任何要求。有一次见面,刘老还提到"需要我支持的,尽力而为"。我对他印象很深,还必须坦诚其中一个"自私"的原因,刘老曾积极推荐我进北大。他认为在北京,在北大有更大的发展,之所以推荐可能也是因为我们是校友的缘故,操着同样的四川方言,虽然最后没有成功,但我很为刘老的支持与帮助而感动。

我认为,刘家兴教授就是民事诉讼法学者中的楷模和榜样。我们民事诉讼法学者应当向刘老学习。还有些老师,我也有很深的印象,尽管交道不多,如武汉大学法学院宋太郎教授。有一次在研讨会上,当时年少轻狂,我直接反驳了宋老师的观点,事后觉得这种表达方式的确很不妥当,对老教授不够尊重。宋太郎老师对此从不往心里去,体现了一种豁达、宽容的待人姿态。后来我知道太郎老师在武大对学生是极其关爱和呵护的。柴发邦老师对于民事诉讼法的制定起了很重要的作用,1982 年起草民事诉讼法时,其担任民事诉讼法起草小组组长,对民事诉讼法的制定发挥了非常重要的作用。柴老师具有很强的凝聚力和感召力,思维缜密,十分可惜,柴老师较早过世了。为什么提起柴发邦老师,是因为现在的许多中青年学者对柴老不甚了解,他也没有多少文章,主要的成果是他主编的民事诉讼法教材,这本教材是第一本可以称之为统编教材的民事诉讼法教科书。可以说柴老师和其他老前辈一起可以称之为“新中国民事诉讼法学的奠基人”。

67. 规范的要求与现实总是存在不一致。

问:应当如何看待教学与实践的冲突?我们常常听到已经毕业的人或者经过实习或有实习经验的学生反映在教学当中所教授的理论或分析方法常常与实践的做法和认识不一致,这是否说明我们的课堂教学与实践脱离?

答:我的看法是,作为教师,在学校所教授的主要是理论,也包括对实例的理论分析。教学的内容是以法律规范分析为基础,是从分析法律规范的性质、应有的价值命题、在实践中应该如何应用和贯彻价值命题的要求出发,是一种对应然状态的要求。所谓实践,主要是指民事诉讼法和民事诉讼制度应用的具体现实。教学的理论与实际操作之间的不一致,一个方面是表明民事诉讼的实际运作或者操作没有达到规范要求的理想状态,或者说没有充分贯彻和实现民事诉讼法的价值命题;另一个方面,也可能说明制度规定存在脱离实际现实的可能,这主要指实际上不具备实现制度规定的基本条件。但从我们的考察、观察来看,理论教学与实践的冲突还是在于司法制度的问题,人们缺乏对法律规范、制度的正确认识而导致的。尤其是在我们的理论缺乏应有的指导力,民事诉讼法理论知识还不够普及、深入,实务界中实务操作者还缺乏严格的、系统的法教义学或法解释学的训练。因此,我们要特别注意,不应去迁就实践当中消极的一面,法律规范就是对社会现实的一种调整。如果一味迁就现实,必然难以实现规范调整的作用,通过各种法律的实施,也是改造我们社会的一种主要途径。

68. 王老的大好青春就被无情的战争和继续革命打断了。

问：能否谈一谈您的导师？

答：我的硕士导师是西南政法大学（原西南政法学院）的王锡山教授。王锡山教授在民事诉讼法学界的影响不像江伟老师、杨荣馨老师、常怡老师、刘家兴老师等民事诉讼法学界几位天王级的人物影响那么大，不过就辈分来讲，属于超级天王。因为改革开放之际，他是全国唯一的民事诉讼法方面的教授。为什么影响不是太大，主要有两个原因：第一个原因是虽然在西南政法还在从事教学和科研工作，但年事已高。作为我的指导教师，当时已经77岁；第二个原因则是关于民事诉讼的论文成果不多，主要著作是晚期所撰写的《民事诉讼法研究》，主要是对日本民事诉讼法理论的梳理和整理，几乎没有民事诉讼法学方面的论文。这也是他这一代人的悲剧，因为太多的时间被战争和革命所占用。相比较，德国与日本的学者如果在王老师这个年龄，一般都是几百篇论文，几十部著作，即使有"二战"。王老的学术研究的宏伟蓝图被战争和继续革命无情地撕毁了。

我的导师——王锡山先生，一位极有学者风度的长者。我作为他的研究生时，他已77岁高龄，满头银发，是我们一般人想象中的标准的资深老教授形象，作为老教授的"形象大使"当之无愧。王老1906年出生于河北丰润县，1926～1932年就读于北京朝阳大学法律系，也是朝阳大学法律系的高材生；1932～1935年在日本明治大学研究院法律系攻读法律，并获法学学士。想当年王老也是中国留学生中的一大才俊，风流倜傥。王老当时是日本中国留学生协会的秘书长，在留学生中有着很高的威望。王老说他的同学有三大类：大汉奸、国民党大官以及共产党的高官（指的是原北京市委副书记、也是著名的法学家张友渔先生）。

可以说王老是真正实践了终身学习这一号召的人，先生在90岁高龄还在阅读专业书籍，并出版了专著《民事诉讼法研究》。印刷过程中，我们为了王老的健康，建议由我们代为校对，但王老坚决不同意，硬是自己一字一字校对完全书，全书六十余万字，这不能不令人敬佩，这是要有点精神的。现在想来,如果我坚持了王老的这种精神,我的第一本书就不会在校对方面留下如此多的遗憾了。由于时代的原因,王老没有给民事诉讼法学界留下更多的东西,这恐怕是最令老人家遗憾的地方,但王老留下了在当今最缺乏的东西——严谨的治学精神。

王教授治学和教学都十分严谨。每一次上课前都要提前指定阅读书籍,上课时不时提问,某一种观点为何人所言,源于何处,答不上来,将招致严厉的批评。我当时的兴趣不在民事诉讼,也未好好准备,所以难免挨批。为了避免挨批,我们便投机取巧地临时看上几处,以待考察,有时这种小伎俩也能起到作用,但现在想来,其实是糊弄了自己,在自己做了教师之后才感觉到底子的重要,在授课和研究之时方感功力不够。成功没有捷径,有很多东西我是后来才恶补的,也自然留下了许多学术功力方面的"后遗症"。

王老终身遗憾的一件事就是没有能够重新加入共产党或恢复其共产党员的党籍。据说由于脱党后的这一段时间没有人能够证明,导致这一时期事实处于不明的状态。这样一来,就存在一个是否恢复的问题,因为曾经加入过党组织,因此就不能再申请加入,而应当是恢复,而王老的愿望就是生前能够成为一名党员。王老直到暮年还一直在申请加入党组织,尽管恢复已经不大可能,但遗憾的是申请重新加入这样的愿望也没有能够满足。不知道是不是这一原因导致王老始终对证明责任问题的研究特别关注。以王老在暮年依然热切期望能够加入党组织应当推定王老对党的一片忠心,不要说重新加入,就是恢复其党籍也是应该的,在情理之中,这也是一个经验法则的问题。证明责任的问题和党籍的问题共同成为王老的遗憾,证明责任尽管是一个"猜想级"的问题,相信最终会得到"证明",但后者就成了永远的遗憾。

69. 留学,最大的收获是开阔眼界、改变思路和观念。

问:今后从事学术研究,如果要打好基础,留学深造似乎是一个必须要走的路径,通过留学成为海归,更有利于自己的发展,那么我们的问题是,如果要留学深造,去哪一个国家较好?张老师您是去日本留学,民事诉讼法学界也有好几位老师都有去日本学习的经历,现在留学去日本还有意义吗?

答:如果有条件,主要是经济条件,留学深造是一条很好的发展路径,通过留学,当然可以获得更多的知识,尤其是能够更深切地了解理论和制度的背景,也就能够更好地把握这些域外的理论和制度。但如果以我的体会可能最大的收获是开阔眼界、改变思路和观念,当然这与我出国的时期有关。留学去哪一个国家更好,与自己的研究方法、专业自然有直接的联系,因为不同的国家在法律研究和法律制度方面会显现出差异。在宪法、法理、商法、知识产权、环境保护、刑事诉讼方面,英美法国家优势似乎更为明显,这与英美法系以及英美法系国家政治、经济、文化的地位有关,尤其是英美国家。对于研究民事诉讼法的学者而言,由于大陆法系在民法、刑法、民事诉讼法学方面显现出理论和体系化的优势,所以去大陆法系国家可能更好。尤其是在规范分析方面,更强调理论化和体系化的德国和日本优势可能更为明显,当然法国和意大利、奥地利等国由于历史的原因也同样在民事诉讼法学研究方面具有相当的优势。由于中日关系的现状,去日本留学学习法律似乎已没有我们当年的热闹,但日本的确是一个非常讲究学习和借鉴的国家,有这方面的传统。在民事诉讼法方面以德国民事诉讼法为母本,也大量借鉴了法国民事诉讼法,并且通过长时间的本土化作业在民事诉讼法理论方面已有自己的一些特色。因此去日本不仅可以了解日本民事诉讼的理论,还因为日本学者研究的开放性由此可以更多地了解日本以外其他国家民事诉讼制度以及民事诉讼法学的理论。由于美国对日本的影响,因此日本也非常关注英美法系民事诉讼的现状和发展,因此即使现在去日本留学学习民事诉讼法学的理论,了解日本学者的研究方法,对于我们借鉴国外的理论和研究经验依然具有现实意义。

70. 弄清制度的构成、原理和适用条件是非常重要的。

问:日本民事诉讼法学者是如何开展研究的?

答：我对日本民事诉讼法学者如何进行研究了解的并不多，尤其是对他们实际研究过程的开展了解不多。我主要是通过阅读日本民事诉讼法学者的著作和论文来了解他们是如何来开展民事诉讼法学研究的。当然，所有的研究都应当是从实际问题出发，日本也不例外。他们也非常关注民事诉讼制度的实际运作，了解的途径和窗口主要是判例，因为所有的判例都是公开的，而且他们的判例会比较充分地揭示诉讼制度运行中的一些重要环节。这为日本民事诉讼法学者了解实践、分析和研究诉讼实践所遭遇的问题提供了很好的条件和环境。在这个方面，中国民事诉讼法学者相比较而言，环境就差了很多。可以说只要是判例当中所涉及的新问题，都会被日本民事诉讼法学者迅速捕捉到，并且进行分析。从民事诉讼的实际运行中，了解实践对制度的需求，由此来寻找理论依据，再通过对国外相关制度的研究，尤其是研究像大陆法系德国和英美法系美国的理论研究来进行制度建构。研究分析这些国家是如何应对相应的诉讼实践中的问题，分析和研究应对这些问题的制度构成、机理、适用条件和理论，然后再根据日本的实际情况提出日本如何借鉴和应用这些制度。我印象最深的就是日本关于群体性纠纷制度的研究。在20世纪70年代，日本对于美国的集团诉讼非常关注，对于德国的团体诉讼也非常关注。学者们分别对美国集团诉讼的结构、制度运行条件、制度运行的社会环境，甚至包括法的意识、纠纷解决的意识、司法制度、律师制度等进行了全面深入的研究。但最终，日本并没有完全移植、借鉴美国的集团诉讼。但又通过部分借鉴，在民事诉讼当中专门规定了大规模诉讼的特别规定。这些都是通过日本民事诉讼法学者扎实的研究所取得的成果。

最近，关于股市熔断机制就是一个非常热闹的话题。证监会已经暂停了熔断机制。熔断机制主要是借鉴了美国的制度，熔断期间，给予股民冷静理性思考股票交易问题。但中国的实践恰恰没有能够利用熔断机制，阻止股市不断下跌。这个问题给我们的启示是“不是美国熔断机制有问题，而是我们没有真正研究美国熔断机制运行条件”。只有在特定条件下，才能熔断，而不是仅仅股市下跌到一定的数据比，就开始熔断。如果我们真的了解了熔断机制发生的条件,就不会导致我们错用熔断机制。有的人对于借鉴只是简单地讲是否适合我们的实际情形,而没有将相应的制度构成、发生条件研究清楚,当然会误用这种制度,其实并不存在中国特殊情形的问题。我们的民事诉讼法研究应该向日本民事诉讼法学者学习,以一种更加开放、扎实的态度去研究和借鉴国外的理论。在自然科学方面,我们做得相当好。弄清楚国外民事诉讼制度的理论原理和构成,我们需要在这方面下很大的工夫。必须要承认我们在民事诉讼法和民事诉讼法学方面才刚刚起步,必须要更多地学习和借鉴。

71. 规范分析是以实在法为前提,从实在法的理性和逻辑来进行解释,是实在法运用所必须要的方法。对于法律适用而言,其他社会科学分析方法有一定的作用,但无法取代。

问:有人说法规范分析或者法解释学、法教义学将来会被所谓社科法学所取代,您如何看?

答:我的印象当中,认为规范分析会被社科法学所取代的观点可能最早出自苏力教授。苏力教授现在也是国内社科法学的代表人物,他的这句话可以认为来自于霍姆斯和庞德的观点。霍姆斯就曾预言:“对于法律的理性研究,现在可能属于严格恪守法条的研究者,而将来必定属于那些既掌握统计学知识又精通经济学的法律研究者。”苏力将运用法规范分析之外的社会科学方法来分析法律现象概括为社科法学。2014 年《法商研究》还就规范分析、法教义学、法解释学与社科法学之争开辟了专题争鸣专栏,双方论战十分激烈。我的基本观点是,法规范分析、法教义学或法解释学不大可能为社会科学分析即社科法学所取代。因为规范分析和社会科学分析是各自方法的运用,法的经济分析、社会分析、政治学分析、历史学分析、伦理学分析等社会科学的分析与规范分析的前提完全不同。规范分析是以实在法为前提,从实在法的理性和逻辑来进行解释,是实在法运用所必须要的方法。对于法律适用而言,其他社会科学分析方法有一定的作用,但无法取代。特别法具有优先地位,下级法律规范必须服从于上级法律规范,法律的解释必须要遵循文义解释、目的解释等其他解释方法，不可能违反这些基本的解释方法。社会科学的分析对于制度建构尤其是基本原理的建构，对于立法，具有很重要的意义，因为基本法律规范的制定本身就涉及政治、经济、文化、心理、伦理等诸多方面。但是一旦法律规范确定，就必须要坚持法律规范所确定的价值命题，否则就会影响法律规范的调控作用。在法律存在漏洞、冲突、矛盾的情形下，需要借助于更高的法律规范、原理和原则，甚至以宪法的原理、原则来予以化解，但这些依然是规范分析方法的应用，社会科学方法的应用也会由于自身方法的价值取向，难免会存在对实在法适用的冲击，进而冲击人们的法治理念，这是我们必须要注意的。规范分析或者说法教义学、法解释学，是教给人们如何掌握、理解、应用法律的专业技术方法和手段，所有部门法的教材都是规范分析和法教义学的体现。社会科学将法律作为一种现象来进行分析，不过是相应社会科学方法的实际运用，在运用过程中由于研究方法和研究客体的联系，形成了一定的交叉性，但是就基本方法而言，依然是不同于法学研究方法的。因此，对于所谓社科法学我们不能期望它能取代法律规范分析方法或者法教义学分析方法。霍姆斯所提出的可能会取代的假想实际上也没有实现，当然如果说就事实认定和规范制定而言，永远都是专业知识说了算，金融法规、金融法规的分析永远都是金融原理起作用，这些规范都是应当由金融专家来加以确定，在任何专业领域都是如此，由此说来，霍姆斯的观点早就被预言了。

在学界，有个别学者，有的还是很有些知名度的学者是坚决反对法教义学的，尤其反对大陆法系的教义学。这些学者有的因为实际上没有系统学过法律，不了解什么是法教义学，法教义学的知识体系对他们就像一堵墙，他们当然想推倒这面墙，如果不这样他们就没有话语权，就不能发出他们非法学的声音。正像有的学者指出，他们实际上是法学门外汉，将自己装扮成法律专家。他们在中国很有市场，这是一个很有意思的现象。我认为还是与我们现在的非法治状态或初级法治阶段有关，法学还很不成熟，容易被一些人所忽悠。

72. 他们的地位具有特殊性。

问：有许多知名的西方法学大家尤其是美国的，如霍姆斯、庞德、卡多佐、波斯纳等人，他们似乎都是反对规范分析的，反对将法律本身看成是目的，即反对法律实证主义。对此您如何看待？

答：对这个问题，我的看法是这样的。的确，在美国的一些著名的法学大家当中，如上述几位，似乎都是反对传统法律规范分析的，是反实证主义法学的，更多地显现为法学实用主义、现实主义的倾向。但是我们要注意这些人当中，大部分都是联邦最高法院的大法官，比如说霍姆斯、庞德、卡多佐等。那么从他们所处地位来看，作为联邦最高法院大法官实际上他们审理和裁决的案件都是与宪法有关的案件。因为联邦最高法院是选择性受理，联邦最高法院实际属于宪法法院，发挥着违宪审查的基本功能。而宪法当中所涉及的问题都会与社会、经济、政治、伦理有密切关系。而规范分析或者说法律实证分析，讲究的是以实在法为前提，实在法与政治、经济、伦理等是分开的，不考虑法律的外部因素。那么这些大法官们由于裁决的是这样一些与政治、伦理、文化、经济相关的纠纷，而且往往是在没有具体法律根据的情形下进行裁判，因此需要根据社会发展形势和现实来解释宪法，创立新的判例，当然他们是反对实在法的约束。这和我们国家的最高法院的法官们审理的案件所受到的影响和约束是完全不一样的。联邦最高法院作为宪法法院就是对美国宪法的解释，需要超出宪法以外的规范来进行分析，自然也就注重于法的社会效果、社会分析、伦理分析、政治分析，而这也就必然要考虑或者说更多地考虑社会现实。其实在我国立法过程中，更多地会考虑规范分析之外的情形，在立法过程中，规范分析往往作用相对较小。

73. 执行难不是审执分离所能解决的问题。

问：您如何看待民事诉讼法学当下的一个热门话题，即审执分离问题？

答：在十八届四中全会之后，审执分离由于在四中全会决定中被提及，所以就成为民事诉讼法学界的一个热门话题。关于审执分离就是审判和执行要分开,这个问题看起来命题很明确,但实际上有必要进一步深究这个命题的含义是什么。审执分离这一命题本身就表明审判和执行是可以分离的,是两个制度、两种机制。那么从审执分离的一个含义来理解,实质上就是审判和执行要从法院这一主体中分离,实际上也就是让执行从法院当中分离开来,法院保留审判这一基本职能,这种分离一般称之为外分论。还有一种认识是尽管审判和执行都在法院,但审判和执行应当予以分离,属于内分论。从内分论的前提来看,就意味着现在在法院内部审判和执行存在没有分离或没有完全分离的现象,否则这一命题就没有意义。如果单从“外分”和“内分”这两种观点来看,我个人认为应当是“内分”。这就要探究一下为什么审执要“外分”,“外分”的目的是什么,“外分”能否实现这一目的。

现在“外分”的一个认识是为了解决执行难,所以实现“外分”,那么这个认识可能存在误识。因为执行难并不是因为执行放在法院,执行难有多种原因,甚至执行难本身就有个如何界定的问题。从实际观察来看,被执行人有财产,但难以执行受制于多方面的原因,有执行制度不完善、没有落实的原因,也有执行制度之外如司法制度或司法环境的原因问题。如果是执行制度之外的原因,那么就和审执外分没有关系。相反,如果外分,还会涉及外分的成本问题,比如说另行设定和建立一套专门的执行机构,这一改革成本太高,而且意义不大。从方便执行、提高执行效率来讲,适当外分是可以考虑的,比如说行政执行根据的执行其实没有必要由法院来执行。从法院的执行来讲,主要以法院自己做出的执行根据为主,这有利于提高执行的效率,如果执行率低也是执行难的问题,在这个意义上就有助于化解执行难。而审执为什么要内分,是因为现在在法院内部审判和执行的确存在关系没有理顺的情形,这也包含着对审判和执行在组织、物质、人事三个方面的管理应当根据审判和执行各自的规律实行人财物的管理,也可以说是审执内分的重要方面。另一个方面也包含着如何细化执行过程当中涉及执行行为和执行程序的争议以及涉及实体权利义务的争议应当通过哪种方式加以解决,这也是应当考虑的问题,审执在制度上和实际运行中都存在没有厘清的情形,这更是一个需要进一步厘清的话题。

74. 理论与实践的隔离是民事诉讼法学发展最大的障碍。

问:张老师,您认为现在中国民事诉讼法学发展面临的最大问题是什么?

答:中国民事诉讼法学的发展面临的问题还是比较多的。我认为最大的问题还是民事诉讼法学研究与实践隔离的问题。如果民事诉讼法的理论研究离开了实践,与实践隔离,那么民事诉讼法学研究就成了无源之水,无本之木,也就没有了自己发展的动力和源泉。这也是我谈到的中国民事诉讼法学贫困化的最大的原因。民事诉讼法学理论要发展,最主要的体现就在于理论对于实践的贡献。民事诉讼法学者如果不能够了解民事诉讼实践中的问题,也就没有办法运用已有的理论去解释实践问题,也不会发现现有的理论解释当中存在哪些无法释明的问题。实践是推动理论发展的最大动力,所有的问题都应当来自实践。我们看发达国家法治理论也同样离不开法治的实践。法治实践越丰富,理论也就越发达。为什么在中国理论会与实践隔离呢?我认为最大的原因还是司法制度的问题,现有的司法制度导致了理论研究和实践的隔离,这是由于司法制度的不公开性。司法制度的公开主要体现在审判公开,审判公开不仅要公开结果,也要公开过程,需要对法院的裁判予以说明,予以说理。在处理实际审判中的实体问题和程序问题时,我们才能知道究竟理论解释方面存在什么样的问题。然而,由于司法制度的运行没有为理论研究打开窗口,学者难以了解实践当中存在的问题,难以了解人们对这些实体问题和程序问题的认识。尤其是对于从事民事诉讼法学研究的学者而言,审判公开更为重要。现在的审判公开,大多是公开结果,不公开程序的处理。所以从事实体法研究的学者比较容易从已经公开的判决中发现问题,而由于程序处理和解释不公开,民事诉讼法学者的研究依然是"两眼一抹黑"。相比较而言,国外民事诉讼法学者对民事诉讼法的研究相对容易得多,几乎不需要深入到任何法院,就可以从已经公开的判例当中发现、了解、归纳所有的实践问题，也由此丰富了民事诉讼法学的研究，进而从不断地实践与理论的相互作用中，提升了民事诉讼法、民事诉讼制度运行质量和民事诉讼法学理论研究的水平。

75. 基本原理和基本制度的深度研究是主要任务。

问：转型时期民事诉讼法研究的主要任务是什么？

答：在社会大转型和全面推进法治的过程中，民事诉讼法与其他部门法一样也必须适应这样的社会发展，必须依赖民事诉讼法学的发展并从中汲取理论营养。在这一背景和需要之下，就必然为我国民事诉讼法学提出了历史性的任务。从 1982 年民事诉讼法试行至今，民事诉讼法已经走过了三十多年的历程，一直在不断的建构之中，可以说是虽有曲折、迂回，但总体上是在具体制度的建构方面有所完善和发展的。不过，还应当承认的是，从现在的情形来看，民事诉讼法还没有完成其大规模的建构，在基本理念、诉讼体制、原则、基本制度或基础性制度的探究和建构方面依然还有提升、匡正、拓展和发展的空间。

第一，当前民事诉讼法的建构在很大程度上也是经验主义的，即摸着石头过河，缺乏民事诉讼理论的充分指导。历史明确地告诉我们，在民事诉讼法的完善和发展中，民事诉讼理论一直处于供给的极度短缺之中。

第二，这些不足实际上是因为民事诉讼法学对基本的理念、基本原理、基本制度缺乏深入的了解。令人遗憾的是，在民事诉讼法学研究资源本身十分匮乏的情形下，大量研究资源又因为政策导向的原因被投入诉讼调解、司法制度、大调解等诸多实际涉及政治游戏性的秀场之中。而且由于课题价值指向的诱导性，对命题的肯定已经预设为命题的必然证成结果，导致绝大多数研究者无法做到马克斯·韦伯所提倡的价值中立。

第三，我国正处于法治的初级或初创阶段，要打下坚实的基础和基本框架就不能离开基本原理、原则和基本制度的研究。因此，当前及今后相当一段时间要加强民事诉讼法学的规范分析研究，以开放的心态，研究国外发达国家已有的民事诉讼理论构成和具体应用。如果片面强调所谓理论创新、本土化研究必然导致人们对国外理论的排斥与蔑视，缺失应有的敬畏与尊重。至于民事诉讼法规范之外的研究不是规范分析思维和方法有用武的地方，应当交由所谓社科法学去完成，否则参与其中就必然是扬短避长。

第四，民事诉讼制度适用的法律实证研究也有助于我们充分了解和验证民事诉讼具体制度运用的实用性，以便对这些具体制度和理论进行修正和调整，以发挥其具体制度的最大功效。但应当注意的是，法律实证研究是一门非常专业，技术性要求严谨的学问，并非只是做做问卷调查和数据统计就可以完成的作业。即使从问卷的设计而言也是有严格的规范要求，在这个意义上法律实证研究也必须是规范的，否则缺乏科学支撑。因此，就新时期民事诉讼法的建构而言，民事诉讼法学的一个基本任务就是对民事诉讼基本理念、诉讼体制、基本原则、基本原理和基本制度的深度研究，真正厘清我国民事诉讼法建构的基本路径和基本架构，通过全面深化研究，为民事诉讼法的转型和发展提供理论资源。例如，我们应当构建什么样的诉讼体制？我们是否应当坚持辩论原则和处分原则？我们是否应当坚持公开、直接言辞原则，如何体现和坚持这些原则？是否应当建构既判力制度？如果已经有了既判力制度的某些构成，在既判力制度方面还有哪些缺失？如此，尚有诸多问题都等待我们的认真回复。

76. 同行竞争和对问题强烈的求解欲望。

问：持续研究、写作的动力是什么？

答：要坚持学术研究和写作的确不是一件容易的事情，是需要耗费精力和体力的，而且在学术研究中尽可能要有新的东西，这就需要耗费更大的精力和体力。激励我自己不断关注、思考、分析学术问题和实践中的问题的激励机制主要还是学界的同行竞争和对问题的强烈求解欲望。与我在体育的竞技场上一样，我有很强的求胜欲望。在我所处的地位，也许面临更多的专业问题。这些问题是学生们、法律实务工作者（包括律师和法院）在学习和实践当中提出来的。如果没有学生，尤其是没有实务工作者即律师、法官的提问以及和他们的交流，也就不会推动自己不断进行学术研究和写作。

另一个方面,同行评价、同业学术竞争,也会刺激对学术研究和写作的兴趣。而一旦对某一个问题能够提出新的观点和想法,也会有一种冲动,试图形成具有扎实论证、清晰结论的学术研究成果。对自己提出的新的观点、新的表述、新的概念和新的视角都会有一种无比欣悦之情。这成为推动我持续研究和写作的心理动因。在自己的学术研究中,也会始终保持对现实的批判态度,我自己认为这也是学者的基本立场。以这种视角和态度来观察现实,总能发现需要改进、完善的地方。也就是说实践的存在和发展是激励自己持续研究和写作的外在力量。从我的文章统计来看,从1986年至今30年期间共发表近180篇学术论文,平均每年6篇左右。当然,我自己清楚有的文章分量并不重,尤其是早期的文章。

77. 热情与激情,观察与思考。

问:如何保持学术上的持续性和竞争力?

答:要保持学术上的持续性和竞争力也是一件比较困难的问题,尤其是竞争力。所谓有竞争力,当然是指你的观点要有新意,有市场,对理论和实践有指导意义,有一定的独创性。别人已经提出的观点你再提出显然就没有任何竞争力,即使文章发表了,也不能说保持学术上的竞争力。如何才能保持学术上的持续性和竞争力,以我的经验来看,主要有两个大的方面:

第一,要善于对实践问题进行观察和分析,关注民事诉讼实践当中的问题,从判例、报道、实践当中的争执,去发现问题、思考问题。许多学者其实与我一样也都会接触到大量实践中的问题,比如说通过参与仲裁、论证、法院疑难案件的讨论、各种研讨会,都会接触到实践问题,关键就在于要把这些实际操作中的问题、实务工作者们在实践中遇到的问题上升、概括、抽象为学术问题,寻找、发现这些问题隐含和潜在的学术理论问题。实践中的问题许多看似技术操作层面、法条适用的问题,但实际上隐含的深层次或根本的问题是理论学术问题。但是拨开技术、对策、适用问题的面纱而发现其学术问题,要有相当的学术敏感度,同时要把这些问题及时发现、及时储存,加以提炼、深化，尽快纳入学术研究的轨道，否则即使观察或发现到这些问题，时间一长，便会发生如同消灭时效的后果，这些问题就会永远离你而去。

第二，要大量地且不断地学习、研究国外的理论，要相信国外理论之所以成为现在的成果，一定是通过国外学者几代人长期研究积累而成，尤其是国外的学术竞争毕竟更加开放。加之，国外的法治经历了远比我们长得多的时间，有更丰富的社会实践，国外也远不像我们这样理论研究和实践是隔离或脱离的，他们对实践问题的理论思考以及体系化思考，对于我们的研究具有重要的借鉴意义。在学习国外的理论，厘清理论的基本内涵、构成，再与中国的实际相对照，就一定能够发现中国问题存在和发生的机理以及解决中国问题的路径和方法。如果离开国外的理论，就等于放弃了对他人智慧成果的借鉴，造成完全封闭的思考，局限于对我国实践活动的观察，无法提升学术竞争力。所以我认为，这两个方面应该是能够继续保持学术上持续性和竞争力的非常重要的两个方面。

78. 题目的选择最重要，“拖延症”是最大的困难。

问：您认为就撰写硕士论文而言，最困难的是什么？

答：当然，选择怎样的题目应该说是最困难的问题之一，因为不是任何题目都能够写成一篇硕士学位论文。而硕士研究生们，尤其是本科不是法律专业毕业的硕士研究生，对于宏观的理解和把握法律问题是非常困难的。许多学生还尚未形成法律思维，大多数都容易从很细小的问题尤其是概念问题来思考，这些细小的问题其实常常是技术操作层面的问题，难以构成一篇硕士论文的学术命题。当然，我认为可能最难的还不是论文题目的确定，也不是论文撰写当中的资料，更不是论证分析的过程，最难的问题其实在于无法提前启动论文的撰写，始终难以进入深入的写作状态，这一现象就是人们常常说的拖延症。对于硕士研究生来讲，这种现象尤为突出，因为硕士研究生就业是最迫切的问题，需要花很长时间来寻找自己满意或相对满意的工作。寻找工作岗位的过程是一个十分焦虑的过程，这样一种状态必然排斥硕士论文的撰写。即使有一些时间，也都是属于碎片化的时间，在心理上、精神上难以集中于论文的写作。硕士学位论文的写作必须处于高度集中、高度紧张和高度敏感的状态,只有在这一状态中,才会发力。所以,我一直强调一定要在开始找工作之前,就要完成硕士学位论文的写作,至少是基本完成,每一届学生我都如此交代,但是只有极少的学生才能满足我的要求,我的印象当中,大概只有两三个学生才做到这一点,这需要有超人的毅力,才能够做到。大部分论文是在最后紧要关头,要唱"国际歌"了,才把论文仓促写成。在这种状态下,我们怎么能保证这些论文写作的质量呢?由于拖延症,由于对困难估计不足,由于没有考虑硕士学位论文撰写对整块时间和注意力的严格要求,不知道在碎片化的时间中是难以完成硕士学位论文的,所以最终大多数人都是在极其被动的情况下完成硕士学位论文的。所以我从这个意义上讲,撰写硕士学位论文最困难的是克服拖延症,一定要把老师的警言、警示放到心中。

79. 积累多,干扰少,能够潜心做学问是很重要的原因。

问:您提到台湾地区民诉法学者人数不多,但研究很有成效和深度,反观大陆却是人数很多,但研究成果的深度却与人数不成比例。这是什么原因?(背景资料统计,大陆的副教授、教授人数)

答:台湾地区民事诉讼法学理论对于内地民事诉讼法学者来讲,有着很重要的学习和参考价值,因为台湾地区民事诉讼法学是大量地引进、借鉴了德国、日本、法国等国家的民事诉讼理论,通过若干年这些理论在台湾的不断实践和积累,台湾民事诉讼法的学者也从国外理论与本土的结合上有所创新。对于大陆法系民事诉讼法学研究的方法和创新,台湾民事诉讼法学者予以了继承和发扬,台湾学者也有很强的本土化和本土创新意识。与内地的民事诉讼法研究相比较,一个比较突出的特点是,在台湾从事民事诉讼法研究的人数并不多,大体上持续性研究民事诉讼法的学者也不过数十人,而早些年专门研究民事诉讼法的学者更少,有相当多的研究者是法官们,比如说王甲乙、杨建华、杨与龄、姚瑞光、陈计男、张特生等。但台湾学者由于法律教育基础很扎实,一般学者都普遍掌握日语、英语或德语,尤其是较早时期的民事诉讼法学者一般都能阅读日文资料，因此，对于民事诉讼法都有比较扎实的理论基础。另一方面，台湾的学术研究环境相对比较单纯，干扰比较少，学术评价和学术竞争机制也相对公平合理。相比较而言，内地民事诉讼法学研究才处于起步阶段，由于1949年以后法统的断裂，对旧六法的废除，使得法学以及民事诉讼法学都有很长的断代时期。由于没有民事诉讼法学理论研究的传承，因此许多早期研究民事诉讼法的学者实际上是从一穷二白的状态开始研究民事诉讼法，对于国外的理论研究不多。加之，在相当一段时间乃至现在，学者的研究生态环境还很不理想，因此不能使处于教学研究第一线的学者能够非常安心、集中精力地来进行民事诉讼法学研究，当然其他学科也是如此。对于学术研究的干扰也因为环境的原因从而影响学术研究的质量，虽然每年发表的民事诉讼法学研究方面的文章高达数百篇，但具有研究深度的文章并不多。因此，要使内地的民事诉讼法学研究提升到一个新的高度，产出有深度的民事诉讼法学研究成果，还需要内地学者主观上的努力，也需要在体制上改变体制环境，在物质方面给予学者们更充分的保障，使人们能够静下心来，沉思民事诉讼法的实践和理论问题，尽量减少外部环境对学术研究的干扰，不断完善和改进学术评价机制，形成良好的学术批评、互动的机制和环境。由此我们才能集中人力资源，大幅度地提升民事诉讼法学研究水平，甚至赶超国外民事诉讼法学的研究。

80. 要善于拒绝，否则就会被社会活动所淹没。

问：您的社会活动很多，您的研究与教学任务也很重，请问您是如何分配时间的或者说是如何处理的？

答：关于这个说法可能需要做一些解释。不少人都认为我的社会活动很多，如果说社会活动很多应该说是不确切的。也许在零几年，由于上过央视“今日说法”，也有时参加一些社会活动，在新闻媒体上发表一些观点，感觉似乎参与社会活动很多。其实我的社会活动并不多，而且现在还在逐渐减少。许多会议其实对于学者而言，完合没有意义，因为大多数会议都是一些带有作秀和事务性的会议，我们很多机构是把会议视为工作来看待的，会议多是我国社会的一个比较特有的现象。是权力泛社会的表征，学者参加会议少数情形是讨论有学术价值的一些问题，多数情形下，没有学术意义，就是赶个场，露个脸，混个知名度。这样的活动有些不好拒绝，基于礼节、交情等还是要参加，但这样的活动，现在我尽量不参加。要善于拒绝，否则会被大海般的社会活动所淹没。有许多社会活动家是我的朋友，他们特别希望我们这样的人和他们一起玩，但他们不知道我们与他们本不在一个现实世界之中，他们不知道学术研究应该有怎样的投入，认为学术研究就是写报刊文章。另外，我还有比较重的教学任务。由于长期在教学第一线，持续的学术研究又为进一步充实教学内容起到了很重要的作用，基于常年的积累，我在教学方面能够应对自如，也就可以将更多的时间用于学术研究。我们其实应该尽量减少学者们参与没有学术意义的一些社交性会议，保障学者在更单纯的环境当中来思考问题，这样也可以减少学者们的世俗气息。

81. 写文章的学者不是一般的人，不写文章的学者就是一般的人。写文章是对自己是谁的证明。

问：对我们学生而言，写文章是一件很难的事情，我们指的文章是指学术性的文章，所谓论文。对您而言，写文章最难的什么？

答：写文章最难的，当然还是发现问题，能够提出问题，尤其是学术问题，这篇文章在内容上就基本成立一半。对于学者来讲，恐怕最难的还是"启动"、"下笔"，并进入写作状态或"写作模式"。

有些学者文章很少，有的学者甚至几乎不写论文。原因可能是多方面的，比如说有的学者基于对中国法治现状的悲观态度，认为在这种状态下要从事法律方面的学术研究没有意义，因此也就缺乏了写作的动力，自然也就难以动笔写文章。也有些学者可能认为，中国的问题主要是一些基本法律常识和观念的问题，从事高深的象牙塔式的学术研究没有必要，当下，更多的是启蒙式、启发式、宣传教育式的，主要是让人们能够接受和形成法律的基本观念、基本思维这就可以了。还有些学者也有想法，基础也不错，但就是难以启动，下不了笔，经常有新的想法、新的观点，在言语上也说得颇有一些道理,但是要让他启动进入写文章的深度思考,就非常困难了。

写文章不像开车,一扭车钥匙或一按启动按钮,发动机就开始运作了,一松刹车、一挂挡,汽车就开动了,去您想去的地方。文章撰写的启动需要有相当的环境和内在动力,只有对问题的思考积累到一定的程度,形成相当大的压强,使其达到不得不写的状态。写学术文章与写一般的学术随笔、感言、评语以及提出几条建议有所不同,需要在一段时间内全身心投入,不能是碎片化的写作和碎片化的思考。许多人都能够意识得到,一旦进入写作状态或"写作模式",一切就变得很简单了。许多学者阅读他人的文章时,也总认为这些观点自己也思考过,论述表达也不是那么困难,自己不过没有写而已。问题就在于,有观点是一回事,将观点变成文字,有根有据地来证成观点,并且有逻辑地、清晰地加以文字表达是另一回事,这是很困难的事,需要很大的投入。我自己的感觉是,写完一篇文章以后,到再次启动写下一篇文章之间,会经历一个较长的时间,也许一个月,也许一年半载,需要有一个积累过程。有一些人可能需要更长的时间,甚至就再也启动不了。

写学术文章不是工业生产,必须要有相当的积累,对问题宏观架构、结构、资料来源、问题点都要有深入和系统的思考。这个过程是文章的孕育过程,所谓"十月怀胎,一朝分娩"也可用于学术论文的写作。所以我认为,写文章最难的应该是启动,没有问题是没法启动的,没有高度集中与沉思是无法启动的,这就是我的一点体会。启动,进入写作状态或"写作模式",除了内在因素之外,还需要外部环境和外部压力,比如,有人约稿;说上几句好听的话,鼓励一下;有论文发表要求;有奖金的激励;有人挑战你的观点;职称评定;没有行政事务其他烦心事的干扰等。总之,没有足够的外部压力和适当的外部环境也是很难启动的。

写文章的学者不是一般的人,不写文章的学者就是一般的人。写文章是对自己学术存在的证明。

82. 文章是个体独立思考的产物。

问:我们注意到,您的研究成果绝大多数都是自己独立署名,很少与他人合作，包括自己的学生。在学界，老师与学生合作署名发表成果的情形并不少，研究不需要团队合作吗？对此，您的认识是什么？

答：的确，绝大多数文章我都是独立署名的。很少与他人合作，包括自己的学生。合作的文章当中，可能也就有一两篇与学生合作署名发表的文章。这种做法或者说习惯，很重要的原因是受到我的导师王锡山教授的影响，他始终坚持独立思考，独立写作，对自己的文章负责。我认为人文科学研究除了社会学的研究以外，大都是一种非常个体化的研究，基本上是以个体独立认知、独立表达来对法律问题发表看法。这样，每个个体的独立思考，就能够形成对社会知识的贡献。在研究过程当中，当然存在过与他人共同磋商、交流的情形，但是与他人合作容易导致学术观点的"所有权"界限不明晰，也难以让学界来判断论文发表者对于学术观点的贡献程度。独立署名发表文章就表明自己对文章是完全负责的，独立完成、独立署名也表明自己的研究能力。

在有的情形下，的确存在导师提出观点，学生或其他合作者加以论证，予以完善的具体情形。这种情形也属于一种合作，但是由于难以辨识合作者各自的贡献度，所以我还是认为独立署名比较好。近些年来，许多期刊都强调希望有些知名度的老师独立署名，甚至有些期刊就只刊登独立署名的研究成果，如《中国法学》。现在这样的期刊越来越多，我觉得这是一个好的现象。我自己长期以来也养成了独立思考、独立撰写的习惯，不习惯于学术研究当中的合作关系。据说，有些国家的学者喜欢团体作战，以保持学术竞争力，这可以理解，但是更多国家的学者绝大多数还是强调独立署名撰写发表论文，强调人文学者的独立研究。这一点与自然科学研究有很大不同。自然科学研究尤其是在工科领域，往往难以以一己之力完成庞大的课题研究，因此需要形成团队。

83. 学术评价要形式，但不能唯形式。

问：您如何看待现在的学术评价机制？

答：良好的学术评价机制是推动学术研究发展的很重要的外部环境，现在我们在学术评价方面显然存在着扭曲的一面。没有正常的学术批评，也就没有正常的学术竞争，虽然在有的刊物上、在某些问题上能够看到争鸣，但这种情形还是很少。我们很难见到客观的学术论文评价、学术专著的评价，我们现在的学术评价往往只看刊物的影响，而在某一刊物上发表文章与该文章的学术水准往往没有直接的联系。这就涉及法律刊物和综合性刊物判稿、采稿的专业水准问题，很难保证我们的编辑都是非常专业，接受过专业训练，因此往往就导致文章只能从形式上加以判断，比如说职称、是否有留学背景、是否在名校、是否有知名度等挂钩，从语言、标题、引注、外文资料等来加以判断，这些都是一些形式上的东西。虽然有外审同行评价，但由于同行评价也会受到外部环境的干扰，其同行评审的客观性也难以保障，评审人的知名度越高，往往能够用于深读文章的时间也就越有限。也基于同行的交际影响，难以保障准确、客观地研判稿件的质量。现在许多刊物在外审专家库、评审程序、评审机制上有相当大的提高，法学杂志正在朝着不断完善评价机制方面发展。

84."比较差异发现法"，即"比较—差异—原因—解释"，这一方法也许是一条好的路径。

问：现在的青年学者外语根底大都不错，有的也有留学经历，但如何才能将自己外语优势转化为学术竞争力呢？

答：在国外有留学经历，专门学习过国外的民事诉讼法学理论对于今后从事民事诉讼法学的研究当然有重要的意义。但是如何才能将自己的外语优势以及自己所掌握的国外的民事诉讼法学理论与我国的实际加以结合，形成学术上的竞争力，的确是一个问题。这一问题的提出是基于这样一种现象，有的从国外留学回来的学者能够在较短的时期内形成学术竞争力，发表一定数量的具有较高质量的学术论文；而有的学者尽管外语很有优势，也有不错的专业功底，但却没有将这一优势转化为学术竞争力。其表现就在于学术研究成果产出不多，缺乏学术竞争力，进而在同行业当中，没有发出应有的学术声音。

问题可能在于对中国实际情形不熟悉，学术研究没有接“地气”，没有将中国实践中的问题提纯为学术问题，进而运用自己的外语优势查阅相关国外资料和理论，来对该学术问题进行分析和研究。从而依据自己所掌握的理论来解决和回答中国问题。

一些在外语上有优势的学者，尤其是青年学者，容易停留在国外的理论知识群当中。不容易从国外的学术理论范式、概念和语境当中走出来，多数情况下是对学术概念、制度、源流的梳理和整理缺乏对实际问题的针对性。对国外的概念、理论、制度源流的分析、整理有重要意义，是学术研究的一个部分，但是更主要的是要运用国外的理论解决中国问题，与中国的实践结合，并由此形成相应的有特色的理论。

中国问题尤其是中国的实践问题，因为制度环境、观念环境、表达方式的差异，其学术问题的本质或者实质往往被掩盖。比如说起诉难的问题，起诉难是一个现象，我们就必须要进行比较分析，看看制度设计、理念的差异。了解不同起诉制度背后的法理和观念，从而就能够找寻到起诉难在法理上的问题是什么，非法理的问题是什么。这就使得这样的问题研究更生动、更立体，自然就会具有一定的学术市场，能够形成学术影响力。

我有一个简单的公式或者方式，就是首先比较国外有中国没有的制度，找到这种差异，再问一问国外为什么有，而中国为什么没有。找到原因再进行分析，也许一个学术问题由此就诞生了，或说被发现了。如果没有很好的外语功力，对国外法律理论不了解，就无法进行比较。但是有了这样的基础，不进行比较，怎么可能发现问题呢？我的公式就是我称之为“比较差异发现法”，即“比较—差异—原因—解释”。如此一篇学术论文的基本路径就出来了。我把它称之为“学术发现的张式定理”，开个玩笑而已，但是对我个人的研究方法和研究成果而言，这一方式是有很大作用的，其他人不妨试一下。

85. 高校教师的各种荣誉主要是一种管理手段，有时就是所谓“政绩”的需要。作为一个行政泛化的国度，这是必然的。

问：法学院的官网资料上显示您还是北京市教学名师，这是一个什么荣誉？作为一名成功的教师，您认为应该如何提高教学水平？

答：教学名师是一种荣誉，有省市级名师，还有国家级名师。除了我之外，我们法学院还有崔建远老师和张明楷老师。现在好像没有开展这种评选活动了。这些荣誉主要是一种管理手段，是所谓“政绩”的需要，实际上没有太大的意义，没有这些活动，老师也会努力的。所谓“名师”其实是一种大体上的评价，并不特别针对教学，或者说与教学没有太大的关系。名师有一些客观要件，特别是国家级名师，例如每年必须给本科生讲授多少课时，发表过多少关于教学研究方面的文章等。前一项指标如果不注意就可能达不到，显然这一指标与教学水平高低没有什么关系，只不过是强调要重视本科教学而已。我这个北京市教学名师是法学院推荐的结果，只要推荐就没有问题。有一年我打算报国家级名师，但本科课时不够，当年我看了一下法学院还没有能够满足这一要求的教师，现在早就没有所谓名师的荣誉了。我们很多做法都是游戏性的，把教师们或知识分子当作幼儿园的小朋友做各种各样管理者觉得很有意思的游戏。

对于教师来讲，教学是教师最重要的工作和义务。教学水平的高低是衡量一个教师水平高低的重要标志，尽管现在多数人并非将教学水平看做主要的衡量标准，将科研水平当做主要的标准，甚至唯一的标准，显然是不合理的。所谓教学水平的高低主要是看教师的教学是否达到了教学的目的，教学的目的当然是传授知识和学习分析方法，能够提高学生提出问题、分析问题、解决问题的能力，培养学生不断创新的能力。如何实现和达成这一目的需要根据所教学课程的内容和学生的特点进行教学。我所担任的教学课程主要有本科生的民事诉讼法、证据法，研究生、博士生的民事诉讼法前沿、民事诉讼法专题研究、一年级新生的指导课——纠纷解决入门。

本科民事诉讼法主要针对法学院本科生，其特点是已经具有初步的法学基础知识，初步形成法学思维、教义学方法，对于这些学生需要灌输的是民事诉讼法特有的思维方式和民事诉讼法的体系。尤其要求在教学中根据民事诉讼流动性和民事纠纷的特点讲解民事诉讼法规范以及理论。侧重于民事诉讼法的原理、原则、基础理论，避免简单地介绍各种具体规定，尤其是要避免面面俱到地讲具体规定。面面俱到,没有重点是教师通常容易出现的问题,担心具体的内容没有讲到,结果是无法深入讲解重点内容。教学中重点是基本原理,只要认识了基本原理,学生们就能够依照理论的指引搜索相关的规定,现在的检索手段非常发达,只要方向对头,找到具体规定并不难。例如管辖部分,司法解释中具体规定非常多,在课堂上不可能就这些规定一一涉及,只需要讲解一般原理、例外情况以及为何例外的原因。本科教学中主要抓住重点、难点、疑点进行讲解。清华大学民事诉讼法这门课3学分,教学课时就只有48课时,可能是全国各法律院校民事诉讼法课程课时最少的。这就要求在课堂上需要利用稀少的时间资源提高教学效率,因此应当将有限的时间用于对重点、难点和疑点的讲授当中。对重点、难点和疑点的把握是关键,考验一个教师的功底和能力。在这一点上,研究能力高低与教学能力高低有了密切的联系,如果对民事诉讼理论没有相当的研究是不可能正确把握民事诉讼法这一门课的重点、难点和疑点的,也就无法将相关的理论分析方法传授给学生,以提高他们认识问题、分析问题的能力。

86. 教学生动首要要求教师本人要生动;生动不是"嘻哈包子铺"。

问:我们一直认为您的课比较生动,其他学生甚至老师也有这种看法。怎样才能使课堂教学变得生动?

答:我同意你们的观点。(笑)

有的老师的确对我说过,我的课生动。不过,也有人认为,那是由于我在课堂上会说笑话的缘由。的确,我自己认为,我是一个幽默的人。说笑话的形式要义是,自己不能笑,自己一笑,别人会莫名其妙。但课堂可不能成为"嘻哈包子铺",课堂教学应当生动,但生动不是说笑话。生动是教学艺术的体现,是教学的更高境界。教学首先是讲清楚教学的内容,但这还不够,必须让受众能够理解,而且是尽可能让受众学得更容易,不需要特别费劲地去理解你所讲述的内容。教学的生动性要求讲授者对内容熟悉、理解,注意对事物的观察,善于联想,尽可能调动表现手段——图示、事例、比喻、新媒体资讯、制造现场场景、受众主体化等。可以说,生动性来源于你对生活的全面观察和学习。从这个意义上讲,生动性是长期生活和研究的积累。当然,生动在一定程度上需要一定的自然条件,尤其是要做到极致。

87.我自己认为自己适合这样的课——“新生指导课”。

问:我们知道清华为一年级新生开设了一门称之为新生指导课的课程,只有16个学分,且面对所有清华新生,也就是说这些学生完全没有法学基础知识。这门课是怎样讲授的?

答:新生指导课是清华大学原校长顾秉林在位期间推出的,目的在于扩展或拓展新生的思维,通过启发,提升新生的创新能力。这门课不是为了系统地传授一门法学学科的知识或学问,听课学生不能超过20人,属于小班课,限制人数主要是为了更好地交流、提问、启发。清华的本科生一般而言都具有非常优秀的条件和素质,但由于受应试教育的影响,有的虽然考试能力很强,但创新能力不够,需要在入学一开始就打开他们新思维之门。

这一想法看似很有创意,但法学院却没有老师愿意接单,因为授课的学生完全没有专业基础,授课又并非从基础概念入手,而是从观念入门,强调思考的方式。老师们受原有课程的影响,对于重新备课,且授课对象为新生的这样低层次的课程没有太大的兴趣,讲得不好容易受到差评,可谓费力不讨好的事情。最后我接了这门课,除了这门课是一种挑战,还因为这门课当时学校有较大的经济支持,课时也不多。

这门课有些类似于公开课,给这些同学灌输一些法律观念和思维方式,对这些尽管多数今后不会从事法律职业的学生来讲也是有益的。上课方式非常灵活,可以采取各种方式,课堂外的实践性活动都很丰富。实际上同学们参与这门课程的时间远远不止16学时,16学时主要是在课堂上。上课没有PPT,主要以社会事件为引子,让同学们谈他们的认识,然后由我进行评析。

同学们对社会上法律现象的看法其实很大程度上大都“拷贝”自社会上的各种认识、基本想法、主要媒体的控制。社会上的一般认识许多情形下是受情绪的影响,通常不是从法律专业的角度的思考。我的分析不是给出答案,而是提供思考的路径和方法,提出问题,如许霆案。人们争论的焦点是什么?为什么存在这种认识上的差异?我们考虑什么因素?国外的情形是怎样的,为什么有这样的差异?如此等等。我会讲富勒教授提出的“洞穴案判案猜想”,首先是提出假设的案件事实,让同学们作为法官进行判断,然后不断加入各种情景和观点。

同学们普遍认为法学这门课很有意思,同时又感觉很玄妙,总是感觉具有高度的不确定性。这些新生由于应试教育的影响,形成了理工科式的思维定式,还不习惯于辩证思维和相对性概念。因此这样的课对他们既有的思维是一种冲击,有助于拓展他们的思维,应该很有意义的。当然,如何讲好这门课有许多讲究,需要具备宪法、法理、比较法、外国法制史,中国法制史、其他人文社会科学方面的综合知识,要求知识面广,善于观察社会现象。这些年法学院的新生指导课主要由我来承担。在时间上如果难以安排,这门课也就会暂时停开,这是很遗憾的事情。我是希望这门特殊的课程能够继续开设下去,我自己也认为自己适合这样的课,因为对听者有启发,这种启发也许是根本性的。

88. 我们想,很想,但我们真不具备制造最先进民法典的基本条件。

问:当下,民法典的制定再次提上了日程,您对民法典的制定如何看?

答:民法典的制定肯定是我国法制史上的一件大事,因为民法典是调整一个社会私权关系的基本法典,堪称私法中的宪法。民法典是调整平等主体之间的人身关系和财产关系的基本法律规范,而平等主体之间的这两种关系是一个社会中最重要、最基本、最广泛的社会关系。因此,民法典的编纂无疑将极大地推动我国社会的进步和发展,将有助于现代社会价值的建立、维护和保障,有助于我国社会的繁荣、和谐、稳定。我国的市场经济社会也只有在一部科学民法的基础上才能得以安定。民法典的编纂是我国建设法治国家、依法治国的最重要举措之一。

对于民法典是否具备了制定的时机法学界有不少争论,主要分为两大派:成熟派和非成熟派,或条件成就派和条件未成就派。按照一些人的说法,民法典是市民社会的产物,我国当然还不能算是市民社会,自然民法典是没有生长的土壤。但可能也要看到,民法典作为一种人为的规范具有对社会的促进或反作用,民法典如果具有了民法典应有的精神,人们就会逐步接受这种精神和理念,市民社会也就能够生成发育。所以有的学者主张有总比没有要强,说的就是这个道理。至于有的学者主张我们的民法典将是世界上最好的民法典或者历史上最先进的民法典就有点言过其实了。因为我们还不具备制定最先进或最好民法典的基本条件——无论是知识积累、社会实践、立法程序、社会参与的广泛性、思想高度等方面我们都没有达到这样的条件。我们还没有将民法典的诸多原理吃透,传统社会的许多观念还制约着我们,因此,能够制定出一部基本反映民法典精神、原则、原理,不至于过于变态或扭曲的民法典就已经不错了。而且,还要注意即使制定出来一部在文字表述、抽象概括、逻辑、体系化程度、原理、原则表达都不错的民法典,其实施的有效性也是值得怀疑的,因为毕竟只是法治初级阶段,社会状态也会在各个方面——观念上的、政治体制方面的,对民法典的实效进行抵制。在一定程度会与我们已经制定的许多法律——最典型的就是宪法——一样不过是空中楼阁而已。民法典的制定可以只争朝夕,民法典的真正实施才是任重而道远。

89. 对学生最严厉的老师,是学生们最记得住的老师,也是几十年以后称赞的老师。

问:每一个教师在课堂教学中都有自己的风格,尤其是对待学生的态度上各有不同,如有的老师对学生非常严厉,回答不了问题时,常常是一阵猛批,一点不留情面。那么,您在课堂是一种什么风格,或者说您认为是一种什么样的态度呢?

答:在课堂上,我对学生的态度基本是比较温和的。学生对我提出的问题不能回答有两种情形:一是这一问题有相当的难度,难以回答;二是这个问题属于比较基础的问题,不能回答则是学习不到家。前一问题属于带有启发式的问题,后一问题属于复习性的问题,通过问题再次复习过去已经学过的问题。对于有些难度不大问题,如果回答不上来,自己有时是会恼火的,尤其是心情不好的时候,但通常也不会狂风暴雨式的一阵猛批,也不会冷嘲热讽让学生在面子上下不了台,脸上挂不住。

实际上,学生对严厉的老师,哪怕是曾经骂过自己的老师,语言尖酸刻薄难以忍受,但还是尊敬有加,尤其是在毕业后对这样的老师记忆深刻,印象也更好,对那些态度温和的老师反而没有什么印象。老师们在课堂上发火还是一种恨铁不成钢的心态。对于在课堂上开小差,看手机的同学,心里肯定有些不高兴,但基本上不会表现出来,我的观念是教师就是提供自助餐,学生有选择的余地,不想听自然有自己的道理。

我是一个喜欢开玩笑的人,有时在课堂上也会开玩笑,来一点小幽默,但有时如果同学没有理解就可能发生不愉快的事情。记得有一次,我提问一个同学,该同学的回答带有非常浓郁的家乡口音,我当时开玩笑说道,你都是研究生了为什么还那么重的家乡口音,因为是我们老家的口音,我模仿着说了一句。当时这位同学脸上就挂不住了,班上一位同学课下向我指出,我的话严重地伤害这位同学的自尊心,晚上这位同学给我发了一封长长的邮件,看了邮件,我也觉得有些严重了。我给这位同学回复了邮件,说明我只是希望这位同学能够学好普通话,因为我的普通话就不好。后来我知道这位同学原来是不愿意说普通话的,我在课堂上的那一番话刺激了她。不过这之后,她的确非常认真刻苦地学习普通话,现在普通话已经说得很好了。总体而言,学生们要理解老师们的心情,作为老师也要尽量控制自己的情绪,做到温文尔雅,批评有度。同学们都知道在清华民事诉讼法这门课是比较容易通过的,挂科的人数很少。我的认识是真正的大考在社会实践。

90. 有一天,我们也会有一大批法学大家出现。

问:我国法学界能够出现如西方法学大家,如霍姆斯、庞德、德沃金、富勒、萨维尼、拉德布鲁赫、我妻荣、川岛武宜那样的法学大家吗?

答:在与学生交流的时候,一些学生也会提到这一问题。这一问题的实质就是我国能否出法学大家。这个问题有点像钱学森提出的问题,即我国能否出科学大家。这个问题有一个潜在的前提，就是我国现在还没有法学大家，或者说能够称之为法学大家的法学家。

对于什么是“法学大家”的界定其实有些困难，只能大体上说称之为法学大家的法学家应该是在法学方面能够独树一帜的，在理论上能够开展一个流派，具有对世界法学有影响的体系化的观点。

由于我国刚刚进入法治社会的建设，还没有丰富的法学实践，我国的法治建设基本是在借鉴的过程中，因此在这个意义上，我们现在还不大可能出现法学大家。尽管我们现在有一批相当出色的法学家，但是还不能说其中能够提出独特理论体系，并在国际上予以承认或者有相当影响的法学家。当然，有的人认为我们的法治道路具有自己的独特性，这种独特性使得我们有可能创造出一种具有特色的理论体系。问题在于特色的法治道路必须要以丰富的实践为基础，没有丰富的实践是不可能提出新的理论的。

而且还应当注意，法学大家提出的理论必须是关于法治建设的理论，而不是提出如何否定和歪曲法治的理论。在我国有一些人虽然提出许多关于扭曲、否定法治的奇谈怪论，看似具有自己的独特性，但实际上这些人根本就不配称之为法学家，更称不上法学大家。我国还处于法治初级阶段，许多法治理念还没有树立，思想上还受到许多限制，还不能充分地展开讨论和研究，在研究和讨论还有禁区的社会现实中，是不大可能在法学理论方面有所建树的。当然，在中国这样的一个法治建设的广阔天地之中，只要坚持不断地改革开放，勇于实践，敢于探索，我们如此广泛的人才资源，相信假以时日，我们会有自己的法学大家。就像我们原来经常提到的问题，我们为什么不能产生诺贝尔奖获得者。现在我们终于有了第一位来自本土的诺贝尔文学奖获得者，也有了第一位源于本土的自然科学诺贝尔奖获得者，有一天我们也会有一大批法学大家出现。

91. 刊物的想法和取向与作者的想法和取向是不同的。

问：我们听到有一种说法，建议核心期刊停发教授的论文，只接受副教授和讲师、助理教授投稿。因为教授博导的压力较轻，所以应该让出版面，给更需要发表的年轻人。您对这一说法如何看？

答：这种说法或者说相近的说法早就存在。如果这一说法出自一位教授，则可以说是对法学界年轻学者的同情；如果这一说法出自法学界的年轻学者，则是表达一种不满。因为教授博导压力小，非教授博导压力大，因此版面应当向非教授博导倾斜。这种观点的前提是不同群体压力有所不同，非教授博导的学者群体的压力来自职称评审的压力。之所以有压力是因为职称评定对论文的要求，尤其是所谓核心期刊论文的要求。因此，要解决压力问题就不是应不应当刊登教授的文章的问题，而是评定职称是否应当看重核心期刊论文发表的问题。如果把这一条评审标准去掉，压力就小多了。但问题是，职称是一种资源也是稀缺的，因此，人们之间必须要进行竞争。只要有竞争，就一定会有压力，不存在没有压力的竞争。虽然没有了核心期刊的要求，势必还会出现其他的标准。这些标准的作用就是使得只有少数人能够获得教授职称。因此，上述说法不能解决任何问题。压力始终存在，没有了核心期刊论文的压力，还会有诸如论文数量、字数、课题以及级别等的要求，还有我们想象不到的标准都会自动生长出来。因此这种说法只是表达了一种同情和不满，显然是情绪化的，而非认真思考的结果。

要知道期刊也是存在竞争的，为什么期刊希望刊发教授博导的文章，还是因为这一群体的文章在社会上的影响更大，人文社会科学的学术水平不是那么容易判断，往往只能看职称的高低，在学界的资历，这也是最简单的判断方法。教授们不再在核心期刊上发文章，核心期刊也就不能称之为核心期刊，原来是核心期刊，不久就会掉入“扩展板”，最后出局。因此，停发教授们的文章无疑是对教授群体的封杀，也是刊物的自杀，希望核心期刊停发教授博导的文章无异于他杀、谋杀。其他非核心期刊用不了多久就会成为新的“核心期刊”，只不过换一种面孔而已。

92. 桑榆晚近锋芒钝，老骥伏枥不再勇。

问：随着资历的增长，您的研究风格有什么变化吗？

答：提这个问题，一定是你们发现或认为我的研究风格或行文的风格有了变化。我个人不会觉得有什么变化,或者说我自己没有发现有什么变化。如果要说变化,也许在批判性方面不如以前那样犀利或者直接,过去的研究多是反思的,尽管学者的基本取向就是反思性的,但相对而言,其反思的程度或力度比过去要弱一些。原因在于对现实的反思和反省已经达到一定的程度,现在应该注重的是建构,以及建构的实施问题。其研究更加注重制度的细部结构、制度之间的关系,更加注重现实,注重实际效果,如关于重复诉讼规制的研究。在文字表达方面由于各种社会原因,不像过去年轻的时候那样无所顾忌,随着年龄的增长自然会更加世故一些。实际上,我本人并不喜欢世故,面面俱到,个人性格是比较直率的。现在我的文章在文字表达方面多少有些顾忌,注意不要伤及他人,留有余地,所以也有人说我的文章没有了原来的犀利和尖锐,其实就是所谓"桑榆晚近锋芒钝,老骥伏枥不再勇"。论文似乎没有以前那么有力量了,似有强弩之末的感觉,语言表达也呈现"太极化"的趋势,也许是在追求和讲究藏而不露。不过,就我的文章风格而言还是比较具有批判精神的,我自己也希望将这种风格坚守到底。

93. 对思维有启发的书,往往不是专业书。

问:您平时都读一些什么样的书,您认为什么书或者哪些书对您的研究影响最大?

答:我读的书比较杂,小说基本不读,尤其是现在,觉得他人的小说远不如自己的人生精彩和复杂。过去也把自己当作很文艺的人,因此也会读一些,有的认识还是从读小说中获得的。例如,张抗抗的中篇小说《北极光》中就提到一本书——日本三届首相吉田茂撰写的《激荡百年史》,说这本书是一位国家高级领导人推荐的,于是买来这本书认真一读,心中也有一种"激荡"的感觉。后来知道,推荐这本书的人是胡耀邦总书记,后人指责其有西化或自由化取向,大概此书是证据之一。人文科学方面的书过去主要是哲学、经济学、社会学、大众心理学、伦理学、政治学、文学理论方面(文书理论方面,刘再复的《性格组合论》对我认识事物的多重性有很大的影响,帮我解答了专业研究方面的一些困惑)的著作。中国社会科学文献出版的那一套国外社会科学译丛对我的影响比较大,如《通往奴役之路》《开放的社会及其敌人》《自由与繁荣的国度》,尤其是波普尔的《开放的社会及其敌人》,开阔了自己的眼界,给了我很大的启示,这些书对我思考民事诉讼体制以及转型问题提供了观念和理论视角,提升了分析的高度。经济学方面,我们这些非经济学专业的读者不能阅读数理经济学那些大量模型和公式的书籍,主要是经济学一般原理或普及性的经济学读物,尤其是制度经济学方面的著作,制度经济学也距离法学最近,比较容易理解、有感觉。

在法学(准确地讲应该是法社会学)方面,影响最大的一套书,应当是中国政法大学出版社在20世纪90年代翻译出版的外国法学名著,如《转型社会中的法》《制度法学》《现代化与法》。这一套书的选择尽管不是从传统西方法理学的角度,比较注意当时的语境,总体上带有对传统西方法理的反思取向,作者也大都不是传统法理学者,多数是从事跨界研究的学者,但这套书的确能够带给我们很大的启示,在当时人们能够翻译引进这套书的确是相当有眼光,具有相当的超前性。负责这套书的编辑主任——丁小宣先生当时正值意气风发之时,为这套书的出版可以说废寝忘食。现在谈及此书,他依然是一脸春风。

季卫东先生为每一本书所撰写的序言无论是文字还是内容都很不错,我认为是卫东先生笔头表达的巅峰时期。在这一套书当中,特别是张志铭教授翻译的《社会转型中的法》,书虽然不厚,但对我的专业研究很有帮助。不知道为什么会选中这样一本书。本书对法治类型的分析或概括的确非常准确,是我引用率最高的外国法哲学方面的书。当然,这套书是反思西方传统法治理论和理念的,作者也不是传统的法理学者,因此在阅读时需要小心,尤其是读者还没有树立正统的法理观念时,没有注意不同的时代背景和语境就特别容易发生误读的情形。

有一本书虽然不是法律方面的书,也不是什么大家的书,甚至不是公开出版的书,也不是改革开放之后出版的书,但这本书对我有很大的影响或者说启示。这本书的书名叫《苏联资本主义复辟史》,是20世纪70年代为批判苏联所谓修正主义出版的学习材料,所谓内部参考书。这本书的启发在于,我国改革开发的许多作为实际上就是当时我们批判的苏联的一些做法。基于不同的视角、不同的意识形态、不同的政治需要,其结论就完全不同。当然那时的苏联完全没有我们现在走得那么远。如果我们换一个视角,超越意识形态再来反思我们对国外的理论和制度的认识无疑还会有许多不同的认识,我们才不至于水中看月、雾中看花。我们过去的许多认识其实都是被意识形态所遮蔽的,细读此书对于我深度思考制度现实有醍醐灌顶之感。

94. 文章发表并非是种瓜得瓜的事情。

问:您曾担任过《现代法学》和《清华法学》两家法学核心期刊的主编,从事学术研究的人总是希望自己辛苦撰写的论文能够有很高的采用率,因此,能否请你从主编的经验谈谈撰稿、投稿中应注意的问题?

答:好的。文章发表并不完全是种瓜得瓜,有时自己觉得下了工夫,投入很大,认为不错的文章,却恰恰不会被采用。没有被刊用涉及多种因素,有一定的偶然性,一般法学核心不会用的稿子,《中国社会科学》可能刊用。稿子是否对路,是否恰逢时机有一定的偶然性,与杂志的风格有关。批判性的文章通常在《中国社会科学》上就难以刊用。因为《中国社会科学》用稿比较注意稳妥性,一般的非核心的学刊批判性、反思性就要强一些。

一个杂志的风格就是主编的风格,这样的说法确有些道理。当然杂志的风格也与其杂志的历史传统有关。杂志的风格可能导致杂志在用稿方面有所不同。通常来讲,杂志对于大学科以及法理、刑法、民商法的文章比较青睐,法制史、知识产权等的文章几乎无人问津,由于人们往往认为中国法制史对中国现代法治没有多少可以利用的资源,知识产权则因为涉及技术专业,基于专业技术原因传统法学杂志就会敬而远之。但有的杂志也不完全排斥法制史的文章,尤其是主编是该专业的学者。民事诉讼法专业在法学专业中刊用率居中,具体刊用率各杂志之间稍有差异,与责任编辑在杂志中的地位有关。

谈到投稿可能有几点需要注意:(1)选题。自然是理论联系实际具有实用性、现实性、学术性的文章比较容易被采纳;对策性、技术性、纯概念性的论文用稿率比较低。(2)论文长短通常在1万字以上1.5万字以下,因为杂志要考虑引用率和转载率。一期杂志中如果文章太长会影响引用率,太短会影响文章分量,从实践的情形来看,这个长度比较好,问题在于一旦格式化以后,文章的深度势必受到影响。(3)注意文章语言的风格,语言文字风格各个刊物有所不同,但现在大体上趋于同质化。作者如果希望获得更多的资本就需要服从这种同质化的语言要求。

投稿要有耐心,投稿要有好的心态,否则是很痛苦的事情,弄不好会伤了自己做学问的积极性,很少有一次投稿就被刊用的。因为刊物会考虑作者的知名度,甚至引用率,如果是新人自然在用稿时需要小心谨慎。有一种比较悲观的说法,即使发表了三四十篇文章,但对学界来讲你依然是新人。如同我们在电视剧中注意到一个演员时,却发现实际上该演员已经在过去十几部电视剧中扮演了重要角色。

要能中的,就需要我们在选题和论证上多下工夫。初次投稿以失败告终是很正常的。没有多次失败是不会成功的,尤其是现在,学术竞争如此惨烈。许多人不会认真检讨文章失败的原因,通常会归结为:没有关系,编辑不识货。失败可能有这方面的原因,但主要还是要从自己的文章找原因。选题不适合,就要在选题上多下工夫,多有几次,编辑总会认识你的。关注与不关注完全是两回事。一旦关注,文章的价值就可能被发现;反之,只能与废纸为伍。如果是质量上乘的文章,总会发光,虽然这说起来很容易,但也只能是如此。

我的一个小建议是,投稿时做一个论文简介,与一般的论文摘要不同,主要说明本文的价值何在,在哪些方面有突破,即所谓新意或创新点。虽然通过投稿系统,提交了文章,但因为没有名气可能编辑不会注意,也可能因为时间关系没有细看,也就很难注意文章的价值。有些编辑可能对民事诉讼法学不是太熟悉,如果不交代,就难以发现细微的差异。职称越低发文越难,现在有许多刊物都有明确的规则,不发博士学位论文,这有一定的道理,毕竟还是学生积累还不够,因此有些学校要求博士生必须要在C刊甚至是核心C刊上发表文章太过勉强。也有些刊物没有这种限制,完全以文章为根据,但是否有潜规则不得而知。冲上副教授后,论文发表相对较容易一些,这也符合明星总是从"跑龙套"开始的规律,只有个别特殊的情形可以有例外。

95. 是否上Mooc,因人因课而异。

问:当下Mooc(慕课)非常时兴,各个学校都在推Mooc,您对这一教学模式怎么看?

答:Mooc的确是一种新型的教学方式,我的体会是集远程教学、交互沟通、实时互动、资料整合、实时演示、背景变换、多媒体化于一体的一种方式,最大的特点是利用移动终端设备就可以实施碎片化学习,不管在哪随时都可以上网进入Mooc课堂进行学习。教师可以通过各种手段刺激学生们的学习,甚至可以包括经济手段。我看到许多上Mooc的教师都在为自己注册学生数量的增加而倍感兴奋,当然也为自己财富的增长而兴奋。清华大学现在也在大力推行Mooc,不仅给予补贴,而且还通过加倍计算课时来刺激教师上Mooc。

清华已经将"毛泽东思想"这门课在美国上线了,可能还打算推出更多更具有中国特色的课程,似乎有打算占领美国意识形态市场的想法。Mooc由于投入很大因此一般都是通过与企业合作进行开发。企业也意识到其中藏有大量商机,积极参与Mooc的设计与制作,据说一集成本高达万元,如同拍摄电视剧一般。我认为Mooc一定是今后的发展方向,因为可以很大程度地调动教育资源,使得更多愿意学习的人能够通过这种方式获得知识。尤其是在当下时间碎片化的时代,这样的教育和学习方式是很有意义的。

不过,是否上Mooc也需要根据具体情形,像清华大学法学院这样目前还是走精英化路线,在人数少只能走个体化作业,又强调研究成果产出率的学院就不一定适合。Mooc需要有一个团队,有助手。有的人可能说你可以让你的博士做助手,但实际上在每年不能保证一个博士生的情形下,让博士生大量投入Mooc是不现实的。其次,Mooc的一个优势就是学生多,学生一多社会影响也就大,但既然是精英路线也就不会在乎社会影响,精英一定是讲究高大上的东西。有的老师讲,你可以把Mooc在理论上玩得很深。但如果这样,还会有大量学生参与吗?何况这种学习大都是“碎片化”的学习,能深到哪里去?

另外,不是每一门课程都适合Mooc,就我观察还是那些比较热闹的、与社会现实比较接近或比较感性的课程更容易或适合上Mooc,而且有大量的参与度,当然有些技术性和技巧性强的课程也适合推Mooc。前者像历史——宋史、明史、清史;后者像艺术——绘画、音乐、表演、外语、各种基础课程,尤其是理工科基础课程。在法学中我认为比较适合上Mooc的像外国法制史、中国法制史、刑法、刑事诉讼法、知识产权法、环境保护法、合同法、侵权法等。配合各种案例、图片、故事、中外音像资料一定会吸引大量学生,加上名师尤其是参与司法考试出题的老师(当然也有一定风险)。

我个人对Mooc是敬而远之的,主要是因为时间、精力和体力的问题,必须要有相当大的时间、精力投入,也需要一定的体力作为保证。在强烈的聚光灯下工作,尤其是在夏天,没有很好的身体素质也是不行的。好在只要完成第一次,以后就是维护的问题。我对社会影响现在已经不太在意,如果在意的话,做“公知”就可以了。我现在更希望待在象牙塔里,而且Mooc对于讲授内容也有诸多限制,不那么自由,自由对我而言比什么都重要。

Mooc制作还是年轻老师比较合适,精力更充沛。但年轻老师又面临职称的压力,Mooc还很难作为职称竞争的标准。因为没有门槛,也不好拿注册学生数量和点击量做比较。最硬的东西还是研究成果,而非教学成果,教学成果“太软”。另外,Mooc一旦与市场联系,就难免市场追逐利益所带来的问题,如为了提高受众人数或注册率,有单纯追求观赏性、娱乐性的问题,过于追求授课的表演化、剧场化、故事化,与单纯追求电视收视率的问题有些类似。如何做到既保持专业教育的特点,又能够通过市场获得物质支持,推动Mooc的健康发展是一个需要认真对待的问题。

96. 民事诉讼法学者成长的一片沃土和园地。

问:《民事程序法研究》是民事诉讼法学研究会的会刊,能否介绍一下这一刊物的情况?

答:《民事程序法研究》是以书代刊的连续出版物,创办于2002年,主要是依托于清华大学法学院民事程序法研究中心。当年以民事程序法研究中心为主体申请了清华大学人文社科的重大课题——985课题——“司法体制改革与司法公正研究”,《民事程序法研究》是这一课题的副产品。目的主要是刊载一些有关民事司法改革以及民事诉讼法学研究的文章和动态。课题结项以后转为以刊载民事诉讼法学以及研究的论文,计划是每年出一辑,期间曾经中断过一段时间。到2007年民事诉讼法学研究会换届后,为了弥补民事诉讼法学研究会没有会刊的缺陷,我们将《民事程序法研究》转为研究会会刊,至2014年以前每年出一辑,从2014年开始改为一年出两辑。作为会刊除了刊载学术论文之外,也有一些研究会运作的信息。一些不大容易在核心期刊上发表的实证调查研究的文章常常会刊登在《民事程序法研究》上。另外,由于现在许多刊物拒绝博士研究生的文章,因此一些民事诉讼研究方向的博士研究生撰写的质量不错的文章也会在《民事程序法研究》上发表,这些文章大都与博士研究生的博士论文主题有关,是其精华部分所以也有发表的价值。由民事诉讼法学界一些年轻学者主办的紫荆论坛现在发展得很不错,论坛的研究报告以及评论文章或发言我们也会刊登在《民事程序法研究》上。现在看来这种做法效果很好,促进了青年学者们学术研究的发展。《民事程序法研究》由于不是法学核心期刊,因此在稿源上无法与核心期刊或C刊竞争,民事诉讼研究方面最好成果难以流向《民事程序法研究》,这是《民事程序法研究》所面临的问题。好在,《民事程序法研究》从2015年开始成为人民大学资料复印转载中心的来源期刊,《民事程序法研究》上好的论文“人大复印资料”会予以转载,在一些高校也视为在核心期刊上发表,予以同等对待。

《民事程序法研究》也有自己的微信公众号,该微信公众号也会适时推送一些质量不错、有学术影响的论文。从公众号的实践来看，效果不错，弥补了纸质刊物传输的不足，有利于扩大研究成果的影响力。我们也希望人们关注《民事程序法研究》和微信公众号，给予呵护和支持，使得《民事程序法研究》成为民事诉讼法学者成长的一片沃土和园地。

97. 仲裁的研究主要是实践性的。

问：我们注意到，虽然仲裁也是民事诉讼法学研究的一部分，但为什么专门研究仲裁的学者不多，甚至没有专门对仲裁进行理论研究的学者，这是什么原因呢？

答：这是因为仲裁作为一种解决纠纷的程序，虽然有不同于一般民事程序之处，但在原理上的认识上基本上可以借助民事诉讼的基本理论。对于仲裁，人们研究的主要是实践问题。例如，在仲裁也涉及第三人的问题，涉及是否可以允许有利害关系的人参加仲裁的问题。显然，对第三人的问题完全可以借助民事诉讼第三人的理论。再如，关于仲裁裁决的效力问题，也同样可以借助民事诉讼判决效力的理论。如果涉及仲裁生效裁决的主观、客观范围、时间范围等也都可以借用民事诉讼关于既判力效力的理论。因此，在这个意义上，仲裁作为一门理论学科其独立的意义不大。

98. CLSCI 就像高高举起的鞭子，不时在驱赶学者在学术上不断向前。

问：中国法学网创新网与清华大学法学院推出了一个涵盖有 16 种法学类核心期刊评价体系（CLSCI），按照某种标准对这 16 家核心期刊刊登的文章进行量化分析。如自发率、单位时间刊发文章数量排名（单位与个人）等。学界称之为核心期刊中的核心，或称一类核心。据说，学界对此相当吐槽。您怎么看？

答：我也常听学界有人议论此事。中国法学会法律信息部依据 CLSCI 的数据还有一个比较详尽分析。学界对此吐槽的主要意见是，人为地加剧了学术上的形式竞争，强化短期发表效应，驱使学者急功近利；人为地抬高了一些期刊的社会地位。作为学术期刊，吐槽的主要是 16 家核心期刊的入围标准的客观性。综合性刊物与法学专业刊物混同，如《中国社会科学》，主编和副主编都非法学专业。

从性质上讲，CLSCI 还是一种民间行为，虽然有中国法学会法律信息部作背景。CLSCI 的目的显然是给学者施加一定的压力，刺激学者的学术研究。为什么是 16 家，不是 18 家或 20 家？大概与“G20”的确定是同样的道理。说这 16 家属于法学一类核心期刊，大体上没有多大问题，无论期刊的单位背景、历史，还是社会影响，但是否只有这 16 家就不好说了，一定是仁者见仁。

不可否认，CLSCI 的确给人一定的压力，尤其是个人文章发表排名。说不在乎，一部分人也的确如此。但周围如果有人在意，总是会给另一些人实在的压力。这涉及学问应该在一种什么环境中才能有所作为的哲学问题。历来有说道，真正的学问只来自于学问本身的追求，是一种精神，与外部环境、物质刺激都没有关系。但如果没有外在的压力，如职称评定要求、在职文章发表要求，相信有一部分人是不会写文章的。学校以及资源管理者不可能让这部分人这样逍遥自在，无所事事地耗费宝贵的资源，而满足自己的各种业余爱好，当然，也许还有其他国家治理的需要和策略。虽然，我们常说，没有兴趣、缺少内在动力是不可能做好学问，这里的学问显然是大学问。真正有事业心的也不在于这种外在压力，这些人是不必扬鞭自奋蹄。CLSCI 就像高高举起的鞭子，不时在驱赶人们在学术上不断朝前走。作为学者的自尊心，特别不愿意别人在自己的头上不时扬鞭是应当被理解的，没有一个学者会对发表文章的数量要求会满意。但管理者作为“资方”可不会这样看，拿工资就得干活。相信今后会有更多的方法促使学者挤出更多的“奶水”，尤其是在那些要跻身世界一流、国内一流的研究型大学。

2016 年 7 月 30 日修改于成都水乡石隐园

04

第四部分

随想录

409—495

一

教育与教学

我的第一堂课

站在三尺讲台前，我所讲的第一堂课，并不是法律，面对的也不是法学院的学生，尽管我现在已经是一名有着三十年法学教育资历的教师。

那是在20世纪70年代，我还在农村乡间挥汗劳作，遵循伟大领袖的教导在农村下乡插队接受贫下中农的改造，是一名只读过三年半高初中的所谓“知识青年”，也没有教师资格。第一堂课是为所在大队的乡村小学教师代课。小学校园就是一座南方的大四合院。我的印象中，大概讲的是小学四年级的语文课，具体内容已经记不清了。那时，能够在简陋的教室里，一手握粉笔，一手持课本，高声引领学生们诵读，听粉笔在黑板上发出的吱吱声，是一件十分快活、潇洒的事情。

对我的法学教学生涯而言，我的第一堂法学课程是在我的母校——西南政法学院，讲授的是一门选修课“苏联东欧民事诉讼”，授课的对象是民事诉讼法专业的研究生班。这是一种特殊的历史现象，硕士研究生毕业后即给研究生讲课。因为当时教师资源十分匮乏，尤其是具有研究生学历的教师人数就更少。

选择讲授“苏联东欧民事诉讼”,并不是因为我的外语是俄语,虽然在研究生期间学过俄语,但毕业时已经基本还给老师了。讲授这门课是因为当时苏联民事诉讼法理论在我国还很有影响,民事诉讼法学界的天王级学者,西南政法的常怡教授又是留学于苏联的副博士(在重庆潮湿寒冷的冬季,常怡老师喜欢穿着翻领的裘皮大衣,脖子上围一条那时还不知叫“格百丽”花色的羊毛围巾,头戴褐色裘皮帽,俨然是来自更加寒冷的莫斯科的学者,很有范),西南政法诉讼法教研室还拥有相当数量的有关苏联东欧民事诉讼法理论的书籍。这些外在因素使得西南政法大学诉讼教研室民事诉讼法教研组对苏联东欧民事诉讼理论格外重视。加之,本科民事诉讼法的课程已经有中青年老师在讲授,师资方面并不缺少人手。所以,我就自然而然地承担起了“苏联东欧民事诉讼”这门课程。我的计划是待以后积累更多之时再开设“日本民事诉讼法”,也可以开设“比较民事诉讼法”,在教学上,不可谓没有“野心”。

备课也是一种学习。通过认真备课,我对以苏联为代表的民事诉讼理论以及其他基础法律理论有了新的认识和理解。手头恰好有一本“文化大革命”期间出版的所谓批判参考书——《苏联资本主义复辟》,该书对我初步认识苏联社会有很大的帮助(书中所批判的,恰恰是改革开放之处我国所做的)。苏联民事诉讼理论中所渲染的阶级性、政治性是如此的鲜明,突出了对西方民事诉讼法、制度和理论的批判性,几乎可以说这些民事诉讼理论就是为批判西方理论和制度而生,有一种强烈的、令人眩晕的紫色。

当然,在血脉贲张的批判之外,我们也可以了解到传统西方的民事诉讼理论,从而知晓现在我们所知理论的渊源,尽管这种了解需要揭开批判的外衣和面纱。相信现在再也没有人讲授苏联民事诉讼理论了,但讲授苏联东欧民事诉讼的经历对我以后的民事诉讼研究有很大的影响,使得我能够更深刻地认识我国民事诉讼的体制,因为我们的体制中流淌着同样的血液,亦有着同样的精神,现在,依然残留在其中,虽然在减少或淡化。有意思的是,苏联的民事诉讼理论以后又成了我国民事诉讼理论发展批判的对象,的确显现了不可抗逆的否定之否定的法则。现在我们的理论依然在不断摆脱苏联法律理论——无论是实体法，还是程序法的后遗症，尤其是理论中严重的“政治感染症”。

我的第一堂课是新鲜的，兴奋的。但实在地讲，我并不像许多第一次上台的青年教师那样紧张和青涩，因为这之前已有过多次面对大众讲演的经历——研究生期间曾经参加过共青团重庆市委组织的法治巡回演讲团（同团演出的是以后成为著名相声演员姜昆弟子的邓小林、白桦），本科期间参加过讲演比赛，做过模拟法庭的审判长，下乡期间担任过故事员。因此，将我要表达的意思说清楚是没有问题的。兴奋之处在于，这是我的大学教书生涯的开端，就此迈开了我以后数十年专业教学长征的第一步。

九月，山城秋老虎的余威尚在。我穿着咖啡色翻领短袖衬衫，桌上放着手写的讲稿，面对十几个民事诉讼法专业的研究生，在摇头电扇的微风吹拂中，开始了我的第一堂课。从此，也掀开了我人生新的一页！

雕刻时光

——给法学院新生的一封信*

消极学习是任何一个人都会存在的问题，这是人的惰性使然。

亲爱的同学们：

作为一位经历过法学本科阶段的“老同学”，非常理解你们此时的心境——一种对大学和法学的好奇——你们现在已经不再满足欣赏大学校园美丽的景色，在清华二校门照相留念，将照片发回家中，怀着好奇的心情穿梭在教学大楼之间，徜徉于林荫小道，你们更想知道大学的教授们将传授给你们什么样的东西——一种笼统称为“知识”的东西。我们会追问：自己作为一名将大学作为人生最重要跳板的大学生，应该如何以最美好的青春“雕刻”大学的时光。

作为刚进入法学院的学生，也许最期望的就是使自己能够成为在法庭上风光无限的律师、法官、检察官；作为老师，我们也同样企望你们能够成为优秀的法律职业工作者。大学法学专业的学习就是一种最基本的法律思维的训练过程。通过几年的专业学习，法学院的大学生们要培养出一种习惯性的法律思维，能够敏锐地发现纷繁复杂的社会现象中的法律问题，在杂乱无章中理出头绪和线索，能够准确地对法律关系予以定性，从各方不同的言说中找出真实的存在，在法律的海洋之中，正确找到应当适用的法律条文，对法律的适用和理解不差分毫。

---

* 每年都有新生入校，院里也最会安排老师讲上几句，主要是如何学习。作为法学院的“资深”教师，我也有机会上去讲一讲。这篇短文就是根据我的发言事后整理加工的稿子，说的都是实在话。

然而,进入大学法学院并不等于乘了成就为一名优秀法律人才的“直达列车”,以我的体会,在大学期间,我们需要处理好以下几个问题。

一、专业与外语:矛盾中求均衡

作为法学专业的学生,专业课程的学习当然是最为重要的,学好专业课无疑是最为重要的。但对于中国人而言,欲彻底掌握外语除了少数语言天赋很高的人外,大多数人需要花费相当多的时间和精力才能掌握,这就导致了外语学习与专业课学习之间的矛盾。这一矛盾主要体现在如何分配业余时间的问题,相当多的学生为此而苦恼。的确,在大学学习中,这一矛盾是一对基本矛盾。处理这一矛盾并没有一个划一的标准或比例,例如,外语学习应当占多少时间,专业课的学习应当占多少时间。要根据自己的情况去把握,对于那些有志于出国深造以及期望考研究生的同学而言自然要在外语学习方面付出更多。外语学习是一种基本技能的训练,每天必练,持之以恒。

二、方法得当,事半功倍

法学专业课的学习与其他理工科的学习,也与其他人文学科不同,相对而言,法学专业课的学习更需要同学们理解和运用法学知识,把握内在联系。以我的经验,以为应当注意以下几点:(1)把握基本概念和基本结构,注意基本概念、基本制度的相互关系,无需死记硬背教科书和法条的内容。(2)法学专业课的特点是除了少数基础学科外,大多数课程的学习都离不开相应的法律,因此学习中一定要结合法律文本和相应的司法解释,不可仅仅依赖教科书。(3)法学又是一门实践性、运用性很强的学科,因此学习中应当主要结合实际案例进行学习,注重案例分析,在案例分析中运用理论,适用法律,以锻炼自己解析案例的能力。以下三本书是每一位同学必备之宝典——法律文本、案例集、教科书。

三、主动出击,制胜法宝

消极学习是任何一个人都会存在的问题,这是人的惰性使然。我们容易消极地对待各门课程,尤其是自己不感兴趣的课程,仅仅是被动地接受教师在课堂上讲授的内容。消极学习的同学通常不会预习,也不会积极在课外扩展知识,这必然导致无法真正掌握该专业课的知识。没有预习就没有初步的感觉和认识,不能很好地与教师的讲授形成互动,不能很好理解教师提出的问题、对问题的分析。要做到积极地学习首先要注意克服“学分主义”的观念,如果一切学分和考试出发,必然在学习和获取知识方面造成一道“傻瓜的围墙”(日本学者养老孟司指出:对自己不想知道的事情,他们不会积极地发现,会主动地阻断信息,这就形成一堵墙,一道“傻瓜的围墙”。[①]),阻断对专业知识的掌握,也阻碍积极扩展专业知识面。

四、面对书海,我们如何选择

进入大学,也就进入了书的海洋,这不仅是指大学图书馆为我们提供了大量的图书,还指我们必须面对像大海一样的书籍,尤其是法学,更需要面对大量的人文类书籍。我们可以将大学里需要读的书分为三大类:教材、教学参考书和课外其他书籍。

教材当然是学生的必读书,需要结合课堂教学内容反复读(遗憾的是多数学生的做法是平时不读——这与教材写得不好也有关,考试前“临阵磨枪”)。专业参考书是为了进一步扩大学生专业知识面。大学的教师不可能开出一张长长地适用于所有同学的书单,因为每一个同学的情况不一样,学习的重点和学习的方法也不一样。因此,大学的教师只是像自助餐一样,仅提供一些参考书目,供大家自由选择。正是这些大量的参考书使同学们可能有些为难,由于提供参考书目的教师总是会不可避免地从自己专业的角度考虑参考书,因此参考书数量比实际能够阅读的量要大得多。因此只能有选择地阅读。实际上只有极少数的书才需要精读,许多书只需要一般性泛读、有重点地选读。大学学习依然是打基础,因此阅读面也不能过于宽泛,除了教材和专业参考书外,作为法学专业的学生,需要阅读诸如具有基

① 养老孟司:《傻瓜的围墙》,天津人民出版社2004年版,第3页。

础性的哲学、经济学、社会学、伦理学、政治学等方面的书籍。因为法学本身就与这些学科密切相关。当然也要注意如何读书的问题，大学者英国哲学家洛克指出，如果读书的人"只会按照他读过的书来思考和谈话，这样不会获得任何知识"。这种"读书多的人博学，但可能无知"。[①] 读书惟一正确的方法是思考，洛克指出，"只有思考才能把我们阅读的材料变成我们自己知识。我们属于沉思的一类人，因而死记硬背许多收集起来的东西是不够的"。"人们认为无所不读的人也是无所不知，但是事实并非如此。"[②]

五、同窗交流，益胜于师

同学们常常有这样的误解，进入大学就是从老师那里获得知识，实际上在大学里有相当多的知识是从同学们那里获得的。正如，诺贝尔经济学奖获得者乔治·施蒂格勒在其自传中所说，"我相信一个人在大学所学到的一半知识是来自同窗"。[③]（乔治还说过这样一句话：如果那所学校没有好的老师却能够招收到好的学生，那就可以很经济地办好一所大学。）乔治·施蒂格勒的同事——另一位诺贝尔经济学奖获得者米尔顿·弗里德曼也说："正像我自己还是学生时代就认识到的，学生更多的是互相学习，这比从教授那里学到的更多。"[④]因为交流、讨论、切磋不仅有助于我们理解知识，还会产生新的知识。向你的同学提出各种各样的问题，不仅使你的知识有所增长，也会促进你的同学的知识的增长，是一种双赢的行为。罗曼·罗兰也曾说过，他在巴黎高等师范学院学习的三年中与同学交流所获得的东西比从老师和课本上所获得要多。[⑤] 讨论是交流的一种重要方式，通过讨论不仅可

---

① [英]约翰·洛克：《漫谈绅士的阅读与学习》，载约翰·洛克：《理解能力指导散论》，吴棠译，人民教育出版社2005年版，第97页。

② [英]约翰·洛克：《理解能力指导散论》，吴棠译，人民教育出版社2005年版，第42页。

③ [美]乔治·施蒂格勒：《乔治·施蒂格勒回忆录》，李淑萍译，中信出版社2006年版，第14页。

④ [美]米尔顿·弗里德曼、罗斯·弗里德曼：《两个幸运的人：弗里德曼回忆录》，韩莉等译，中信出版社2003年版，第278页。

⑤ 刘葛西：《罗曼·罗兰传》，中国广播电视出版社2003年版，第52页。

以加深对知识的理解,有助于问题的化解,同时也会练就好的口才,雄辩的口才是法律人才所必备的才能。

六、坚持自学,成功的秘诀

同学们也许会认为,在大学的课堂里我们就能够学到所需要的全部知识,实际上并非如此,大学教师在课堂上所传授的知识往往只是教科书中内容的三分之一甚至更少。更多的知识需要学生们在课堂以外通过自学获得。大学教师在课堂的时间里所教授的往往是重点、难点、疑点,也许有些教授热衷于讲授自己感兴趣的内容或者前沿的研究话题。我们应当注意教师教授给我们的方法和对学科知识的指导,我们需要学习教师们的分析方法,根据他们所教授的重点和提纲系统地学习。在自学中应当注意扩展自己的阅读面,通过课外的大量读物来加深对所学知识的理解。我们需要自己去摸索解决问题的路径,要改变所有问题都应当请教大学教师的传统观念,因为其一,教师不是全知全能的;其二,越是名牌教授可能你越难见到;其三,自己开创的路,自己记得最清楚。千万不要问:老师我应该研究什么问题?这个问题怎么解决?我们应当作一个"把信送给加西亚"的人。

七、迎着老师尖锐的目光

要想获取更多的知识,必须开放,必须使自己处于一种开放的姿态。千万不要胆怯和害羞,大胆提问,敢于发言,问题没有幼稚和愚蠢,敢于提出问题,善于提出问题,往往在你提出问题时,问题已经得到解决或者已经解决一半。许多新生在课堂上总是把自己置身于教室的角落之中,似乎隐藏得越深越好,不要主动提出问题,或主动表达自己的观点,老师提问时,总是尽量避开老师搜索的眼光。这种做法就是把自己封闭起来,将自己"知识仓库"的大门紧紧关闭。我们应当迎着老师的眼光,尽管这种眼光通常是尖锐和挑剔的,要敢于接受任何挑战,敢于在众目睽睽之下阐述自己的观点和立场,甚至敢于与老师进行"较量"。一开始,你也许会感到你的心怦怦直跳,脸红一直到耳根,眼神左顾右盼,呼吸紧张,声带发紧,发言走调,但数次之后，这种“症状”就会逐渐消失，你会为自己流畅的表达、犀利的分析、新颖的观点而感到自豪，收获的是同学们羡慕的眼神。我们要知道，教室就是法庭，就是你展现才华的练习场，我们绝不可以想象，在没有任何艰苦磨炼之后，就成为反应敏捷、口若利剑的辩才。

八、别让笔头停下来

笔要始终在手，随时记当然是重要的，俗话说，“好记性不如烂笔头”。我这里所说的不让笔头停下来，是指经常练笔，在书写中理解知识，书写中提高驾驭文字的能力。我们往往习惯于看书，重在通过书本获取知识，以为只要知道书中的知识，就一定能掌握知识。其实不然，除了看书学习知识以外，还需要通过多种方式将书本上的知识转化我们身体的“一部分”，练笔就是其中一种很好的方法。练笔不仅可以锻炼你的文字表达能力，提高对文字的驾驭能力，最重要的是，通过动笔可以将你所学习的知识用自己的语言表达出来，能够用自己的文字语言表达、传递的知识就已经成为自己的知识，否则就有可能依然是外在的知识。读书笔记、理论体会、书评、对社会现象的分析、案例分析、小论文等，我们都可以随机而做。在没有经过反复的锻炼之前，我们写文章实际上使用的是别人的语言，只有经过反复锻炼之后，我们才能用自己的语言表达自己的观点和思想。关于这一点，当你写成第一篇文章之后就知道了。

以上为我个人的体会而已，仅供参考。

在此信结束之际，我想借一首曾经十分流行的歌词作为结束语——“不经历风雨，怎么见彩虹？没有人能随随便便成功”。在大学校园里，我们同样会经历各种“风雨”，经受各种考验。祝同学们能经受住风雨，将自己锤炼成真心英雄。

此致

敬礼！

学什么最好？

学什么最好，既可以是学什么最容易找到工作？也可以是学什么最容易取得学位？还可以是学什么最具有实用性？甚至包括学什么最有意思？

当下的中国，就业的压力越来越大，本科毕业已经很难找到较好的工作，提高学位等级是提高就业竞争力的有效途径和方法之一。对于法学院的学生，考法学硕士研究生就是这样的一种选择。由于本科教育的目的是培养具有法律基本知识的通才，因此没有专业的分界，而法学硕士有所不同，目的在于培养在某一个特定专业方向上有专攻的专门研究型人才。原本对于法律实务而言，其实并没有必要攻读以培养研究型人才为目的的法学研究生，本科毕业就足够了，法律实务关键在于经验的积累，但基于提高学历和学位的需要而别无选择。法律硕士的报考条件要求报考人本科不是学习法律的。正因为法学硕士有专业的划分，这就涉及专业的选择问题。专业的存在也必然会引导那些想考法学硕士的学生在本科时期对学习方向的选择。于是老师也就常常面临着这样的问题：学什么最好？

在本科生的意识中老师能够回答这一问题，尤其是在低年级学生的意识中，并不太在乎老师本人的专业所在。大多数老师总是希望学生能够学习自己所从事的专业，希望自己这一专业后继有人，且不断发扬光大。尽管也有老师后悔自己的选择，但已经走上这条路，不可能回头，就要继续走下去，而且不希望前行中只有自己孤独的身影。在这种情况下，老师的回答就比较有“艺术”了。有的老师比较“道德”地指出，“学什么，选什么专业，关键看你的兴趣所在”，再补上一句名言——“兴趣是最好的老师”。有的老师则直接“诱导”学生选择老师自己所从事的专业，指出该专业的优势所在，如何有意思，有前景，要拉学生“下水”。很少有老师向学生指明，哪一个专业最好，而自己所从事的专业不好，因为在专业被学生轻视的同时，从事该专业的老师也容易被学生所轻视，这是该专业老师所不愿意看到的结果。一般而言，法律硕士没有专业方向，因此报考法律硕士之前没有学生提出“学什么最好”的问题，但在写毕业论文时，学生们会提出“写什么方向的论文最好？”这样的问题。毕业论文与就业有一定的联系，问题就转化为“写什么方向的论文最有利于就业”。这与想攻读法学硕士的学生提出的“学什么最好”实质上是类似的问题。不同之处在于，法学硕士专业的选择不仅是考虑就业难易和收入高低的问题，有的还要考虑能否满足自己志向的问题，有些学生自认为自己并不从俗。

学什么最好，这样的问题实际上包含着不同提问者自己的价值取向。学什么最好，既可以是学什么最容易找到工作？也可以是学什么最容易取得学位？还可以是学什么最具有实用性？甚至包括学什么最有意思？因为找工作实际上是生存问题，以及如何生存的问题。这无疑是最重要的问题，也是学生们必须考虑的问题，如此，学什么最好的问题，就是追问学什么容易找工作，以及学什么会过得更好的问题。过得好坏的一个评价包括了物质和精神两个方面，物质方面自然是挣钱的多少，精神方面应当是既能挣钱又感觉很舒服。显然挣钱多少是主要的标准，钱的多少又会对一个人主观感觉产生影响。

学什么最好？这不是能够简单回答的问题。如果一定要简单回答的话，一般而言，我的回答是学习民商法最好。为什么？为什么不是我研究的专业——民事诉讼法呢？

民商法最好是基于以下理由：

因为民商法涵盖的社会面最广。民法和商法几乎涵盖了所有经济领域，而法律所调整的社会关系主要是经济关系。如此广泛的社会涵盖，也就决定了学生毕业后就业面的广泛性。涉及了法院、检察院及其他涉及经济管理职能的国家机构、公司、企业、律师事务所等部门。作为公法的行政法虽然涵盖面也很广,几乎所有的主体都会与行政机关打交道,但大部分商业组织和团体并不需要专门应对行政机关的专业法律人才,这与行政运作的非平等性有关。法律人才主要是在平等的社会关系中才能发挥作用。从经济学的角度来看,正因为如此,民商法领域才能容纳最多的法律人才,更多的法律人能够靠它谋生。

作为程序法的民事诉讼法虽然也很重要,但毕竟适用概率和适用面都很有限。一个人也许一辈子也不会打官司,但却一定会涉及民事法律关系。而且,民商法作为实体法在受大陆法传统影响很深的中国,在实际中远重于程序法,重实体轻程序既是现实也是必然。英美法中程序法更重要,除了法系的特点外,作为课程的设置,英美法中程序法课程包含了大量的实体内容,而不是像大陆法系的法学教育体制那样作为一门课程和专业,程序法与实体法都是相当单纯的。

正是基于这些原因,所以几乎所有的法学院校都将民商法作为主要发展和扩展的专业。在民商法专业领域中教师和研究人员也最多,这与市场的需求也是一致的。也正是由于民商法专业离"钱"最近,因此成为"最值钱"的专业。由于民事程序法与民商法的"表兄"关系,学习民事程序法的学生也要学习民商法,这种沾亲带故的原因使得民事诉讼程序法这一专业虽然不如民商法那么"值钱",但不至于排在最不值钱的专业当中。应当承认,由于民商法专业的"经济价值",因此在"经济价值"明晰之后,最优秀的学生会被民商法专业所吸收,个别情形除外。民商法研究领域中也最容易集中优秀人才,这一点不承认是不行的。不过按照经济学收入自然平衡论的观点,从长期来看,民商法专业的价值会因为从业人数的增加而不断降低。因为赚钱多,机会多,也就导致其他人的不断涌入,新进入的人会使整体的平均收入减少。但如果经济继续发展的话,民商法方面的人才需求也会随之增长,收入也不会减低。

由于专业选择与市场需求有关,因此也就同样反映着竞争关系。从就业的角度看,大量的本科生会选择民商法专业,使得民商法人气最旺,但竞争也会变得更加激烈。在这种情况下,学什么最好的答案就变得复杂了,好与不好就不是绝对的了。为了避开激烈竞争,就要考虑选择的策略问题。虽然我们在原则上讲,真正有实力的人应该参与最激烈的竞争,但因为一个专业在一定时间内其容量总是固定不变的,因此,即使是有实力的学生也难免在激烈的竞争中被淘汰,这里存在一个选择的风险问题。尽管有的专业不那么有人气,即所谓冷门专业,但物以稀为贵,在这些专业中,人才价值也会相对较高。而且有的专业具有很高的"社会显现度",选择这样的专业有可能有很好的发展前景,也可以说有发展潜力,如刑法专业。刑法专业在就业面方面显然比较窄,通常只在律师、法院、检察院、公安圈子内,公司、企业一般不会考虑这类人才,而后者对于人才需求量比前者要大得多。但刑法专业是一个社会显现度或显示度很高的专业。有人考察过,在法院的院长和常务副院长中,从事刑事工作的占绝大多数。这与中国的国情有关。刑事法与政治具有更为密切的关系,政治在中国始终是放在第一位的。

相比而言,民事案件的社会影响度远远不如刑事案件,这在任何一个国家都是如此。在美国,真正有名的大律师主要还是从事刑事辩护的大律师。哪一个民事案件的社会影响能够与辛普森这样的"世纪大案"相比,即使是民事诉讼中有几千人的集团诉讼。生命和自由对于人毕竟是最重要的。余树斌案、黄静案、高莺莺案,哪一个不是轰动社会的案件。刑事案件的律师总是比民事案件的律师更有知名度,更有社会影响力。社会所认可的大律师绝大多数还在刑事方面,田文昌大律师就是例证。就业选择必须要考虑时间向度,即考虑今后的可发展性。这种可发展性既包括经济方面,也要考虑社会地位方面。作为理性人,人们总是要考虑回报率的,精神方面的回报也是应当考虑的一个重要因素。一种说法是刑事律师可能没有多少钱,但却可能非常有名(名气能否转换为经济效益是另一回事)。

现在许多较大的法学院主要突出两个专业或方向,一个是民商法专业,另一个是法理学专业。除个别院校外,尤其在新成立的法学院(新的法学院大都只突出一个专业——民商法专业),其他专业成了"二等专业"。法理学这一专业,一般地讲,由于其侧重于理论研究,与实务相距比较远,从就业方面来讲并不具有优势,但作为法学的基础学科,其基础性和理论性又决定了这一学科在学术研究和社会影响方面高于其他学科。据法律出版社的统计,两类书最为畅销:法理学和民商法。民商法的书好销与前面我们谈到的因素直接关联。从这个角度也印证了民商法专业的高人气指数。法理学的基础性地位决定了所有其他法学专业都必须学习法理,而且需要法理学的知识提升本学科知识的深度和厚度。在学科当中最有影响的学科无疑是法理学,只有在法理学这一学科中才能出现领袖级学术人物,其他学科不能。其他学科能够出大家、泰斗,但不大可能成为整个法学界的学术领袖和旗手,这是由其专业的地位所决定的。学术领袖要求在最基础性的问题上回答最基本的问题,而不是回答非常技术性的问题。基础性问题才是学科的基本问题,只有在基本问题的解答方面具有权威性才能成为领袖级的人物。在法学界,有的认为民法学容易成为“帝国主义”,实际上最容易成为“帝国主义”的是法理学。所以一个法学院要成为一流的法学院就必须要在法理学方面具有扛大旗的人物。其他专业的人物是“大将”,但不可能成为“元帅”。法理学很容易与经济学、哲学、伦理学、心理学、社会学这些人文方面的基础学科挂钩,因而更有社会影响力。法理学无疑是显学。不过这一学科的风险在于,学科的基础性使得这一学科的研究很难有所作为,不像技术性很强的部门法。这一点大概与数学、物理学和理论化学这些基础性学科一样,研究一辈子也难有所作为,也因此社会不会给予高的报酬,收入总是不高。但相应的,一旦有所成就,将是社会瞩目的大成就,风险与成就是相等的,上帝是公平的。

给考博同学的一封信

有好的身体,就有了改变一切的条件。

按:每年都有一些人向我打听读博的事情。问题很多,如什么样的人才能读博?什么样的人才能考上博士生?您希望录取的博士生是什么样的人?我的这种情形和条件可能读博吗?如此等等。为了回答这些问题,于是写就了这一封信,以便提高效率。当然,这仅仅我个人的看法,依据的是我个人的情形,其他博士生导师也许就完全不一样。例如,有的博导希望为国家多培养一些管理型人才,成就更多的高官或政治家,如此才会对社会发挥更大的作用,于己、于社会都有好处。

同学(同志):你好!

1. 就我来看,法学博士主要是为了培养法学方面的研究人才,也应该是如此。尽管读博士可以提高就业的竞争力,读完博士后也可以不从事法学研究,但这样一来就占据了宝贵的法学人才培养的资源。我每年仅招收一名博士研究生,因此我需要更慎重地考虑博士资源的稀缺性。而且由于清华法学院是一个很好的平台,因此也就更显现了这一资源的珍贵。当然,为了应对这种通过读博提高就业和事业竞争力的社会需求,可考虑设置类似于法律硕士那样的,仅仅为提高素质的法律博士。

2. 读博士是为了今后从事法学研究,因此今后的出路和职业就只能是做教师,最终成为一名法学教授。然而,你愿意当一名教师吗?你觉得你适合做一名教师吗?

3. 在大学里做一名教师,即使是法学教授,除了极少部分人以外,收入并不高,顶多也只能是中产阶级,在一些地方院校可能就是个“伪中产阶级”。一个做研究的人不可能成为十分有钱的人,在这方面,教授是不能与从事律师业务的律师相比的,尤其是非讼律师。要知道我们学习的目的首先是解决生存的问题,然后考虑如何生活得更为幸福。而对幸福生活,每一个人有自己的理解。对一些人而言做一名教授也许是幸福,过程也是幸福的,但其他人可能是完全相反的理解。知识分子更多的是一种贵族式的社会存在。

4. 要从事法学研究,就要求很好的外语基础,没有好的外语基础,今后很难有所发展。在这方面你需要评估一下你的外语能力和对外语的感觉——你对外语是否有一种排斥感?外语的接受能力如何?如果觉得外语学习是一种痛苦(当然痛苦也有一个程度问题),则要考虑方向的选择问题。

5. 从事法学研究需要有很好的抽象思维能力,你可以自我评估一下你在这方面的能力如何。是否擅长于理论问题的思考?是否喜欢理论问题?读哲学方面的书是否有一种拒斥感?是否存有一种追问问题的好奇性?

6. 从事研究需要有好的文字表达能力,你在这方面如何呢?平时写东西吗?愿意写东西吗?对于自己写的东西,自己是否欣赏呢?曾经写过什么理论方面的东西吗?如果考博之前没有这方面足够的锻炼,即使考上博士也是很痛苦的,抄袭他人的文章和观点将是更为痛苦的事情,而且有可能是将来更大的痛,并可能导致难以想象的严重后果。

7. 教学和研究都需要大量读书。你愿意读书吗?有兴趣读专业以外的书吗?对经济学、社会学、心理学、哲学、政治学方面的书有排斥感吗?这些学科与法学有天然的联系。每一个人不会认为自己是不愿意读书的,但的确不是每一个人都实际愿意把时间花在读书上,是否愿意且喜欢读书有先天的因素。

8. 当教师,口头表达也十分重要,尽管有不少教师的口头表达不怎么样,但要做一个好的老师,并且在同行竞争中处于优势,很好的口头表达很要紧。虽然口头表达可以后天锻炼,但这需要比别人花费更多力气。你对自己的口头表达可以做一个评估。

9. 最后,也是最重要的,就是身体状况,所有的竞争说到底都是体力的竞争,没有一个好的身体,是无法在学术研究方面进行竞争的。有好的身体,就有了改变一切的条件。对此我有深刻的体会。

2007 年 10 月 13 日

老师，您讲的根本没用！

对此，我必须同意他的结论。因为，我讲的一切都建立在法治的基础之上。作为法学教授，不，所有知识分子的尊严也都建立在法治之上。

"老师，您讲的根本没用！"

作为一名老师，一位大学教授，一个自认为在知识殿堂传授法律知识、答疑解惑的智者，在刚刚进行了一大通缜密分析、严谨推理之后，突然面对学生这样的否定性论断，无疑有如一声晴天炸雷，在耳畔轰鸣。我突然感到，一股热血直往脑门上冲，脸色也变得铁青，掌心渗出了冷汗。形象高大的智者如同泥塑沙雕一般，瞬间轰然坍塌倒地。

为何会发出这样的论断？犹如后现代话语。很少有学生当着老师的面，直接否定老师所言根本没用。"有用或没用"这两种肯定或否定的结论，必须有特定的语境。"有用"可能是指老师所讲的内容对考试、考察有用，也可能是指对实务运用、对解决问题有用，也有可能对理论研究有用，"有用"与讲授者和接受者的主观判断和客观效果有关。"没用"这一否定性判断也同样可以如此思考。实在地说，我们有些科目对学习者个体而言的确没有用，但对于设置该科目的人而言，基于某种意识形态传承又是非常必要的。

"老师，您讲的根本没用！"是在什么样的语境下说出的呢？

在清华法学院，我给研究生，主要是法律硕士研究生开了一门课——《民事诉讼案例分析》，目的在于培养学生分析和解决法律实务问题的实际能力，将抽象的制度规定和理论原理运用到具体案例之中。我自认为该课有其特色，虽然对老师自身的研究没有多大的帮助。这一门课运用了大量实例，其中包括了各种法律文书，起诉状、答辩状、诉讼保全申请书、各种裁定书、上诉状、上诉答辩状、一审判决书、二审判决书、再审申请书、再审判决书、检察院的抗诉书以及证据清单等。在案例分析中，学生们须对各种法律文书进行分析，指出该法律文书的长处与不足，如何概括当事人及律师的基本观点，分析律师的基本思路和策略等。其中一个训练是要求学生从若干万字的案例资料中以最精练、准确的语言概括出案件的实质问题等。而且，这些案例既涉及诉讼程序问题，也涉及实体问题；既有可能涉及民法、商法、民事诉讼法，也可能涉及行政法、刑法、刑事诉讼法，具有综合性，对学生的综合分析判断能力的提高，我认为是非常有用的，无论对从事诉讼还是非讼实务都是有用的。

然而，这一同学为什么会突然说出这样的话呢？

今天，分析的案例是一起在当时颇有影响的质量纠纷案——三菱汽车损害赔偿案。在课堂上，我让同学们对案件中的起诉状、上诉状、代理词、法院的一审、二审判决书进行了分析，要求同学们从诉讼法理和实体法理上对这些法律文书进行评价。按照惯例，我对同学们的分析和评价进行点评。点评完以后，通常会给同学再提问的机会。此时，一位同学站起来，看得出来这是一个有个性的学生，小平头，身着花花公子 T 恤衫，身体有些斜，一只手撑着桌子边。大声且急促地说，“老师，您讲的根本没有用！”一幅“后现代”的模样。看到我脸色瞬间变化，这位同学赶紧改口，“我的意思是，实践中没有用”。

对于我发出的“为什么”，这位同学回答道，在实践中根本无需这样认真的分析，更无需法理分析，其实就是领导说怎样办就怎样办，缜密的诉讼法理和实体法理都没有用。在本案件中，二审法院否定了一审法院的判决。我指出二审法院的判决在证据法的法理分析方面存在问题。学生指出，在实践中，对于程序法理的考虑完全是次要的，也没有必要，实践中没有多少法官会考虑程序的正当性。在实体法方面，现在主要是调解，也同样无需多少实体法理，无需通过法理厘清权利义务，这些是规范判决所必须的，在我国的现实中是没有意义的。

说这话的同学也感觉此话有些不严密，补充说，“不是根本没有用，是在有些时候没有用，或者说多数情形下没有用，这是现实”。“老师，您不了解现实情况。现在的法院院长、‘一把手’有几个是法律科班出身？法院院长关心的是政治，是权力关系。法院院长完全可以对法官办案随时进行干预，只要他愿意。要说适用法律，运用法理，您就按照上面的结论去找就是了，一句话，人是活的。法律也是为人服务的，法律也是人制定的，不要为程序所束缚，这是我们实习的时候，庭长、法官经常告诫我们的。他们有的是科班出身，有的是复转军人。”

面对这样的回答，我还是向同学指出，虽然有这样的现实存在，但并非每一个案件都是如此，作为一名法律人，我们必须忠诚于法律，坚持程序正义和实体正义，适用法律必须坚持科学的法理，否则就谈不上公正司法。

“老师，这个我也知道，但如果不是法治社会，不坚信法治，所有的法理都是没用的”。这位同学依然说得十分肯定。“现实是我们真的相信法治吗？我们愿意实行真正的法治吗？”同学的追问如同大锤在敲打着我们每一个人的头颅。

对此，我必须同意他的结论。因为，我讲的一切都建立在法治的基础之上。法学教授，不，所有知识分子的尊严也都建立在法治之上。然而，似乎我们开始忘记几十年前给我们带来的伤痛，尽管小平曾指出：“还是法治靠得住。”

对他的疑问，我无法回答。因为这也是我的疑问。

“五位一体”实践性教学法初探

——对法学教学改革的思考

一

按照一般的理论,法学属于人文科学的一部分,因此,法学教学与其他人文科学存在着某些共同之处。但法学教育又与其他人文学科不同,具有其自身的特点和规律,在法学教学的方式和方法上,也就区别于其他人文学科。法学教育的目的主要在于培养具有法学基础知识和从事司法实务的专门型人才,这就要求在整个大学法学教育过程中,必须贯彻培养和训练不仅具有法学理论还具有从事司法实务基本技能的教学思想。反思我国长期以来的法学教育,尤其是综合性大学的法学院系由于受大陆法系传统教育模式的影响,偏重于对法学理论、法律概念和法律条文的解析,看重学生对理论体系的把握和了解,而轻视了对学生司法实务操作能力的培养。这种法学教育模式实际上主要是以培养法学研究人才为目的,这种结果必然导致大量法学院系的毕业生进入法律实务界以后难以胜任和适应具体的法律实务,使学生的能力与社会的实际要求具有一定的差距。

我国法学人才的培养模式与许多国家不同。大陆法系国家法学实务人才的培养实际上分为两个阶段:第一个阶段注重法学知识的学习,第二个阶段则是在毕业以后进入专门的培训机构进行实务操作能力的培训,日本就是如此。而在英美法系国家,各大学法学院则主要以培养学生的实际操作能力为基本目标,因而在法学教育过程中注重培养学生分析案例的能力,在教学过程中大量使用案例教学法。从我国法律人才的需求情况看,在相当长的一段时期内,我国将需要大量的法律人才,这些法律人才当中绝大部分将会从事法律实务和其他实务工作。从事法学研究的只是极少一部分人,而这一部分还将通过硕士和博士研究生阶段的学习，才能打下理论研究的基础。而且只有通过实践性的教学手段，而不是从理论到理论才能真正理解法律的精神实质，灵活地运用法律。因此，法学院对本科学生（含双学士，法律硕士）应该以培养其法律实务操作能力为主要目的。基于这一基本定位，法学教学的方式和手段也应当有所改革，应与我们的人才培养要求相一致。

通过一段时期的教学改革探索，我们认为在法学院系中推行“五位一体”实践性教学法，对于培养具有理论联系实际，初步具备司法实务操作能力的法律人才是很有必要的。所谓“五位一体”实践性教学法是指，在法学教学过程中实施案例教学、案例分析、审判观摩、摩拟审判、法律实习五种各自相对独立，又有机结合的一体化的教学方法。由于这种教学方法紧扣法律实务，具有很强的实践性，所以我们把它称为“五位一体”实践性教学法。从试行的情况来看，这种教学法符合法学教学的客观规律。

二

案例教学法是法律院校经常使用的一种教学手段，在主要以培养法律实务人才的英美国家则是一种最主要的教学手段。案例教学法是由主讲教师根据教学进度和需要，适时提出精选案例，通过对个案的剖析，阐述个案分析的基本法理和要点，实现从具体到一般的抽象过程。这种教学方式的最大特点是能够将直接的抽象理论与具体的案例结合起来，使学生们能够体会到抽象理论的实际运用，掌握抽象理论的实际运用方法，使理论知识的灌输具有生动性和形象化特征，摆脱了传统的概念教学的模式。这种教学方式对主讲教师提出了更高的要求。要求教师要善于关注司法实务，收集典型案例，在众多的案例当中精选适合专业课程教学的典型案例。一般来讲，原始的案例材料不能直接用于案例教学，因为原始案例材料的内容太多，学生们要读完这些材料将耗费太多的时间。因此，要求教师对案例的原始材料进行适当的加工整理，使案例的整个脉络清晰，争议焦点突出，能有较强的针对性，案例问题设置妥当。

案例分析作为一种教学手段与“案例教学”有所不同，但两者之间有密切的联系。案例教学的主体是教师,"案例分析"的主体则是学生。从广义上讲,"案例分析"也可纳入"案例教学"的范畴,但"案例分析"更多的是学生运用所学的理论对案例进行实际分析,"案例教学"则是由教师来阐释理论。它与"案例教学"从某种意义上讲是一种反程序的学习方式,目的在于进一步强化学生运用抽象理论解决实际问题的能力,因此"案例教学"与"案例分析"是互相配合的。"案例分析"同样要求教师提供具有分析意义和价值的案例,以真实案例为宜。通过对案例分析,能够锻炼学生分析和解决实际问题的能力。"案例分析"既可以在课堂上进行,也可以在课下进行(以课外作业的形式);既可适用于实体法教学,也可适用于程序法教学。在学生对案例进行分析以后,通常要求教师对学生的案例分析进行点评,指出学生们在分析案例方面的错误和不足之处,阐释案例分析的正确方法,以及分析案例的基本要点。不管是"案例分析"还是"案例教学"都可以适当组织案例讨论激活学生们的思维,提高学生们分析问题的能力。

观摩审判是一种很重要的直观教学法,是让学生们直接观察实际的审判活动,感受实际审判活动的重要阶段。"案例分析"和"案例教学"通常只顾及司法活动的某一些主体,不能关照审判活动的所有主体行为,而且缺乏实景性,而"观摩审判"是把学生置于一种活生生的现实审判场景之中,既能观察法官的审判活动,也能观察到当事人、律师、证人以及刑事案件中公诉人等的诉讼行为,更具有立体性。"观摩审判"可以通过具体地观摩了解他人对具体法律的理解和运用,并与自己的理解和认识相对照,这样就更容易在实践活动中去理解法律和法学理论,使法律和法学理论变成活的法律和活的理论。"观摩审判"一般宜选在已经学过实体法或程序法之后,或在程序法学习过程中进行。选择适当的案件进行观摩是非常重要的。"观摩审判"既可以走出去,到法院去进行观摩,也可以请进来,在具有条件的法学院系进行。

摩拟审判作为实践性教学的一个重要环节,通常是在"观摩审判"以后进行。"观摩审判"主要是看他人如何进行审判和诉讼活动。但仅仅是观摩是不够的,必须要通过一种自身的摩拟才能更深刻地体会审判和诉讼活动的本质。一般可在学习期间举行两次,一次是刑事模拟审判,一次是民事模拟审。因为我国审判主要可分为三大类型:刑事审判、民事审判、行政审判。刑事审判、民事审判基本上可以概括审判的基本特点。刑事摩拟审判可以放在学习刑事实体法和程序法以后,民事模拟审则可以放在学习完民事实体法和民事程序法以后进行。"观摩审判"比"案例分析"和"案例教学"要复杂得多,它要求教师提供比较完整的案件资料,在比较详细地介绍案情以后将学生分组,确定学生各自所模拟的角色,如审判员、原告、被告、代理人、公诉人、证人等。"观摩审判"要求尽可能地按审判的实际程序和要求进行,在摩拟民事审判当中,要求要有规范的各种法律文书,而这些规范的法律文书都要求学生们亲自制做,教师在当中给予指导。"观摩审判"是一种互动的过程,当事人和法官要根据相对人的活动变化进行,采取相应的措施和对策,因此整个模拟活动具有随机性,而不是一个僵死的过程。学生们正是通过亲自制作各种法律文书,在法庭上陈述、反驳,来锻炼自己的实务操作能力,不仅提高了法律文书的写作能力,还锻炼了法律的辩才。更由于在这个模拟过程当中亲自体验了法律运用的过程,使学生具有强烈的亲历性。因此,"观摩审判"是"五位一体"实践性教学的重要组成部分。清华大学法学院的研究生、双学位班在学习民法、公司法、刑法、知识产权法的课程中均进行了模拟审判并取得很好的效果。同学们反映这种方法有助于他们理解法律的实际运用过程以及适用中的法律。

法律实习的基本特点是脱离校园,深入司法实际部门,通过在司法实际部门的实际锻炼,进一步强化实务操作能力,理解法律的实际运作。一般将"法律实习"放在高年级和临近毕业的时期,"法律实习"实际上也是一种走向法律实务的预习阶段。"法律实习"一般有两种形式:一种是团体性实习方式;一种是个人性实习方式。我们认为,为了更好地搞好"法律实习",真正起到"法律实习"的作用,建立固定的"法律实习"基地是比较理想的做法。"法律实习"基地可以是多样化的,既可以是律师事务所,也可以是法院、检察院。一般以法院、律师事务所为妥当,因为法院和律师事务所接触到的案件不仅限于刑事案件。从长远来看,法律实习应建立多个比较固定的"法律实习”基地。清华大学法学院现已在京外建立了两个比较固定的法律实习基地。

“法律实习”要想取得很好的效果,还要求学生实习所在的司法机关或律师事务所给予很好的配合。通常应当由有经验的实务工作者作为相对固定的指导教师,实习的学生与指导老师一起处理法律事务,如作为助手协助办理案件。学生在这一过程学习法律事务,初步了解和掌握某一方面的法律实务操作技术。

三

从上述我们归纳的“五位一体”实践性教学法来看,这种教学法看起来很美,但要实际加以运用,也还存在一些问题,需要在实践过程中逐步加以解决。实践性教学法的特点决定了它比其他教学法更耗费时间和精力,因为“实践性”更强调理论运用的过程性和主体参与的亲历性,实施过程常常是多个主体的互动过程。比如“案例教学”、“案例分析”都要求教师与学生、学生与学生之间要进行比较充分的交流。因此,如何分配一般教学和实践性教学的时间是一个值得研究的问题。我们现在的一个实际问题是学生的课程门类很多,而每门课的课时又并不太多,因此就造成实践性教学与其他教学时间上的紧张关系。这就要求教师要妥当地配置课堂教学的时间资源,“案例教学”“案例分析”的一些准备工作可由学生在课堂下进行。在课堂教学当中,不必讲究面面俱到,更应当讲解重点、难点、疑点问题,在“案例教学”和“案例分析”中适当把握控制学生的讨论时间。

“五位一体”实践性教学法比传统的课堂教学要求有更大的物质投入。因此,要想有效地运作“五位一体”实践性教学法,学校方面应该给予足够的支持。“案例教学”和“案例分析”要求大量的复印资料,在我们的试行过程中,这一点就已经成为较重的负担。如果要经常运用“案例教学”和“案例分析”的方法,则在经济上是一个比较突出的问题。“观摩审判”、“摩拟审判”和“法律实习”也都要求要有较大的经济投入,比如其中的“摩拟审判”就要求有基本的硬件设施,如法庭、服装、卷宗、多媒体、摄录像系统以及相关的审判道具等。清华大学法学院在摩拟审判的硬件方面堪称一流,走在了国内大学的前列,为本校试行“五位一体”实践性教学法提供了很好的硬件设施。

“五位一体”实践性教学法同时也要求教师自身具有很高的实务操作能力,但由于部分教师是从原来的教学模式中培养出来的,也没有一定的法律实务工作经验,还是比较擅长于传统的课堂教学方式。因此,如果要很好地实施“五位一体”实践性教学法,就要求从事部门法教学的教师要转变观念,采用多种教学方式,提高实务操作能力。我们建议,从事部门法教学的教师应当轮换在司法实际部门当中工作,通过自身的实践提高实务操作能力,强化理论与实践的联系。要实现这一点,又须要求学校与司法实际部门达成相关的协议,比如采取让教师在法院工作半年,同时帮助培训司法人员等办法,如此也能充分利用国家的各种资源,一举两得。此外,从事部门法教学的教师也可以在本校的律师事务所参加适当的公益性的律师实务活动。

总之,通过各种不同的形式、渠道提高教师的实践能力,改变过去的重理论而轻实践的传统。这样我们就会有一只能够灵活运用“五位一体”实践性教学法的师资队伍,大大加强法学教学的力量。清华大学法学院已经开始在摸索“五位一体”实践性教学法,并将不断地加以改进,使“五位一体”实践性教学法更加完善,为培养一流的法律人才做出贡献。

当然,还应当意识到,我们现在还没有完全建立起一整套能够激励教师们不断改进和提高教学水平的机制。我们现存的评价激励机制体制主要是刺激教师们在学术研究领域出成果,其评价总是向文字性的学术成果倾斜(从法学院、学校的角度),在评职称时文字性学术成果就成为一种容易衡量的硬指标。由于教学成果和教学效果评价不像文字性学术成果那样容易把握,在这种情况下,教师们总是希望在学术研究方面多下工夫,学术研究就相应地成为一种自觉的活动。相反,教学方式、方法的研究、改革以及多种教学方式的适用往往因“费力不讨好”、效果不直接、没有显示度,而不愿投入。这就妨碍了教师们研究和改进教学方法的积极性。因此,需要建立能够激励改进和提高教学质量的机制,鼓励教师不断改进教学方式,提高教学质量。

法科教育三十年叙事

法科教育的恢复从1978年开始起算，转眼就已经三十年了。我们习惯于在一个整年之际，回顾过去，加以总结。如十年、二十年、五十年、八十年，一百年就更不得了。2011年是清华大学的百年祭，对此，清华大学在若干年前就开始准备了。三十年虽然为弹指间，但对个人而言已是一个相当长的时期。为此，《法制日报》专门组织了专题报道，约我写稿，并非希望一些宏大叙事，从相当的高度予以回望，而是希望以相对比较轻松的笔调表达个人的感受。此为本文的写作背景。

恢复高考以来，法律专门大学于1978年开始招生，我是次年考入西南政法学院（现已改为“西南政法大学”）的，是所谓“新三届”（77、78、79）的一员。当时只有两个专业——法律和刑侦，我的专业是法律。始建于20世纪50年代初的这所法律专门大学在恢复时，校园已经“缩水”，仅有一半，当时的学校建筑——办公楼、教学楼和宿舍几乎都是清一色的红砖建筑，也准确地表达了一种特有意识。踏进校园就如同进入了一个大工地，一下雨，遍地是烂泥，到处是积水，同学们戏称其为“稀烂”政法学院。开学典礼是在临时搭建的大棚里进行的，学生自带板凳。上课时，大棚又成了教室，颇有些抗战时期“联大”或“抗大”学习的味道。尽管如此，学生们依然热情高涨，读书如饥似渴，根本不担心今后的前途，相信只要勤奋，就会有回报。一大早同学们便捧着黄皮的许国璋《英语》，围着破旧的教学楼不停地转——就像推碾的驴，发言均带有浓厚的地方腔，其时，“新三届”的许多同学早就过了学外语的最佳年龄，教授英语的老师也多是俄语出身。

西南政法学院还算幸运,在"文化大革命"期间学校没有解散,比其他政法院校早一年招生,也因此占了"先机"。教师中虽然还有部分在校,但显然不能满足恢复招生后的教学需要,大量原来被"下放"、"遣散"到农村、偏远地区的教师又陆续回到学校,重新站在了讲台上。每当谈起经历,老师们常会声音哽咽。由于讲授内容已经发生很大的变化,回到学校的教师有的几乎是与新生同时开始学习法律知识,边学边讲。老教师们则又重拾几十年前民国时期的法学知识,虽然已经过了几十年,但依然还是那样的新鲜。"文化大革命"以前的教授在学校里就算是"大熊猫级"的人才了,且这些"稀有人才"中大都是过去的留学生——留日、留德、留法、留美的,普遍带有一种那个时代学人特有的风范和气质,依然如当空彩虹。

"新三届"的学生也极有特色。看那时的同班同学,真是"五花八门"——运动员(足球、篮球、乒乓球)、军人(陆、海、空三军,军种绝对齐全)、基层干部、乡村教师、医生、农民(除了种庄稼的外,还有木匠、石匠、铁匠等)、演员(跳舞、唱歌、搞音乐的),这些人混在一起,构成了真正的"合成军团",也必然具有"合成"的优势。同学之间年龄相差最大可到十几岁左右,有一种"叔侄同窗"的感觉。年龄大的同学有着丰富的社会阅历,这对于理解法学与社会的关联性有很大的积极意义,也许更能够理解中国当代转型的精神实质。当然也存在未经规范系统教育的"后遗症",这些"后遗症"在以后的研究中能够比较清晰地反映出来,是转型时期成长的法学家群体的特征之一。

虽历经浩劫,学校里还是保存了一些书,但少得可怜,且有的书已经完全过时,根本不能满足现时的需要。那时,内部印刷物比公开出版物更为经典。为了应急,学校翻印了不少国外的法学著作和教科书,简陋的装订,蓝灰色封皮,没有装帧设计,小 32 开,铅字印刷,其中印象最深的是贝卡利亚的《论犯罪与刑罚》。因为稀缺而珍贵,同学们几乎将每一本书都作为宝典,也因此读得精。那个时期的国外法律书籍主要是苏联学者撰写的教科书和专著——《苏维埃民法典》、《苏维埃刑事诉讼法》、《苏维埃民事诉讼法》、《苏维埃刑法典》等,大多是 20 世纪 50 年代出版的。还有一部分民国政府时期的“六法”教科书和专著,这些书就更加珍贵了,属于“内部书籍”,仅供参考,只有研究生和教师才能阅读。使用的教科书基本上传承了苏联的传统,贯穿了当时的意识形态,即使在今天使用的教科书中也依然能够辨认这些传统的痕迹。苏联总检察长、法学家维辛斯基的《苏联诉讼证据理论》和民事诉讼法学家克列曼的《苏维埃民事诉讼法》无疑是诉讼法学中“宝典式”必读书。为了保证教学的统一性和权威性,几年后有了所谓“统编教材”,编写统编教材的学者现在大都成了“天王级”人物。以后,教材的统编性质逐渐得以淡化,21世纪初开始,教材呈现出多样化、个性化的趋势。

教学方式主要是概念解释,法条文本的词语展开,基本范式是“概念”、“特征”、“区别”和“实践中应注意的几个问题”。基本上没有现在意义上的案例教学,老师们在教学中所提到的案例也主要用于解释某一个概念或法条的含义或当作批评的“靶子”。案例也多为老师自己办案亲历的案件,或从法院调取的“第一手”资料,是否具有普遍性不得而知。虽然理论上强调法学理论与实践的结合,但这种结合基本是单向的,由于实践的“封闭性”,学生和老师都无法全面了解法律的实践情况。三十年过去了这种状况虽有所好转——最高人民法院和各级人民法院部分地公开了一些案例,但因案例的选择性和有限性,法学理论与实践的结合问题并没有彻底解决,尤其在程序法领域更为突出。

有的时段,学校的学术氛围是相当宽松的,人们对许多问题——法学和非法学的,都可以畅所欲言,进行激烈的交锋,“战场”就是贴在教室、食堂红砖墙的报刊栏,食堂的角落里、乱石堆旁、拥挤的学生宿舍中,人们大声地争论:我们为什么不能对现行的法律提出质疑?现存的法律就一定反映正义吗?法一定是绝大多数人意志的体现吗?人的本质是利他的吗?对于人性这一基本问题,我在本科时还有幸经历了一次大讨论,当时《中国青年报》发表了署名“潘晓”的文章,文章的一个命题是:每个人都是主观为自己,客观为他人。这一命题在当时无疑是具有爆炸性的,尽管作为一项政治思想运动的“斗私批修”已经结束,但“私”依然是任何一个人都应当彻底地从灵魂深处中加以抛弃的。有不少同学参与这场大讨论,老师们大都没有参与,在他们看来这是极其危险的命题。有老师私下讲:会不会是又一次“引蛇出洞”?显然是对“五七反右”和“文化大革命”余悸在心。看得出来绝大多数同学是同意这一命题的,有少部分同学依然持反对意见,其中主要是学生干部。回过头看,这一命题实际不过是从十七八世纪的边沁、约翰·洛克、亚当·斯密、大卫·休谟、约翰·密尔、约翰·阿克顿、伊·康德,并经后来的冯·米瑟斯、冯·哈耶克、卡尔·波普尔、詹姆斯·布坎南、罗纳德·科斯、米尔顿·弗里德曼等一直延续、发展的自由主义基本理念而已。“他追求自己的利益,往往使他能比在真正出于本意的情况下更有效地促进社会的利益。我从来没有听说过,那些假装为公众幸福而经营贸易的人做了多少好事。”亚当·斯密如是说。不过,当时的论争依然处于较低的层次,仅限于利己与利他的这样简单的道德层面,不可能涉及人类的发展、自由与人类的进步、市场的作用与社会发展、知识的有限性与自由等更深刻的层面。现在看起来,我们依然有必要认真思考如何从实在的人性出发生成应然的法律规范。

20世纪80年代末到90年代初曾是高校教师出国热的时期,许多青年教师把出国视为摆脱经济窘境的一条出路,开始是“公派”出国,之后是“公派”加自费,有不少教师出国没有再回到原来的学校,其中有的人“转轨”到了商界和实务界,小部分回到高校,成为“海龟”,这些人的回归对中国法学教育的影响是巨大的——从观念、研究方法到知识,也由此打通了国内外学术交流的通道。那些带着方便面、咸菜出国的青年教师现在大都已经成为了所在学校的顶梁柱,法学界的中坚。

三十年,可谓弹指一挥间。法学院校不知已经增加了多少倍,学生的数量也不知翻了多少番。新的法学院还在生成,老的法学院校也扩大了自己的“领地”,有了新的校区,综合大学里有了漂亮的法学院大楼。至2008年3月,原司法部所属的五所法律专门学院也已经全部升级为大学,并“变性”为综合大学。可以说,法学院校在“硬件”和“软件”上都已经今非昔比。未出国“镀金”、没有博士头衔的教师已成为“稀有”。不可否认,中国法科教育取得了长足发展,但大学,不仅要有大楼,还要有大师,更要有应有的氛围和观念,因此,法学教育依然任重而道远,法科教育的转型、升级依然是个问题。

日本法学教育*

日本大学掀起了两个改革浪潮，一个是国立大学的独立行政法人化；另一个是将大学法学部和大学院法学研究科改为“法曹大学院”。日本现在各国立大学正处在这种改革的风口浪尖上。

这两个改革在各个学校正在以不同程度推进，改革的动因与21世纪日本社会有关。国立大学的独立行政法人化是使国立大学具有法人人格，摆脱国家行政组织体系，这一改革必然实现国立大学设置形态的一大转换。当然，这种改革并没有改变国立大学所担负的高等教育和学术研究的使命。

改革为Law School的设想，源于1999年7月的司法制度改革审议会。东京大学法学部在这次会议上提出了21世纪的大学构想图和今后的改革方略。在这个方略当中，具体提出应当设置为培养高度专门职业人才的大学院硕士课程。

一、法曹培养制度改革的经纬

法曹培养制度的改革早于20世纪60年代已提出，并历经两年以后形成意见书，现在的司法制度改革中也包含了法曹培养制度的改革，最早源于法曹基本问题恳谈会，以后又经历了四个时期：

第一个时期，1987～1991年，主要针对的是司法考试法的修正，这一改革的成果是形成了四点共识：第一点，司法考试合格人数应控制在500人，1995年控制在700人；第二点，司法考试中减负；第三点，制定规范的评价制

---

* 本文为作者编译。资料来源于青山善充：《法曹培养中大学的作用》，载日本《法学家》1999年12月版。

度;第四点,为了实现根本性改革,成立法曹培养制度改革协议会。

第二个时期,1991～1995 年,主要讨论的问题是法曹的数量与司法考试的改革的相互关系,讨论的第二个问题为是否从法律界以后吸收考试协议会成员,具体讨论结果意见分歧很大,但多数认为应当大幅度增加法曹数量,把每一年合格人数增加至 1500 人作为中期目标,最后平衡结果为中期目标 1000 人。

第三个时期,1995～1999 年,这个时期改革的特征是法律界以外的各个团体纷纷提出司法改革的各种议案和建议,其中包含了法曹培养制度的改革。

第四个时期是 1995 年至今。

二、改革议论背景

第一个背景是目前日本的法律人才质量和数量均落后于发展要求,首先从法律人才的量来看与先进国家相比差异较大,简而言之,日本现有法官 3000 名,检察官 2200 名,律师 17200 名,合计 22400 名,而日本总人口为 126,600,000。每 10 万人中有 17.7 人。与欧美相比,日本从事法律实务的人数是美国的 1/20,是德国的 1/8,是法国的 1/4,是英国的 1/10。

第二个背景是 1970 年以后,日本社会呈法化状态,传统的人际关系、价值观和行为方式呈现了质的变化,与其相对应,对法律人才的需求也大大增加,另一方面,20 世纪 80 年代后期到 90 年代初期,日本提出了规制缓和论,该论中也包含了司法考试规制的缓和,有学者提出 21 世纪的日本社会将从事前规制型社会转换为事后规制型社会,而事后规制型社会的特征是纠纷的大量增加,这样也要求法曹数量的进一步扩大。从法律人才的质量来看,日本的法律人才还难于应对复杂多变的法律事变,缺乏灵活柔软的处理能力,不能与外国的法律专家相抗衡,另外由于司法考试制度必然导致培养的为应试人才,而非实用人才,此亦为弊端之一。

三、法曹培养与大学的作用

大学对法曹培养的模式可分为以下五大类型。

第一类为“司法考试部分免除型”,即只要修了硕士课程并具备其他条件者可免除部分司法考试。

第二类为“Law School 型”,将美国的法学院制度引入日本,废除司法研修所。

第三类为“法曹课程型”,大学具有司法研修所的作用,但又与 Law School 不同,在修完大学法学院课程后,仍要参加司法考试。

第四类为“相互渗透型”,学生们可以自由选择研究生和司法研修所的学习科目,学习前沿的法学课程,具体而言,基础和前沿课程在大学院学习,法学技术类课程在司法研修所学习。

第五类为“再教育型”,这种类型是指取得法曹资格后再去大学院学习。

以下主要介绍两个改革构想:

第一个构想,全方位引进美国 Law School 制度,其中第一方案是由柳田幸一律师提出,该方案要求将现在的法学系大学院的硕士课程加以改组,改为研究生培养课程和三年课程的法曹教育课程,即变为法曹大学院,全国确定 15 所大学设置法曹大学院,每所每年入学人数定为 3000 人(现在全国法学部 42000 人),法曹大学院 3 年课程修完便可以参加司法考试,反之没有进入法曹大学院学习者不能参加司法考试,只要司法考试合格,便可立即取得律师资格,但不能马上成为法官、检察官,必须在司法研修所学习一年裁判实务课程。未经过裁判实务课程学习,而司法考试合格者除可从事律师职业外,也可以作为国家公务员与其他企业、政党的工作人员,今后日本将引入法曹一元制度,即成为法官至少要 10 年、检察官至少要 5 年的律师经历。

本方案存在的问题:法学院大学毕业以后,再进入大学院,然后再读 1 年裁判实务课程,对于培养法律实务人才有无必要。实践中从事裁判实务的人毕竟仅为一部分人,相当一部分人不从事裁判实务,那此部分人为何一定要经历上述课程,如果把法学部作用变为仅仅是基础课程教学也存在诸多问题。

第二个构想由田中成明提出,本方案特点为日本型法科大学院,将目前的法学部与法学大学院连接起来,具体做法是法学本科三年级学生便进入大学院,在大学院学习两年,即本科学三年,研究生学三年,这样的法科大学院设置在全国10所或20所大学中。修完法科大学院课程后接受司法考试,司法考试及格率应控制在80%,每年产生合格人数2000名,再经过一段时间的实务研修。

东京大学WG提案:日本大学法学部或法学系大学院过去一直面向希望成为法律人才的学生而专门开设的法学专门教育。这样司法考试合格人数会受到限制,过去国家控制的司法考试合格者每年50名,1998年800名,1999年1000名,法学部的新生人数定员42000名。因此司法考试合格人数比例非常小,实际上形成了两个教育体系,一个教育体系为培养司法考试人才,另一个为培养非司法考试人才。而现在需要克服此种现象,改善法律人才的质和量,30年前东京大学法学部提出法学部五年制方案,非常重视法学的基础教育,这样大学院实则成为开办法学专门教育课程,过去日本法律系大学院实则成为法学研究人才培养基地,着重培养学术研究人才。现在东京大学以及其他大学已开设专修课程,高度培养专门职业人才,因此,也打算成立Law School。

二 学术与研究

问题的提出

写文章,除了文学类的,大体上都要首先提出问题。学术性文章更是如此。我写文章的习惯格式常常是将“问题的提出”作为文章的第一部分,有时用“引子”“引言”“导言”“引语”“绪言”等说法。这些前言性的内容目的只有一个,就是提出问题,解释这为什么是个问题,问题的意义如何等。

一般而言,能够提出问题,且问题是一个有学术价值的问题,则文章已经成就了一半。分析问题、解决问题的方式可以是多种方式,解决问题的方法不佳,论证不充分,也能起到抛砖引玉的作用。是否能提出有价值,且价值大的问题,是我们做学问的学者所常常苦恼的问题。有创见的硕士论文、博士论文更是如此,提不出问题往往就只能重复他人的东西而无所作为。

初期做研究的人往往习惯于从概念之间是否存在矛盾、概念表述是否周延、是否准确、文章表述是否前后一致、文章引用是否错误等方面去发现问题,提出问题。不错,这些都是问题,但往往不能构成有学术价值的问题。尤其是概念矛盾、不周延、不准确等属于逻辑和语言表达的问题,本身不是法学的学术问题,也难以成为语言学上的学术问题。因此,虽然学生们也常常提出各种问题,但实际上大都是文章语法、文字、逻辑方面的错误,而非学术问题。在我讲授的课程结束后,经常会出一道题,“请你提出一个问题,并说明这是一个问题”。我希望学生们能够提出一个有价值的问题,考察一下他们发现问题、概括问题的能力。有些同学除了书本上提到的问题之外,很难提出有价值的问题。但有的同学提出的问题则相当不错,真正是一个学术性的问题。当然是否值得研究是另一个问题。基于知识面和基础程度限制,学生们提出的问题学界已经提出。

作为学术问题,首先应当是具有学术性。与立法、司法、诉讼中的技术性问题相区别,这些问题必然涉及理论和原理。理论、原理清楚,仅仅是技术操作的问题,虽然也是问题但不是学术问题。我们接触到一些实务工作者,他们常常也会提出许多问题,并且认为学术界有许多问题都没有涉及,没有答案。其实这些问题因为已经有基本理论和原理,问题仅仅是实际运用的问题而已。例如,关于举证责任分配,按照最高人民法院《关于民事诉讼证据的若干规定》第5条第1款的规定,在合同纠纷案件中,主张合同关系成立并生效的一方当事人对合同订立和生效的事实承担举证责任。只要了解了什么是结果上举证责任的含义和分配原则,至于具体的合同案件中,哪些事实的举证责任应该分配给哪一方,仅仅是应用问题。应用的问题一般而言就是技术性问题。当然,关于如何理解结果上的举证责任,分配的原则应当是什么,这是学术理论问题。所以,法律硕士所撰写的案例分析性论文尽管也是硕士论文但其学术含量就要低一些,不过与法律硕士的应用型人才要求是一致的。

学术理论的问题有很多,尤其是传统问题,许多问题并非短时期能够解决,有些问题需要倾其一生的精力,且往往不能最终解决,虽然有些学术性副产品。从学术研究的效率而言,多数学者还是希望能够发现新问题,解决新问题。这是一个如何发现问题的问题。不能发现问题便不能提出问题。民事诉讼实务中倒是有不少问题,但正如上面所言往往这些问题不是学术问题,或者说是学术价值不大的问题。这就需要人们透过问题表象挖掘深层的原因,只要是深层的,就一定是制度的问题,往往也是学术理论问题。

起诉难、再审难、执行难以及诉讼中许多难点问题都可能深藏着、隐含着理论问题。当然，有的问题不是民事诉讼法的问题，甚至不是法学的问题，“三难”中的问题存在制度的问题，也有学术问题，但主要不是民事诉讼法的制度问题，更不是民事诉讼法学的理论问题，尤其是再审难和执行难的问题，而是司法制度和司法权的问题，后者涉及政治层面的问题。而且起诉难、再审难、执行难作为问题的表述本身就不是学术性问题的表达，只是一种诉讼乱像，是一种现实的描述或概括。还需要透过现象挖掘、提炼出学术问题。所以往往人们关于这些问题的文章大多是一般描述性的，或是对策性的应对措施，而缺乏理论上的揭示，或者走向司法制度和政治的分析，成为司法制度或与政治学、政策学、社会学交叉的学术问题。

再审制度和执行制度中的问题当然包含着许多学术性的问题，例如，我国再审事由应当如何规定，这虽然是一个制度建构的问题，为何如此规定的理论依据是什么？起诉难中关涉制度问题，如关于案件受理的条件问题。现有的制度为何如此设立，与国外起诉制度相比较差异何在，为何有这些差异，其诉讼原理是什么，我们应当如何看待这些差异？这些问题无疑是学术问题，涉及民事诉讼理论问题，一旦涉及原理性的问题就是具有重要学术价值的问题，也是我们应该提出来的问题，值得投入精力去深入研究的问题。

制度的调整或重构是发现问题、提出问题的契机，但提出制度应当调整或重构已经意味着提出了问题。因此发现制度运行中的问题，而且真正是制度性问题，不是技术性问题，也不是非法律的问题，认识到这一点也是非常重要的。在前几年发生的三鹿毒奶粉事件中，法院对于消费者所提起的损害赔偿诉讼不予理睬，就不是民事诉讼法的问题，实体法和民事诉讼法都有明确的规定。对这样的问题只能做制度运行的政治学、社会学分析。从事交叉研究的学者不妨试一试。

民事诉讼法的修改时期往往成为发现问题、提出问题的好时期，这段时间发表的文章也最多。为什么这一时期，人们容易提出问题，并且成为人们所“需要”的问题和重视的问题。这与学术研究的适时性和实用性有关。民事诉讼法没有修改的时候，人们当然也可以通过对现有制度的质疑提出问题,通过比较研究就可以提出这类问题,但往往难以成为人们的关注点,尤其一些非基本性制度。在修改期间就不一样了,修改的语境鼓励人们对现有制度的质疑。

一般而言,一篇学术论文价值的高低或大小与问题的大小有直接关联。大的问题,重要的问题,往往决定研究的效用性和价值,虽然,我们常说可以以小见大。实际上这里小,仅仅是主观上看小,但其实并不小,深入挖掘之后就接触了深层问题、大问题,因此研究的价值还是由问题本身的重要程度所决定的。无论哪一个法律领域小问题都要多于大问题,民事诉讼法学也是如此。因此在发现问题之后,我们需要追问的是这一个问题是大问题,还是小问题,问题的重要程度如何?为什么是个大问题。如果是一个大问题,则我们可以在研究大问题的过程中就随带地把小问题解决了。也可能因为大问题是涉及原理性的问题,只要原理性的问题解决了,小问题也随之解决了。

我们以第三人撤销之诉这一制度为例。作为一项新的诉讼制度,第三人撤销之诉有许多可以研究的问题。如果时间允许,对第三人撤销之诉作系统研究也是可以的,第三人撤销之诉本身是一个大的问题群,因此就必须考虑对该制度提出什么样的问题来进行研究。在制度确立之前,第三人撤销之诉的必要性是最值得研究的问题,必要性也就必然涉及第三人撤销之诉的目的、结构与其他制度的关联,相近制度的选择等问题。遗憾的是,民事诉讼法第二次修改当中却没有对这一问题进行深入的研究,导致了现在制度运行上的困难。一旦在法律上确定了,这一问题便不再成为主体性问题,丧失了时效性。制度确立之后,需要研究的问题主要是制度理解、制度结构和运作中可能遭遇的问题。这当中包含着许多小问题。例如,第三人撤销之诉的原告适格问题、被告适格问题、受理的其他问题、第三人撤销之诉的客体或对象的问题、撤销事由或原因、审理程序、审理对象、裁判效力、与再审、执行异议之诉的关系等。这些问题都可以有思考和研究的必要。但作为研究对象需要权衡这些问题的大小和重要程度。相比较而言,从实践和理论两个方面来看,第三人撤销之诉的原告适格是最重要的问题。这一问题涉及该诉的起诉和受理,涉及该制度运用的基本条件,与现有第三人制度的关联,因此是该制度运用当中最重要的环节。无疑这一问题可以作为一个重要的、独立的问题提出来进行研究。像第三人撤销之诉中撤销原判或改判的事由这样的问题,其学术重要性就要差多了。撤销事由的问题可以直接借用再审或再审事由的一些法理,再审或再审事由也会涉及对原裁判“确有错误”的理解。除了利用实证资料进行类型化分析之外,很难有大的研究作为。

拥有越多法律基础理论知识,功底越扎实的学者就越容易发现问题。越是学术性的问题,越是基础性问题,理论层次也越高。具有丰富且扎实的基础理论功底,在观察诉讼现象时就如同有了放大镜和显微镜,因此就容易发现问题。头脑中所储存的知识和长期养成的思维习惯使得研究者更容易将现象背后的实质问题揭示出来。如果仅有民事诉讼法知识,而没有实体法的知识,当然无法发现牵连实体法或隐藏于实体法与程序法之间的那些问题。

有些人虽然知识储备已经到达一定的程度,但还是不能有效或很好地发现新问题,尤其是“中国问题”(在中国,当然是关于中国问题的理论分析更具有学术竞争力),依然只能在域外的理论中打转。问题可能在于对中国的问题不了解,或者无法将实践中的实务问题加以提炼、抽象概括或深化为本土化的学术问题。例如,如果不了解实践中存在上级法院不通过二审程序就直接撤销下级裁定的情形(因为能够通过二审程序撤销的裁定,只能是可上诉的裁定),如上级法院直接撤销下级法院作出的关于财产保全的裁定,并且当事人对此提出了异议,作为学者不会考虑这一行为的合理性问题,这一问题很难凭空想象出来。能否不通过二审程序直接撤销下级法院的裁定其实质是什么？作为法律问题是上级法院的权限,法律规定的有无;作为学术问题则是一审法院裁定的性质和效力问题,即法院裁定的拘束力问题。按照司法行政化思维惯习,上级法院撤销下级法院的裁定是理所当然的。但如果按照司法规律,上级法院就不能通过二审程序撤销下级法院的裁定。否则,在诉讼理论上,下级法院就没有了相对独立的司法裁判权。

那么进一步的问题是,作出裁定的法院对自己作出的裁定是否具有撤销权呢?作为法律问题,要看法律的规定。法律没有规定的就涉及解释,而解释必然涉及理论和原理。在理论上就涉及裁定的功能和作用的问题。只有弄清这一问题,才能回答法院能否撤销自己所作出的裁定。如果理论研究到达一定高度和深度,那么对任何涉及裁定的问题,都能够从中得到正确的答案。

总之,提出具有法学学术价值的问题取决于自己对法学知识的把握程度,对诉讼实践的了解、体会和感悟,以及善于观察思考、提炼概括的能力。这些都是需要一定时期的积累和摸索。只要勤于实践和思考,发现问题、提出问题的能力必将大大提高。

发展的“瓶颈”

学生们有时也会问，中国法学研究与国外相比落后多少年，在学生的头脑里，落后这种情况已经是肯定的了，只是差距有多大还不是很清楚。回答这样的问题是很难堪的，这一问题的实质是，你比别人矮多少？

当下最大和最重要的社会事件莫过于6月9日(2006年)开始的世界杯，也是人们议论的主要话题和“语境”，谈话写东西似乎都离不开世界杯。作为球迷(虽然“迷”的程度有限)自然最关心的是中国足球，尽管本次世界杯中国只是看客，但在他人比赛中也总是会联想到中国，尤其是有亚洲球队的时候，脑子里总是会冒出这样的问题——中国何时能够跻身于世界足球强国之列。看着韩国、日本、伊朗、沙特冲出了亚洲，自责之情油然而生。好在亚洲各国球队均壮烈“牺牲”，才使国人有一丝安慰，这也许是东方人的一种特殊心理——我没有得到，你也没有得到；我没有成，你也没有成。对亚洲的集体“壮烈”是需要一个说法的。日本队的教练——号称“白贝利”的济科给了一个说法：亚洲人的体格难以与其他足球强国抗衡。说到底是人种的问题。一旦涉及“种”的问题，就没有办法了，是根本性的问题。像日本这样一个一直试图通过改变食物构成来改变国民体质的国家也没能在增强对抗能力方面有多大的成效，如此说来，中国足球要进入世界一流恐怕同样要等到生物基因技术的更大发展。

说了这么多有关足球的话，完全是世界杯这一“语境”“惹的祸”，但使我发生联想的是中国的法学研究水平如何才能尽快提升的问题。虽然法学研究水平的高低不好精确衡量，无法通过一场世界范围内的法学研究竞赛来加以决定，但通过学者们对国外法学研究论著的阅读，大体可以知道我国法学研究的现状。学生们有时也会问,中国法学研究与国外相比落后多少年,在学生的头脑里,落后这种情况已经是肯定的了,只是差距有多大还不是很清楚。回答这样的问题是很难堪的,这一问题的实质是,你比别人矮多少?我也知道学生并非故意打击老师的自尊,的确是想知道差距之所在。差距多大的确不好回答,在研究中能够知道的是许多国外已经研究的问题,我们尚未涉及,更谈不上认真深入的研究。为了提升我国的法学研究水平,实现赶超,大量翻译、引进国外理论是一个重要的方面。但这样做依然不能根本解决自身发展的问题,当日本队遭遇巴西队时,依然是老师胜出。像汽车工业的发展一样,没有自己的独立创新,没有自己强劲的研发基础,仅仅引进国外整车生产线,实现国产化,都无助于国产车水准的根本提升。

且不说济科的说法是否正确(其实也是老调重弹),但至少是关于亚洲球队不能跻身一流的一个解释。那么,中国法学研究的发展其“瓶颈”或落后的原因何在呢?2015 年在网上曾经有不少人,估计大多是法学院的学生在议论这样一个话题——“中国现在有无法学大师”。有的说有,并且列出几个人的名字;有的反对,认为没有,一个都没有。北大的贺卫方先生也对此发了一个帖子,贺的回答很肯定,没有!并且给出了理由,大体意思是中国还没有产生法学大师的环境和土壤,缺乏深厚的法治土壤。我非常同意贺先生的这一观点。一切研究都来自实践的需要,没有丰富的法治实践也就不可能有深厚的法学研究成果。尤其是法学这样实践性极强的学科更是如此。实践能够提出问题,也能够检验问题。庞德、卡多佐、波斯纳、德沃金等大家,哪一个不是在阐释法治实践的需要下成长起来的。一方面,我国在法治发展的道路上进行路程还不远,且走的弯弯曲曲,还谈不上具有丰富的实践资源。我们需要回答的问题还只能停留在“人大还是法大”、“要不要坚持法治”等,这样一些不成为问题的问题之上。像齐玉玲案这样广泛涉及公法私法及深层问题的案例又有几个?另一方面,虽然我国在经济方面取得长足的发展,经济关系越来越复杂化,调整这种复杂经济关系的法律规则也越来越多,但相应的法学研究工作者却难以了解法律规则的实践情形,学者们大都是个案体验,难以充分、全面和深入地了解制度的实施情形。“瞎子摸象”是中国法学研究，至少是部门法学研究的基本现状。前些时间笔者对民事诉讼中的管辖异议有兴趣，试图作一些研究，结果发现，这样一个非常技术化的问题，也很难获得司法实践中的相关数据，如管辖异议的提出、异议的驳回、异议理由的种类、异议裁定的上诉及维持等。尽管获得了一些数据，却还是通过“关系”才得到的，运用在文中使用的是“某某法院”。试想一群法学研究领域中的“瞎子”何以能够产出高水平的学术成果。我一直主张公开判例，以便打通理论与实践的联系，但这恰恰又是一个法治的基本问题。

判例公开，人们都赞成。有争议的是判例应当公开到何种程度的问题，是所有非判例(准确地讲应当是裁判或判决公开)都予以公开，还是有选择地公开。公开所有的判例，意在实现对司法的社会监督，有利于审判工作者之间的交流，加强法学研究与司法实践的沟通，有利于法律的完善和发展，这种观点可以称为“全面公开说”。选择性公开只是将判决的案件作为一种具有引导性的范例，因此只能按照选择者的意图有限地公开一些裁判或判决，真正叫做“判例”，即“判决的例子”，但这也就导致了无法充分实现上述“全面公开说”中实现的积极作用。许多国家法院的判决都是公开的，我国台湾地区法院的判决也是公开的。这里所说的公开，是指法院会将所有的判决向社会予以公开，不是仅仅指人们到法院请求查阅或阅览判决，在“E时代”，许多国家法院的判决已经可以在网上很容易地查到。那么为何在中国，判决公开十分困难呢？这里存在观念上和心理上原因，法院和审判人员都担心一旦判决公开，“家丑”就有可能外扬，谁能保证判决都是正确的，能够不公开也自然会选择不公开。有因为法官不是独立的，法官的判决有问题，必然会影响到法院，法院也就自然多一事不如少一事。另外，一个更重要的原因是案件在审理和裁判时，往往有许多不能拿到桌面上的因素，判决时，领导的批条是不能够作为公开裁判的依据的，即使是审判委员会的集体决定也不能作为公开的依据，因为判决书上写的是具体审判人员的名字(现在想来，改革开放初期，人们的观念也还是非常先进的，几乎没有考虑就确定了在裁判文书要写上审判人员的名字)。在一些案件中，作为个案所要考虑的社会因素和政治因素也不能公开作为裁判的事实。这不能不说是个问题。这是一个转型过程中的问题,在人治向法治转型的过程中,这种现在的存在是必然的。不过可以肯定的是全面公开作为一种要求,必然有助于推动转型,推进改革的进程,虽然会出现矛盾。因此学界大都主张应当全面公开,就是从促进法治发展这一角度来考虑的。判决公开虽然会带来某些“不方便”,但这不正是法治的基本要求吗?为什么有些东西就不能予以公开呢?在看不透的情形下,如何能够获得人们的信赖呢?

作为一个整体,高水平的研究产出需要学术积累、需要积淀,只有在积淀中才能得到升华。在改革开放的早期甚至现在,我们也需要模仿和借鉴发达国家的法学理论,这是很正常的。从一个外行的角度会提出这样一个问题,中国这样一个泱泱大国就不能研制出一辆属于自己全部知识产权的、拥有自己品牌的小轿车?公正地讲,不是不能,而是研发出来的汽车无法与发达国家研发的汽车相抗衡,无法在市场上站住脚,获得丰厚的利润。一个发动机、一个变速箱、一个具有很好吸收撞击力的车身、一个漂亮的造型、一个刹车系统,我们可能都无法完全自己研发,即使我们有一个属于自己的汽车外壳,而这个外壳也还是请意大利著名设计公司的设计大师设计的。“一汽”的“奔腾”轿车就是由意大利著名设计师乔治亚罗设计的,我国目前具有自己知识产权的汽车品牌也大都是意大利人设计的。我们为什么不能自己设计呢?我们不是有清华大学汽车系吗?全国不是有这么多从事汽车研究的人吗?这个问题就像在问,我们不是有这么多研究法学的人,为什么还是处于落后的境地。但是如果看一看他人研究的历史、研究的投入、研究人员的人数就知道。据我所知,飞机发动机的研发需要大量资金和工程师,世界上没有几个国家能够承受得了这样的投入。汽车设计是一种文化,同样需要积淀,意大利设计师们能够把握人们对车外形美的审美价值取向和心理,这种准确把握需要积累和经验,而我们现在还难以做到,当然,我们的影响力也不够,无法引导人们的审美趋向。所以,我们需要有耐心,不断积累。我们的汽车研发人员已经开始与发达国家合作开始共同研究,共同研发和模仿的过程逐步积淀和加深对汽车艺术的理解,最终站起来。

积淀是一回事,法学工作者的生存状况又是另一回事。

学术研究与性格

学者尤其是有成就的学者给人的感觉是自负，在一般人看来属于过于自负。自负几乎成了学者特有的一种气质和精神状态。

做学问的人大都有点怪，这是一般人的看法，尤其是那些很有独特见地的人。对此，虽然无法进行统计，标准也不好确定，但感觉这一判断大体上是正确的。行为举止比较怪异的人在艺术圈内比较常见，通常认为这与其从事的职业有关。艺术源于生活，但高于生活，既然高于生活就不等同于生活。善于将日常生活的一般行为和现象提升为艺术的人，其行为举止自然也就不同于总是而且仅仅是生活在日常生活中的人。谈到艺术家很容易使人想起印象派大师梵高，想到他割掉自己耳朵的自残行为，想到就在我们身边的中国现代诗人海子。这方面的代表还有被国际舞蹈界称为“舞蹈之神”的舞坛奇才——尼金斯基，他因为独特的内心世界又被人认为是“疯子”，是一个在正常与异常、理性与非理性临界点上游弋的人。一个有意思的现象是，从事艺术的人，尤其是美术工作者一般都是长发飘逸，或“一片净土”，吹萨克斯管的一定是“马尾”头型，而且不管年龄多大。可以看出在对待“头”的问题上，艺术家也同样易走极端。艺术客体与艺术主体之间往往有其内在的一致性。艺术其实就是一种极端的表达，高于生活就是一种极端。我见过一个很有成就的摄影艺术家，其行为就颇有些怪异，给人的感觉是反映有些迟钝，言辞表达也不得要领，似乎感觉是在自言自语，没有中心，没有主题，没有节奏。我在想，反映如此迟钝的人如何能够用镜头雕塑和刻画人物的神态，抓住人物的内心世界呢？后来发现其人的迟钝主要是为人处世方面，艺术家往往是非常自我的，这种迟钝其实内含着一种特别的执著，一种令人生畏的执著。这种执著一旦指向正确,就可能产生意想不到的结果。

当然,从事法学研究与从事艺术活动还是有很大的不同,因此怪异程度不能相提并论,留长发和推光头的人数也要远远低于从事艺术的人。因为法学研究毕竟是讲究逻辑的,植根于需要解释的生活现实。不过从事法学研究的某些人一旦到达一定程度时,也同样会将研究作为一种艺术来对待。这类人往往有些怪异的举止,其理大概与从事艺术者相同。

以徐国栋先生为例。徐国栋先生无论在民法学界,还是法学的其他领域都颇有影响。徐先生虽然年龄小我几岁,但大学却高我一个年级,我是"七九级",他是"七八级"。我在本科时就与他十分熟悉,毕业后反而比较生疏了。后来知道他在民法学界颇有些名气,一开始觉得有些吃惊,也许当时有的说法有夸张的成分,但听到很多人谈起他,觉得已经是个人物。后来读了他的成名之作——《民法基本原则解释——成文法局限性之克服》,该书的确有其新意,虽不能断言此书开创了大陆地区民法哲学的先河,也大体上有这种味道,给传统的法学研究注入一种活力。现在想来,这些成就与徐在本科时期所表现出来的"幼稚"性格有关。在我的印象当中,徐并不与同年级,甚至同班的同学有什么来往,反而和我这个低一年级的同学有交往。在大学里,学生愿意和高年级的同学在一起,能够获得一些经验和知识,因此称为"高攀",而高年级的同学只在寻找自尊感觉时,才愿意和低年级的同学在一起。不过徐除外,我们之间是平等的,因为大多数情况下,徐都是提出问题,而且试图自己回答问题,并不在乎你是否能够回答。从我的角度看,我也觉得他提的许多问题离现实太远,难怪他们同年级的一些同学会嘲笑他提的问题很可笑。遗憾的是我现在实在想不起来,当时他究竟提出了哪些问题,又是如何看待这些问题、回答这些问题的,因为多数人认为可笑因此就不会在意了。但有一点,我明白,正是他这样不断提出问题的思考方式,使他自己始终处于疑问、解疑的过程之中。在提出了许许多多"幼稚问题"之后,他有一天终于提出一个或数个令人们惊异的重大问题,并正确地解答这些问题,这个时候就是令他人刮目相看的时候了。

学者尤其是有成就的学者给人的感觉是自负,在一般人看来属于过于自负。自负几乎成了学者的一种气质和精神状态。自负是行为怪异的原因之一,由于自负而显得有些怪异。有所成就当然会越来越自负,自负与自信有联系,是自信的贬义表达,是一种过于自信。法学研究与自然科学的研究不同,自然科学的研究成果是否成立比较容易检验,大多数情况下是以失败而告终,取得成功的毕竟是少数,法学研究作为一种主要以解释为主的学科研究,其成果的检验往往不是那么明晰和直接。往往是写出东西,论证一个结论就算是研究有了成果,研究者也当然相信自己的研究是成功的。只要能发表、出版就是成功的标志,在碍于直接评论的学术界,更强化了这一点。因此,在法学界,学者论著越多的人,就越自负。一旦自负,就往往不能容忍他人不同的观点。在学术研究中又必须有自信或自负,否则没有办法进行研究。自信或自负就是一种动力,认为自己能够解决问题的自信或自负推动着研究者不断进行探讨。研究成果与一个人的自负成正比,成果越多越自负。也有这样的说法:越是大家越谦虚。但这种说法只在“大家”面对“小家”时才准确,其实这是一种姿态。“大家”在“大家”的面前是不会谦虚的,也有没有这样姿态的。高位的领导人对于底层的人往往特别亲切,我们称为“和蔼可亲”,对自己的直接下属就往往不是这样了,这是因为“差着辈儿”的原因,想想爷爷对孙子总是比爸爸对儿子要亲切就是这个道理。学问差得越大才会越谦虚。

“文人相轻”是我们常听到的对文人及文人间关系的评价,此话是有道理的。因为没有学者会总是怀疑自己的判断和认识是错误的,如果这样,该学者就根本无法进行研究,也无法生存。尊重其他学者是一种礼节,也是因为自己在某些方面不如别人,他人的正确和进步是赢得自己对其尊重的基本条件。当自己的观点与他人针锋相对,而你自己坚持观点是正确时,恐怕不会去尊重他人,反而对他人对自己观点的坚持持反感心理,并强化对立感。自己总是正确时,自然会发生轻看别人的心理,学者都坚持自己观点和认识的正确,就会发生“相轻”的情形。有“文人相轻”的评价和现象,还因为文人之间的平等。在不平等的等级关系中,不会发生“相轻”的问题。一方需服从、听命于另一方,不存在“相轻”,即使心里不服,也不敢表现出来,也就没有这种评价和现象,哪一个部下敢“相轻”于上级领导?“相轻”只发生在平等的关系之中。还有的由于在文化或学术领域中正确与否的不易判断,因而导致给文人之间各自坚持己见留下了余地。

学者大多有个性,是许多人认可的。有个性的一个特点是,在待人方面似乎不像一般人那样随和,那样感觉亲切,多给人以特立独行的感觉。相比较而言,在行政机关很少能够见到这样的人。行政机关你能见到的,大都是一个面孔。学者的个性与学术研究这样一个职业有直接的关系。学术研究尤其是人文学科的研究大都以独立个体为单位,分工合作研究的很少,长期的独立研究必然形成一种更为独立的个性。学术研究要求有个人的独立见解,研究者也以追究独立见解为宗旨,对独立见解的追求有时会到达一种偏执的程度。有些领导老觉得知识分子不太愿意合群,“自由主义”意识比较浓厚,其实就是其职业的原因。整天围绕领导转的学者是不可能有学术成就的,也许在其他方面有所成就。自由的思想必须要求有自由的地位,思想的自由才能使学术有所创新。为什么大学和研究机构的研究环境要求更加宽松,就是为了思想自由和学术创新,不能理解这一点是无法管理这一群有个性的学者的,也就不能有创新的成果。笔者注意到一个比较普遍的现象是,在大学里老师之间是很少来往的。除了开会和体育运动之外,学者们很少聚在一起,我想其中一个原因就在于研究的独立性。清华法学院曾经在一段时间有过 tea-time,所谓“茶歇”,领导和教师们希望能够提供一个为教师们交流的场所,但结果发现,还是行政工作人员参加的多,教师参加的少,即使见面也不大有什么交流,没有多久 tea-time 就终结了,“茶”也真的“歇”了。

欲取得很好的学术成果,就需要学者必须在相当长的一段时期里始终关注自己的研究课题或学术问题,只有长期浸润于此,才能有所成就。这种长期关注也会使学者在性格上产生一种由于执著所带来的偏执个性。过多地关注,使学者对研究之外的事物的反应度、敏感度降低,这就表现为一种研究领域之外的迟钝。所以有时你会发现,学者尤其是一些有成就的学者变得有些傻乎乎的。对于从事行政的人,对外部世界的反映十分灵敏,行为自如、得体,这是工作性质和环境的要求所致。从事行政管理的人有时会觉得奇怪,有些有成就的学人似乎智商并不高。其实这是一种错觉,主要是关注点不一样,思维方式也不一样的原因。相当多的学者不擅长与人打交道是事实,作为法学研究更多的是针对社会现象,关注的是抽象的人,与行政工作不同,需要更多地与身边的人打交道。学者面对的是文章中的叙事,现有制度的分析和未来制度的建构,这样的生活存在使得学者在人际交往方面必然出现钝化。学者最容易给人的感觉是政治上不够成熟,显得不那么沉稳,观点比较偏激,这是因为学者的社会角色差异所致。学者不会顾及涉及人际之间的"政治关系",注重的是自己的视角,这种视角本身就不是管理者的视角,不会考虑行政管理的整体性。一旦将学者放置于行政位置上,不用多久就自然变得少言寡语而沉稳起来,但同时学术方面的敏锐性将逐渐下降。"双肩挑"的一个问题就在于作为学者的关注和作为管理者的关注会形成很大的干扰,如此一来就可能出现两面不讨好的结果。

我们应当注意一点,许多人都认为学者或从事研究的知识分子具有很高的素质,此话也许不错,但学者往往不具有全面的素质,这样的认识也是正确的。学者不需要像在工商界、政治界、法律实务界中的精英们那样高的素质,只需要在思想方面保持敏感和聪慧就可以了,其他方面的素质无所谓,人们通常对他们在人际交往、生活方面的低能也是容忍的。也正因为如此,学者们在人际交往方面的能力也更加退化。因此人们对于学者的人际交往方面的不足持一种宽容的态度。

钱学森猜想

所谓的“钱学森猜想”就是人们所议论的“钱学森之问”。著名的“钱学森之问”简要地讲：“为什么我们的学校总是培养不出杰出人才？”此问源于几年前温家宝一次温馨的探访。

2005年，时任总理的温家宝在看望钱学森老先生时，钱老感慨说：“这么多年培养的学生，还没有哪一个的学术成就，能够跟民国时期培养的大师相比？”感慨之后，钱老便将此转换为一个发问：“为什么我们的学校总是培养不出杰出的人才？”（也有的表述为“为什么中国的大学在1949年以后没有产生一个世界级的原创性思想家或有创见的科学家？”）杰出的人才也就是学术大师或学术大家，因此“钱学森之问”也被表述为“为什么我们的学校总是培养不出大师”。

为什么是一种猜想，因为此问几乎可以说没有答案，尽管人们心中有千万个回答。钱学森先生自己也给出了一个答案。钱先生认为：“现在中国没有完全发展起来，一个重要原因是没有一所大学能够按照培养科学技术发明创造人才的模式去办学，没有自己独特的创新的东西，老是‘冒’不出杰出人才。”钱先生认为，没有按照培养科学人才的模式办学。但这显然并不是终结答案，不过是问题解析的第一步而已，或者细化、分解的问题而已。进一步的问题是，科学人才培养的模式是什么？这本身就是一个基本问题。接着是为什么我们没有按照或不按照这种模式培养人才？人才培养模式是内在机制，为什么不按照这种模式是外部环境问题。社会环境问题无疑是一个非常宏大、复杂的问题。虽然钱先生提出了“钱学森之问”，就我看来钱并非真的提出问题，并求其答案。钱先生应当是知道答案的，只是答案本身或许就是一个无解的问题。“钱学森之问”实质上是一种“拷问”，一种“批评”,也是一种对现有教育体制不满的具有艺术性的发泄。

2005年,钱先生已经94岁高龄。温家宝因为是时任总理,所以看望和关怀曾经做出巨大贡献的科学家是自然的,但也怀有学生看望老师的心境,温总理是曾经的科学工作者。毕竟钱先生是大师,且是国家最倚重的,又红又专的科学家。家宝总理也是国家领导人中最具文艺范的,有人文知识分子的一种“酸气”。在许多场合,温总理常常会引经据典,读上一段唐诗宋词,与人以正能量。想必钱先生一定读过温总理的自由诗——“仰望星空”——“我仰望星空,它是那样辽阔而深邃;那无穷的真理,让我苦苦地求索追随……”在对真理的“苦苦求索”这一点上,钱先生与温总理无疑是相通、相同的。正是因为息息相通,所以钱先生才会以提问的方式“拷问”温家宝。也是因为钱先生已经在人生暮年,所有的事对钱先生而言,都已成过眼烟云,于是要发出终极之问,实乃“天问”,世纪之问。回想起来,著名表演艺术家赵丹在弥留之际也曾经发出过终极之问,只是赵的发问更加悲壮和刺激。

总理主管着国家大事,也管着国家的教育行政,是“大管家”。没有出大师级人才,当然是对总理的“拷问”,虽然是对人不对事,拷问的是体制。总理也是有责任予以回答的。由于只是看望钱先生,问候老人家的身体健康,不是开展学术探讨,且又是“拷问式”的问题,总理自然没有必要立即予以回答。不过,据说在2006年温家宝还真拿这个问题请教过国内最有名的六所大学校长和教育专家。因为系传闻,也不知道是在何种场合,进行过什么样的交流、探讨。据说大学校长、专家们的回答是:要培养杰出人才,关键是教师;要将基础教育和高等教育贯通起来;高校大改革大发展起来之后,应该是大提高;做大高等教育,还要做强高等教育。无论是否真有这样的回答,都可以很确定地讲,这一回答等于没有回答,都是大而空的官话,不过这样的回答也符合现实情形。

在“钱学森之问”提出之后,的确有许多学者对此进行了严肃、认真、深入的探讨。人们把“钱学森之问”当作关于中国教育事业发展的一道艰深命题,认为需要整个教育界乃至社会各界共同破解。人们给出了各种答案:诸如,教育管理体制行政化、应试教育模式、缺失通识教育、教学方法或方式单一僵化、对基础教育不够重视、教育投入不够、教育理念落后、学科设置不合理、大学目标不正确、培养什么人的问题没解决、大学只有大楼没有大师、大学没有学术创新氛围、学生没有远大的理想、教师缺乏敬业精神、教育研究生态恶劣、学术抄袭严重、学术风气不正、学术论文重数量不重质量、单纯追求论文 GDP、学术评价机制不健全等,甚至与家庭环境、社会环境、生育政策、心情是否愉悦、是否经过西方古典音乐的熏陶、家庭是否和谐等联系起来,上述答案似乎大都与“钱学森之问”有关,构成了一个极其复杂的“群解”,要厘清之间的因果关系无疑是一个极大的挑战。但对于其中原因我们也不能无限扩展,更不能任意转换或偷换命题。针对众多原因或联系我们需要追问的是,什么是最主要的原因?

还是让我们回到钱先生对问题的表述,仔细想想钱先生对问题表述的语境,就会发现这一问题提得非常尖锐——“这么多年培养的学生,还没有哪一个的学术成就,能够跟民国时期培养的大师相比?”这里有一个对比的时期——民国与现在。民国时期培养的大师虽然没有明确的界定,但的确有一批人,他们宛若星辰闪耀在中国历史的天空。章太炎、黄侃、刘文典、赵元任、刘师培、吴宓、钱穆、陈寅恪、梁启超、金岳霖、冯友兰、傅斯年、马寅初、李叔同、马一浮、熊十力、梁漱溟、蔡元培、胡适、辜鸿铭、梁实秋、闻一多、张恨水、林语堂、沈从文、郁达夫、郭沫若、周作人、鲁迅等,再加上自然科学界的钱三强、钱伟长、陈省身、华罗庚,还有健在的杨振宁先生等,当然还包括钱学森自己。如果我们认真地探究一下这些人的成长背景可以发现,他们大都有留学深造的背景,与学术自由、思想自由的提倡以及宽松的学术环境有直接的关联。堪称史学大师的陈寅恪先生在 1929 年王国维纪念碑上撰写了纪念王先生的碑铭,其中最为人们所称道的是“独立之精神,自由之思想”,陈先生在碑铭中提到,“先生之学说,或有时而可商。惟此独立之精神,自由之思想,历千万祀,与天壤而同久,共三光而永光”。此言,不仅解读了王国维先生自沉于昆明湖的原由,也表达了自己的观念和追求。1953 年中科院院长郭沫若及副院长李四光分别力邀陈先生进中科院历史研究所二所工作,并担任所长一职,但被陈先生拒绝了。“我的思想,我的主张完全见于我所写的王国维纪念碑中。”“我认为研究学术,最主要的是要具有自由的意志和独立的精神。”这之后,我们也再没有见到陈寅恪先生学术上的扛鼎之作。

2012 年 5 月,时任总理的温家宝在访问自己的母校——中国地质大学时做了几十分钟的即兴演讲,其中提到“一所学校最重要的,是要倡导自由之精神、独立之思想。青年学生要有自己独立的思考,这是最宝贵的”。显然温家宝对“钱学森之问”已有深入的思考,并且认同陈寅恪先生的观点。思想自由在学术研究方面就是学术自由,而且应当是最大的自由。“因为任何科学研究都不可能有规划性和计划性,”(当代国际流体力学大师、剑桥大学教授 Batchelor 语)不可以划定思想的范围和研究的禁区。诺贝尔经济学奖获得者、制度经济学开创者——科斯先生在百岁之际还特别关注中国的经济改革与发展,同时也关注了钱学森之问,并给出了自己的答案——因为“中国缺乏一个开放的思想市场”。这与陈寅恪先生的认识是高度吻合的,可谓英雄所见略同。人们的进一步解读是“开放、自由的思想市场虽不能防止错误思想,甚至邪恶信念的产生。但一个运作良好的思想市场会培育宽容,消除偏见,促成包容。在一个开放的社会中,错误思想很少能腐蚀社会根基,动摇道德基础,威胁社会的稳定。而在一个不开放的社会中,压制思想市场则会招致更坏的结果。”

没有自由之精神、独立之思想的人不可能是大师,即使原来是大师,没有了自由精神和独立思想也就不再是大师。清华大学著名教授潘光旦先生在创建中国社会学研究基础方面做出过巨大的贡献,在 1949 年以前发表过学术论文 120 余篇,著作 20 余部,但这之后,没有了学术自由,也没有了独立的思想,结果是除了 1956 年发表过一篇论文之外再也没有什么学术成就,1957 年被打成右派之后思想也就基本终止了。郭沫若先生更是最典型的例证。被称为苏联大文豪的著名作家高尔基——我们耳熟能详的诗作“海燕”的作者,在 20 世纪 30 年代参加了集权政治的游戏,通体被染成了红色,成为斯大林个人崇拜的奠基人。此时,因为已经丧失独立的思想,高尔基也就不再是那只勇敢的“海燕”——“像黑色的闪电，在高傲地飞翔。勇敢地，自由自在地，在泛起白沫的大海上飞翔！”

在极“左”思潮盛行的年代，作为大师钱学森不仅不能发出真理的声音，也会迎合当时领导人的意向，给出有违科学基本原理的结论。1958年，钱先生在《大众科学》和《中国青年》杂志上发表了“粮食亩产会有多少？”和“农业中的力学问题”两篇文章，用植物光合作用的原理，解释了亩产百万斤的可能性。现在看来显然是笑谈。在学术不自由的年代，缺乏自由的学术竞争，学术研究往往就不再是通过科学实践来检验，而是由权力和政治来决定。典型的例子是著名地质力学家李四光先生关于中国存在第四纪冰川的定论。由于李四光的政治正确，该定论的爱国主义功用，他的观点成了定论，虽然当时许多科学家已经质疑，所谓冰川不过是泥石流而已。

学术自由、自由的精神、独立的思想对于培养大师，无论是自然科学的大师，还是人文社会科学的大师都是最为重要的。据说原来清华大学的校训还不只是“自强不息、厚德载物”这八个字，后面还有“独立精神、自由思想”八个字，遗憾的是最后将这最重要的八个字删掉了，这也许就是清华大学之后没有再培养出与民国时代相提并论的大师的原因吧。从20世纪50年代至“文化大革命”这一期间，不可能有任何学术自由，学术自由被视为资产阶级的专利。这一时期的政治任务之一就是彻底改造知识分子，是思想改造，“灵魂深处闹革命”。改造的结果是思想失去了翅膀，躯体变成了没有灵魂的空壳。那一代的知识分子不断被边缘化、妖魔化。即使到现在，知识分子们依然余悸在心，井绳在旁。应当承认，社会惯性力量之巨大，思维路径、方式改变之艰难。

说明学术自由、思想独立对于学术创新，培养大师级人才的重要性还是容易的，但要真正做到和促进学术自由、思想独立是十分困难的。除了环境因素之外，我们的传统教育体制是一个很大的障碍。尤其是教育体制的行政化。教育体制的行政化使得人们不会按照人才培养、科学研究的规律从事管理，不会尊崇学术自由，而是以行政权力运行为中心。大学的行政管理不是为教学科研服务，不是为教师有更大的学术自由空间、发挥更大的创造力创造条件和环境。大学教师反而需要为行政管理服务。为了更好地“管理”大学教师们，各种管制花样层出不穷，从责任教授到教学系列教授，再到长聘教授；从教学名师、国家级精品课到国家教学示范平台；教学效果评价排名到各种科研项目（国家级、省部级）要求。总之，就是要反复不断折腾，不断将有限的精力消耗在各种表格和申报材料的填写之中，不断消磨你的毅力、意志和学术青春，不停转移你的视线，干扰你的注意力。在这样的行政化教育体制下，即使社会大环境有所改变，社会更加开放，我们也很难想象能够维系、增进学术自由，培养出大师级人才。对于这些问题，作为大科学家钱先生应当是知道的，他有不同情形的对比，有实在的感受，但如何才能化解这些问题，钱先生可能也无法提供答案，因此，可谓“钱学森猜想”。

论文合著为哪般

因为真正的合作研究与挂名之间难以判断,所以一些学者会远离合作撰写、共同署名。

在中国,准确地讲是在中国大陆,公开刊物中经常能够见到两人甚至三人、四人共同署名的论文。当然,从总量上讲,一人署名的情形仍占大多数。在自然科学领域,主要是工科,独著论文的不多,共同署名的现象似乎比较普遍。海外也是如此。共同署名包括共同撰写和非共同撰写两种。在法学界,有些学者几乎见不到他们与他人共同署名的论文,似乎这些学者不习惯于与他人合作撰写论文。根据笔者的统计,江平、梁慧星、苏力、贺卫方、王利明、陈兴良、王保树、张明楷、崔建远、陈瑞华、龙宗智、王亚新、李浩等知名学者都很少有合著论文的情形(笔者的统计是,上述作者五年内共同署名的论文不超过三篇)。要注意的是,共同署名的论文其作者中有的人可能是非撰稿人。反过来,也有这样情形,即虽然论文作者是一人署名,但实际上是两人或多人合作,只是其中一人或数人并没有署名。法学圈内,对个人独著论文,人们没有什么议论,但对共同署名的论文有些非议,至少没有褒奖的意思,尤其是在数量较多以及合作者水平并不相当(也许是名气并不相当)的情形。对于专著和教材的合著议论相对少一些,尤其是教材之类的著作(现在的趋势是,即使是教材也是独著,以保持内容的一致性),工具书则几乎没有独著的。比较一下海外的情形,论文合著的情况的确比较少见(有些学科如经济学除外)。关于这一点,看一看海外的论文就比较清楚了,无需精确地统计。于是,共同署名的合作论文就有点"中国现象"的意思。对于共署论文的非议当然涉及共署论文中的学术伦理问题。对于没有实际撰写或参与研究而挂名的,学者们普遍认为这有违学术道德。但从实情而言,何种情形属于共同撰写即属于共同劳动的成果似乎存在争议。

笔者曾经有过与他人合作撰写论文的情形，也发表过共同署名的论文，尽管是出道的初期，因此也能够理解合作撰写的过程。笔者对论文形成过程中"共同撰写"的"实践活动"做了一点考察和分析，认为大体上有以下情形：(1)合著者相互之间对同一个问题进行了研究考察，共同提出了问题，对问题进行了分析，提出了解决问题的方法，共同进行了论证，这样的合作应该是一种充分地合作。这种情形通常为合著者系同一课题的承担者，双方或三方之间的研究能力大体上相当；(2)一方或一人提供思路，他人围绕该思路予以展开，进行研究和论证；(3)一方或一人提供研究大纲、框架或基本观点，他人将其展开，填充具体的内容，包括寻找资料、进行论证；(4)一人仅提供一个可供研究的题目或命题，他人进行研究；(5)一人提出问题，自己进行研究，在研究过程中，他人对研究思路和方法等提出有益的建议；(6)论文已经基本完成，他人对论文进行了修改，修改程度视具体情形有所不同；(7)一人提出问题或命题，他人仅提供了有益的资料，但没有进行论证研究；(8)一人提供研究经费和其他研究条件，他人完成论文。

对于情形(1)，相信应该没有人质疑作为共同研究成果的正当性。对于(2)、(3)，有些异议，但如果从思路和大纲的提出仍然是一种智力劳作的结果，且对于论文的形成和价值有着相当重要的作用这一角度而言，提出者作为共同署名人也是具有正当性的。而单纯提出一个题目、提供资料、修改意见，尽管也是一种劳动，但对于研究成果的形成作用就要小得多了，这种情形下似乎不宜共同署名以显示其作为共同研究者的地位。提供经费和其他研究条件的情形，很明显不应该将提供者作为研究者而在论文上署名。

尽管没有参加论文撰写，但也要署名的情形，学界称为"挂名"。虽然不涉及知识产权的争议，多数人非议的只是有违学术道德，但挂名的情形仍然有之。尤以学生与老师之间的关系为众。笔者以为，原因如下：

1. 学生需要挂老师之名，否则难以发表。现在大学对学生拿高等级学位，主要是博士学位有公开发表论文的要求，尤其是要求在"一般核心期刊"和"权威核心期刊"上发表，且有数量要求。一般核心期刊的杂志数量极其有限,各专业的权威核心期刊更是仅有两三家。如此紧缺的资源,面对如此大量的博士研究生的需求,其矛盾是显而易见的。在这种场合就只有借助导师的名气,将导师的名气和人际关系作为一种竞争手段参与到对核心期刊有限资源的争夺之中。导师名气越大,竞争优势越明显。导师挂名的竞争优势主要在两个方面:其一,学术名气。杂志是需要有人气的,而人气与作者的名气高低大小有关。因为在隔行如隔山的学术分野之中,面对大量的学术研究成果,人们的阅读选择往往只有通过作者的名气来进行。名人也就具有了一种品牌效应。杂志需要名人作为提升人气、扩大读者面和提高销量的手段。其二,导师的人脉关系也是学生要求导师挂名的动因之一。中国是一个特别讲究人脉关系的国度,特殊的人脉关系即使不能改变规则,起码也能够淡化规则。导师们由于其事业上的先行,已经具有了成熟的人脉关系。有了一位好的导师,学生的事业便有了一半成功。这话虽然有些夸张,但导师的人脉资源对学生今后的发展有着很大的影响是毫无疑问的。当然,如果导师人际关系比较差时,对学生的发展亦会有负面影响。

2. 另外,导师出于与学生的关系,也要拉学生一把。在大学里,老师与本科生的关系同导师与硕士生、博士生的关系有所不同,后者要近得多,尤其是硕士生、博士生往往要给导师做助手,有的叫作“打工”(将导师称为“老板”大概也就源于此意)。不论出于一种“交换”、“回报”还是基于“人情”或“类亲情”,导师一般都会给予帮助,让学生把自己的名字挂上也是一种“帮助”的形式,特别是在导师已经很有成就、名望的情况下。导师挂名给学生提供“帮助”,实际上还有另一个好处就是希望学生能够与导师一起共同扩大或“占领”学术市场。实际上,学术领域也是一个“物质空间”,也存在人的占有问题。学术影响的扩大,自己学术观点和理论对社会的影响,除了学者对真理、知识的追求和崇拜之外,在潜意识中也有一个占有欲的满足问题,学术影响的扩张也透视了作为人的本性中的占有欲,虽然可能不是直接的。在某些情况下,学者们对自己观点的固执也是对自己“领地”的坚守。大多数导师总希望自己的学生是自己学术理论的接班人或传人,没有多少人希望自己的学生否定自己的观点和理论,尽管人们都坚持真理至上的理念,但有几个导师会怀疑自己不是在坚持真理和追求真理?

3. 在学术方面,只有为数不多的学者可以在较短的时间内、论文也不多的情况下就树立其在学界不可动摇的统治地位。对于大多数学者而言,没有一定数量的论文(没有50篇以上公开发表的论文,此人大概在学术界不会有什么影响,少数人除外),学术地位难以提升;没有持续的研究,学术影响便会逐渐减弱,学术"统治力"也会下降。这种情形是学者们不愿意看到的,人总是希望能够不断坚守住自己的学术影响和统治力,这也是人的本性所致。但随着精力的减退、行政事务的增加和社会活动的增加(学者学术影响的扩大与社会活动参与量之间应当是成正比关系),以及学术兴趣的降低(随着时间的延长,会有相当一部分学者厌烦自己的研究,并逐渐远离专业书籍),从事学术研究的时间也越来越少,但又希望学术影响能够继续,这样两者之间必然发生激烈的冲突。由于学术影响力大小与文章数量的正比例关系(一般情形),因此要维持影响力,就要保持一定的论文数量,合作论文是一种有效的办法。按照诺贝尔经济学奖获得者乔治·施蒂格勒的说法,"显然,与别人合作撰写10篇文章要比单独撰写5篇文章更能提高自己的知名度"。[①] 在自己没有时间和精力时,这就需要学生帮忙了。由于学生与导师之间的利益关联关系,学生也愿意导师挂名。但这种挂名在学术道德上是遭到非议的,虽然有值得同情和可以理解的一面。

因为真正的合作研究与挂名之间难以判断,所以相当一些学者会远离合作撰写、共同署名。尤其是现在有一种普遍的看法,学术地位高或影响大的人与学术地位相对低或影响小的人共同署名,通常是学术地位低或影响小的人是该论文的实际作者,或者说是主要劳动者。人们的判断依据是,只有这样才能形成"平等"的交换,即名气、影响"交换"劳动。当然也有学术地位相对低的人"搭车"的情形。例如,老教师扶助青年教师、导师扶持学生的情形,但应当不多。如果论文是自己写的,自己的学术地位又比他人高,还

① [美]乔治·施蒂格勒:《乔治·施蒂格勒回忆录》,李淑萍译,中信出版社2006年版,第23页。

要让他人挂名或自己列为第二作者,这不是常情。不少学者认为,即使导师给出了论文的基本思路和观点,还是不要在论文上署名为好。尽管给出基本思路和观点也是一种共同“投资”,但论文的完成还需要更多的劳动,包括大量的体力劳动。查找资料、核对引注、校对文字句法,论文的文字表达、形成、基本观点的论证、他人观点的反驳,尤其是论证,这是论文中最主要的智力劳动过程,因此仅仅因为给出思路和观点便予署名就不太合适。实际上,智力劳动者最怕的其实还是体力劳动,要知道智力劳动有时具有游戏成分,体力劳动难以从中找到乐趣。我的导师王锡山老师是从不主张共同研究的,也更不主张共同署名,他的这一观点对我影响很大。共同研究形成的文章至少对以后的学术考证是一个麻烦,不知道该正确的观点或错误的观点究竟应当归于谁。学术研究当然存在着合作,合作对于学术创新也有好处,但这主要在工科领域,纯学术理论的研究与工程技术的研究有所不同,或者说文科与工科、理科有所不同。人文科学(这里包括法学)理论的研究更多的应当是以个体研究为主,基于个人的独立思考完成,一般不需要合作(需要大量调查、数据分析的情形,尤其是社会学、经济学、统计学等则应当除外)。每一个人有自己的研究方法和认识问题的角度,人文科学的理论由每个个人的独立思考的结果汇集而成。每一个学者的独立研究成果在碰撞、检验之后就形成了一个宏大的社会理论体系。工科和理科,尤其是工科往往是需要彼此合作分工研究。例如,一个大型的实验项目、工程设计,需要很多人的共同作为才能完成。人文科学当中的技术性部分,主要是调查数据分析也是如此。对于人文科学而言,大型课题虽然有合作,但子课题依然可以由个人完成。所以,笔者主张不宜共同研究撰写论文,即使为他人的论文提供了劳动,也最好不要署名。实际上学生的论文中多少都有导师的汗水,但从来就不会署上导师的名字,因此没有必要在乎学术论文上的署名。至于学生论文的发表,需要他们自己“打天下”。

“法学家”评选杂谈

“十大法学家”的评选也要考虑“边际效益递减”，尤其是快速递减的问题……

在法学界，关于“杰出中青年法学家”的评选人们一直有些议论，这是事实。不可否认，这种评选对于中青年法学工作者的研究工作的确有着激励作用，但同时，我们也应当注意这种评选在一定的运作方式和特定的环境下也会产生某些消极的影响，因此有必要对这样一项重大评选活动的运作方式及正负效应予以重新评估。

关于“杰出中青年法学家”的评选，人们质疑最多的是评选周期的问题。至今该项活动举行了五次，分别是1995年、1999年、2002年、2004年和2006年，第一届到第二届相隔四年，时间还比较长，而按照现行的做法，评选周期为两年。问题在于，虽然产出量不变——“十佳”，但由于产出周期变短，因此也就意味着“产品”数量的增加。“杰出法学家”的评选活动也是一种生产活动，被评选出的法学家就是一个精神产品。一个基本的原理是，在一定的空间、时间里，数量越多，其价值越低，法学家评选数量增加得越多，周期越短，其价值就“打折”得越多，打折得越快。如同邮票的发行与邮票收藏一样，发行量越大其价值越低。现在社会上充斥着各种选美活动，其结果是过于频繁的选美活动必然导致人们产生“审美疲劳”，现在人们对选美已经不再像过去那样期待，这是一个大众心理的问题。

从经济学的角度看，“杰出中青年法学家”评选也同样存在“边际效益递减”的问题，我们知道，当我们喝了第一瓶可乐之后，第二瓶可乐的味道就感觉不如第一瓶，如果再接着喝第三瓶可乐，则味道又不如第二瓶可乐。但如果相隔时间长一些,则“边际效益递减”的效果就不会那么明显,因此“十大法学家”的评选也要考虑“边际效益递减”,尤其是快速递减的问题,如果从经济学角度审视一下它的运作,即使要评也要相隔较长的时间,至少五年以上。在当下人们学术研究普遍比较浮躁的情形下,如此短周期的评选也更进一步加剧了人们研究的浮躁心态。

一项评奖活动不外乎两个方面的意义:其一,通过表彰个人,以激励其继续作为;其二,通过表彰,激励他人努力作为,也就是更广泛的社会作用,是一种榜样的力量。显然评选的组织者更在乎的是后者,对被评选人的激励是次要的(同时,还要看到对落选人的负面影响)。我始终认为,名誉称号适合于对一个人成就的终身评价,应是有些盖棺定论的意思,虽然这种定论也存在不确定性,但总要比中年,尤其是青年时期对其成就给予评价要好一些。应当说,目前为止所评选出的杰出中青年法学家绝大部分都是“杰出”的,都是当时中国最优秀的法学家,他们的研究业绩值得肯定和表彰。但也不排除个别学者与“十大杰出”称号的不一致,对此,我们当然可以说,那只是极个别的,也是不可避免的。问题恰恰在于,这极个别的情形就可能抵消这种评选所带来的全部积极意义,并由此带来人们对评选在实体和程序上的双重质疑而得不偿失。还应当注意的是,人们对杰出法学家这一称号的特殊心态,杰出法学家不同于明星,在人们的认知心理上,相对其他娱乐界的称誉而言,更为严肃,更为神圣,人们的期待值更高。一旦出现与其称号不一致的情形,就将对大众心理形成不小的打击和挫折。如同各种英雄模范的评选一样,当有个别被评选人亵渎该神圣称号时,所带来负面的影响就是人们对这种称号的普遍不信任,所谓激励机制就可能丧失殆尽。

进一步思考的问题是,法学工作者研究的积极性需要这样的评选活动来调动和激励吗?我的认识是,在我们这样一个特殊的人际关系环境里,非常容易使评选变形,几乎任何评选活动都难逃关系的运作。“杰出中青年法学家”的市场价值是十分明显的,能给人们带来精神以外的许多物质利益,是“马太效益”形成的重要参数,因此,“杰出中青年法学家”评选就容易成为追逐利益的一种游戏,成为一种新的利益的竞技场。这就难以完全排除极个别人为了得到这样的评价而大量投入其心力和物力，尽力运作其人脉关系，于是人脉关系在其中的积极效用不仅不能激励人们更加努力地投入法学研究之中，反而挫伤人们研究的积极性，强化了人们对人脉关系建构的投入。评选中，评委们尽管主观上会有意识超越部门利益、人际关系和个人好恶，但要真正超越很难，人们很难逃脱潜意识的控制。似乎可以得出这样的结论：在中国，绝大多数的评选表彰所带来都是负面效应大于正面效应。另外，从中国时下的法学研究和实践的现状来看，法学研究刚刚起步，相对而言还比较幼稚和浅薄；法学实践还不够丰富和深厚，因此，在这一时期，杰出中青年法学家的评选也应当更加谨慎。

三

演 讲

民事诉讼法的思维方式

（讲座文字整理稿）

时　　间：2016年5月29日

地　　点：清华大学法学院模拟法庭

主办单位：清华大学法学院学生会

主 持 人：罗慧洁（清华大学法学院2015级硕士研究生）

讲演稿整理：罗慧洁

主持人：

为了拓宽我们的知识面，今天，我们有幸请到了法学院的资深教授——张卫平教授为我们做学术讲座，大家欢迎！（掌声）关于张教授的学术背景，同学们也都很清楚，我就不必再介绍了。有请张卫平教授开讲。

同学们，各位听众，大家上午好！

非常高兴，今天又和同学们见面了。虽然我们都在清华，但因为彼此之间没有在一个生活轨迹，所以除了上课有"轨迹"的交集之外，很难与多数同学们见上一面。有的同学可能见面要多一些，如我指导的学生、"快走俱乐部"的同学。因此，今天有这样一个讲座，是一个很好的与同学们沟通、交流的机会。希望我今天的讲座内容能够对同学们有所参考,有益于同学们知识的扩张。

为什么要强调思维方式,强调某一种思维方式的特点?为什么说不同的视角、不同的环境、不同的时代对思维方式有所影响?我想主要的基本点和出发点在于,特定的思维会自动指导每个人的行为。有时候你的行为应当怎么来实施,你怎么行动,自己并没有明确的指示,但却会遵循一种潜在的规范,这种规范就是基于特点的思维方式。你的思维取向是什么,你的行为取向也就是什么。

处于不同社会地位、不同职业的人,会有不同的思维方式,这种思维方式来源于潜在的行为取向和价值追求。比如在最近进行的硕士论文答辩中,我提出来一个问题:一个辩护律师和一个检察官,其行为取向有什么不同?而作为检察官,其行为取向一定是有罪或罪重,而作为律师,其行为取向一定是无罪或罪轻,正是基于这种行为取向,才必须考虑刑事诉讼上的对抗和制约结构。检察官代表国家行使追诉权,决定了他基本的思维方式和取向。虽然检察官随时告诫自己要实事求是,坚持证据裁判原则,但实际上有一种取向迫使其朝有罪和罪重方面去看待事实和收集证据。因此思维方式的不同,对同一事实的认定有相当大的差异。这在体育比赛中也很明显。如果这个人是你的偶像,那么你总是倾向于认为他遭别人侵犯而不是侵犯别人,比如说喜欢 NBA 马刺队的球迷,一旦马刺在关键场次比赛中,你总会认为裁判没有公正执法,为什么老偏袒马刺的对手,对马刺吹得严,对对方吹得松。这是基于立场而产生的思维取向,这是很自然的。

笔者去过美国的科罗拉多大峡谷旅行,注意到大峡谷的观景点没有任何防护栏或提示,要知道,大峡谷可是万丈深渊。当然,中国旅行团的导游会提示“千万不要在大峡谷边上打伞”。因为一旦有风,站在观景点的人下意识去抓住伞,就很容易掉下去,生命也就结束了。比较一下,我国湖北恩施也有一个比肩科罗拉多大峡谷的恩施大峡谷,只要是险要的地方就会有护栏。为什么会有这样的差异呢?这是不同的思维方式导致的差异。根据我的思考和调查,在美国,强调的是一种自我风险意识和责任(包括对未成年人的监护责任),是自我的风险防范意识。我有些恐高,在距离峡谷边上四五米的地方我就自动双腿发颤,但有的人就无所谓,站在悬崖边上非常得意。我看他们站在边上,心里就特别受不了,我的脚直发软。想想,但如果不是自我责任,而是他人责任或国家责任的思维方式,则一定要修栏杆或给出提示。这样的对比,对民事诉讼来讲是有意义的,为什么在民事诉讼以及私法领域,强调当事人的自我责任、意思自治,我认为和这个有关,即国家没有必要来干预。但我们没有这种自我意识,相反,我们有很强的社会意识和国家意识。延伸开来就构成各种很复杂的国家对市场的广泛干预,形成泛权力化、泛行政化的社会形态。这一传统和现实都与人们的这种社会意识、国家意识的思维方式有关。

在我们的思维方式中,基于工作、职业、生活场景,可能存在多种思维方式,有艺术思维、逻辑思维、数学思维、工科思维、社科思维等。在处理的社会关系中,也同样存在着处理相应基本关系的三大思维方式:法律思维、政治思维、伦理思维。这三种思维显然是不一样的。我们所谈到的民事诉讼法的思维,无疑属于法律思维的范畴。那么,作为法律思维来讲,其基本特点是什么呢?我认为,应当是讲究行为的根据,即承认实在法的存在,以实在法为前提、依据,所有正当性来源于实在法。当然我们在法理上有关于正当、正义来源的事实,比如自然法,但总体上来说,法律思维以实在法、以规范为前提,这是一个大前提。

我们比较一下法律思维和政治思维两种完全不同的思维。政治思维没有也不可能有政治规范,只有政治利益。虽然说也可能制定某种规则,但这些规则是不可能有约束力的,如果有,也就成为法律规范。政治中的规则可能只是强权者的意志。当然,对于政治和政治游戏是否应当有正当性,是否应当遵循一定的政治伦理和道德是另外的事情。而法律思维以规范为前提,这个规范是相对确定的,实在存在的。

政治由于没有特定规范为前提,它是以权力大小、利益大小、政治结果来衡量与思考,考量的是什么样的行为才能获得最大的政治利益。相比之下,法律思维首先不是考虑效果或影响,而是考虑法律规范是怎么规定的,因此两种思维方式不一样。伦理思维尽管有规范,但其规范是非常抽象和不确定,这是伦理思维最大的特点,而法律规范相对是确定的,尤其是在适用规范时特别讲究适用条件,不符合条件,规范就无法确切地来适用。法律规范总是设定有特殊情形,不能满足一般情形的,即属于特殊情形,特殊情形有相应的特殊后果。伦理思维则不需要考虑,是非常抽象、宏观和情感性的,一旦细化或强调要件事实,则必定要有严格的责任和约束力,这就成了法律规范。正是由于伦理规范的抽象性和模糊性,没有具体的适用条件,强调的是一种基本社会取向,因此,伦理规范也就不可能是强制性的。如果我们把理论规范作为强制性规范来对待,就会发生前一段时间人们所议论的"巴士让座事件"。一老大妈上车见一女子坐着没有让座,便大声呵斥,指责女子没有让座,没有遵守道德。后来,女子解释自己当时身体处于特殊情形。显然,老人将提倡为老人让座的伦理当作了法律规则。一般而言,伦理的本质取向是社会利益,法律规范的本质取向是个人利益。

在法治初级阶段,我们常常会把法律思维、政治思维、伦理思维混淆起来,统一加以考虑,而不是单独分开考虑。所以,我们的某些惩治腐败的措施基本上是"法律+政治纪律+伦理规范",这种混用的结果未必有利于实现反腐的目的,尤其是无法实现反腐的制度化。因为政治思维和伦理思维是不会讲究制度化的。如果在思维方式上,我们没有明确区分就会有问题,我们往往把伦理当作法律附加的东西,要求受到伦理的谴责,感觉不够用的时候,把政治的东西再加上。这导致在治理中存在一定的紊乱,当然还存在其他的思维方式,比如数学的、自然科学的、艺术的思维方式。以艺术的思维方式为例,它是不可能有规范的,一旦有规范就不是艺术;艺术讲究创造,创造就没有规范约束,即使说有相对统一的规范,譬如字写得好不好,但这只是相对而已,因此书法往往是没有办法确切评价的。

不同的学科由于具备不同的研究视角和方法,会形成独特的思维方式,这种思维方式也需要在专业中进行相当长时间的训练和培养,这也导致了不同学科由于视角和思维方式不同,取向与其他学科形成差异甚至是抵触。最近,笔者在写民事证据法方面的书,特别注意到其他学科间取向的差异问题。例如,法制史的思维取向问题。当然,每一个学科都有自己的思维取向问题。这种取向的形成是基于心理学上的“对象捕获效应”。例如,研究民法的,可能就具有民法帝国主义的取向。讲民法的,会说民法是私法领域中的宪法;讲刑事诉讼法的,会说刑事诉讼法是程序性宪法;讲宪法的自然不会高兴,因为你们都成了宪法,宪法本身还有什么意义?研究程序法的可能就存在程序法帝国主义的取向。讲授哪一门课的教师总是会强调自己这一门课如何重要就是这种心理效应的反映。

笔者在撰写证据保全这一部分内容时,看到中国检察出版社2000年出版的《中国诉讼法史》一书。发现书中有观点认为,证据保全制度早在西周时期就已非常完善了,例如将犯罪证据保管起来。如果研究历史的人断代于西周,专攻西周历史,则就研究者看来,现在有的东西肯定西周全都有,这就是很自然的“对象捕获效应”,你只要研究它,就可能喜欢它,自然也就生成对历史、过去的优越感,即“历史优越论”,夸张、放大都是很自然的。实际上,证据保全,哪里仅仅是指犯罪证据、犯罪工具的保存那样简单呢?我们顶多只能说,在中国历史上很多萌芽的东西都有,但制度的东西大都没有,要有的话,还有现在建设、改革的必要?我们尤其不能将历史碎片当成极度发达的工业时代的社会产品来对待,否则很容易夸大。“中国古代法治史”的说法,就是这种思维和认识的典型。不可否认,这在每个学科中都存在,我并没有贬低任何一种研究包括法制史研究的意思。我们这样的认识往往是基于对自己学科地位优越的强调,实际地位其实本身并不优越,但是只要研究它,或从事这个专业,那么自我夸张、膨胀,寻求话语权和地位是很自然的。本质上是利益问题。要打破学科偏见,就需要提倡学科交叉研究,从而扩大研究视阈。

谈到检察机关时,检察机关总觉得自己很弱小,就会通过各种各样的途径尽可能扩大自己的地盘,这是基于自己所处的立场、处境和利益的自然选择。但是我们也要看到,每个学科的确都有自己的思维方式,使得这个学科能够发挥作用,能够意识到与其他学科不同。每个学科只要摆在应有的位置上,那么适当的夸张和扩展并没有关系。只要坚持学术自由、言论自由,你有你的学术取向,只要允许这些取向自由竞争,就一定会在竞争当中寻求一个自然的平衡,推动整个社会科学、整个科学理论的发展。因此,我们不能去抹杀任何一种思维方式的特点,包括史学。但我们也要看到既然是视角,就有限制,否则就成了广角;越是广角,观察到的东西就不可能很深很远。我爱好摄影,意识到恰恰因为视角很小,所以焦距可以很深很远,这是一个认识论上的哲学问题,是一种矛盾存在。说到哲学有点玄乎了。(笑)

我常常讲,我们有法律思维,并不等于有法治思维。法律思维以既存规范为前提,按照三段论的逻辑推出结论,是我们一般规范分析的思维方式和逻辑过程,但法治思维比法律思维要高,不仅是说有实定法规范存在,而是说有基本的、成规范层级的法律体系,有基本的价值追求。这种思维方式和行为取向就是权力制约:不是说仅仅讨论法律是什么,仅仅依照法律来实施,这样一个过程只能称为法制;一个法治思维必须以权力制约为基本取向,实现和维护权利,如果没有坚持这一点,有法律思维但没有法治思维,有法律但不是法治社会。我们之所以处于初级阶段,是因为我们还需要从仅有法律转向有法治的价值观和思维方式,而这种思维还在慢慢形成过程当中。我们现在的理论恰恰是基于,在高速发展和动荡的社会,应当是权力集中而不是权力制约,但我们又没有办法实验是否应当是如此。

在法律思维中,我们又可以从几个层面来分析。最主要的划分是实体法和程序法、公法和私法,如果不清楚这样的划分,就很难把握民事诉讼法的思维。关于实体法和程序法,这两个领域各有特点。作为实体法首先讲究静态的、正义的分配,作为一种规范,从实体上来讲涉及分配的正义和机会的平等,是关于正义的规范体系。假定实体法体系能够直接准确地反映分配正义和机会平等,那么实现实体法中所规范的权利义务就等于实现实体正义。实体法的特点是在相对静止的环境中确定什么样的分配是正义的,应如何规定才能体现机会平等,所以说实体法的思维是静态的思维,而程序法的思维不一样,是由程序和程序法本身的特点确定的。作为程序,是流动变化的、持续性的、有先有后的,这种过程反映出程序法中任何的确认都是相对的,即程序法思维存在相对性的特点,这源于程序的流动性。法律思维的特点和法治本身讲究相对性，也就是确定性，他必须是限定的，限定在一定空间和时间范围内。作为程序法的思维是考虑在流动当中的相对确定，关于这样一个问题的理解涉及民事诉讼法中的许多问题，如果不了解相对确定或相对正义，那么，有很多问题不好理解。

以最高人民法院《关于适用〈中华人民共和国民事诉讼法〉的解释》第93条的规定为例，对于已为人民法院发生法律效力的裁判所确认的事实，当事人无须举证证明，这是前诉法院生效判决对事实的确定对后诉法院对同一事实认定的影响和约束的问题。司法解释认为该事实在后诉中当事人不需要提出证据加以证明，但除此之外，前诉法院对该事实的确定对后诉法院究竟有什么影响，是说后诉法院必须接受前诉法院对该事实的认定，还是说后诉法院可以不按照前诉法院的认定而自由裁量，或者说实际上有影响但在法律上没有约束力，对这个问题是存在争议的。它是不是生效判决应有的效力，还是事实上的效力，而事实上的效力是基于什么，为什么没有约束力。如果从相对性的角度来看，有一种观点认为，前诉法院的认定是在前诉案件的审理环境中作出的，当事人的主张方式、陈述方式、证据提出方式、对方当事人防御的方式不同，因此这个认定是在特定环境当中形成，对后诉法院当然没有法律上的约束力，后诉法院的事实认定是在完全不同的诉讼空间当中进行。又比如涉及再审事由的问题，再审事由中究竟是否应涉及原来判决所依据的事实和证据，是否考虑发现新证据就要推翻原判决，是否应涉及事实认定错误的问题，这关系到诉讼相对性问题：如果承认相对性，即使有新证据的情况下，事实认识错误也不能推翻，因为判决已经确定生效。如果联系起来看，只要有新证据或事实认识错误，判决永远处于不确定状态，这是从相对主义的视角，而非绝对主义的视角来看。而法治恰恰是讲形式的，讲相对主义，这是法治思维的重要特点。如果一切都追求实质正义，那么法治思维的相对性就无法实现，这实际上有可能是在伦理思维、政治思维中看待法律思维。

民事诉讼法思维方式的另外一个特点在于，诉讼程序当中存在若干价值追求，这些价值追求之间往往存在紧张、冲突甚至矛盾。实体法中也有这样的情况，但一般只在立法的时候会考虑政治、社会、伦理因素，在适用中考虑较少，尽管民法的诚实信用原则对这方面的考量会有所涉及，但不像程序法这样，在每个环节中都涉及价值冲突。这些价值冲突主要包括实体权利的实现和程序正义、发现真实的目的和手段的正当性、效率和成本，已决法律关系和诉讼程序的安定问题。追求发现真实，毕竟是以事实为根据，以法律为准绳，只有依据还原的事实和证据作为裁判依据，才符合实质正义的要求。但问题在于追求发现真实受到手段正当性的制约，尤其是在刑事诉讼当中特别强调非法证据排除，其主要目的是制约公权力，因为在西方法治当中公权力是最危险的权力，因此在证据规则上特别强调防止滥用公权力来获取证据，故刑事诉讼法比民事诉讼法更强调非法证据排除。诉讼还涉及成本问题，如果成本过高，可救济的权利过小，则会违反经济学上的成本效益原理。因此必须考虑对小额诉讼的救济程序进行简化，因为越复杂成本越高，周期越长。并不是说发现真实越充分越好，也不是说为了发现真实投入成本越高越好，因此可以看出民事诉讼法的思维当中有一个价值衡平的问题。

我们适用民事诉讼法，针对特定诉讼，解决特定案件，作为法官而言，他的思维基本上就是一种衡平思维，审判艺术也就是衡平艺术。学者既要考虑立法的问题，更多的是要考虑法律适用问题，因此研究民事诉讼法也常常是衡平思维。当然我们的衡平思维又必须要考虑到价值排序问题，即在哪个阶段、把什么价值追求排在首位，这就需要我们研究，拿出一个基本规范。这并非绝对，只是针对某些诉讼、某个阶段需要考虑。比如说，广义的民事诉讼当中既包含狭义的诉讼——审判程序，又包含执行程序，在这两个阶段的其中哪个阶段，对公正的追求应排在效率之前？此时要考虑这个阶段是实现权利还是确认权利。执行程序首要在于实现权利而非确认权利，因此应为效率优先；而在审判程序中要考虑公正优先，这是一个原则性的规范。在具体诉讼当中，如在非诉程序、小额程序中，效率可能上升到一定的位阶。应该根据具体情境，在不同环境、不同阶段对不同的价值追求、价值排序需要认真考虑。所以民事诉讼或诉讼法的思维更多反映出一种思辨、辩证的色彩,在审判过程当中也更多体现为一种艺术。我们通常说审判艺术,就是指针对具体案件灵活考虑是否最佳结果,才能达到艺术的境界。如果不是这样就没有必要谈艺术。因此民事诉讼法的思维更能体现艺术性的一面,这也是最难把握的,这恰恰与民事诉讼法的规范分析存在矛盾。必须要说明的是,民事诉讼法无论多么思辨,也必须以规范分析、逻辑推论为基础而非以艺术、艺术夸张为基础。

谈到实体法和程序法,程序法中又涉及刑事诉讼法和民事诉讼法,这两者有相当大的区别,甚至远大于实体法和程序法的区别。在这个意义上我认为民事诉讼法更接近民法,和民法基本上是表亲关系,由于公法原因和刑事诉讼法相隔比较远,外表看起来类似,实际上不是一家。刑事诉讼法依据的实体法是公法,民事诉讼法依据的实体法是私法,而实体法的价值观、思维方式会自然延续到诉讼法上,也必然将其观念、意识、思维方式延续到诉讼法上。如果割断了这种关系,实际上就割断了实体法和程序法的关系,这显然是不对的。在这点上我赞同马克思的观点:实体法和审判程序应当遵循同样的精神。那么民法上关于意思自治、契约自由的精神应该延续到民事诉讼法。民事诉讼法的思维方式如果要反映民法的观念,就和刑事诉讼法有很大的区别。比如谈证明标准,我们很容易将民事诉讼和刑事诉讼的证明标准来比较。刑事诉讼的证明标准是排除合理怀疑,也有人主张证明标准多元化,民事诉讼则是高度盖然性,特殊情况下针对欺诈、胁迫、恶意串通以及对口头遗嘱或者赠与事实的证明会有排除合理怀疑的类似于刑事诉讼的证明标准。不管怎么说,从大的方面来讲,民事诉讼的证明标准低于刑事诉讼,因为必须要考虑民事诉讼争议双方是平等主体,当事人以私权手段收集证据,和刑事诉讼中以公权力收集证据来证明、指控有很大不同。如果以刑事诉讼的证明标准要求民事诉讼,民事权利人的证明会相当困难。这也涉及民法是调整财产关系以及与财产相联系的人身关系,从经济学角度来讲,民事诉讼即使错了,造成的损害和成本远远比刑事诉讼造成的双倍损害和成本(即应被追究的人没有被追究,不应被追究的人要追究)要低。谈到关于非法证据排除的问题,刑事诉讼中最有名的是“毒树之果”理论,民事诉讼却不能完全采纳这种理论。在民事诉讼中,对没有严重反社会性或损害结果的证据,基于对权利的维护,如果不采用这种手段就无法获得证据,在此情形下只要获取证据的手段违法不严重或有其他特殊情形,该证据依然具有可利用性。最近最高人民法院有一个关于民事诉讼证据的解释(征求意见稿),每一条规定当中都有一个概括,这个草案的第一条概括为"证据裁判主义",大家可能看起来都没有问题,但其实这个话是不全面的。证据裁判主义只适用于刑事诉讼,不是说民事诉讼不依据证据裁判,而是说在事实认定方面,在证据之外还有其他的依据。证据裁判主义要求必须依据证据作出裁判,其基础是人权保障,这是基于刑事诉讼特有的制约公权力的目的提出的,而民事诉讼中除了证据之外,整个辩论中出现的除证据之外的所有资料信息都是裁判依据,是法官自由裁量的依据。这在大陆法系上被称为"辩论全趣旨",是指辩论程序当中提出来的所有存在或表现出来的资料信息都可以作为自由裁量的依据,不完全单单指证据。古代的听讼制度叫五听,是辞听、色听、气听、耳听、目听的简称,审判者通过对当事人在法庭上的陈述和行为表现综合判断,包括当事人的表情、行为、前后陈述是否一致等。如果有一方当事人始终如一地对案件如此陈述,对审判者的裁量结果显然有影响。现在如果有律师出庭,从专业角度来讲会给当事人以规范和指导,否则可能会因某些不当行为给法官留下不好的印象,有人会说当事人可以表演,但一个真正有经验的法官是有能力识破各种各样的表演的。

民事诉讼法的实体法是私法,这就要反映民法的观念和意识。相当突出的,或者最突出的,就是辩论原则和处分原则。而由辩论原则和处分原则展开来的,就是各种各样的诉讼契约,包含证据契约。我们在民事诉讼中必须要保持和民法的意思自治、契约自由相一致的精神,相信当事人的自我责任,给予了他自我责任,就要承担相应的结果。所以作为主张责任、证据提出责任,都是我们应当强调的,如果没有将民事诉讼法与现代民法的精神结合起来,必然会出现过多的职权干预,违反实体法的内在精神要求。民事诉讼的体制转型和民事诉讼的现代化,主要含义就在于此,就是不仅在程序正义上达到一定的要求,还在于和实体法保持一致性。现在还没有做到实体法和程序法内容精神的一致,因此转型在理性和逻辑的推理上是能成立的。相对于民法而言,民事诉讼法更难从现有的司法体制中割裂开来,因此转型更难。起诉难、再审难、管辖难、送达难、执行难,这些都离不开司法体制。

民事诉讼法思维方式的第三个特点在于程序性思维。从应然的角度来讲,首先是考虑程序,而且是把某一种程序放在首位。问题应该怎么办其实讲的就是程序,首先考虑解决这个问题的程序是什么。如果这个问题被提出来,但完全没有解决问题的程序,就相当于没有解决问题的钥匙。民事诉讼法看起来是设定了一个很大的程序,一审、二审、再审程序都有,但民事诉讼法基本上属于深海鱼,一般来说鱼刺很少,只有一根主刺但没有网络,所以程序运行起来非常困难,存在诸多缺陷。比如证据方面,看似有证据制度,但没有证据程序来决定哪些证据应该提出,哪些证据应该进入调查,我们只有质证认证程序,但是否所有证据都要进入证据调查,是否每个证据都要质证,有没有必要,有没有关联性,这些都没有规定。比如文书提出义务,如果对方当事人主张应当提出的文书涉及国家秘密、商业秘密或个人隐私,我们通过什么程序来决定应不应当将该证据作为被开示的对象?这方面没有程序规定。因此民事诉讼法看似是很庞大的程序,但这个庞大程序中的子程序非常缺失,这表明实际上即使制定了民事诉讼法,也没有程序思维,否则一定会想清楚审查这个事情的程序是什么?

尽管我们已经制订了许多法律,但由于没有程序,很多法律依然是挂在云端的法律。最典型的就是宪法,一部非常漂亮的宪法静静地躺在那里。要使云端的宪法落地,要想真正发挥宪法的规范作用,就必须要有一个程序。最关键的是宪法诉愿程序、宪法解释程序和宪法审查程序,但这些程序至今没有规定,没有规定审查主体,没有规定宪法解释权归于全国人大的具体哪个机构,没有规定宪法解释程序如何启动等。韩国就不一样,韩国宪法真正是根本法且发挥作用,如果没有宪法诉愿程序,韩国不可能废除通奸罪。

因此,我们讲,程序法思维的特点就在于讲程序,视程序为核心和生命,程序为先以及程序正当化。而现在,我们在程序思维上远远没有形成与现代法治社会相适应的思维方式。我们应当把原来治理社会的政治思维转变为法律思维,尤其是在法治社会,如果没有实现这种转变,我们依然是传统的治理方式,依然跟不上整个社会的现代化进程。从我研究民事诉讼法的角度来说,法治的核心是程序。我们要从当下法治建设欠缺什么的角度来思考,毫无疑问,当前法治的缺失主要是程序法建构的缺失。形式正义的程序性思维往往不太被关注,还没有被承认,这就涉及整个体制转型的问题。所以,我们会发现,现在的民事诉讼法框架和文本还不及一百多年前的德国和日本。打个未必妥当的比方,如果说实体法的建设已经达到了"北上广"的程度,则程序法基本上还处于河北张家口一带的发展水平,落差很大,发展很不平衡。如果要真正改变中国的面貌,不是要改变"北上广",而是要改变"广大乡镇和农村";如果把这个话移植到程序法和实体法上,则我们最重要的应该是改变程序法制的现状,这也是价值取向的问题。所以,今天我来讲民事诉讼法的思维,就是想强调程序法思维,尤其是民事诉讼法的思维特点及其原因是什么。有些内容属于应然性的,从符合现在法治的要求出发来谈。思维是可以训练的,也是可以超前的,尽管某种特定思维是源于一定的社会环境,但是我们也可以反过来指明这种思维方式的优越性和积极性,朝着这样一种思维方式去努力,以避免消极的、不符合程序法的思维方式。这样一来,我们的行动就更加积极,我们的研究和建议就更具有建设性和进步意义。

好,我的演讲就到这里。关于民事诉讼法的思维方式,还有许多问题,许多细节需要讲,有些问题还有待于我们进一步去研究。我也希望各位同学、在座的各位听众也参与其中,以你们的智慧揭示民事诉讼法思维的奥秘。再次感谢大家。(掌声)

四

附录

我的推荐书目

——民事诉讼法专业

推荐说明一：

以下书目主要是推荐给笔者指导的硕士和博士生以及那些打算报考博士的硕士生。整套推荐书目呈倒金字塔状态。试图表达专业与基础学科的关联。

1. 张卫平：《民事诉讼法》，法律出版社 2016 年第四版；

2. 张卫平：《民事诉讼——关键词展开》，人民大学出版社；

3. 张卫平：《构架与程式》，清华大学出版社 2003 年版；

4. 张卫平：《回归原点的思考》（论文集），北京大学出版社；

5. 张卫平：《民事诉讼的逻辑》（论文集），法律出版社；

6. 张卫平：《转换的逻辑——我国民事诉讼体制转型分析》，法律出版社修订版。

推荐说明二：

上述几本书包括了笔者撰写的教材、专著、论文集，教材自不必说，是笔者指导的学生必须阅读和学习的书目。专著和论文集推荐给学生们，是为了让他们很好地了解导师的基本观点、研究方法、理论体系。因为现实中实际存在这样一种现象，虽然是自己的学生却不一定十分了解导师的学术观点、研究方法、体系，尤其是硕士研究生。出于增强就业竞争力的考虑，一些考生仅仅是为了应试需要而读书，对自己所报考老师的观点，主要是研究方法和理论体系、特色并非有较深的了解。如此，将不利于今后研究生、博士生的培养。

7. 陈荣宗、（台湾）林书苗：《民事诉讼法》，最新版为好；

8. 高桥宏志：《日本民事诉讼法——制度与理论的深层分析》，法律出版社；

9. 高桥宏志：《重点讲义民事诉讼法》，法律出版社；

10. 罗森贝克：《德国民事诉讼法教科书》，李大雪译。（注意，翻译中有不准确之处，可从内在联系来把握。）

推荐说明三：

以上书目均是关于民事诉讼法的专业书。推荐陈荣宗老师的书是因为这本民事诉讼法的教科书是台湾关于民事诉讼法方面笔者认为最有深度和广度的教科书。陈荣宗老师曾留学日本、德国，本科毕业于台湾大学法律系，因此具有扎实的法律知识功底，对德日民事诉讼法理论均有所了解。在去台湾访问期间笔者曾与这位民诉法学前辈有过细致的交流，是一位亲和、认真的学者。认真读一读这本教科书不仅有助于了解台湾地区民事诉讼制度和理论，也对了解德日相关理论有益。

高桥先生的两本书在日本民诉法学界是经典。该书的特点就是对民事诉讼的基础理论进行认真的梳理，使读者能够深刻地感受到学理分析的力量，知晓学者们思考问题和研究问题的方法。

罗森贝克的教科书当然也是经典，也是了解德国民事诉讼理论的最佳窗口。由于语言的原因，阅读时应当注意概念的本意。

11. 王泽鉴：《民法思维：请求权基础理论体系》；

推荐说明四:

要想学好民事诉讼法,必须首先具有扎实的民事实体法的基础,自不必待言。这里推荐王泽鉴先生的这本书,目的在于让学生更深入地了解民法的基础理论和思维方法。请求权理论与民事诉讼法的理论联系最为密切,是学生们高阶学习中必须要掌握的。

12. [英]雷蒙德·瓦克斯:《法哲学:价值与事实》;

高阶:最佳法理学书籍:

13. 博登海默:《法理学与法哲学》,邓正来译。

14. 庞德:《法理学》五卷版中的第一、二卷。

推荐说明五:

笔者认为《法哲学:价值与事实》是法理学的最佳初阶读物,写得简洁、清楚;《法理学与法哲学》可以看成是中阶书籍;庞德的《法理学》五卷版中的第一、二卷就可以视为高阶法理学读物了。庞德法理学的特点是英美法系与大陆法系法理学理论均有所涉及。

15. [美]弗里德曼:《选择的共和国》,清华大学出版社;

16. [美]米尔顿·弗里德曼:《自由的选择》;

17. 卡尔·波普尔:《开放的社会及其敌人》(二册)。

推荐说明六:

上述三本书对于了解法治以及法治的理论基础都是必要的,如果我们不了解什么自由主义的原理,就很难理解法治,尤其是西方的法治。《选择的共和国》是法学家弗里德曼所撰写的法哲学著作,通俗易懂很有说服力。著名经济学家、诺贝尔经济学奖获得者弗里德曼与妻子合著的《自由的选择》是人们了解自由主义精髓的钥匙,语言精练,具有冲击力。卡尔·波普尔的书阅读起来有一定的难度,需要一定的一般哲学、政治哲学、经济学基础,但认真读后无疑会打开我们思想上的禁锢,同样也助于理解法治的意义。

18.（台湾）孙隆基：《中国传统文化的深层结构》；

19. 金耀基：《中国社会与文化》、《中国政治与文化》、《从传统到现代》。如无时间其中一本也可。

推荐说明七：

人们往往对中国传统文化有误读，如果读了上述两本书，笔者相信会有助于消除这些误读，使我们能够正确地对待传统文化。

20.［日］川岛武宜：《现代化与法》，中国政法大学出版社。

推荐说明八：

川岛的这本书比较集中地反映他对当时日本及西方法理传统的反思，在当时无疑是很先进的，但因为语境不同，川岛的理论可能对中国读者产生误读，这一点是我们必须注意的。读川岛的书有助于我们了解语境差异。同时，川岛对日本社会关系以及与法治、法的现代化的关系的论述非常精辟，通过阅读有助于我们理解中国社会与法治的关系。理解中国现实社会与民法的关系。

21.［美］约翰·亨利·梅利曼：《大陆法系》，顾培东、禄正平译，法律出版社 2004 年版。

推荐说明九：

无论认识英美民事诉讼法，还是大陆法系的民事诉讼法及理论都必须正确理解两大法系的特点。而由美国学者撰写的《大陆法系》非常准确清晰地概括了其法系的特点，书也不厚容易读完，容易有成就感。

推荐说明十：

此书中有许多观点在现在依然有效。学者胡适是一个标杆和一面镜子。

22. 胡适：《容忍比自由更重要》。

“ZZ 教学法”

——聆听清华大学张卫平教授的授课有感

建筑装潢并不是建筑物的必要组成部分，可是它能使建筑物成为经典之作，流芳百世。教学风格也不是教师的必备条件，可是它能使教学耳目一新，令人难以忘怀。教学风格使师生的交流变得愉快、优美，使单调的课堂变得生动、有趣，可以这么说，它是教师综合素质的体现，是教师人格魅力的写照。独具风格的作品是真正的艺术品，独具风格的教师是真正的解惑者。

“这节课我们将学习合同地域管辖，它是民事诉讼的管辖中最为重要的一种。如果说管辖中的各种问题可以以‘星级’来表明其重要性的话，那么，合同地域管辖堪称‘五星级’，你们可以在书上画上五颗星了……”谐趣幽默的开场白引来了同学们的开心一笑——章程教授的《民事诉讼法》又开始了。

这是清华大学法学院普通的一堂课，它正在明理楼的一隅正常地进行，但说普通其实并不普通，因为这又是一堂教与学的精彩演绎。如果这时你不经意路过这间教室，一听到这抑扬顿挫的声音和同学们不时爆发的笑声，不用问就知道主讲人是章程教授。日前，笔者有幸聆听章教授的授课，意犹未尽，大有感触，不吐不快，随及提笔，信手道来。

有学生这么形容章教授的课：“听他的课简直是一种享受”，“听他的课只觉得时间过得太快了，四节课一晃而过”，这些话语出自普通学生之口，但这也是对一位老师的最高评价。曾经有学生四年如一日地旁听章教授讲同一门课，同一本教材，却常听常新，百听不厌。这也许称不上是天下奇观，但也可以说是清华之最了。这令同样身为教师的笔者大为感叹,不禁好奇这位传说中的大师级人物是如何使自己的教学方法如此富有创造性、富有意义,如此地吸引学生,为学生所认同和欣赏的呢?

最令笔者感兴趣的就是被章教授誉为的“ZZ教学法”,这是章教授独创的一种课堂教学法,即一种主要针对课堂教学进行组织、调节和控制的方法。“ZZ教学法”是章教授多年来教学经验和心血的结晶,当我们说一个老师的知识结构、理念、专业(敬业)精神和美的观念达到和谐统一时,教学才称得上是真正的艺术精品。在这里教学精品就是通过章教授独特的教学风格和人格魅力表现出来的,通过其创造性的“ZZ教学法”表现出来。

授课是课堂教学的实施阶段,它既是一门科学同时也是一门艺术。授课既要严格遵循教学规律,执行教学计划,高度把握教材体系,又要通过讲述和演示,使学生获得知识、开发思维、提高技能,从而全面提高学生的综合素质。授课是教师对教材的一种再创造活动,教师的授课艺术取决于教师的学识水平、技术经验、语言修养及敬业精神,需要长期探索。

目前高等院校文科类专业中,最传统也是最普遍采用的授课方法是“讲述法”。讲述法是传统的教学方法之一,它有许多优点同时也有诸多弊端,如以教师为课堂的绝对中心,学生往往处于被动状态,久而久之会使学生产生逆反心理,出现厌课情绪。如何在教学中扬长避短,克服缺点,是教学所要研究解决的问题。而“ZZ教学法”也就是针对讲述法设计的,之所以称为“ZZ教学法”,第一个“Z”代表了“主讲”,第二个“Z”代表了“主持”,也就是“主讲、主持教学方法”。笔者认为这种教学法同时也可以这样理解:第一个“Z”代表了“主导”,第二个“Z”代表了“主动”,也就是“教的主导和学的主动相结合的教学方法”。

一、主讲人与主持人的位置对等

章教授在总结多年授课经验的基础上,认为教师上课与节目主持人主持节目有着许多共同之处,在此基础之上,借鉴了主持人的特点,两者相结合,以达到最佳的教学效果。

节目主持人置身于传播媒体的特定节目之中,是媒体与观众的“中介”,观众通过节目主持人获得所需的信息。但观众又绝不是被动的“接收器”,其反馈作用直接制约着媒体的传播活动及传播目的的实现。所以主持人应该在真正了解观众的基础上,通过准确诙谐的语言,得体的举止,自信投入的各种表情,联系观众,使观众产生共鸣的心理效应,引导着观众跟随他们的思维循序渐进,以调动观众的接受意识与参与意识,使观众从中获得兴趣,受到启迪。

对于教师来讲,教学是一种以教师与学生互动为特征的双边活动,应做到既能在安定活跃的课堂气氛中准确生动地讲解教材内容,又能使学生在轻松、愉快的环境中学到知识,启发思维,理解和掌握知识。教学现场在师生之间应具有相融性,学生在这种情境下可以获取教师的感受,并产生相应的移情作用。学生一旦处在这样和谐相融的场合中,师生就可以产生共鸣,教师就能达到对学生进行教化和感染的目的。

上述可知,教师的课堂教学与节目主持人的主持有着对等的位置与作用,这两种职业都要求人们具有较强的语言表达能力和临场的应变能力,要有较高的文化素养和一定的艺术水准,在态度上要积极地投入和全身心地表现。故而,主持人与“主持艺术”便可以成为教师在课堂教学过程中的模仿对象和参照点。

二、主讲、主持教学方法

从心理学角度分析,教师一旦走进课堂,进入教师角色,就会产生一种独特的教学气氛,心理学谓之心理场,它是教学的一种超常状态,是优秀教师独具的特点。学生入“场”是在获取教师的感受、体验的同时,对其进行“移情悟理”的教化过程。①

章教授在进行教学时,应用“ZZ 教学法”,即“主讲、主持教学法”,他总是能够牢牢地抓住学生的注意力,不失时机地精心制造良好的教学氛围,以

① 唐松林:《教师行为研究》,湖南师范大学出版社 2002 年版,第 235 页。

使学生达到情绪高涨、智力亢奋的积极状态。在这样的环境下，学生对章教授教学的反应是敏感而强烈的，表现为或是因急于想知道结果而凝神思虑；或是因解决了某一问题而释然愉悦；或是为有了新的发现而惊奇欣喜；或是为领悟到知识的内涵而激动自豪……此时学生的整个意识处于异常“觉醒”和高度兴奋状态，“体验到自己在追求真理，进行脑力活动的自豪感”，体验到“知识、智力生活是一种美的境界”。①

“ZZ 教学法”的本质就是营造这样良好的教学环境，形成“教师是教的主导，学生是学得主动”的一种教学方法，达到了一种师生交流共鸣的高度统一的境界。那么，如何在教学中具体运用“ZZ 教学法”呢？经过笔者对章教授授课的观察和研究，从以下几方面进行分析：

（一）口头语言

作为一个节目主持人，人们普遍认同这样的观点：主持人最重要的不是面孔的靓丽，而是潜藏于其内在的基本素质。而不论“素质”的内涵多么复杂，其最直接的显现就是话语的表现形态，或者说，评价主持素质的基本标尺是其口头语言的使用能力。而对于教师而言，口头语言表达也是衡量教师素质、决定教学成败的最基本的因素之一。

教师的口头语言表达同样可参照学习主持人的语言运用风格，如主持人轻松、风趣、抑扬顿挫的语言可使人感到艺术的魅力；活泼、自然的语言可使人精神放松；和谐、连贯的语言可使人投入。而主持人严谨的语言，缓慢、加重的语气，都可以引导观众以严肃认真的态度来对待节目内容，从中得到启发，达到宣传、教育的目的。教师的讲课也是如此，要想达到完美的效果，就必须找到最恰当的表达方式。比如章教授在讲授证明责任的时候，由于该内容范围抽象，学生缺乏实践经验，不仅没有理性认识，就连感性认识也很少具备。这时要把学生储存信息近乎空白的内容形象、逼真、清晰、准确地讲解出来，使学生在浓厚的兴趣中掌握知识，就需要参照节目主持人的风格。章教授首先用亲切幽默的语言、有节奏的表达、神态与动作的并用，由

① 李如密：《教学艺术论》，山东教育出版社 1999 年版，第 191 页。

学生最为熟知的生活实例“借款纠纷”说起，并谈起一起令人困惑的“水晶球之谜案”，这立刻令学生产生好奇并试图去探索其中隐含的奥秘，使学生坐在课堂就能在愉快中得到系统的感知；然后，在恰当的环节用准确的语言，加重的语气阐述其形成原理，从而上升到理性认识上来。这样，就使学生在一定的气氛中产生兴趣，在浓厚的兴趣中活跃思维，对证明责任产生深刻的印象，达到教学目的。

（二）体态语言

体态语言是一个人内在思维、内在情感的外部显现，通过眼神、面部肌肉运动、手势、身姿等诸多无声的姿态语言将口头语言形象化、情感化、生动化，能弥补口头语言的不足。

电视节目主持人在向观众传达信息时，不仅要通过主持人的口头语言，还要通过主持人的体态语言来传递，体态语言运用得好，能帮助观众更好地理解其所要表达的内容，并对主持人产生信任感。反之，则会对主持人所传达的信息产生怀疑。同样作为教师，准确合理地运用各种体态语言，会使学生更好地接受信息。教师的体态语言是以教师的面部表情、手势、身体动作及服饰等传播信息，交流思想和感情并诉诸于学生的无声语言。

比如章教授在讲解以逻辑关系为主线的法律原理时，由于其本身内容的严肃性，学生也应进入到严肃的气氛中，这就必须由教师来引导。当学生看到紧锁双眉、表情严肃的章教授的形象时，就会不自觉地意识到理性逻辑和理性思维在法律原理中的运用。有些民事诉讼法的内容，如定义、原则、规范……在课堂讲授时章教授就持严肃认真的态度，丝毫不马虎。但他的严肃的态度并不意味着讲课呆板和课堂气氛生硬。比如结合富有力度感的动作、果断的手势、不容置疑的神态等方式，来增加内容的严肃程度。章教授这时会完全进入角色，像法制类节目主持人一样，把自己所讲的内容当作法律事件，用眼神和表情与学生沟通、交流，直到学生做出反应，使他们理解和吸收。这不仅不会影响课堂气氛，有时还会使该课程更具吸引力。当然，每一堂课都不一定是完全严肃的内容，章教授这时便不失时机地活跃一下气氛，使整个教学过程有张有弛、严肃活泼，使教者得心应手，学者易于接受。

（三）课堂调控方式上

对课堂的调控驾驭是教师对学生的学习活动以形成积极学习气氛的教学管理艺术。在课堂教学中，教师是控制者，他为了把加工过的教学内容作为有效信息传递给学生，总是把调控贯穿在教学全过程，控制的方式是各种各样的。① 这时，教师就是争取学生心灵的主持人。

在张教授的教学课堂上，他并非独唱演员，他不仅使学生活跃起来，还能使讲授的内容活动起来。学生不只是欣赏章教授的表演，更重要的是与他进行直接信息交流、情感交融，构成特殊的课堂气氛。这样的情感，这样的亲切，是其他事物难以替代的。章教授在课堂调控方式上以集中与协调学生的注意为目的，通过对学生外显行为的判断，准确地透视学生心态，运用有效的控制手段，使学生的注意力与兴趣集中到学习活动上。

但是，张卫平教授也指出虽然主持人主持节目与教师讲课有很多相似之处，但并不完全相同，不能生搬硬套。比如每个主持人一般只主持相同类型的栏目，他们只需潜心研究这一种类型节目最恰当的语言、表情、举止、方式，以烘托气氛，相对而言是比较容易掌握的。而教师讲课，虽然通常也只讲相对固定的课程，但讲课内容却形式多样，既有定义、法则、标准，又有公式、推理、应用，形象思维与逻辑思维交叉并存。所以，与主持单一栏目的主持人相比，要达到良好的效果，就要求教师应具有更高的文化素质，能将每一种形式的内容都以适当的方式准确地表达。既能把内容讲清楚，又能紧紧抓住学生的心理，吸引并引导学生的思维始终跟随教师的思路完成学习的过程。所以，在现实生活中仔细观察、理解各类主持人的特有风格，以其为参照点对比分析，取其之长融于教学，必然会对加速教师的自我心理成熟，提高教学水平起到积极的推动作用。

以上只是笔者的拙见，尚不足以表述“ZZ 教学法”的深刻内涵，表达其应有的作用，只希望以此为契机，推动新的教学方法在实践中的应用，让学生最终成为受益者。

---

① 唐松林：《教师行为研究》，湖南师范大学出版社 2002 年版，第 236 ~ 237 页。

图书在版编目(CIP)数据

法学研究与教育方法论/张卫平著.—北京:法律出版社,2017.1
ISBN 978-7-5197-0307-3

Ⅰ.①法… Ⅱ.①张… Ⅲ.①法学—研究—方法论②法学教育—方法论 Ⅳ.①D90-03

中国版本图书馆 CIP 数据核字(2016)第 285301 号

法学研究与教育方法论 | 张卫平 著 | 责任编辑 黄琳佳 装帧设计 马 帅

开本 720 毫米×960 毫米 1/16
印张 31.5 **字数** 417千
版本 2017 年 1 月第 1 版
印次 2017 年 1 月第 1 次印刷
出版 法律出版社
编辑统筹 学术·对外出版分社
总发行 中国法律图书有限公司
经销 新华书店
印刷 固安华明印业有限公司
责任印制 陶 松

法律出版社/北京市丰台区莲花池西里 7 号(100073)
电子邮件/info@lawpress.com.cn
网址/www.lawpress.com.cn
销售热线/010-63939792/9779
咨询电话/010-63939796

中国法律图书有限公司/北京市丰台区莲花池西里 7 号(100073)
全国各地中法图分、子公司电话:
第一法律书店/010-63939781/9782
西安分公司/029-85388843
重庆公司/023-65382816/2908
上海公司/021-62071010/1636
北京分公司/010-62534456
深圳公司/0755-83072995

书号:ISBN 978-7-5197-0307-3
定价:88.00 元
(如有缺页或倒装,中国法律图书有限公司负责退换)